SUPPLEMENTARY
INTRODUCING BIBLICAL HEBREW
BY ALLEN P. ROSS

David M. Clemens

Regent College Publishing
5800 University Boulevard
Vancouver, BC V6T 2E4 Canada
www.regentpublishing.com

Views expressed in works published by Regent College Publishing are those
of the author and do not necessarily represent the official position of Regent
College (www.regent-college.edu).

Library and Archives Canada Cataloguing in Publication Data

Clemens, David M.
Supplementary exercises for Introducing Biblical Hebrew by Allen P. Ross /
David M. Clemens.

ISBN-13: 978-1-57383-425-4

1. Hebrew language—Grammar—Textbooks. 2. Hebrew language—Grammar—
Problems, exercises, etc. I. Title.

PJ4567.3.R66 2001 Suppl. 492.4'82421

C2008-904317-0

Contents

Preface

The exercises published here have gradually developed since 2002, when *Introducing Biblical Hebrew* (*IBH*) was adopted as the textbook for Introductory Hebrew courses at Regent College, Vancouver, Canada. For various reasons, it seemed useful to put them into the more permanent format found here. While of course there are many good introductory Hebrew grammars currently available, I have appreciated a number of features of *IBH*, such as the level of detail, the lucidity of presentation and layout, the sequencing of the information, and the material in chapters 41-54 which takes the student beyond the work normally covered in a two-semester programme of study and thereby forms a good transition to second-year work. An important decision in the structuring of an introductory grammar concerns the order in which the regular and weak verbs, and the Qal and derived stems, are presented. In my opinion - although this will naturally be contested by some - the strategy adopted in *IBH* of dealing thoroughly with the regular verb first and then with individual classes of weak verb is helpful for systematic comprehension of the verbal system; at a more pragmatic level, it allows a student who completes only one semester of study to gain an overview of at least the whole of the Qal regular verb .

I am grateful to Bill Reimer, manager of the Regent Bookstore, and Rob Clements, managing editor of Regent College Publishing, for their assistance in bringing this to press; and also to Jim Kinney, editor for Baker Academic, for his timely responses and willingness for this independent publication to proceed. While I have not interacted with Allen Ross on this project, I trust that it proves to meet his approval; and I should mention that I share with him an indebtedness to Dr. Bruce K. Waltke for his formative and encouraging influence on my own progress in Hebrew studies. I will not detail my numerous other debts of gratitude, beyond acknowledging the Regent College community as a whole as a significant environment for the production of this small work.

Abbreviations and Sigla

The abbreviations used in this supplement correspond for the most part to those in *IBH* unless specified below; however, minor deviations in spelling or punctuation are not explicated here. Abbreviations used here for OT books are relatively conventional.

act	active (defining voice, in the Qal stem)
coh	cohortative
d	dual
Hiph	Hiphil stem
Hisht	Hishtaphel stem
Hithpol	Hithpolel stem
IBH	*Introducing Biblical Hebrew*, by Allen P. Ross (Grand Rapids: Baker Academic, 2001)
lit.	literally
Niph	Niphal stem
os	(pronominal) object suffix
OT	Old Testament (since I write from a Christian perspective, I prefer this designation of the Hebrew Bible, while recognizing that it represents only one of a variety of possibilities)
p	plural (*IBH*: pl; as in 1cp, 2mp)
s	singular (*IBH*: sg; as in 1cs, 2fs)
Song	Song of Songs
ss	(pronominal) subject suffix
sx	(pronominal) suffix
wc	*wāw* consecutive
w conj	*wāw* conjunctive
§	paragraph reference in *IBH*
≡	approximately equivalent to
°	proper noun or gentilic adjective (personal, divine, geographical)
˙	see glossary for vocabulary meaning

Introduction

The exercises presented here are intended to supplement those provided in the introductory Hebrew grammar of Allen P. Ross, *Introducing Biblical Hebrew* (abbreviated *IBH*). They are based upon the assumptions that beginning students need as much practice as possible working with the grammar that has been introduced; and that, after memorization of paradigms, vocabulary and syntactic principles, this practice best takes the form of confronting the memorized material as it is embodied in specific inflected words and sentences. In addition, students will approach this introductory study with diverse interests, motivations and goals. I have therefore attempted to provide sufficient quantity of material to exceed the motivation of even the most avid student, and sufficient diversity to accommodate different learning styles and interests.

The introductory chapters on the **writing system** have been supplemented by further practice in transliteration, reading and syllabification, based upon Genesis 1-2. For most purposes, this material should exceed what is needed to develop an initial confidence in handling the script and pronunciation of the language.

The first main component of the exercises is **parsing** of isolated forms. This is initiated in chapter 10.1, the point at which *IBH* introduces the Qal perfect, since the morphology of the Hebrew verb poses the most complexities for analysis. The value of this type of exercise is that it demands and promotes the ability to analyze words without reference to the context. In the absence of this skill, one is quickly reduced to guessing at the meaning of a word from a partial grasp of its morphology or from a prior knowledge of the context. Such an approach will work in the early stages of learning the verbal system, since the range of options is limited and the contexts are likely to be simple. However, by the time that the entire verbal morphology is in play, there are simply too many alternatives available, often with similar diagnostic features, for partial guessing to be a successful strategy in interpreting the derivation and meaning of individual forms. Moreover, assumptions about the context will tend to be circular, if the same process of guesswork is directed to the other words that constitute it; or they will produce a habit of reading the Hebrew in the light of the version with which the student is familiar, which defeats the whole purpose of learning to read Hebrew and which will raise serious problems as soon as one progresses beyond texts with which one is familiar (whether in the OT, or non-Biblical Hebrew, or cognate languages). For a written language such as Biblical Hebrew, I am convinced that morphology is picked up by thorough study and repeated review, not by a process of osmosis or conversation or some other process suitable for a spoken language; and parsing is a skill by which this study is tested, applied and refined.

All words presented in the parsing sections are based upon vocabulary and paradigms introduced up to that point. Vocabulary items occurring less than seventy times tend to be used sparingly, both here and in the other sections. The individual forms are intended to be plausible and consistent with the paradigms and actual attestations in the OT, although they themselves may not be specifically attested there (so for the composed sentences in the following sections); for the derived stems, inflected forms are as a rule restricted to verbs actually attested in that stem although not necessarily in that particular form. Inevitably, in the absence of a context, some forms will be morphologically ambiguous; and all of them will admit a wide variety of translations. The key indicates only the more plausible variant analyses, and only a single rudimentary translation for each: alternative translations will often be perfectly valid, and some parts of speech (such as participles and infinitives) are particularly resistant to translation in isolation. The translation has value as part of the exercise, though, in indicating how the individual abstract constituents of the analysis (person, gender, tense, etc.) cohere to form a concrete meaningful word - it is not uncommon in introductory language learning for a correct analysis to be joined to an incorrect translation, or vice versa. One specific area of syntactic ambiguity involves pronominal suffixes on participles and infinitives: although not strictly necessary for purposes of parsing, the key distinguishes where possible between suffixes functioning as subjective or objective genitives ('ss' or 'os', as opposed to 'sx' where the distinction cannot be made).

The second segment of the exercises consists of **Hebrew sentences** (or phrases, in the earliest chapters), composed on the basis of the grammar and vocabulary introduced in *IBH* up to that point. From chapter 5 onwards they are divided into two groups, the first dealing primarily with material from the current chapter (e.g., #5.2) and the second made up of longer sentences covering everything in the current and preceding chapters (e.g., #5.3); as noted in relation to the parsing, vocabulary occurring less than seventy times is used sparingly, particularly in the longer sentences. These sentences are admittedly subject to a number of limitations. The incremental and selective presentation of the grammar and vocabulary means that in terms of style and content they are of course apt to be banal, monotonous, and sometimes rather artificial, especially in earlier chapters: there is a limit to the number of arresting sentences that can be written about warriors in the field, or elders going down to the vineyard. Word-order, vocabulary selection, choice of grammatical construction and subject matter would often be somewhat or very different if the full range of OT usage were available; in particular, the flexibility of normal Biblical Hebrew clause coordination by means of the conjunction -וֹ in narrative sentences is not available until chapter 18. In addition, anything created by a non-native speaker will appear suspect and potentially misleading in the eyes of some.

Nevertheless, it is obviously indispensable to the development of skills in parsing, syntactic analysis, and overall reading to work as much as possible with Hebrew embedded in actual clauses and extended sentences, and not only with the abstractions of isolated vocabulary, paradigms, and short phrases. It also appears useful, for pedagogical reasons, to be able to work in a focussed manner with the specific grammatical material that has already been introduced; and this is accomplished most efficiently by composed sentences whose content is consciously restricted to that material - it is difficult to find OT sentences of any length whose vocabulary and grammar are for the most part limited to that covered in the textbook, especially before the later chapters of *IBH* or any introductory grammar. It is also beneficial, especially for students familiar with the OT, to have to deal with content whose meaning cannot be anticipated: the task of analyzing and working out the meaning of non-Biblical sentences can facilitate the development of those analytical and synthetic skills necessary for an accurate and linguistically unprejudiced understanding of the Biblical text (a process that can be compromised when dealing with Biblical passages at whose meaning one may readily guess from prior familiarity with them in non-Hebrew translations); and recourse to other resources for this purpose (such as epigraphic or Rabbinic texts) entails too many complications to represent a viable alternative at the introductory stage.

While of course no claim is made that the sentences provided here represent flawless grammar, elevated literary style or depth of meaning, and they are no doubt in need of improvement at various points, they are consciously patterned on (although obviously not restricted to) the semantics, syntax and general content of the OT: for instance, the types of noun and verb occurring together in subject-predicate relationships, or tendencies in the use of direct objects, prepositional phrases and other types of modifier in relation to individual verbs; typical sentence structures, in the use of sequences, adverbial clauses and phrases, and nominal modifiers; and recurring themes and types of event, such as war and destruction, sin and judgement, grace and worship, wisdom and learning, obedience and blessing. In view of the flexible semantics and infinitely creative syntax of any language, including Biblical Hebrew, it does not appear presumptuous to claim them as a simple and serviceable approximation of its style, despite the undoubted presence of imperfections within them. As such, they can be viewed as an interim bridge between an objective study of the anatomy of Biblical Hebrew and the goal of that study, which for most students will be an appreciation of its embodiment in the literature of the OT.

The key provides a fairly literal rendering of these sentences. As with any version, it will almost never give the only valid translation, particularly in the absence of a wider context that would often privilege one option over another. Two abbreviations address this potential ambiguity in a very limited way (so for the OT passages, discussed below). A word or phrase in parentheses introduced by '*lit.*' ('literally') indicates the most typical meaning, as defined in *IBH*, of the Hebrew word or phrase translated before the parenthesis: this convention represents a means of correlating the main translation, which reflects a specific context, with the basic and essentially context-free information about the meaning of vocabulary, morphology and syntax as it is encountered in the grammar; it does not necessarily imply that the 'literal' meaning is more fundamental or less idiomatic than the other, nor that the first translation is particularly unusual or non-literal. Use of '*or*' in parentheses merely indicates an alternative translation that would be valid in a given context: this will typically occur in conjunction with a new grammatical phenomenon, as a partial reminder of its diversity of meaning. Needless to say, both devices are used selectively and subjectively - their use could be considerably expanded, and on occasion they may seem redundant to some. Additional comments on specific features of the grammar implicit in the exercises will be found scattered throughout the exercises and key.

The third main section introduces actual **OT verses and passages**. The first sub-section contains verses selected for their relevance to the current chapters of the grammar (beginning at #9.3), particularly to the verbal morphology explained there; they are unedited, apart from occasional omissions indicated by ellipsis points and by resolution of $k^e \underline{t} \hat{i} \underline{b} / q^e r \hat{e}$ variants into a single grammatical form (so, for the variants, in the following sub-sections). They will therefore represent the most accessible Biblical material of this third section, especially in the early chapters; however, they will be drawn from a wide variety of books (primarily narrative passages in the Pentateuch and Former Prophets), without any context or continuity between them. The second sub-section incorporates consecutive passages, distributed over a number of chapters of this supplement (beginning with Gen 1:1-2:4, #9.4-#18.5). While their level of difficulty and relevance to the grammar being studied have been taken into account, these passages have been chosen more with an eye to their general interest and significance than for their immediate value in exemplifying the linguistic data of *IBH*. Consequently, much of the vocabulary and grammar in this first passage will be unfamiliar, and it may not represent the most beneficial focus for time and effort if a strictly deductive approach to the grammar is being followed; however, as progress is made through *IBH*, the focus should probably shift increasingly to these passages and away from the longer composed sentences. The issue of inaccessibility is true to an even greater extent of the third sub-section, which introduces Hebrew poetry from the Psalms, beginning at #15.6 (Ps 1:1-3). These readings have been included, nevertheless, for several reasons: poetry represents a major component of the OT, and one of the areas where the ability to read the Hebrew pays the most dividends, and so interaction with this material should be encouraged as soon as possible; the clause structure is often more succinct and cryptic, so that they provide good practice in segmenting larger structures into their constituent clauses; they allow the opportunity to read self-contained compositions, which is not the case in the prose passages selected here until the final main reading of Ruth (#34.5-#41.2); and, for many students, the devotional content of the Psalms provides an added incentive to grapple with their form in Hebrew.

The Hebrew texts are accompanied by diacritics and footnotes that are intended to supply all the requisite information not available from *IBH* up to that point; in principle, therefore, recourse to the key will not be necessary. Two different superscript bullet marks inserted into the Hebrew text after a word identify specific types of vocabulary. A solid circle accompanies a word whose meaning has not been met in the assigned vocabulary but which is given in the glossary of *IBH* (e.g., #12.4.2, •אֲשֶׁר): normally such words will be glossed in the footnotes for their first few occurrences; and the bullet will be omitted after the word has been encountered repeatedly. A hollow circle follows a name (primarily personal, geographical, or divine) or a gentilic adjective derived from a name (e.g., #9.3.2, °קַיִן - 'Cain'): this practice is followed when the conventional English representation of the name takes the form of a tranliteration corresponding closely to the Hebrew; although the omission of an explicit English equivalent may initially cause perplexity at times, it does encourage facility in recognition of names, which are ubiquitous in the Hebrew text and can occasion even greater perplexity when one attempts to translate rather than transliterate them. Again, use of the diacritic is omitted with names that have been met frequently.

The footnotes provide the meaning of new vocabulary and forms; as a rule, words recurring in different verses of a passage are cross-referenced to the initial explanation by means of the identical footnote number, but they are not explained more than once within a single verse. If no Hebrew appears in the footnote entry, the English translates the actual word to which the footnote is attached; if more than one word is glossed, the phrase is reproduced before the gloss: infrequently, where space permits, some of these forms are also parsed (italicized, in parentheses), although this does not represent essential information. If the vocabulary item is unfamiliar but its morphology has already been dealt with in *IBH*, the Hebrew lexical form and English meaning are given - typically the singular absolute form of a noun, the ms absolute of an adjective, and the 3ms Qal perfect of a verb (its English equivalent being the infinitive). In contrast to the practice at other points in the exercises, none of these glosses is enclosed in quotation marks, since they do not need to be isolated within a larger clause structure. The one exception is the treatment of the Hebrew infinitive construct, corresponding to the English infinitive. Where such a form needs to be glossed, the Hebrew will usually be reproduced explicitly, and the English gloss will regularly be defined by quotation marks: this serves to distinguish it from the standard use of the English infinitive to represent the lexical meaning of a Hebrew verb, conventionally cited in a 3ms perfect form.

One potential defect of this approach to unfamiliar vocabulary and morphology is that nothing is demanded of the student in the way of identifying information by means of reference tools. It seems reasonable to claim that enough demands are being made in other ways, and that those skills can be readily developed at a subsequent stage in the study of the language and its literature, after knowledge of the most common grammar and vocabulary has been consolidated. However, the problem if perceived as such can be mitigated to some extent by simply ignoring the content of the footnotes (the mitigation is only partial, because the mere presence of the footnotes within the text itself preempts the initial process of recognizing which forms in fact need basic elucidation by means of reference resources). For these purposes, three primary tools will be required: a parsing guide, for complex or unusual morphology; a lexicon, for the meaning of words once their morphology has been determined; and, less essential at this stage in most cases, a reference grammar to provide further information on syntactic and other issues.

The following bibliographic information on such tools is highly selective; many other valuable titles would be included in a more thorough survey. Most Hebrew Bible software programmes will include sophisticated parsing capabilities: for instance, *BibleWorks* 7 (www.bibleworks. com); *Gramcord for Windows* (www.gramcord.org) and *Accordance MAC Software Library* 7; *Logos Bible Software* 3 (www.logos.com). Among printed parsing guides, those that follow the order of the Hebrew text (rather than an alphabetical listing of forms) are most useful for reading extended passages: for instance, Cyril F. Carr, Douglas L. Busby and Terry A. Armstrong, *A Reader's Hebrew-English Lexicon of the Old Testament* (Grand Rapids: Zondervan, 1989); John Joseph Owens, *Analytical Key to the Old Testament*, volumes 1-4 (Grand Rapids: Baker Academic, 1992). The two most widely used lexicons are Francis Brown, S.R. Driver and Charles A. Briggs, *A Hebrew and English Lexicon of the Old Testament* (Oxford: Clarendon Press, 1907; republished Peabody: Hendrickson, 1995); and Ludwig Koehler, Walter Baumgartner and Johann Jakob Stamm, *The Hebrew and Aramaic Lexicon of the Old Testament in English*, volumes 1-2, translated by M.E.J. Richardson (Leiden: E.J. Brill, 2001). The second of these two titles (usually abbreviated *HALOT*) is much more recent, and it follows a more strictly alphabetical listing of entries; the first (usually abbreviated *BDB*) is considerably cheaper and it is still valuable, but it requires users to locate entries under the root to which they belong (for instance, מוֹשָׁב, 'seat', and תּוֹשָׁב, 'inhabitant', will be found after יָשַׁב, 'to sit', following some other derivatives of the same root such as שֶׁבֶת, 'seat'). Both can also be purchased as part of software packages such as those listed above. The most widely cited reference grammar continues to be *Gesenius' Hebrew Grammar*, 2nd English edition translated by A.E. Cowley (Oxford: Clarendon Press, 1910), abbreviated *GKC*.

As with the composed Hebrew sentences, the key gives a relatively literal original translation of the individual OT verses (#9.3, #10.4, etc.), together with highly selective comments in the footnotes on a range of grammatical issues. These comments will tend to deal, firstly, with details of morphology or syntax not readily understood from the standard descriptions in *IBH*; then, less consistently, with examples of morphology about to be introduced in the following chapters of *IBH*; and, finally, with aspects of lexical usage, literary style, or other characteristics of the language exhibited by the texts. Cross-references to paragraphs in *IBH*, including new or review topics treated in chapters 41-54, are preceded by the siglum §. The continuous prose passages (#9.4, #10.5, etc.) and the poetry (#15.6, etc.) are not translated in the key, since many versions can conveniently be used for this purpose; a translation that stays close to the lexical patterns and syntax of the Hebrew, such as the *New American Standard Bible* or the *New Revised Standard Version*, will be most helpful for a preliminary check on one's own understanding of the passage. A range of comments, comparable to those in the footnotes for the individual verses, are provided in the key. These tend to deal more with basic grammatical issues in the earlier chapters, and more with literary and exegetical issues towards the end; relatively few of these comments, some of which are quite detailed, are necessary for a basic understanding of the passage in question.

For the sake of economy of space, no **English into Hebrew** exercises have been provided. Where further practice in this type of exercise is desired, the role of the key and the exercises can simply be reversed, with the parsing and short sentences (e.g., #10.1-2) being most amenable to use in this way. For the same reason, a printed key does not accompany the exercises; the key is available on-line at http://www.regentpublishing.com/authors/davidmclemens.

Chapter 1

1.1. Transliterate into English Characters [Gen 1:1-8, edited]

1. בּראשׁת בּרא אלהם את השׁמים ואת הארץ:
2. והארץ הית תה ובה וחשׁך על פּנ תהם ורח אלהם מרחפת על פּנ המים:
3. ויאמר אלהם יה אר ויה אר:
4. וירא אלהם את האר כּ טב ויבדּל אלהם בּן האר בּן החשׁך:
5. ויקרא אלהם לאר ים ולחשׁך קרא ליל ויה ערב ויה בקר ים אחד:
6. ויאמר אלהם יה רקע בּתך המים וה מבדּל בּן מים למים:
7. ויעשׂ אלהם את הרקע ויבדּל בּן המים אשׁר מתּחת לרקע בּן המים אשׁר מעל לרקע ויה כן:
8. ויקרא אלהם לרקע שׁמים ויה ערב ויה בקר ים שׁנ:

1.2. Transliterate into Hebrew Characters [Gen 2:1-4, edited]

Note that the normal convention of using italics for transliterated text is not followed in these extended exercises.

1. wyḵl hšmym whʾrṣ wḵl ṣḇʾm
2. wyḵl ʾlhm bym hšḇʿ mlʾḵt ʾšr ʿś wyšbṯ bym hšḇʿ mkl mlʾḵt ʾšr ʿś
3. wyḇrḵ ʾlhm ʾṯ ym hšḇʿ wyqdš ʾṯ k ḇ šḇṯ mkl mlʾḵt ʾšr brʾ ʾlhm lʿśṯ
4. ʾl ṯlḏṯ hšmym whʾrṣ bhbrʾm bym ʿśṯ YHWH ʾlhm ʾrṣ wśmym

Chapter 2

2.1. Read in Hebrew, and Transliterate into English [Gen 1:9-13, edited]

Assume that Hebrew ָ represents *qāmeṣ*. All forms of final ה used as a vowel letter are transliterated as (h); furtive *paṭaḥ* is transliterated by superscript a.

9. יֹ֫אמֶר מַ֫יִם תַּ֫חַת שָׁמַ֫יִם אֶל מָקוֹם אֶחָד תֵּרָאֶה כֵּן:

10. אֶ֫רֶץ מַ֫יִם קָרָא כִּי טוֹב:

11. יֹ֫אמֶר הָאָ֫רֶץ דֶּ֫שֶׁא עֵ֫שֶׂב זֶ֫רַע עֵץ עֹשֶׂה מִינוֹ בוֹ עַל הָאָ֫רֶץ כֵּן:

12. תּוֹצֵא הָאָ֫רֶץ דֶּ֫שֶׁא עֵ֫שֶׂב זֶ֫רַע מִינֵ֫הוּ עֵץ עֹשֶׂה בוֹ מִינֵ֫הוּ כִּי טוֹב:

13. עֶ֫רֶב בֹּ֫קֶר יוֹם

2.2. Transliterate into Hebrew Characters [Gen 2:5-11, edited]

5. ḵōl śîªḥ śāḏe(h) ṭérem ḇāʾā́reṣ ḵol ʿéśeḇ śāḏe(h) ṭérem kî lōʾ YHWH ʿal hāʾā́reṣ ʾāḏām ʾáyin ʾeṯ
6. ʾēḏ min hāʾā́reṣ ʾeṯ kol
7. yíṣer YHWH ʾeṯ hāʾāḏām ʿāp̄ār min hāʾāḏām nép̄eš
8. YHWH gan ʿéḏen qéḏem yā́śem šām ʾeṯ hāʾāḏām yāṣār
9. YHWH min kol ʿēṣ ʿēṣ gān ʿēṣ dáʿaṯ ṭôḇ wārāʿ
10. nāhār yōṣēʾ mēʿéḏen ʾeṯ gān hāyā(h) rāʾšîm
11. šēm hāʾeḥāḏ pîšôn hûʾ ʾēṯ kol ʾéreṣ šām

2.3. Divide the Hebrew Words in 2.1. into Syllables

Divide as CVC/ (closed) or CV/ (open). A clear understanding of syllabification will be important for comprehension of vowel changes in inflected forms (see from ch. 7 on).

2.4. Divide the Hebrew Words of 2.2. into Syllables

Use the Hebrew words derived from the transliteration in 2.2.

Chapter 3

Transliteration exercises continue to be provided through ch. 6 below, for additional practice where needed and for feedback in the English transliterations on pronunciation (particularly of shewa). However, they should become redundant as quickly as possible. The transliteration into English should be replaced progressively by direct reading of the Hebrew alone: i.e. the equivalences between English and Hebrew signs, sounds and syllables should increasingly be made in one's mind rather than spelled out on paper, to the point that the Hebrew is read without reference to English. The exercises transliterating from English should be used only as long as they prove helpful in mastering the skill of writing the Hebrew script (consonants, vowels, and other diacritical signs); after that, their corresponding Hebrew sections in the key can be used for further reading practice. The ability to transliterate Hebrew will have only limited longterm relevance (for instance, in reading or writing Hebrew and other Semitic words in scholarly publications).

3.1. Read in Hebrew, and Transliterate into English [Gen 1:14-17, edited]

14. יֹאמֶר אֱלֹהִים יְהִי מְאֹרֹת בִּרְקִיעַ שָׁמַיִם לְהַבְדִּיל בֵּין יוֹם וּבֵין
לַיְלָה וְהָיוּ לְאֹתֹת וּלְמוֹעֲדִים וּלְיָמִים וְשָׁנִים׃

15. וְהָיוּ לִמְאוֹרֹת בִּרְקִיעַ שָׁמַיִם לְהָאִיר עַל הָאָרֶץ וַיְהִי כֵן׃

16. יַעַשׂ אֱלֹהִים אֶת שְׁנֵי מְאֹרֹת גְּדֹלִים אֶת מָאוֹר גָּדֹל לְמֶמְשֶׁלֶת יוֹם
וְאֶת מָאוֹר קָטֹן לְמֶמְשֶׁלֶת לַיְלָה וְאֵת כּוֹכָבִים׃

17. אֹתָם אֱלֹהִים בִּרְקִיעַ שָׁמַיִם לְהָאִיר עַל הָאָרֶץ׃

3.2. Transliterate into Hebrew Characters [Gen 2:12-16, edited]

12. ûzăhaḇ hāʾáreṣ hahîʾ ṭôḇ šām b^{e}ḏṓlaḥ w^{e}ʾéḇen šṓham
13. w^{e}šēm nāhār šēnî gîḥôn hûʾ sôḇēḇ ʾēṯ kol ʾéreṣ kûš
14. w^{e}šēm nāhār š^{e}lîšî hûʾ hōlēḵ qiḏmaṯ r^{e}ḇîʿî hûʾ p^{e}rāṯ
15. YHWH ʾĕlōhîm ʾeṯ hāʾāḏām ḇ^{e}gan ʿéḏen
16. wayṣaw YHWH ʾĕlōhîm ʿal hāʾāḏām lēʾmōr kōl ʿēṣ gān ʾāḵōl tōʾḵēl

3.3. Divide the Hebrew Words in 3.1. into Syllables

3.4. Divide the Hebrew Words of 3.2. into Syllables

3.5. Read in Hebrew and Translate [isolated phrases]

1. בְּבַ֫יִת	2. לְשָׁלוֹם
3. בְּאֶ֫רֶץ	4. כְּאָדָם
5. לְבֵן	6. כְּאֶ֫רֶץ
7. בְּדָבָר	8. לְבַ֫יִת
9. כְּאָב	10. בְּשָׁלוֹם
11. כְּמֶ֫לֶךְ	12. לֵאלֹהִים
13. כְּאִישׁ	14. בְּבֵן
15. לְמֶ֫לֶךְ	16. בֵּאלֹהִים
17. לְאָב	18. בְּמַחֲנֶה

Chapter 4

4.1. Read in Hebrew, and Transliterate into English [Gen 1:18-21, edited]

18. וְלִמְשֹׁל יום לַ֫יְלָה וּלֲהַבְדִּיל בֵּין הָאוֹר וּבֵין הַחֹ֫שֶׁךְ יַרְא אֱלֹהִים
כִּי־טוֹב׃

19. וַיְהִי־עֶ֫רֶב וַיְהִי־בֹ֫קֶר יוֹם רְבִיעִי׃

20. יֹ֫אמֶר אֱלֹהִים יִשְׁרְצוּ מַ֫יִם שֶׁ֫רֶץ נֶ֫פֶשׁ וְעוֹף יְעוֹפֵף עַל־הָאָ֫רֶץ
עַל־פְּנֵי רְקִיעַ שָׁמָ֫יִם׃

21. יִבְרָא אֱלֹהִים אֶת גְּדֹלִים וְאֵת כָּל־נֶ֫פֶשׁ הָרֹמֶ֫שֶׂת אֲשֶׁר שָׁרְצוּ מַ֫יִם
לְמִינֵהֶם וְאֵת כָּל־עוֹף כָּנָף לְמִינֵ֫הוּ יַרְא אֱלֹהִים כִּי־טוֹב׃

4.2. Transliterate into Hebrew Characters [Gen 2.17-20, edited]

17. ûmēʿēṣ dáʿaṯ ṭôḇ wārāʿ lōʾ ṭōʾḵal kî b^{e}yôm ʾăḵolḵā môṯ tāmûṯ
18. yṓʾmer YHWH ʾĕlōhîm lōʾ-ṭôḇ hĕyôṯ hāʾāḏām ʾeʿĕśe(h) lô ʿḗzer k^{e}negdô
19. yī́ṣer YHWH ʾĕlōhîm min-hāʾăḏāmā(h) śāḏe(h) w^{e}ʾēṯ kol-ʿôp̄ šāmáyim yābēʾ ʾel-hāʾāḏām lirʾôṯ yiqrāʾ-lô w^{e}ḵōl ʾăšer yiqrāʾ-lô hāʾāḏām népeš hûʾ š^{e}mô
20. yiqrāʾ hāʾāḏām šēmôṯ l^{e}ḵol-b^{e}hēmā(h) ûl^{e}ʿôp̄ šāmáyim ûl^{e}ḵōl śāḏe(h) ûl^{e}ʾāḏām lōʾ-māṣāʾ ʿḗzer k^{e}negdô

4.3. Divide the Hebrew Words in 4.1. into Syllables

4.4. Read in Hebrew and Translate

All translation exercises involve complete clauses (with a few exceptions specified in chh. 5-6 below). The syntax of clauses will be discussed more fully in ch. 7 and following of *IBH*; the comments directly below represent a very brief interim summary - do not spend too much time on the sentences in chh. 4-6 below if they do not make sense.

Clauses containing a verb normally follow the order Verb - Subject - Object - Other modifiers (e.g., prepositional phrases, adverbs). This is the usual order adopted here in the exercises of chh. 4-6, but variations from this order are quite frequent in actual Hebrew and in later exercises; an exception is the interrogative pronoun מִי, 'who?' (§4.5), which regularly stands at the beginning of the clause. The verb agrees with the subject in person, gender and number; if the subject is a pronoun, it is not usually expressed independently - the form of the verb itself includes information about the person, gender and number of the subject (thus, יָשַׁב means specifically 'he/it dwelled', rather than 'I/you/she/etc. dwelled'). The three verbs introduced in §4.5 and §5.9 are all third person masculine singular in form; they will therefore occur only with an independent masculine singular subject (e.g., עַם, 'people', or מִי), or with an implicit pronominal subject, 'he' (or, in principle, 'it'), or with an expressed pronominal subject הוּא (again, 'he' or 'it').

The verb 'BE' is frequently not expressed in Hebrew: thus, English 'they are/were good' or 'they are/were here' would take a form equivalent to 'they - good' or 'they - here'. Such non-verbal clauses typically consist of (1) an independent subject (noun or pronoun); and (2) a wide range of possible predicates (e.g., BE + noun, or adjective, or prepositional phrase, or adverb). The existence of a non-verbal clause such as this must be deduced from the absence of a finite verb and from indications in the wider context (not applicable here) that a complete clause is present. Only #5 exemplifies this type of clause in this exercise.

Inevitably, the sentences constructed with the limited linguistic resources introduced to this point will seem awkward - for instance, the Hebrew article ('the') has not yet been described; the early translation exercises, in particular, should be treated as primarily practice in reading and recognition of individual words.

1. יָשַׁב אִישׁ שָׁם בְּמַחֲנֶה
2. נָתַן מֶלֶךְ חָכְמָה לְעַם
3. יָשַׁב עַם שָׁם בְּהַר
4. מִי יָשַׁב פֹּה בְּאֶרֶץ בְּשָׁלוֹם
5. הוּא שָׁם בְּבַיִת
6. נָתַן בַּיִת לְבֵן
7. נָתַן מֶלֶךְ בַּיִת לְאִישׁ
8. מִי יָשַׁב כְּמֶלֶךְ בְּאֶרֶץ
9. יָשַׁב עַם בְּחָכְמָה כֵּאלֹהִים
10. נָתַן אֱלֹהִים חָכְמָה לְמֶלֶךְ
11. מִי יָשַׁב שָׁם כְּמֶלֶךְ
12. נָתַן בֵּן בַּיִת לְאִישׁ

Chapter 5

5.1. *Read in Hebrew, Transliterate, and Divide into Syllables* [Gen 1:1-21]

Doubled letters are conventionally written twice, with a syllable division between them.

1. בְּרֵאשִׁית בָּרָא אֱלֹהִים אֵת הַשָּׁמַיִם וְאֵת הָאָרֶץ:

2. וְהָאָרֶץ הָיְתָה תֹהוּ וָבֹהוּ וְחֹשֶׁךְ עַל־פְּנֵי תְהוֹם וְרוּחַ אֱלֹהִים מְרַחֶפֶת עַל־פְּנֵי הַמָּיִם:

3. וַיֹּאמֶר אֱלֹהִים יְהִי אוֹר וַיְהִי־אוֹר:

4. וַיַּרְא אֱלֹהִים אֶת־הָאוֹר כִּי־טוֹב וַיַּבְדֵּל אֱלֹהִים בֵּין הָאוֹר וּבֵין הַחֹשֶׁךְ:

5. וַיִּקְרָא אֱלֹהִים לָאוֹר יוֹם וְלַחֹשֶׁךְ קָרָא לָיְלָה וַיְהִי־עֶרֶב וַיְהִי־בֹקֶר יוֹם אֶחָד:

6. וַיֹּאמֶר אֱלֹהִים יְהִי רָקִיעַ בְּתוֹךְ הַמָּיִם וִיהִי מַבְדִּיל בֵּין מַיִם לָמָיִם:

7. וַיַּעַשׂ אֱלֹהִים אֶת־הָרָקִיעַ וַיַּבְדֵּל בֵּין הַמַּיִם אֲשֶׁר מִתַּחַת לָרָקִיעַ וּבֵין הַמַּיִם אֲשֶׁר מֵעַל לָרָקִיעַ וַיְהִי־כֵן:

8. וַיִּקְרָא אֱלֹהִים לָרָקִיעַ שָׁמָיִם וַיְהִי־עֶרֶב וַיְהִי־בֹקֶר יוֹם שֵׁנִי:

9. וַיֹּאמֶר אֱלֹהִים יִקָּווּ הַמַּיִם מִתַּחַת הַשָּׁמַיִם אֶל־מָקוֹם אֶחָד וְתֵרָאֶה הַיַּבָּשָׁה וַיְהִי־כֵן:

10. וַיִּקְרָא אֱלֹהִים לַיַּבָּשָׁה אֶרֶץ וּלְמִקְוֵה הַמַּיִם קָרָא יַמִּים וַיַּרְא אֱלֹהִים כִּי־טוֹב:

11. וַיֹּאמֶר אֱלֹהִים תַּדְשֵׁא הָאָרֶץ דֶּשֶׁא עֵשֶׂב מַזְרִיעַ זֶרַע עֵץ פְּרִי עֹשֶׂה פְּרִי לְמִינוֹ אֲשֶׁר זַרְעוֹ־בוֹ עַל־הָאָרֶץ וַיְהִי־כֵן:

12. וַתּוֹצֵא הָאָ֫רֶץ דֶּ֫שֶׁא עֵ֫שֶׂב מַזְרִיעַ זֶ֫רַע לְמִינֵ֫הוּ וְעֵץ עֹשֶׂה פְּרִי אֲשֶׁר
זַרְעוֹ־בוֹ לְמִינֵ֫הוּ וַיַּ֫רְא אֱלֹהִים כִּי־טוֹב׃

13. וַיְהִי־עֶ֫רֶב וַיְהִי־בֹ֫קֶר יוֹם שְׁלִישִׁי׃

14. וַיֹּ֫אמֶר אֱלֹהִים יְהִי מְאֹרֹת בִּרְקִיעַ הַשָּׁ֫מַיִם לְהַבְדִּיל בֵּין הַיּוֹם וּבֵין
הַלָּ֫יְלָה וְהָיוּ לְאֹתֹת וּלְמוֹעֲדִים וּלְיָמִים וְשָׁנִים׃

15. וְהָיוּ לִמְאוֹרֹת בִּרְקִיעַ הַשָּׁמַיִם לְהָאִיר עַל־הָאָ֫רֶץ וַיְהִי־כֵן׃

16. וַיַּ֫עַשׂ אֱלֹהִים אֶת־שְׁנֵי הַמְּאֹרֹת הַגְּדֹלִים אֶת־הַמָּאוֹר הַגָּדֹל לְמֶמְשֶׁ֫לֶת
הַיּוֹם וְאֶת־הַמָּאוֹר הַקָּטֹן לְמֶמְשֶׁ֫לֶת הַלַּ֫יְלָה וְאֵת הַכּוֹכָבִים׃

17. וַיִּתֵּן אֹתָם אֱלֹהִים בִּרְקִיעַ הַשָּׁ֫מָיִם לְהָאִיר עַל־הָאָ֫רֶץ׃

18. וְלִמְשֹׁל בַּיּוֹם וּבַלַּ֫יְלָה וּלֲהַבְדִּיל בֵּין הָאוֹר וּבֵין הַחֹ֫שֶׁךְ וַיַּ֫רְא אֱלֹהִים
כִּי־טוֹב׃

19. וַיְהִי־עֶ֫רֶב וַיְהִי־בֹ֫קֶר יוֹם רְבִיעִי׃

20. וַיֹּ֫אמֶר אֱלֹהִים יִשְׁרְצוּ הַמַּ֫יִם שֶׁ֫רֶץ נֶ֫פֶשׁ חַיָּה וְעוֹף יְעוֹפֵף
עַל־הָאָ֫רֶץ עַל־פְּנֵי רְקִיעַ הַשָּׁ֫מָיִם׃

21. וַיִּבְרָא אֱלֹהִים אֶת־הַתַּנִּינִם הַגְּדֹלִים וְאֵת כָּל־נֶ֫פֶשׁ הַחַיָּה הָרֹ֫מֶשֶׂת
אֲשֶׁר שָׁרְצוּ הַמַּ֫יִם לְמִינֵהֶם וְאֵת כָּל־עוֹף כָּנָף לְמִינֵ֫הוּ וַיַּ֫רְא אֱלֹהִים
כִּי־טוֹב׃

5.2. Read and Translate [phrases and clauses]

Note: the form of the article that would be used with many of the nouns introduced to this point has not yet been covered in the grammar and so those nouns cannot yet be used in their definite form; see ch. 6. #5.2.9,10 and #5.3.8,9 take the form of a verbless clause with an adjective as the predicate (BE + adjective); see further §9.2.2.

1. לָאִשָּׁה
2. בַּכֶּ֫רֶם
3. אֶל־הַגִּבּוֹר
4. הָלַךְ הַגִּבּוֹר

5. כַּצַּדִּיק

6. אֶל־אִישׁ

7. אִשָּׁה בַּכֶּ֫רֶם

8. כְּגִבּוֹר

9. יְהוָה צַדִּיק

10. מִי רַע

11. הָלַךְ רַע לְכֶ֫רֶם

12. הָלַךְ הַגִּבּוֹר אֶל־הַכֶּ֫רֶם

5.3. Read and Translate

no shewa, remnant of the article

1. יָשַׁב הַמֶּ֫לֶךְ בַּמַּחֲנֶה
2. נָתַן הַבֵּן כֶּ֫רֶם לְגִבּוֹר
3. הָלַךְ אָב אֶל־הַכֶּ֫רֶם
4. יָשַׁב הַגִּבּוֹר שָׁם
5. נָתַן אֱלֹהִים חָכְמָה לְאִשָּׁה
6. יָשַׁב אִישׁ בַּבַּ֫יִת הַיּוֹם
7. הָלַךְ אָדָם בְּשָׁלוֹם אֶל־הַבַּ֫יִת
8. הַדָּבָר רַע לַבֵּן
9. הוּא צַדִּיק כִּי הָלַךְ בְּחָכְמָה
10. מִי נָתַן כֶּ֫רֶם לַבֵּן
11. הָלַךְ הַגִּבּוֹר אֶל־הַבַּ֫יִת
12. נָתַן שָׁלוֹם פֹּה לְאִישׁ
13. אֵיפֹה הַכֶּ֫רֶם הַכֶּ֫רֶם שָׁם בְּהַר
14. יָשַׁב אָדָם פֹּה בְּאֶ֫רֶץ
15. הָלַךְ הַמֶּ֫לֶךְ כְּגִבּוֹר אֶל־הַמַּחֲנֶה

Chaper 6

6.1. *Read in Hebrew, Transliterate, and Divide into Syllables* [Gen 2:1-20]

Note: the name יְהוָה that first appears in Gen 2 represents a composite form (cf. §5.8), which does not lend itself to exact transliteration; the practice here is to represent it as YHWH. For a similar phenomenon, see the comment on הַהִוא (2:12) in the key.

1. וַיְכֻלּוּ הַשָּׁמַיִם וְהָאָרֶץ וְכָל־צְבָאָם:

2. וַיְכַל אֱלֹהִים בַּיּוֹם הַשְּׁבִיעִי מְלַאכְתּוֹ אֲשֶׁר עָשָׂה וַיִּשְׁבֹּת בַּיּוֹם הַשְּׁבִיעִי מִכָּל־מְלַאכְתּוֹ אֲשֶׁר עָשָׂה:

3. וַיְבָרֶךְ אֱלֹהִים אֶת־יוֹם הַשְּׁבִיעִי וַיְקַדֵּשׁ אֹתוֹ כִּי בוֹ שָׁבַת מִכָּל־מְלַאכְתּוֹ אֲשֶׁר־בָּרָא אֱלֹהִים לַעֲשׂוֹת:

4. אֵלֶּה תוֹלְדוֹת הַשָּׁמַיִם וְהָאָרֶץ בְּהִבָּרְאָם בְּיוֹם עֲשׂוֹת יְהוָה אֱלֹהִים אֶרֶץ וְשָׁמָיִם:

5. וְכֹל שִׂיחַ הַשָּׂדֶה טֶרֶם יִהְיֶה בָאָרֶץ וְכָל־עֵשֶׂב הַשָּׂדֶה טֶרֶם יִצְמָח כִּי לֹא הִמְטִיר יְהוָה אֱלֹהִים עַל־הָאָרֶץ וְאָדָם אַיִן לַעֲבֹד אֶת־הָאֲדָמָה:

6. וְאֵד יַעֲלֶה מִן־הָאָרֶץ וְהִשְׁקָה אֶת־כָּל־פְּנֵי־הָאֲדָמָה:

7. וַיִּיצֶר יְהוָה אֱלֹהִים אֶת־הָאָדָם עָפָר מִן־הָאֲדָמָה וַיִּפַּח בְּאַפָּיו נִשְׁמַת חַיִּים וַיְהִי הָאָדָם לְנֶפֶשׁ חַיָּה:

8. וַיִּטַּע יְהוָה אֱלֹהִים גַּן־בְּעֵדֶן מִקֶּדֶם וַיָּשֶׂם שָׁם אֶת־הָאָדָם אֲשֶׁר יָצָר:

9. וַיַּצְמַח יְהוָה אֱלֹהִים מִן־הָאֲדָמָה כָּל־עֵץ נֶחְמָד לְמַרְאֶה וְטוֹב לְמַאֲכָל וְעֵץ הַחַיִּים בְּתוֹךְ הַגָּן וְעֵץ הַדַּעַת טוֹב וָרָע:

10. וְנָהָר יֹצֵא מֵעֵ֫דֶן לְהַשְׁקוֹת אֶת־הַגָּן וּמִשָּׁם יִפָּרֵד וְהָיָה לְאַרְבָּעָה
רָאשִׁים׃

11. שֵׁם הָאֶחָד פִּישׁוֹן הוּא הַסֹּבֵב אֵת כָּל־אֶ֫רֶץ הַחֲוִילָה אֲשֶׁר־שָׁם
הַזָּהָב׃

12. וּזֲהַב הָאָ֫רֶץ הַהִוא טוֹב שָׁם הַבְּדֹ֫לַח וְאֶ֫בֶן הַשֹּׁ֫הַם׃

13. וְשֵׁם־הַנָּהָר הַשֵּׁנִי גִּיחוֹן הוּא הַסּוֹבֵב אֵת כָּל־אֶ֫רֶץ כּוּשׁ׃

14. וְשֵׁם הַנָּהָר הַשְּׁלִישִׁי חִדֶּ֫קֶל הוּא הַהֹלֵךְ קִדְמַת אַשּׁוּר וְהַנָּהָר
הָֽרְבִיעִי הוּא פְרָת׃

15. וַיִּקַּח יְהוָה אֱלֹהִים אֶת־הָאָדָם וַיַּנִּחֵ֫הוּ בְגַן־עֵ֫דֶן לְעָבְדָהּ וּלְשָׁמְרָהּ׃

16. וַיְצַו יְהוָה אֱלֹהִים עַל־הָאָדָם לֵאמֹר מִכֹּל עֵץ־הַגָּן אָכֹל תֹּאכֵל׃

17. וּמֵעֵץ הַדַּ֫עַת טוֹב וָרָע לֹא תֹאכַל מִמֶּ֫נּוּ כִּי בְּיוֹם אֲכָלְךָ מִמֶּ֫נּוּ מוֹת
תָּמוּת׃

18. וַיֹּ֫אמֶר יְהוָה אֱלֹהִים לֹא־טוֹב הֱיוֹת הָאָדָם לְבַדּוֹ אֶעֱשֶׂה־לּוֹ עֵ֫זֶר
כְּנֶגְדּוֹ׃

19. וַיִּ֫צֶר יְהוָה אֱלֹהִים מִן־הָאֲדָמָה כָּל־חַיַּת הַשָּׂדֶה וְאֵת כָּל־עוֹף
הַשָּׁמַ֫יִם וַיָּבֵא אֶל־הָאָדָם לִרְאוֹת מַה־יִּקְרָא־לוֹ וְכֹל אֲשֶׁר יִקְרָא־לוֹ
הָאָדָם נֶ֫פֶשׁ חַיָּה הוּא שְׁמוֹ׃

20. וַיִּקְרָא הָאָדָם שֵׁמוֹת לְכָל־הַבְּהֵמָה וּלְעוֹף הַשָּׁמַ֫יִם וּלְכֹל חַיַּת הַשָּׂדֶה
וּלְאָדָם לֹא־מָצָא עֵ֫זֶר כְּנֶגְדּוֹ׃

6.2. *Read and Translate* [phrases and clauses]

1. בָּאֲדָמָה
2. אֶל־הָעִיר
3. בַּדֶּ֫רֶךְ לַגָּן
4. כָּאֲנָשִׁים
5. לַנָּשִׁים בָּרָעָב
6. אֶל־הָאֲדָמָה בֶּהָרִים

7. הָאֲנָשִׁים שָׁם בַּבָּתִּים
8. יָשַׁב יֶ֫לֶד בַּשָּׂדֶה
9. הַנָּשִׁים פֹּה בָּעִיר
10. נָתַן אֱלֹהִים עִיר לָאֲנָשִׁים
11. הָלַךְ הַיֶּ֫לֶד בַּדֶּ֫רֶךְ
12. הָעִיר בַּשָּׂדֶה

6.3. Read and Translate

1. נָתַן יהוה שָׁלוֹם לָעִיר
2. הָלַךְ הָאִישׁ אֶל־הָהָר בָּרָעָב
3. יָשַׁב הָאָדָם בַּמַּחֲנֶה כִּי הוּא גִּבּוֹר
4. נָתַן הַמֶּ֫לֶךְ בָּתִּים לַנָּשִׁים
5. נָתַן כֶּ֫רֶם לָאֲנָשִׁים בַּשָּׂדֶה
6. הָלַךְ הַבֵּן בַּדֶּ֫רֶךְ אֶל־הָעִיר
7. הַכֶּ֫רֶם שָׁם בָּהָר הַבַּ֫יִת פֹּה
8. מִי יָשַׁב בָּאָ֫רֶץ כְּמֶ֫לֶךְ
9. הָלַךְ הָאָב בְּחָכְמָה כִּי הוּא צַדִּיק[1]
10. הָרָעָב רַע בָּאָ֫רֶץ הַיּוֹם
11. הַדָּבָר צַדִּיק כִּי הָלַךְ הַגִּבּוֹר בְּשָׁלוֹם
12. הָלַךְ הַיֶּ֫לֶד לַמַּחֲנֶה בַּשָּׂדֶה
13. יָשַׁב הַבֵּן בָּעִיר כִּי הָאָב שָׁם
14. מִי נָתַן חָכְמָה לַצַּדִּיק בָּרָעָב
15. הָלַךְ הַמֶּ֫לֶךְ כְּגִבּוֹר אֶל־הַשָּׂדֶה

---

[1] The adjective functions here as the predicate of the non-verbal clause (as in #5.2.9,10, #5.3.10,11) - ‘he [was] righteous’; similarly in #6.3.10,11.

Chapter 7

7.1. Translate

1. הַכֶּסֶף וְהַזָּהָב בָּעִיר

2. הָעֶבֶד בַּבַּיִת וְהַנַּעַר עַל־הַדֶּרֶךְ

3. הַזָּקֵן וְהַמֶּלֶךְ וְהַצַּדִּיקִים[1] בְּיִשְׂרָאֵל

4. הַכֶּסֶף בַּשָּׂדֶה וְהַזָּהָב בַּבַּיִת

5. הָלַךְ הָעֶבֶד עַל־הַדֶּרֶךְ וּבַשָּׂדֶה

6. הַזָּקֵן עַל־הָעֲבוֹדָה בֶּעָרִים

7. נָתַן הָאָב זָהָב וָכֶסֶף לַנַּעַר

8. הַנַּעַר וְהַזָּקֵן כַּגִּבּוֹרִים בָּאָרֶץ

9. מִי נָתַן זָהָב אֶל־הָאָבוֹת לָעֲבוֹדָה

10. הָלַךְ הָעֶבֶד לַכֶּרֶם וְשָׁם יָשַׁב

11. נָתַן הַגִּבּוֹר כֶּסֶף לָאֲנָשִׁים וְלַנָּשִׁים

12. מִי צַדִּיק כַּזָּקֵן בְּיִשְׂרָאֵל

7.2. Translate

1. נָתַן הַנַּעַר כֶּרֶם וּבַיִת לָאִשָּׁה וְלָעִיר הָלַךְ

2. הָאָב בַּשָּׂדֶה וְהַבֵּן בַּמַּחֲנֶה וּפֹה הָעֶבֶד

---

[1] Adjectives often function as nouns and are inflected in the same ways - for instance, with the definite article and plural suffix as here ('the righteous ones'); see further §9.1-2.

3. הָרָעָב בָּאָרֶץ וְהָאִישׁ הָלַךְ אֶל־הָהָר

4. הָאֲנָשִׁים שָׁם בַּבָּתִּים וְהַגִּבּוֹרִים פֹּה בָעִיר

5. נָתַן לַצַּדִּיקִים כֶּסֶף וְזָהָב כִּי צַדִּיק הוּא

6. יָשַׁב הַמֶּלֶךְ בָּאָרֶץ וְהָעָם הָלַךְ אֶל־הַכֶּרֶם לַעֲבוֹדָה

7. הַיֶּלֶד כָּאִישׁ וְהַזָּקֵן כַּגִּבּוֹר וְכַמֶּלֶךְ הָעֶבֶד

8. הַדָּבָר רַע כִּי הָאִישׁ הוּא רַע

9. נָתַן הַמֶּלֶךְ זָהָב וּבָתִּים לַנָּשִׁים הַיּוֹם

10. הָלַךְ הַיֶּלֶד עַל־הַדֶּרֶךְ אֶל־הַשָּׂדֶה כִּי הָאָב שָׁם

11. נָתַן אֱלֹהִים חָכְמָה וְשָׁלוֹם לָאִשָּׁה בָעִיר

12. מִי שָׁם בַּמַּחֲנֶה הָאָב וּבֵן שָׁם וְהַזָּקֵן[2] פֹּה כִּי יָשַׁב בַּבַּיִת

13. נָתַן הַזָּקֵן כֶּסֶף אֶל־הַגִּבּוֹרִים בַּמַּחֲנֶה וְעַל־הָאֲנָשִׁים בָּאָרֶץ הָלַךְ

14. הוּא צַדִּיק כִּי יָשַׁב בְּשָׁלוֹם בַּשָּׂדֶה וְהַנַּעַר רַע כִּי יָשַׁב בֶּעָרִים

15. מִי הָלַךְ אֶל־הָעִיר בַּצַּדִּיקִים וּלְמִי נָתַן אֱלֹהִים חָכְמָה לָעֲבוֹדָה

----

[2] Consecutive Hebrew passages will contain many clauses, and the transition from one clause to the next is not always immediately apparent. Conjunctions almost invariably stand at the beginning of the clause to which they belong, and so they are important markers of these transitions. The conjunction וְ is by far the most common in Biblical Hebrew (occurring more than 51,000 times), and usually it will have this function of linking a new clause to what precedes; on occasion, though, it will serve to link two noun phrases rather than two clauses (as does English 'and'), and this must be borne in mind as a secondary possibility: both functions are illustrated in this sentence (similarly #7.2.1). The other conjunction introduced to this point, כִּי, is less ambiguous as a clause marker but equally diverse in its range of possible meanings. Its three primary functions are causal ('because, since'), introducing a clause that explains the accompanying action; temporal ('when', sometimes 'if, as'), identifying an event as part of the same temporal framework as the accompanying action; and nominalizing ('that'), typically introducing a clause as the object of a preceding verb such as a verb of speaking or thinking. The third function is usually clear (not illustrated before ch. 10, for lack of suitable preceding verbs), the first two will often overlap and be more difficult to distinguish.

Chapter 8

8.1. Translate

1. הָלְכוּ מֵהַהֵיכָל אֶל־הַנְּהָרִים
2. הָעָם בְּתוֹךְ הָאֲרָצוֹת
3. וְעַתָּה נָתַן אֱלֹהִים עֵצוֹת לַזְּקֵנִים
4. בַּסֵּ֫פֶר הַדְּבָרִים עַל־הַמִּלְחָמָה
5. הָלְכוּ הַגִּבּוֹרִים אֶל־תּוֹךְ הַנָּהָר
6. נָתַן הַמֶּ֫לֶךְ כְּסָפִים לָאָבוֹת
7. הָרָעִים בִּיהוּדָה בַּמִּלְחָמוֹת
8. יָשַׁב הַנַּ֫עַר שָׁם בֶּהָרִים
9. הָלְכוּ הָעֲבָדִים מִתּוֹךְ הֶעָרִים
10. נָתַן הָאָדָם כְּרָמִים לַבֵּן
11. הַמְּלָכִים וְהַנְּעָרִים וְהָעַמִּים בַּהֵיכָל
12. הָלְכוּ הַיְלָדִים מֵהַבָּתִּים

8.2. Translate

1. הָלְכוּ הַצַּדִּיקִים מֵהַמַּחֲנֶה לַעֲבֹדָה בָּאֲדָמָה בְּתוֹךְ הַכְּרָמִים
2. יָשַׁב הָעֶ֫בֶד שָׁם עַל־הֶהָרִים וְהַגִּבּוֹרִים פֹּה בַּבָּתִּים
3. הָעֲבָדִים בַּבַּ֫יִת בְּתוֹךְ הָעִיר וְהַנָּשִׁים שָׁם בַּכֶּ֫רֶם

4. נָתַן אֱלֹהִים מֶלֶךְ לָעָם וּבְחָכְמָה הָלַךְ בָּאָרֶץ
5. הַכֶּסֶף בֶּעָרִים בִּיהוּדָה וְהַסְּפָרִים בַּהֵיכָלוֹת בְּיִשְׂרָאֵל
6. הָלַךְ הַנַּעַר מִיהוּדָה לָאֲרָצוֹת וּבְשָׁלוֹם יָשַׁב שָׁם כִּי צַדִּיק הוּא
7. כַּמֶּלֶךְ הָאִישׁ כִּי יָשַׁב בְּחָכְמָה בְּתוֹךְ הָעָם
8. הַבֵּן בַּשָּׂדֶה וְהַנָּשִׁים בְּהֵיכָל וּבַבַּיִת הָאֲנָשִׁים
9. וְעַתָּה נָתַן הָאָב סְפָרִים לַיְלָדִים הַיּוֹם
10. בָּאָרֶץ הָרָעָב וְהַזְּקֵנִים הָלְכוּ אֶל־הַהֵיכָל מִן־הֶעָרִים
11. מִי נָתַן סֵפֶר וְזָהָב וְעֵצָה לַגִּבּוֹרִים וּמִי הָלַךְ אֶל־הַהֵיכָל
12. הַצַּדִּיק עֶבֶד לָרַע וְהַזְּקֵנִים עֲבָדִים לַנְּעָרִים כִּי הַמֶּלֶךְ יֶלֶד בָּאָרֶץ
13. הָלְכוּ הָאֲנָשִׁים מִתּוֹךְ הַמַּחֲנוֹת לַמִּלְחָמָה עַל־הַנָּהָר
14. אֶל־מִי הָלַךְ הַצַּדִּיק כִּי יָשַׁב בְּשָׁלוֹם בְּתוֹךְ הָרָעִים בָּעִיר
15. הַנָּשִׁים בַּשָּׂדוֹת וְהַיְלָדִים עַל־הַדְּרָכִים אֶל־הֶהָרִים וְהָאֲנָשִׁים בַּהֵיכָל כִּי הָלְכוּ מֵהָעֲבוֹדָה בַּכְּרָמִים

Chapter 9

9.1. Translate

1. הָאֲנָשִׁים גְּדוֹלִים מֵהַיְלָדִים
2. רַבִּים הַדְּבָרִים הַטּוֹבִים בַּסֵּ֫פֶר
3. הַנְּעָרִים הַיָּפִים רָעִים מְאֹד
4. הַמֶּ֫לֶךְ הַצַּדִּיק בַּבַּ֫יִת הַגָּדוֹל
5. הַנָּבִיא רָשָׁע מֵהָעֶ֫בֶד הָרַע
6. הָֽלְכוּ רַבִּים בַּדֶּ֫רֶךְ הַצַּדִּיקָה
7. יְקָרָה הַחָכְמָה מִכֶּ֫סֶף רַב
8. הַיְשָׁרִים בָּאָ֫רֶץ רַבִּים
9. גָּדוֹל הַהֵיכָל מִן־הַבַּ֫יִת
10. הָֽלְכוּ הַנְּבִיאוֹת הָֽרְשָׁעוֹת מֵהָעִיר
11. נָתַן חָכְמָה גְּדוֹלָה לַזְּקֵנִים הַטּוֹבִים
12. יָפָה וִישָׁרָה הָאִשָּׁה וְהָאָב אִישׁ קָשֶׁה

9.2. Translate

1. הַנְּעָרִים רְשָׁעִים מִן־הַיְלָדִים וְהַבֵּן יָשָׁר מֵהַזְּקֵנִים
2. הָלַךְ הָאָדָם הַטּוֹב מִן־הַהֵיכָל בְּתוֹךְ הַנְּעָרִים וְהַיְלָדִים
3. צַדִּיקָה מְאֹד הָאִשָּׁה וְעַתָּה נָתַן אֱלֹהִים חָכְמָה לָאֲנָשִׁים הָֽרְשָׁעִים
4. מִי יָשַׁב בְּתוֹךְ הָאָ֫רֶץ הַטּוֹבָה וּמִי הָלַךְ אֶל־הַכֶּ֫רֶם הַגָּדוֹל

5. רָעִים הַדְּבָרִים וּרְשָׁעוֹת הָעֵצוֹת כִּי הָלְכוּ הַזְּקֵנִים הַיְשָׁרִים מֵהָעִיר

6. הַבַּ֫יִת גָּדוֹל וְהָאֲדָמָה טוֹבָה וּבְשָׁלוֹם יָשַׁב הַגִּבּוֹר שָׁם

7. הָלַךְ הָאָב לָעֲבוֹדָה הַקָּשָׁה בַּשָּׂדֶה וְהַבֵּן יָשַׁב פֹּה עַל־הַדֶּ֫רֶךְ

8. נָתַן הָאִישׁ הַיָּשָׁר כֶּ֫סֶף רַב לַנָּשִׁים וּמִתּוֹךְ הֶעָרִים הָלְכוּ בָּרָעָב הָרַע

9. הַבֵּן רָשָׁע כָּאָב כִּי הָלַךְ מִתּוֹךְ הָעָם וְעַל־הַנָּהָר הַגָּדוֹל יָשַׁב

10. נָבִיא טוֹב הוּא וְעֵצָה צַדִּיקָה וִישָׁרָה נָתַן לָעָם וּבַדְּרָכִים הַיְשָׁרִים הָלְכוּ

11. הַמַּחֲנֶה גָדוֹל מֵהַבָּתִּים וְגִבּוֹרִים רַבִּים הָלְכוּ שָׁם בַּמִּלְחָמָה

12. טוֹבִים הַדְּבָרִים בַּסֵּ֫פֶר וּבַדֶּ֫רֶךְ הָרָעָה הָלַךְ יִשְׂרָאֵל כִּי נָתַן כֶּ֫סֶף לָרְשָׁעִים

13. יָשַׁב הַמֶּ֫לֶךְ הַזָּקֵן בִּיהוּדָה בֶּהָרִים וְלָעֲבָדִים נָתַן זָהָב וְאֶל־הַמִּלְחָמוֹת הָלְכוּ

14. נָתַן הַזָּקֵן סְפָרִים רַבִּים וִיקָרִים לָעָם הַיָּשָׁר כִּי אִישׁ טוֹב הוּא

15. הָלְכוּ הָעֲבָדִים הַצַּדִּיקִים מִתּוֹךְ הַהֵיכָל הַגָּדוֹל וְהַיָּפֶה וְהַנָּבִיא הָרַע יָשַׁב שָׁם

9.3. OT Texts

As noted in the introductory comments, the glosses provided in the footnotes for the OT texts and OT passages (#9.3 and #9.4 in this chapter) are not normally isolated by quotation marks as elsewhere, since they are superfluous where virtually all the information takes the form of a gloss (apart from comments in parentheses). However, when the English translates an actual Hebrew infinitive, quotation marks are retained to distinguish this from the standard use of the English infinitive as the lexical equivalent of the Hebrew 3ms pf verb (e.g., #9.3 n. 2a as opposed to #10.4 n. 3a); they are also used, for instance, to identify the form of pronominal suffixes used with prepositions in the early chapters.

If no Hebrew is cited in the footnote, the English word or phrase glosses the actual word to which the footnote is attached. Hebrew cited in the footnote will normally represent the lexical form of the word, with the equivalent English lexical form, from which the word in the text can be inferred on the basis of grammar covered to that point.

Note the regular use of the circular bullet mark ° to identify the presence of a name (e.g., #9.2); and, beginning in #12.4, of • to identify recurring vocabulary whose meaning is given in the glossary.

1. וַיֹּאמֶר[1] יְהוָה אֱלֹהִים לֹא[1a]-טוֹב הֱיוֹת[1b] הָאָדָם לְבַדּוֹ[1c] Gen 2:18

2. וַיֹּאמֶר[1] קַיִן° אֶל־יְהוָה גָּדוֹל עֲוֹנִי[2] מִנְּשֹׂא[2a]: Gen 4:13

3. וַיַּרְא[3] יְהוָה כִּי רַבָּה רָעַת[3a] הָאָדָם בָּאָרֶץ Gen 6:5

4. אַבְרָם° יָשַׁב בְּאֶרֶץ[4]-כְּנָעַן° וְלוֹט° יָשַׁב בְּעָרֵי[4a] הַכִּכָּר[4b] Gen 13:12

5. וְאַנְשֵׁי[5] סְדֹם° רָעִים וְחַטָּאִים[5a] לַיהוָה מְאֹד: Gen 13:13

6. וְאַבְרָהָם° וְשָׂרָה° זְקֵנִים בָּאִים[6] בַּיָּמִים[6a] Gen 18:11

7. וַיָּגָר[7] אַבְרָהָם° בְּאֶרֶץ[4] פְּלִשְׁתִּים° יָמִים[6a] רַבִּים: Gen 21:34

8. וּבְנֵי[8] יִשְׂרָאֵל° הָלְכוּ בַיַּבָּשָׁה[8a] בְּתוֹךְ הַיָּם[8b] Ex 14:29

9. עַתָּה יָדַעְתִּי[9] כִּי־גָדוֹל יְהוָה מִכָּל[9a]-הָאֱלֹהִים Ex 18:11

10. טוֹבָה הָאָרֶץ מְאֹד מְאֹד: Num 14:7

11. הָאֵמִים° לְפָנִים[10] יָשְׁבוּ בָהּ[10a] עַם גָּדוֹל וְרַב וָרָם[10b] כָּעֲנָקִים°: Deut 2:10

12. וַיֹּאמֶר[1] אַבְשָׁלוֹם° וְכָל[9a]-אִישׁ[11] יִשְׂרָאֵל טוֹבָה עֲצַת[11a] חוּשַׁי° הָאַרְכִּי°
מֵעֲצַת אֲחִיתֹפֶל° 2 Sam 17:14

----

[1] and (he) said; [1a] not; [1b] 'to be'; [1c] alone/on his own.

[2] my guilt/punishment; [2a] נְשֹׂא - 'to bear/carry'.

[3] and (he) saw; [3a] the evil of.

[4] אֶרֶץ - the land of; [4a] עָרֵי - the cities of; [4b] כִּכָּר - surrounding area/plain.

[5] אַנְשֵׁי - the men of; [4a] חַטָּא - sinner.

[6] בָּא - advanced/advancing; [6a] יָמִים - plural of יוֹם.

[7] and (he) resided.

[8] בְּנֵי - the sons/members of; [8a] יַבָּשָׁה - dry land; [8b] יָם - sea.

[9] I know; [9a] כָּל - all of/every.

[10] previously/before; [10a] in it; [10b] רָם - high/tall.

[11] the men of; [11a] the counsel of.

9.4. Genesis 1:1-3[12]

1 בְּרֵאשִׁית[13] בָּרָא[13a] אֱלֹהִים אֵת הַשָּׁמַיִם[13b] וְאֵת הָאָרֶץ׃

2 וְהָאָרֶץ הָיְתָה[14] תֹהוּ[14a] וָבֹהוּ וְחֹשֶׁךְ[14b] עַל-פְּנֵי[14c] תְהוֹם[14d] וְרוּחַ[14e]
אֱלֹהִים מְרַחֶפֶת[14f] עַל-פְּנֵי[14c] הַמָּיִם[14g]׃

3 וַיֹּאמֶר[15] אֱלֹהִים יְהִי[15a] אוֹר[15b] וַיְהִי[15c]-אוֹר׃

[12] Gen 1:1-2:3 is presented here as the first consecutive passage for reading due to its foundational role in the Biblical narrative and its formulaic, repetitive style (for Gen 2-4, see *IBH*, chh. 48-54); despite its familiarity it is a difficult text, though, with characteristics of a technical ritual text. Much of its vocabulary and morphology will be inaccessible at this stage. For reading, transliteration and syllabification of sections of 1:1-21, see preceding chapters (especially #5.1).

[13] רֵאשִׁית -beginning; [13a] בָּרָא . . . אֵת - (he) created; [13b] שָׁמַיִם - heaven(s), sky.

[14] (it) was; [14a] תֹהוּ וָבֹהוּ - chaos and emptiness; [14b] חֹשֶׁךְ - darkness; [14c] פְּנֵי - (the) face of; [14d] (the) ocean; [14e] רוּחַ - (the) Spirit of; [14f] (was) hovering; [14g] מַיִם - water(s).

[15] and (he) said; [15a] let there be; [15b] light; [15c] and there was.

Chapter 10

10.1. Parse and Translate

Parse: define the verb in terms of (1) person, gender, number; (2) stem (Qal until ch. 26); (3) tense or mood (only Pf in ch. 10); (4) root; (5) translation of the inflected form.

1. יָשַׁ֫בְתִּי   2. נָתְנָה   3. יָרַדְתֶּן

4. זָכַ֫רְנוּ   5. הָלַכְתָּ   6. יָשַׁ֫בְנוּ

7. כָּתַ֫בְתִּי   8. קָבְצוּ   9. נָתַתְּ

10. פְּקַדְתֶּם   11. נָפְלָה   12. יָרְדוּ

13. זָכַ֫רְתִּי   14. יָשְׁבָה   15. כָּתַבְתְּ

16. נָפַ֫לְתִּי   17. הָלַכְתְּ   18. פָּקְדוּ

19. כָּתַ֫בְתָּ   20. קָבַ֫צְתִּי   21. יָרַ֫דְנוּ

22. נְתַתֶּם   23. נָפְלוּ   24. יְשַׁבְתֶּן

25. פָּקַ֫דְתִּי   26. זְכַרְתֶּם   27. כָּתְבוּ

28. נָתַ֫נּוּ   29. יָרְדָה   30. הֲלַכְתֶּם

10.2. Translate

1. יָרַ֫דְתָּ אֶל־הַכֶּ֫רֶם הַגָּדֹל

2. לֹא כְתַבְתֶּם אֶת הַדְּבָרִים בַּסֵּ֫פֶר

3. נָתְנָה לֶ֫חֶם לָאֲנָשִׁים הָרַבִּים

4. הָלַ֫כְתִּי לַבַּ֫יִת וְלֹא יָשַׁ֫בְתָּ שָׁם

30

5. פָּקַד אֱלֹהִים אֶת־הָֽרְשָׁעִים

6. לֹא לָכַ֫דְנוּ אֵת הָאָ֫רֶץ הַטּוֹבָה

7. נָֽפְלוּ רַבִּים בַּנָּהָר הַגָּדֹל

8. קָבַ֫צְתָּ אֶת־הַנְּעָרִים לַמִּלְחָמָה

9. הָֽלְכוּ הָֽרְשָׁעִים מֵהָעִיר הַיְשָׁרָה

10. יָרַד הָעֶ֫בֶד הַצַּדִּיק אֶל־הַשָּׂדֶה

11. וְעַתָּה נָתַ֫נּוּ זָהָב לַזְּקֵנִים לַדֶּ֫רֶךְ

12. זְכַרְתֶּן אֵת הַסְּפָרִים הַטּוֹבִים

10.3. Translate

1. זָֽכְרָה הָאִשָּׁה אֵת הַיְלָדִים וְאֶל־הַבָּֽתִּים יָֽרְדָה

2. כְּתַבְתֶּם סְפָרִים רַבִּים בַּהֵיכָל לָאֲנָשִׁים כִּי הֲלַכְתֶּם בְּחָכְמָה

3. בְּעִיר גְּדוֹלָה יָשַׁ֫בְנוּ בְתוֹךְ הַגִּבּוֹרִים וְהוּא יָשַׁב בַּשָּׂדֶה

4. נָֽפְלוּ הַנְּבִיאִים הַטּוֹבִים בַּמִּלְחָמָה וְעַתָּה הָעָם רַע מְאֹד

5. צַדִּיק הָאִישׁ מֵהַמֶּ֫לֶךְ הָרָשָׁע וְלֹא נָתַן אֶת־הַזָּהָב לַמֶּ֫לֶךְ

6. פָּקַדְתְּ אֵת הָאִשָּׁה בָּרָעָב וְאֵת הַזְּקֵנִים זָכַרְתְּ

7. מִי שָׁם בֶּעָרִים הַגְּדוֹלוֹת הַיּוֹם וְעַל־מִי הָלַ֫כְנוּ לַמִּלְחָמָה

8. יָֽרְדוּ אָבוֹת רַבִּים מִן־הֶהָרִים אֶל־הַכְּרָמִים וְאֶת־הַלֶּ֫חֶם נָֽתְנוּ לַיְשָׁרִים

9. הַנְּעָרִים טוֹבִים וְהַנָּשִׁים הַטּוֹבוֹת רַבּוֹת בְּיִשְׂרָאֵל וּרְשָׁעִים הָעֲבָדִים בָּאָ֫רֶץ

10. יָרַ֫דְתִּי אֶל־הַשָּׂדוֹת וּמִשָּׁם קָבַ֫צְתִּי לֶ֫חֶם לָאֲנָשִׁים הָרַבִּים בַּמַּחֲנֶה

11. נָתַ֫נּוּ עֵצוֹת צַדִּיקוֹת לַזְּקֵנִים וְלֹא זָֽכְרוּ אֶת־הַדְּבָרִים וְלֹא הָֽלְכוּ בְשָׁלוֹם

12. בְּאֶ֫רֶץ הַטּוֹבָה יָשַׁ֫בְתָּ וְאֵת הַכֶּ֫סֶף קָבַ֫צְתָּ מֵהָאֲדָמָה וְאֶל־הַמַּחֲנֶה הַגָּדוֹל הָלַ֫כְתָּ

13. נָתְנוּ חָכְמָה יְשָׁ֫רָה בִּדְבָרִים טוֹבִים לָאֲנָשִׁים הָרָעִים וְלֹא הָלְכוּ בַּדֶּ֫רֶךְ הַצַּדִּיקָה

14. גְּדוֹלָה הָעֲבוֹדָה מְאֹד וְלוֹא נָתַן לַבֵּן כֶּ֫סֶף לָעֲבֹדָה כִּי אָב קָשֶׁה הוּא

15. פָּקַד אֱלֹהִים אֶת־יְהוּדָה וְאֶת־הָעָם קָבַץ מֵהָאֲרָצוֹת כִּי טוֹב וְיָשָׁר הוּא

10.4. OT Texts

1. וַיִּ֫יצֶר[1] יְהוָה אֱלֹהִים אֶת־הָאָדָם עָפָר[1a] מִן־הָאֲדָמָה Gen 2:7

2. וַיֹּ֫אמֶר[2] הָאָדָם הָאִשָּׁה אֲשֶׁר[2a] נָתַ֫תָּה עִמָּדִי[2b] הִוא[2c] נָֽתְנָה־לִּי[2d] מִן־הָעֵץ[2e] וָאֹכֵל[2f]׃ Gen 3:12

3. וַיהוָה פָּקַד אֶת־שָׂרָה° כַּאֲשֶׁר[3] אָמָר[3a] וַיַּ֫עַשׂ[3b] יְהוָה לְשָׂרָה כַּאֲשֶׁר דִּבֵּר[3c]׃ Gen 21:1

4. וַתֹּ֫אמֶר[4] אֶל־הָאֲנָשִׁים יָדַ֫עְתִּי[4a] כִּי־נָתַן יְהוָה לָכֶם[4b] אֶת־הָאָ֫רֶץ וְכִי־נָֽפְלָה אֵימַתְכֶם[4c] עָלֵ֫ינוּ[4d] Josh 2:9

5. וַיִּכְתָּב[5]־שָׁם עַל־הָאֲבָנִים[5a] אֵת מִשְׁנֵה[5b] תּוֹרַת[5b] מֹשֶׁה° אֲשֶׁר[2a] כָּתַב לִפְנֵי[5c] בְּנֵי[5d] יִשְׂרָאֵל׃ Josh 8:32

----

[1] (he) formed; [1a] (out of) dust.

[2] (he) said; [2a] who/which; [2b] (to be) with me; [2c] she; [2d] to me; [2e] עֵץ - tree; [2f] and I ate.

[3] as; [3a] אָמַר - to say; [3b] and (he) did; [3c] he spoke.

[4] and she said; [4a] יָדַע - to know; [4b] to you; [4c] the fear of you; [4d] upon us.

[5] then he wrote; [5a] אֶ֫בֶן - stone; [5b] the copy of the law of; [5c] before; [5d] the sons/children of.

6. לֹא־נָפַל דָּבָר מִכֹּל[6] הַדָּבָר הַטּוֹב אֲשֶׁר[2a]־דִּבֶּר[3c] יְהוָה אֶל־בֵּית[6a] יִשְׂרָאֵל
Josh 21:45

7. אֵיךְ[7] נָפְלוּ גִבֹּרִים בְּתוֹךְ הַמִּלְחָמָה יְהוֹנָתָן° עַל־בָּמוֹתֶיךָ[7a] חָלָל[7b]:
2 Sam 1:25

8. וַיֹּאמֶר[2] הַמֶּלֶךְ אֶל־עֲבָדָיו[8] הֲלוֹא[8a] תֵדְעוּ[8a] כִּי־שַׂר[8b] וְגָדוֹל נָפַל הַיּוֹם
הַזֶּה[8c] בְּיִשְׂרָאֵל: 2 Sam 3:38

9. וַיִּשְׁלַח[9] יוֹאָב° מַלְאָכִים[9a] אֶל־דָּוִד° וַיֹּאמֶר[2] נִלְחַמְתִּי[9b] בְרַבָּה°
גַּם[9c]־לָכַדְתִּי אֶת־עִיר[9d] הַמָּיִם[9d]: 2 Sam 12:27

10. אִם[10]־אָמַרְנוּ[3a] נָבוֹא[10a] הָעִיר וְהָרָעָב בָּעִיר וָמַתְנוּ[10b] שָׁם וְאִם־יָשַׁבְנוּ פֹה
וָמָתְנוּ[10b] וְעַתָּה לְכוּ[10c] וְנִפְּלָה[10c] אֶל־מַחֲנֵה[10d] אֲרָם° 2 Kings 7:4

11. וַיִּשְׁבְּתוּ[11] שְׁלֹשֶׁת[11a] הָאֲנָשִׁים הָאֵלֶּה[11b] מֵעֲנוֹת[11c] אֶת־אִיּוֹב° כִּי הוּא
צַדִּיק בְּעֵינָיו[11d]: Job 32:1

12. כִּי־חֲלָלִים[7b] רַבִּים נָפָלוּ כִּי מֵהָאֱלֹהִים הַמִּלְחָמָה : 1 Chr 5:22

----

[6] כֹּל - all of; [6a] the house of.

[7] how; [7a] your hills/high places; [7b] חָלָל - slain/pierced.

[8] his servants/officials; [8a] do you not know?; [8b] prince/leader; [8c] this.

[9] then (he) sent; [9a] מַלְאָךְ - messenger; [9b] I have fought; [9c] also/indeed; [9d] the city/area of water(s).

[10] if; [10a] we will enter; [10b] and we will die; [10c] come, let us desert; [10d] the camp of Aram/the Arameans.

[11] then (they) ceased; [11a] three; [11b] these; [11c] עֲנוֹת - answering/'to answer'; [11d] עַיִן - his eyes.

10.5. Genesis 1:4-6

4 וַיַּ֧רְא[12] אֱלֹהִ֛ים אֶת־הָא֖וֹר[12a] כִּי־ט֑וֹב וַיַּבְדֵּ֣ל[12b] אֱלֹהִ֔ים בֵּ֥ין[12c] הָא֖וֹר וּבֵ֥ין הַחֹֽשֶׁךְ[12d]:

5 וַיִּקְרָ֨א[13] אֱלֹהִ֤ים ׀ לָאוֹר֙[12a] י֔וֹם וְלַחֹ֖שֶׁךְ[12d] קָ֣רָא[13a] לָ֑יְלָה[13b] וַֽיְהִי־[13c]עֶ֥רֶב[13d] וַֽיְהִי־בֹ֖קֶר[13e] י֥וֹם אֶחָֽד[13f]:

6 וַיֹּ֣אמֶר[14] אֱלֹהִ֔ים יְהִ֥י[14a] רָקִ֖יעַ[14b] בְּת֣וֹךְ הַמָּ֑יִם[14c] וִיהִ֣י מַבְדִּ֔יל[14d] בֵּ֥ין[12c] מַ֖יִם לָמָֽיִם:

----

[12] and (he) saw;   [12a] א֖וֹר - light;   [12b] and (he) divided;   [12c] between;   [12d] חֹ֖שֶׁךְ - darkness.

[13] וַיִּקְרָ֨א . . . לְ - and (he) called;   [13a] he called;   [13b] night;   [13c] וַֽיְהִי - and it was;   [13d] evening;   [13e] בֹּ֖קֶר - morning;   [13f] one.

[14] and (he) said;   [14a] let there be;   [14b] expanse;   [14c] מַ֖יִם - water;   [14d] dividing.

Chapter 11

11.1. Parse and Translate

Most of the parsing exercises provided here deal exclusively with verbs, since these represent the most complex morphology in Hebrew and so require the most practice in analysis. A few of the early exercises include nouns, for practice in distinguishing suffixes that are sometimes similar or identical (and for the sake of variety, due to the limited number of verbal roots and forms available). The parsing of a noun at this stage will identify (1) gender and number; (2) part of speech (i.e. 'noun', or the related category of 'adjective'), as opposed to stem; (3) lexical form (i.e. the basic form under which the noun is cited in a lexicon or glossary), as opposed to tense; (4) root (not always readily identifiable at this stage); and (5) translation of the inflected form. Later exercises will introduce an additional category (state, or pronominal suffix).

1. נָתַתָּ	2. לָכַדְנוּ	3. נָפַלְתְּ
4. יָֽשְׁבוּ	5. גְּדוֹלָה	6. קָֽבְצָה
7. פְּקַדְתֶּן	8. הֵיכָלוֹת	9. נְבִיאָה
10. נָֽתְנוּ	11. יְשָׁרָה	12. עֵצוֹת
13. לְכַדְתֶּם	14. כָּתַבְנוּ	15. רַבִּים
16. נְהָרוֹת	17. זָֽכְרוּ	18. נָתַתִּי
19. רְשָׁעָה	20. עֲבָדִים	21. הֲלַכְתֶּם
22. יָרַדְתָּ	23. פָּקַדְנוּ	24. צַדִּיקָה
25. קְטַנִּים	26. נָפַלְתִּי	27. לָֽכְדוּ
28. קָבַץ	29. מְקוֹמוֹת	30. סְפָרִים

11.2. Translate

1. וְהִיא בַהֵיכָל בַּיּוֹם הַזֶּה
2. אַתֶּם אֲנָשִׁים צַדִּיקִים
3. מִי יָרַד אֶל־הַנָּהָר הַהוּא
4. אֲנַ֫חְנוּ פֹה בַבָּתִּים הַחֲדָשִׁים הָאֵ֫לֶּה
5. אַתָּה לֹא זָכַ֫רְתָּ אֵת הַדָּבָר הַזֶּה
6. הָאָבוֹת הָהֵם זְקֵנִים בַּמָּקוֹם הַהוּא
7. יָֽשְׁבוּ הַיְלָדִים עַל־הָעַ֫יִן הַקְּטַנָּה הַזֹּאת
8. אֵ֫לֶּה הַגְּדוֹלִים בָּאָ֫רֶץ הַהִיא
9. אֲנִי יָרַ֫דְתִּי אֶל־הַמַּחֲנֶה בַּיָּמִים הָהֵם
10. הָֽלְכוּ הַנָּשִׁים הָהֵ֫נָּה לָעִיר הַזֹּאת
11. נָֽפְלוּ הַגִּבּוֹרִים הָאֵ֫לֶּה בְּלַ֫יְלָה אֶחָד
12. יְשָׁרָה אַתְּ כִּי כָתַבְתְּ אֶת־הַסֵּפֶר הַזֶּה בְּבִינָה

11.3. Translate

1. וַאֲנַ֫חְנוּ יָרַ֫דְנוּ בַּיָּמִים הָהֵם אֶל־הַמָּקוֹם הֶחָדָשׁ הַזֶּה וְאַתֶּם יְשַׁבְתֶּם בָּאָ֫רֶץ הַהִיא
2. הָלַ֫כְתִּי מֵהַשָּׂדוֹת בְּשָׁלוֹם וְהַגִּבּוֹרִים הָאֵ֫לֶּה נָֽפְלוּ שָׁם עַל־הַדֶּ֫רֶךְ בַּמִּלְחָמָה הַגְּדוֹלָה הַזֹּאת
3. זֶה הַדָּבָר הַצַּדִּיק וְזֹאת הָעֵצָה הַיְשָׁרָה וְאַתָּה לֹא הָלַ֫כְתָּ בְּבִינָה וְלֹא זָכַ֫רְתָּ אֶת־הַחָכְמָה הַטּוֹבָה הַזֹּאת
4. הוּא אִישׁ טוֹב וְהֵ֫נָּה נָשִׁים טוֹבוֹת וְאַתֶּן רְשָׁעֹת מֵהַנְּבִיאִים הָרָעִים הָהֵ֫מָּה
5. נָֽתְנָה הָאִשָּׁה הַצַּדִּיקָה הַהִיא אֶת־הַלֶּ֫חֶם הַזֶּה לַיְלָדִים הַקְּטַנִּים בַּהֵיכָל

6. נָפְלוּ אֲנָשִׁים רַבִּים וּגְדֹלִים בַּלַּיְלָה הַזֶּה כִּי פָּקַד יהוה אֵת הָעִיר הַזֹּאת

7. וְעַתָּה כָּתַבְתִּי דְבָרִים יְשָׁרִים לָעָם הַזֶּה וְהֵם זָכְרוּ אֵת הָעֵצָה הַטּוֹבָה הַזֹּאת
כִּי צַדִּיקִים הֵמָּה

8. קָבַצְנוּ אֵת הָאֲנָשִׁים וְאֵת הַנָּשִׁים וְאֶת־הַיְלָדִים אֶל־הַבַּיִת הַקָּטֹן הַהוּא כִּי
לָכְדוּ הָרְשָׁעִים אֶת־הָעִיר

9. מִי יָרַד מֵהַשָּׁמַיִם אֶל־הָאָרֶץ הַזֹּאת וּמִי הָלַךְ עַל־הֶהָרִים הָאֵלֶּה

10. לֹא לָכַדְנוּ אֵת הֶעָרִים הָהֵנָּה וְלֹא יָשַׁבְנוּ בְתוֹךְ הָאָרֶץ הַהִיא כִּי הַגִּבּוֹרִים
רַבִּים וּגְדוֹלִים שָׁם

11. כָּתַבְנוּ אֲנַחְנוּ אֵת הַדְּבָרִים הָאֵלֶּה וְלֹא הָלַכְנוּ בַּדֶּרֶךְ הַיָּשָׁר כִּי לֹא זָכַרְנוּ
אֶת־הָעֵצָה הַהִיא

12. יָשַׁב הַנָּבִיא בָּהָר יָמִים רַבִּים וְהָאִשׁ הַגְּדוֹלָה הַהִיא עַל־הָהָר בַּיּוֹם וּבַלַּיְלָה

13. אַתֶּם אֲנָשִׁים צַדִּיקִים כִּי פְּקַדְתֶּם אֵת הָעֲבָדִים בָּרָעָב וְלֶחֶם נְתַתֶּם לָעָם
וְהֵם לֹא זָכְרוּ אֶת־הַדָּבָר הַזֶּה

14. הָלַכְתְּ אֶל־הָעַיִן הַקְּטַנָּה בַּיָּמִים הָהֵם וְלֹא יָרַדְתְּ לַנָּהָר הַהוּא כִּי אֲנָשִׁים
רְשָׁעִים שָׁם

15. בִּיהוּדָה יָשְׁבָה הָאִשָּׁה בְּתוֹךְ הָעָם הַזֶּה בְּעִיר גְּדוֹלָה וְלֹא הָלְכָה מִן־הַמָּקוֹם
הַהוּא

11.4. OT Texts

1. בַּיּוֹם הַהוּא כָּרַת[1] יְהוָה אֶת[1a]־אַבְרָם° בְּרִית[1b] לֵאמֹר[1c] לְזַרְעֲךָ[1d] נָתַתִּי
אֶת־הָאָרֶץ הַזֹּאת מִנְּהַר[1e] מִצְרַיִם[1f] עַד[1g]־הַנָּהָר הַגָּדֹל נְהַר־פְּרָת[1h]:

Gen 15:18

----

[1] כָּרַת - to cut; [1a] with; [1b] covenant; [1c] saying; [1d] זַרְעֲךָ - your seed/offspring; [1e] נְהַר - the river of; [1f] Egypt; [1g] until/as far as; [1h] Euphrates.

2. וְלֶחֶם אֵין[2] בְּכָל[2a]־הָאָרֶץ כִּי־כָבֵד[2b] הָרָעָב מְאֹד וַתֵּלַהּ[2c] אֶרֶץ מִצְרַיִם[1f]
וְאֶרֶץ כְּנַעַן° מִפְּנֵי[2d] הָרָעָב׃ Gen 47:13

3. אֵלֶּה פְּקוּדֵי[3] מֹשֶׁה° וְאֶלְעָזָר° הַכֹּהֵן[3a] אֲשֶׁר[3b] פָּקְדוּ אֶת־בְּנֵי יִשְׂרָאֵל
בְּעַרְבֹת[3c] מוֹאָב° Num 26:63

4. יְהוָה אֱלֹהֵיכֶם[4] נָתַן לָכֶם[4a] אֶת־הָאָרֶץ הַזֹּאת לְרִשְׁתָּהּ[4b] Deut 3:18

5. וְאֵת כָּל[2a]־הַמְּלָכִים הָאֵלֶּה וְאֶת־אַרְצָם[5] לָכַד יְהוֹשֻׁעַ° פַּעַם[5a] אֶחָת כִּי
יְהוָה אֱלֹהֵי[5b] יִשְׂרָאֵל נִלְחָם[5c] לְיִשְׂרָאֵל׃ Josh 10:42

6. וַיִּכְתֹּב[6] יְהוֹשֻׁעַ° אֶת־הַדְּבָרִים הָאֵלֶּה בְּסֵפֶר[6a] תּוֹרַת[6a] אֱלֹהִים וַיִּקַּח[6b] אֶבֶן
גְּדוֹלָה וַיְקִימֶהָ[6c] שָּׁם Josh 24:26

7. וַתֹּאמֶר[7] הָאִשָּׁה אֶל־אֵלִיָּהוּ° עַתָּה זֶה[7a] יָדַעְתִּי[7b] כִּי אִישׁ[7c] אֱלֹהִים אָתָּה
וּדְבַר[7d]־יְהוָה בְּפִיךָ[7e] אֱמֶת[7f]׃ 1 Kings 17:24

8. וְהוּא־הָלַךְ בַּמִּדְבָּר[8] דֶּרֶךְ[8a] יוֹם . . . וַיֹּאמֶר[8b] רַב עַתָּה יְהוָה קַח[8c] נַפְשִׁי[8c]
כִּי־לֹא־טוֹב אָנֹכִי מֵאֲבֹתָי[8d]׃ 1 Kings 19:4

9. הִנֵּה[9] אָנֹכִי וְהַיְלָדִים אֲשֶׁר[3b] נָתַן־לִי[9a] יְהוָה לְאֹתוֹת[9b] וּלְמוֹפְתִים[9c]
בְּיִשְׂרָאֵל מֵעִם[9d] יְהוָה צְבָאוֹת[9e] הַשֹּׁכֵן[9f] בְּהַר צִיּוֹן°׃ Isa 8:18

----

[2] there was not; [2a] כָּל - all of; [2b] (it) was severe /heavy; [2c] so (it) wasted away; [2d] because of.

[3] the ones reviewed/registered by; [3a] כֹּהֵן - priest; [3b] who; [3c] עֲרָבֹת - the desert regions of.

[4] 'your' + אֱלֹהִים; [4a] 'you' + לְ; [4b] 'to take possession of it'.

[5] 'their' + אֶרֶץ; [5a] time; [5b] the God of; [5c] (he) was fighting.

[6] and (he) wrote; [6a] in the book of the law of; [6b] and he took; [6c] and he set it up.

[7] then (she) said; [7a] indeed; [7b] יָדַע - to know; [7c] a man of; [7d] the word of; [7e] פִּיךָ - your mouth; [7f] truth.

[8] מִדְבָּר - desert/wilderness; [8a] a journey/distance of; [8b] then he said; [8c] take my life/soul; [8d] 'my' + מֵאָבֹת.

[9] now/behold; [9a] 'me' + לְ; [9b] (we serve) for/as signs; [9c] מוֹפֵת - portent/wonder; [9d] עִם - from; [9e] of armies; [9f] the one who dwells.

10. וְהִיא לֹא יָֽדְעָה[7b] כִּי אָנֹכִי נָתַ֫תִּי לָהּ[10] הַדָּגָן[10a] וְהַתִּירוֹשׁ[10b] Hos 2:10

11. אִישׁ הָיָה[11] בְאֶ֫רֶץ־עוּץ° אִיּוֹב° שְׁמוֹ[11a] וְהָיָה הָאִישׁ הַהוּא תָּם[11b] וְיָשָׁר
וִירֵא[11c] אֱלֹהִים וְסָר[11d] מֵרָע׃ Job 1:1

12. בַּיּוֹם הַהוּא נָתַן הַמֶּ֫לֶךְ אֲחַשְׁוֵרוֹשׁ° לְאֶסְתֵּר° הַמַּלְכָּה[12] אֶת־בֵּית[12a] הָמָן°
Esth 8:1

11.5. Genesis 1:7-9

7 וַיַּ֫עַשׂ[13] אֱלֹהִים אֶת־הָרָקִיעַ[13a] וַיַּבְדֵּל[13b] בֵּין[13c] הַמַּ֫יִם[13d] אֲשֶׁר[13e]
מִתַּ֫חַת[13f] לָרָקִיעַ וּבֵין הַמַּ֫יִם אֲשֶׁר מֵעַל לָרָקִיעַ וַיְהִי[13g]־כֵן[13h]׃

8 וַיִּקְרָא[14] אֱלֹהִים לָרָקִיעַ[13a] שָׁמָיִם וַיְהִי[13g]־עֶ֫רֶב[14a] וַיְהִי־בֹ֫קֶר[14b] יוֹם
שֵׁנִי[14c]׃

9 וַיֹּ֫אמֶר[15] אֱלֹהִים יִקָּווּ[15a] הַמַּ֫יִם[13d] מִתַּ֫חַת[13f] הַשָּׁמַ֫יִם אֶל־מָקוֹם אֶחָד
וְתֵרָאֶה[15b] הַיַּבָּשָׁה[15c] וַיְהִי[13g]־כֵן[13h]׃

----

[10] 'her' + לְ; [10a] דָּגָן - grain; [10b] תִּירוֹשׁ - (new) wine.

[11] (he) was; [11a] 'his' + שֵׁם; [11b] honest/(a person) of integrity; [11c] fearing/revering; [11d] turning.

[12] queen; [12a] the house of.

[13] and (he) made; [13a] רָקִיעַ - expanse; [13b] and he divided; [13c] between; [13d] מַ֫יִם - water; [13e] which; [13f] תַּ֫חַת - under; [13g] and it was; [13h] thus.

[14] וַיִּקְרָא . . . לְ - and (he) called; [14a] evening; [14b] בֹּ֫קֶר - morning; [14c] second.

[15] and (he) said; [15a] let (them) be gathered; [15b] and let (it) appear; [15c] יַבָּשָׁה - dry land.

Chapter 12

12.1. Parse and Translate

1. שָׁמְעָה	2. קְבַצְתָּ	3. לָכַד
4. פְּקַדְנוּ	5. הֲלַכְתֶּן	6. נָתַתָּ
7. יָרַֽדְתִּי	8. יָשַֽׁבְתָּ	9. נָפַֽלְתָּ
10. קְבַצְנוּ	11. הָלְכוּ	12. שְׁמַעְתֶּם
13. לְכַֽדְנוּ	14. יָרַֽדְתָּ	15. פְּקַדְתְּ
16. נָתַֽנּוּ	17. נְפַלְתֶּם	18. קְבָצָה
19. שָׁמַֽעְתָּ	20. זָכַרְתְּ	21. כְּתַבְנוּ
22. לְכָדוּ	23. זָכְרָה	24. שְׁמַֽעְנוּ
25. כְּתַבְתֶּם	26. הָלַֽכְתִּי	27. יָשַֽׁבְתָּ
28. לְכַדְתֶּן	29. נָפַֽלְנוּ	30. זָכְרוּ

12.2. Translate

1. תּוֹרַת יהוה טוֹבָה וִישָׁרָה

2. שָׁמַע הָעָם אֶת דְּבַר הַמֶּלֶךְ

3. אֵלֶּה בִּרְכוֹת אֱלֹהִים הָרַבּוֹת

4. הָלַךְ אֲבִי הַיֶּלֶד אֶל־בֵּית הַזָּקֵן

5. עַבְדֵי הַגִּבּוֹר בַּמְּקוֹמוֹת הָהֵמָּה

6. יָרַד בֶּן־אֵשֶׁת הַמֶּלֶךְ לְהֵיכַל הָעִיר

7. נָפַ֫לְתָּ עַל־הָאֲדָמָה בְּשָׂדֶה אֲחִי הָאִישׁ

8. דִּבְרֵי זִקְנֵי הָאָ֫רֶץ צַדִּיקִים מְאֹד

9. קוֹל יהוה עַל־הָרֵי יִשְׂרָאֵל הַגְּדוֹלִים

10. בַּת אִישׁ יָשָׁר וָטוֹב הִיא

11. לֹא הָלַ֫כְנוּ לַמִּלְחָמָה בִּימֵי הַמֶּ֫לֶךְ הָהֵם

12. שִׂמְחַת הָעָם בְּמִצְוֹת אֱלֹהֵי יְהוּדָה

12.3. Translate

1. שָׁמַע אֲבִי הַנָּשִׁים הָהֵ֫נָּה אֶל־קוֹל הַנָּבִיא הַזָּקֵן בַּהֵיכָל וְלֹא שָׁמְעוּ הַבָּנִים

2. יְשַׁבְתֶּן יָמִים רַבִּים בַּמָּקוֹם הַהוּא בְּתוֹךְ עַם הָאָ֫רֶץ הַהִיא כִּי אַנְשֵׁי שָׁלוֹם הֵם וִישָׁרִים

3. בִּשְׁנֵי הַמִּלְחָמָה הָרָעוֹת הָאֵ֫לֶּה לָֽכְדוּ רִשְׁעֵי הָעָם אֶת־בְּנֵי מַלְכֵי יְהוּדָה בְּעָרֵי הָאָ֫רֶץ

4. הָֽלְכוּ אֲחֵי נְבִיאֵי הָעִיר הַזֹּאת בְּשִׂמְחָה גְדוֹלָה לְהֵיכַל אֱלֹהֵי הָאָבוֹת

5. יָשַׁ֫בְתָּ עַל־אַדְמַת יִשְׂרָאֵל שָׁנִים רַבּוֹת וְאֶת־זְהַב הָאָ֫רֶץ הַיָּקָר קָבַ֫צְתָּ שָׁם וּבְהָרֵי יְהוּדָה

6. שָׁמַ֫עְנוּ לְדִבְרֵי הַתּוֹרָה הָאֵ֫לֶּה וְאֵת יְשׁוּעַת אֱלֹהֵי יִשְׂרָאֵל הַגְּדֹלָה זָכַ֫רְנוּ כִּי טוֹב הוּא

7. נָתַ֫תִּי לְאֵ֫שֶׁת זְקַן/הַמָּקוֹם הַהִיא כֶּ֫סֶף וָלֶ֫חֶם וּלְבַת הַזָּקֵן הַזֶּה נָתַ֫תָּ כֶּ֫רֶם טוֹב אֶחָד וְהֵ֫נָּה לֹא זָֽכְרוּ אֶת־הַבְּרָכוֹת הָאֵ֫לֶּה

8. אֵ֫לֶּה שְׁמוֹת נַעֲרֵי הַמֶּ֫לֶךְ וְהוּא קָבַץ אֵת הָעֲבָדִים הָאֵ֫לֶּה אֶל־מַחֲנֵה הַגִּבּוֹרִים הֶחָדָשׁ לַמִּלְחָמָה

9. תּוֹרַת אֱלֹהֵי יְהוּדָה טוֹבָה הִיא וִישָׁרוֹת מִצְוֹת יהוה אֱלֹהֵי עַם יִשְׂרָאֵל כִּי צַדִּיק הוּא מִמַּלְכֵי הָאֲרָצוֹת הָהֵם

10. בָּתֵּי הָאֲנָשִׁים טוֹבִים מֵהֵיכְלֵי הַמֶּ֫לֶךְ הַגְּדוֹלִים כִּי בְשָׁלוֹם אֱלֹהִים יָֽשְׁבוּ שָׁם

11. נָֽפְלוּ אַנְשֵׁי הַמֶּ֫לֶךְ עַל־הָרֵי יִשְׂרָאֵל וּבְאַרְצוֹת הָעַמִּים וְעַבְדֵי הַגִּבּוֹרִים לֹא יָֽרְדוּ מֵעָרֵי הָאָ֫רֶץ לַמִּלְחָמָה

12. בֵּית הָאֱלֹהִים הַגָּדוֹל בְּאֶ֫רֶץ יִשְׂרָאֵל הוּא וּבִימֵי הַיְשׁוּעָה הַזֹּאת הָֽלְכוּ שָׁם אַנְשֵׁי הָעָם וּנְשֵׁי הָאָ֫רֶץ וְיַלְדֵי עָרֵי יְהוּדָה

13. אֵת מִי פָּקַ֫דְתָּ עַל־עַבְדֵי הָעִיר הַזֹּאת לָעֲבוֹדָה כִּי גְדוֹלָה מְאֹד הִיא וְלֹא יָֽשְׁבוּ אַנְשֵׁי חָכְמָה בַמָּקוֹם הַזֶּה

14. וּבַשָּׁנָה הַהִיא כָּֽתְבָה בַּת הַזָּקֵן סְפָרִים רַבִּים אֶל־אֲבוֹת בָּתֵּי הָאָ֫רֶץ וְלֹא זָֽכְרוּ אֵת דִּבְרֵי הַצַּדִּיקָה הַהִיא וְלֹא שָֽׁמְעוּ

15. וְעַתָּה בַּיּוֹם הַזֶּה עַל־מִצְוַת מֶ֫לֶךְ יְהוּדָה וַאֲנַ֫חְנוּ נָתַ֫נּוּ לִבְנוֹת נְבִיאֵי הַמָּקוֹם אֶת־עֵין שְׂדוֹת הָעִיר

12.4. OT Texts

1. וַיִּשְׁמַע[1] אֱלֹהִים אֶת־קוֹל הַנַּ֫עַר וַיִּקְרָא[1a] מַלְאַךְ אֱלֹהִים אֶל־הָגָר° מִן־הַשָּׁמַ֫יִם . . . מַה־לָּךְ[1b] הָגָר אַל־תִּירְאִי[1c] כִּי־שָׁמַע אֱלֹהִים אֶל־קוֹל הַנַּ֫עַר בַּאֲשֶׁר[1d] הוּא־שָׁם׃ Gen 21:17

2. אֲנִי יְהוָה אֱלֹהֵי אַבְרָהָם° אָבִ֫יךָ[2] וֵאלֹהֵי יִצְחָק° הָאָ֫רֶץ אֲשֶׁר• אַתָּה שֹׁכֵב[2a] עָלֶ֫יהָ[2b] לְךָ[2c] אֶתְּנֶ֫נָּה[2d] וּלְזַרְעֶ֫ךָ[2e]׃ Gen 28:13

3. אֶת־צֹאנָם[3] וְאֶת־בְּקָרָם[3a] וְאֶת־חֲמֹרֵיהֶם[3b] וְאֵת אֲשֶׁר•־בָּעִיר וְאֶת־אֲשֶׁר בַּשָּׂדֶה לָקָ֫חוּ[3c]׃ Gen 34:28

----

[1] then (he) heard; [1a] and (he) called; [1b] what to you?/what's the matter with you?; [1c] do not fear; [1d] where.

[2] 'your' + אָב; [2a] lying (down); [2b] 'it' + עַל; [2c] 'you' + לְ; [2d] I will give it; [2e] זַרְעֲךָ - your offspring.

[3] their sheep/flock(s); [3a] their cattle; [3b] their donkeys; [3c] לָקַח - to take (= לָֽקְחוּ).

4. וַיְדַבֵּר[4] מֹשֶׁה° כֵּן[4a] אֶל־בְּנֵי יִשְׂרָאֵל וְלֹא שָׁמְעוּ אֶל־מֹשֶׁה מִקֹּצֶר[4b] רוּחַ·
וּמֵעֲבֹדָה קָשָׁה׃ Ex 6:9

5. אֵלֶּה הַחֻקִּים[5] וְהַמִּשְׁפָּטִים· וְהַתּוֹרֹת אֲשֶׁר· נָתַן יְהוָה בֵּינוֹ[5a] וּבֵין· בְּנֵי
יִשְׂרָאֵל בְּהַר סִינַי° בְּיַד[5b]-מֹשֶׁה°׃ Lev 26:46

6. וַיְהִי[6] שְׁמוּאֵל° מַעֲלֶה[6a] הָעוֹלָה· וּפְלִשְׁתִּים° נִגְּשׁוּ[6b] לַמִּלְחָמָה בְּיִשְׂרָאֵל
וַיַּרְעֵם[6c] יְהוָה בְּקוֹל־גָּדוֹל בַּיּוֹם הַהוּא עַל־פְּלִשְׁתִּים 1 Sam 7:10

7. וַיֹּאמְרוּ[7] שָׂרֵי· פְלִשְׁתִּים° מָה· הָעִבְרִים[7a] הָאֵלֶּה וַיֹּאמֶר אָכִישׁ° אֶל־שָׂרֵי
פְלִשְׁתִּים הֲלוֹא[7b]-זֶה דָוִד° עֶבֶד שָׁאוּל° מֶלֶךְ־יִשְׂרָאֵל 1 Sam 29:3

8. וַיֹּאמְרוּ[7] אֵלָיו[8] עֲבָדָיו[8a] הִנֵּה־נָא[8b] שָׁמַעְנוּ כִּי מַלְכֵי בֵּית יִשְׂרָאֵל כִּי־מַלְכֵי
חֶסֶד· הֵם 1 Kings 20:31

9. וְאִישׁ אֶחָד מִבְּנֵי הַנְּבִיאִים אָמַר· אֶל־רֵעֵהוּ[9] בִּדְבַר יְהוָה 1 Kings 20:35

10. וַאדֹנָי· הִשְׁמִיעַ[10] אֶת־מַחֲנֵה אֲרָם° קוֹל רֶכֶב[10a] קוֹל סוּס· קוֹל חַיִל[10b]
גָּדוֹל וַיֹּאמְרוּ[7] אִישׁ אֶל־אָחִיו[10c] הִנֵּה· שָׂכַר[10d]-עָלֵינוּ[10e] מֶלֶךְ יִשְׂרָאֵל
אֶת־מַלְכֵי הַחִתִּים° וְאֶת־מַלְכֵי מִצְרַיִם° 2 Kings 7:6

11. וַיֹּאמֶר חִלְקִיָּהוּ° הַכֹּהֵן· הַגָּדוֹל עַל־שָׁפָן° הַסֹּפֵר[11] סֵפֶר הַתּוֹרָה מָצָאתִי·
בְּבֵית יְהוָה וַיִּתֵּן[11a] חִלְקִיָּה אֶת־הַסֵּפֶר אֶל־שָׁפָן וַיִּקְרָאֵהוּ[11b]׃ 2 Kings 22:8

----

[4] and (he) spoke; [4a] thus/so; [4b] קֹצֶר - shortness/distress.

[5] חֹק - decree/statute; [5a] בֵּין - between, + ‘himself’; [5b] יָד - hand.

[6] and (he) was; [6a] offering up; [6b] (they) approached; [6c] but (he) thundered.

[7] then (they) said; [7a] עִבְרִי - Hebrew; [7b] הֲ - question marker, ‘is . . . not?’.

[8] ‘him’ + אֶל; [8a] ‘his’ + עֲבָדִים; [8b] behold/consider now.

[9] his colleague.

[10] (he) caused [*object*] to hear [*2nd object*]; [10a] chariotry; [10b] חַיִל - army/force;
[10c] ‘his’ + אָח; [10d] שָׂכַר - to hire; [10e] ‘us’ + עַל.

[11] סֹפֵר - scribe; [11a] and (he) gave; [11b] then he read it.

12. כֹּה[12]־אָמַר֮ כּ֣וֹרֶשׁ֮ מֶ֣לֶךְ[11] פָּרַס֒ כָּל־מַמְלְכוֹת[12a] הָאָ֗רֶץ נָתַן לִי[12b] יְהוָה
אֱלֹהֵי הַשָּׁמַ֔יִם וְהוּא־פָקַד עָלַי[12c] לִבְנוֹת־לוֹ[12d] בַּיִת בִּירוּשָׁלַ֖ם אֲשֶׁר֮
בִּיהוּדָה 2 Chr 36:23

12.5. Genesis 1:10-12

10 וַיִּקְרָא[13] אֱלֹהִים לַיַּבָּשָׁה[13a] אֶ֫רֶץ וּלְמִקְוֵה[13b] הַמַּיִם קָרָא[13c] יַמִּים[13d]
וַיַּרְא[13e] אֱלֹהִים כִּי־טוֹב׃
11 וַיֹּאמֶר[14] אֱלֹהִים תַּדְשֵׁא[14a] הָאָ֫רֶץ דֶּ֫שֶׁא[14b] עֵ֫שֶׂב[14c] מַזְרִיעַ[14d] זֶ֫רַע עֵץ[14e]
פְּרִי[14f] עֹשֶׂה[14g] פְּרִי לְמִינוֹ[14h] אֲשֶׁר[14i] זַרְעוֹ־בוֹ עַל־הָאָרֶץ וַיְהִי־כֵן[14j]׃
12 וַתּוֹצֵא[15] הָאָ֫רֶץ דֶּ֫שֶׁא[14b] עֵ֫שֶׂב[14c] מַזְרִיעַ[14d] זֶ֫רַע לְמִינֵ֫הוּ[14h] וְעֵץ[14e]
עֹשֶׂה[14g] פְּרִי[14f] אֲשֶׁר[14i] זַרְעוֹ־בוֹ לְמִינֵהוּ וַיַּרְא[13d] אֱלֹהִים כִּי־טוֹב׃

----

[12] thus; [12a] מַמְלָכָה - kingdom; [12b] 'me' + לְ; [12c] 'me' + עַל; [12d] 'to build for him'.

[13] וַיִּקְרָא . . . לְ - and (he) called; [13a] יַבָּשָׁה - dry land; [13b] מִקְוֶה - place of collection; [13c] he called; [13d] יָם - sea; [13e] and (he) saw.

[14] and (he) said; [14a] let (it) produce (growth); [14b] vegetation; [14c] plant(s); [14d] מַזְרִיעַ זֶ֫רַע - producing seed(s); [14e] עֵץ - tree(s); [14f] fruit; [14g] making; [14h] מִינוֹ - its kind; [14i] אֲשֶׁר זַרְעוֹ־בוֹ - in which is its seed; [14j] וַיְהִי־כֵן - and it was so.

[15] so (it) brought forth.

Chapter 13

13.1. Parse and Translate

As indicated in #11.1, a limited number of exercises include nominal forms, which can be analyzed in terms of (1) gender and number, (2) part of speech, (3) lexical form, (4) root (where identifiable), and (5) translation of the inflected form. Nominal forms introduced in this and a few subsequent exercises can also be analyzed in terms of either state (absolute or construct) or pronominal suffix (person, gender, number). The key introduces this information uniformly in the fifth column, before the translation, since it is logical to introduce analysis of pronominal suffixes after that of the nouns to which they are attached; however, definition of state is often introduced after gender and number.

1. נָתְנָה	2. יָשַׁבְתִּי	3. אֲבִי
4. מְצָאתֶן	5. הָלַכְתָּ	6. עֵין
7. שָׁבַרְתְּ	8. לָכְדָה	9. זְכַרְתֶּם
10. יְמֵי	11. כְּבוֹד	12. יָרַדְתְּ
13. נָפַלְנוּ	14. שָׁבַרְתִּי	15. פָּקַדְתָּ
16. אֵשֶׁת	17. מָצְאָה	18. כְּתַבְתֶּם
19. נָתַנּוּ	20. יָשְׁבוּ	21. שָׁמַעְתִּי
22. הֲלַכְתֶּן	23. קָבְצוּ	24. אַחִים
25. מָצָאתִי	26. זָכַרְתָּ	27. לָכַדְתְּ
28. שְׁבַרְתֶּם	29. בִּרְכוֹת	30. נְתַתֶּם

13.2. Translate

1. יֵשׁ גְּמַלִּים בְּבֵית הָאִישׁ אֲשֶׁר שָׁם

2. קָבַ֫צְנוּ לָ֫נוּ אֵת יַלְדֵי הַבָּתִּים

3. שָׁמַ֫עְתָּ לָהֶם כִּי אַנְשֵׁי צֶ֫דֶק הֵ֫מָּה

4. יָרַ֫דְתִּי מֵהַגִּבְעָה אֶל־הָעִיר וּבָהּ יָשַׁ֫בְתִּי

5. נָתַן לוֹ הַמֶּ֫לֶךְ אֶת־הַשָּׂדֶה אֲשֶׁר עַל־הַיָּם

6. מָצָ֫אנוּ נַ֫עַר קָטֹן אֵת הָאֲנָשִׁים

7. הָלַךְ הַנָּבִיא בֵּין הַכֶּ֫רֶם וּבֵין הַשָּׂדוֹת

8. נָֽפְלוּ רַבִּים מֵהַכּוֹכָבִים אֲשֶׁר בַּשָּׁמַ֫יִם

9. כָּֽתְבוּ לָךְ אֶת־דִּבְרֵי הַסְּפָרִים

10. לֹא מְצָאתֶם בָּהֶם צַדִּיק אֶחָד

11. הָלַ֫כְנוּ אֶל־הַמָּקוֹם הַהוּא וּבוֹ לָכַ֫דְנוּ גִּבּוֹר

12. אֵין מַ֫יִם לָכֶם בָּאָ֫רֶץ הַזֹּאת כִּי אֵין עֲיָנוֹת בָּהּ

13.3. Translate

1. לֹא זָכַ֫רְתָּ אֶת־דִּבְרֵי הַנָּבִיא אֲשֶׁר כָּתַב לְךָ כִּי אֵין בְּךָ חָכְמָה וְלֹא שָׁמַ֫עְתָּ לוֹ

2. יָרַ֫דְתִּי בַּיּוֹם הַהוּא אֶל־בֵּית אֲבִי הָעֶ֫בֶד אֲשֶׁר נָתַן לִי אֵת הַסְּפָרִים הָאֵ֫לֶּה

3. פָּֽקְדוּ לָהֶם גִּבּוֹר אֶחָד עַל־הָעִיר הַהִיא וְהוּא קָבַץ אֶת־אַנְשֵׁי הַמָּקוֹם לָעֲבוֹדָה הַזֹּאת

4. נָֽתְנוּ לֶ֫חֶם אֶל־נַעֲרֵי הֵיכַל הַמֶּ֫לֶךְ כִּי עַל־הַבַּ֫יִת הֵ֫מָּה וְלָהֶם שָֽׁמְעוּ גְּדוֹלִים וּקְטַנִּים

5. יָֽשְׁבוּ אַנְשֵׁי הָעִיר בִּשְׂדוֹת הַמֶּ֫לֶךְ אֵת הָעֲבָדִים אֲשֶׁר לוֹ וּבָהֶם לָֽכְדוּ אֵת הַגְּמַלִּים הָאֵ֫לֶּה

6. מִי כָתַב אֵת דִּבְרֵי הַתּוֹרָה הַזֹּאת וְאֶת־הַבְּרָכָה אֲשֶׁר בָּהּ אֲשֶׁר מְצָאתֶם
בָּהָר כִּי הֲלַכְתֶּם לוֹ

7. פָּקַד יהוה אֵת אֶרֶץ יְהוּדָה לִישׁוּעָה לָהּ וּכְאִישׁ מִלְחָמָה קָבַץ אֵת בְּנֵי הָעָם
מֵרָעָה גְדוֹלָה

8. וְעַתָּה יָֽשְׁבוּ נַעֲרֵי הַנְּבִיאִים עַל־אַדְמַת הָרֵי יִשְׂרָאֵל כִּי יֵשׁ לָהֶם מַיִם בָּהּ
בִּימֵי הָרָעָב

9. יֵשׁ שָׁלוֹם בֵּינִי וּבֵינְךָ בֵּין הָאָבוֹת אֲשֶׁר לִי וּבֵין הָאָבוֹת אֲשֶׁר לְךָ כִּי אַחִים
אֲנַחְנוּ הַשָּׁנִים הָרַבּוֹת הָאֵלֶּה

10. לֹא מָצָאנוּ צֶדֶק פֹּה וְלֹא שָֽׁמְעוּ לָנוּ אַנְשֵׁי הַמָּקוֹם הַזֶּה כִּי אֵין בָּהֶם צַדִּיק
אֶחָד וְאַתָּה נְבִיא יהוה לָהֶם

11. יְשָׁרָה עֲצַת תּוֹרוֹת יהוה וּלְקוֹל מִצְוֹת אֱלֹהֵי יִשְׂרָאֵל שָׁמַעְנוּ הַיּוֹם הַזֶּה
וּבָהֶן הָלַכְנוּ כְדִבְרֵי הַתּוֹרָה

12. שָׁבַרְתִּי אֵת יִשְׂרָאֵל עַל־הַגְּבָעוֹת וְהַגִּבּוֹרִים נָֽפְלוּ בָּהֶן כִּי לֹא זָֽכְרוּ אֵת
שֶׁם־יהוה הַגָּדוֹל וְאֵת הַכָּבוֹד אֲשֶׁר בְּתוֹכָם

13. אֵין אָדָם בְּתוֹךְ הָעִיר בַּלַּיְלָה הַזֶּה כִּי נָֽפְלָה אֵשׁ בָּהּ מִן־הַשָּׁמַיִם וְאֶל־הָעַיִן
יָֽרְדוּ הָאֲנָשִׁים לַמַּיִם וְאֶל־הֶהָרִים הָֽלְכוּ הַנָּשִׁים אֵת הַיְלָדִים

14. קְבַצְתֶּם אֶת־כֶּסֶף הַהֵיכָל וְאֶת־זְהַב בָּֽתֵּי אַנְשֵׁי הַמָּקוֹם הַזֶּה אֶל־מַחֲנֵה
הָֽרְשָׁעִים וּלְעַבְדֵי הַמֶּלֶךְ הָרַע נְתַתֶּם אֵת כְּבוֹד הָעָם הַזֶּה

15. מִשָּׁמַיִם שָֽׁמְעוּ אֵת קוֹל דִּבְרֵי אֱלֹהִים וְעַל־הָאָרֶץ מָֽצְאוּ בְנֵי יִשְׂרָאֵל
אֶת־שִׂמְחַת דַּרְכֵי הַחָכְמָה אֲשֶׁר נָתַן יהוה לָהֶם

13.4. OT Texts

1. וַיִּקְרָא[1] הָאָדָם שֵׁמוֹת לְכָל־הַבְּהֵמָה[1a] וּלְעוֹף[1b] הַשָּׁמַיִם וּלְכֹל חַיַּת
הַשָּׂדֶה וּלְאָדָם לֹא־מָצָא עֵזֶר[1c] כְּנֶגְדּוֹ[1d]׃ Gen 2:20

2. וַיֹּאמֶר אֱלֹהִים אֶל־נֹחַ° זֹאת אוֹת[2]־הַבְּרִית אֲשֶׁר הֲקִמֹתִי[2a] בֵּינִי וּבֵין
כָּל־בָּשָׂר[2b] אֲשֶׁר עַל־הָאָרֶץ׃ Gen 9:17

3. בֵּינִי וּבֵין בְּנֵי יִשְׂרָאֵל אוֹת[2] הִוא[3] לְעֹלָם כִּי־שֵׁשֶׁת[3a] יָמִים עָשָׂה[3b] יְהוָה
אֶת־הַשָּׁמַיִם וְאֶת־הָאָרֶץ וּבַיּוֹם הַשְּׁבִיעִי[3c] שָׁבַת וַיִּנָּפַשׁ[3d]׃ Ex 31:17

4. וַאֲבִימֶלֶךְ° נִלְחָם[4] בָּעִיר כֹּל הַיּוֹם הַהוּא וַיִּלְכֹּד[4a] אֶת־הָעִיר וְאֶת־הָעָם
אֲשֶׁר־בָּהּ הָרָג[4b] Jg 9:45

5. בַּיָּמִים הָהֵם אֵין מֶלֶךְ בְּיִשְׂרָאֵל וּבַיָּמִים הָהֵם שֵׁבֶט[5] הַדָּנִי° מְבַקֶּשׁ[5a]־לוֹ
נַחֲלָה[5b] לָשֶׁבֶת[5c] כִּי לֹא־נָפְלָה לּוֹ עַד־הַיּוֹם הַהוּא בְּתוֹךְ־שִׁבְטֵי יִשְׂרָאֵל
בְּנַחֲלָה׃ Jg 18:1

6. וַיִּשְׁכַּב[6] אוּרִיָּה° פֶּתַח[6a] בֵּית הַמֶּלֶךְ אֵת כָּל־עַבְדֵי אֲדֹנָיו וְלֹא יָרַד
אֶל־בֵּיתוֹ׃ 2 Sam 11:9

7. וַיהוָה נָתַן חָכְמָה לִשְׁלֹמֹה° כַּאֲשֶׁר[7] דִּבֶּר[7a]־לוֹ וַיְהִי[7b] שָׁלֹם בֵּין חִירָם°
וּבֵין שְׁלֹמֹה וַיִּכְרְתוּ[7c] בְרִית שְׁנֵיהֶם[7d]׃ 1 Kings 5:26

8. וּקְרָאתֶם[8] בְּשֵׁם אֱלֹהֵיכֶם וַאֲנִי אֶקְרָא[8a] בְשֵׁם־יְהוָה וְהָיָה[8b] הָאֱלֹהִים
אֲשֶׁר־יַעֲנֶה[8c] בָאֵשׁ הוּא הָאֱלֹהִים וַיַּעַן[8d] כָּל־הָעָם וַיֹּאמְרוּ[8e] טוֹב הַדָּבָר׃

----

[1] (he) called/proclaimed; [1a] animal(s)/livestock; [1b] עוֹף - bird(s)/flying creature(s); [1c] a help(er); [1d] corresponding to him.

[2] אוֹת - sign; [2a] I have established; [2b] flesh/animate being(s).

[3] she/it; [3a] six; [3b] (he) made; [3c] seventh; [3d] and he relaxed/rested.

[4] was fighting; [4a] ≡ לָכַד; [4b] = הָרַג - to kill.

[5] tribe; [5a] (was) seeking; [5b] inheritance; [5c] ‘to live/settle (in)’.

[6] (he) lay down/slept; [6a] (at the) entrance.

[7] as; [7a] he spoke/promised; [7b] and there was; [7c] and (they) made; [7d] the two of them.

[8] you are to call; [8a] I will call; [8b] and then; [8c] (he) answers; [8d] then (he) answered; [8e] and they said.

1 Kings 18:24

9. וַיִּשְׁלַח[9] אִישׁ הָאֱלֹהִים אֶל־מֶלֶךְ יִשְׂרָאֵל לֵאמֹר[9a] הִשָּׁמֶר[9b] מֵעֲבֹר[9c]
הַמָּקוֹם הַזֶּה כִּי־שָׁם אֲרָם° נְחִתִּים[9d]׃ 2 Kings 6:9

10. וַיִּשְׁלַח[9] מֶלֶךְ יִשְׂרָאֵל אֶל־הַמָּקוֹם אֲשֶׁר אָמַר־לוֹ אִישׁ־הָאֱלֹהִים

2 Kings 6:10

11. וְהַמֶּלֶךְ מְדַבֵּר[10] אֶל־גֵּחֲזִי° נַעַר אִישׁ־הָאֱלֹהִים לֵאמֹר[9a] סַפְּרָה־נָּא[10a] לִי
אֵת כָּל־הַגְּדֹלוֹת אֲשֶׁר־עָשָׂה[10b] אֱלִישָׁע°׃ 2 Kings 8:4

12. וְיֵהוּא° מָצָא אֶת־אֲחֵי אֲחַזְיָהוּ° מֶלֶךְ־יְהוּדָה וַיֹּאמֶר מִי אַתֶּם וַיֹּאמְרוּ[8e] אֲחֵי
אֲחַזְיָהוּ אֲנַחְנוּ וַנֵּרֶד[11] לִשְׁלוֹם בְּנֵי־הַמֶּלֶךְ וּבְנֵי הַגְּבִירָה[11a]׃ 2 Kings 10:13

13.5. Genesis 1:13-15

13 וַיְהִי[12]־עֶרֶב[12a] וַיְהִי־בֹקֶר[12b] יוֹם שְׁלִישִׁי[12c]׃

14 וַיֹּאמֶר[13] אֱלֹהִים יְהִי[13a] מְאֹרֹת[13b] בִּרְקִיעַ[13c] הַשָּׁמַיִם לְהַבְדִּיל[13d] בֵּין
הַיּוֹם וּבֵין הַלָּיְלָה וְהָיוּ[13e] לְאֹתֹת[13f] וּלְמוֹעֲדִים[13g] וּלְיָמִים וְשָׁנִים׃

15 וְהָיוּ[13e] לִמְאוֹרֹת[13b] בִּרְקִיעַ[13c] הַשָּׁמַיִם לְהָאִיר[14] עַל־הָאָרֶץ וַיְהִי־כֵן[14a]׃

----

[9] then (he) sent; [9a] saying; [9b] take care; [9c] ‘not to pass through’; [9d] (are) descending (*or*, assembling).

[10] speaking; [10a] recount; [10b] (he) performed.

[11] and we have come down (to inquire); [11a] lady/queen (mother).

[12] and there was; [12a] evening; [12b] morning; [12c] third.

[13] then (he) said; [13a] let there be; [13b] מָאוֹר - source of light; [13c] רָקִיעַ - expanse; [13d] ‘to separate’; [13e] וְהָיוּ לְ - and let them serve as; [13f] אוֹת - sign; [13g] מוֹעֵד - season.

[14] ‘to give light’; [14a] וַיְהִי־כֵן - and it was so.

Chapter 14

14.1. Parse and Translate

1. סָגַ֫רְתִּי
2. הָלְכָה
3. מָצָ֫אנוּ
4. בָּטַ֫חְתָּ
5. שָׁמַ֫עַתְּ
6. אֲמַרְתֶּן
7. יָשַׁ֫בְנוּ
8. סָגְרוּ
9. מָצָאת
10. שָׁמַ֫עְתִּי
11. שָׁבַ֫רְנוּ
12. נְתַתֶּם
13. אָמַ֫רְנוּ
14. שָׁמְעָה
15. סְגַרְתֶּן
16. מָצְאוּ
17. שָׁבַ֫רְתָּ
18. הֲלַכְתֶּן
19. זָכַ֫רְתִּי
20. אָמְרָה
21. יָרַ֫דְנוּ
22. בָּטַ֫חַתְּ
23. נָפְלוּ
24. כָּתַ֫בְתִּי
25. סָגַרְתְּ
26. קָבַ֫צְנוּ
27. שָׁבְרוּ
28. מָצָ֫אתָ
29. בְּטַחְתֶּם
30. אָמַ֫רְתִּי

14.2. Translate

1. בָּטַ֫חְנוּ בֵאלֹהֵ֫ינוּ וּבְרוּחוֹ
2. הָלְכָה הָאִשָּׁה עִם אִישָׁהּ אֶל־עִירָם
3. שְׁמַעְתֶּם אֵת דִּבְרֵי הַזָּקֵן וּמִצְוֹתָיו
4. קָבְצוּ מַלְכֵי הָאֲרָצוֹת אֶת־סוּסֵיהֶם
5. אָמַ֫רְתִּי לָהֶם כִּי יָשָׁר אֲנִי וַאֲנָשַׁי
6. סְגַרְתֶּן אֶת־שַׁעֲרֵי בָּתֵּיכֶן עַל־צְבָאֵ֫נוּ

7. יֵשׁ לָךְ מַ֫יִם עַל־שֻׁלְחָנִי אֲשֶׁר בַּבַּ֫יִת

8. הֲלַכְתֶּם בְּאוֹר תּוֹרָתוֹ וּכְחָכְמָתוֹ

9. פָּקַד יהוה אֶת נְבִיאָיו עַל־עַמְּךָ הַגָּדוֹל

10. לֹא מָצָ֫אתִי אֶת זְהָבְךָ אֲשֶׁר נָתַ֫תָּ לוֹ

11. אֵין מִסְפָּר לָעֲבָדִים אֲשֶׁר בְּהֵיכָלוֹ

12. יָרַד הַגִּבּוֹר וּמַלְאָכֵ֫ינוּ אֶל־הַנָּהָר

14.3. Translate

1. בָּטַ֫חְתִּי בְּבִרְכַּת יהוה וְאֵת דְּבָרוֹ זָכַ֫רְתִּי כִּי הוּא אֱלֹהַי וּבְתוֹרָתוֹ שָׂמַחְתִּי

2. בַּיָּמִים הָהֵם סָגְרוּ מַלְאֲכֵי הַמְּלָכִים אֶת־שַׁעֲרֵי עָרֵיהֶם אֲשֶׁר בְּתוֹךְ
הָאֲרָצוֹת אֲשֶׁר לָהֶם

3. אֵין מִסְפָּר לַאֲנָשָׁיו וּלְסוּסֵיהֶם אֲשֶׁר קָבַץ בְּמַחֲנֵה צְבָאוֹ וְהֵם רָעִים מְאֹד

4. לָכְדוּ גִּבּוֹרֵיכֶם אֶת זִקְנֵי מְקוֹמֵ֫נוּ וְאֶת־בְּנֵיהֶם אֲשֶׁר הָלְכוּ אֶל־הֵיכַל עִירָם
וְאֶת־שְׁעָרָיו סָגְרוּ

5. נָתַן אֱלֹהֵ֫ינוּ אֶת־אוֹרוֹ לָ֫נוּ וּבוֹ בָּטַ֫חְנוּ שָׁבַר יהוה אֶת שַׁעֲרֵי הַמָּ֫וֶת לְעַמּוֹ
וּבִישׁוּעָתוֹ שִׂמְחָתֵ֫נוּ

6. אֵ֫לֶּה שְׁמוֹת הָאֲנָשִׁים אֲשֶׁר הָלְכוּ בְּדַרְכֵי מִצְוֹתֶ֫יךָ וַאֲשֶׁר זָכְרוּ אֶת
תּוֹרוֹתֶ֫יךָ

7. מִי הָאֲנָשִׁים אֲשֶׁר אָמְרוּ לְךָ וּלְבָנֶ֫יךָ כִּי מָצְאוּ אֶת־סוּסֵ֫ינוּ אֲשֶׁר לָכְדוּ רָעֵי
אַדְמָתֵ֫נוּ בַּשָּׁנָה הַזֹּאת

8. יְשׁוּעוֹת אֱלֹהֵ֫ינוּ אוֹר לָ֫נוּ וּלְקוֹלוֹ שָׁמַ֫עְנוּ בְּשִׂמְחַת רוּחַ כִּי גִבּוֹר צַדִּיק הוּא
בְּתוֹךְ צִבְאוֹת עַמּוֹ

9. גְּדֹלִים מֵי הַיָּם וּגְדוֹלִים הָרֵי הָאָ֫רֶץ וַיהוה הוּא גָדוֹל מִשְּׁמֵי הַשָּׁמַ֫יִם
וּבָאָ֫רֶץ כְּבוֹדוֹ

10. אָמַר לוֹ אֱלֹהִים כִּדְבָרֵי הָלַכְתָּ וּלְקוֹל רוּחִי שָׁמַעְתָּ כִי צַדִּיק אַתָּה מִמַּלְכֵי הָאֲרָצוֹת וּמִגִּבּוֹרֵיהֶם

11. כָּתְבוּ הַנְּבִיאִים הָאֵלֶּה וּמַלְאֲכֵיהֶם אֵת דִּבְרֵי אֱלֹהֵיהֶם וְאֵת עֲצוֹתָיו בְּסֵפֶר תּוֹרָתוֹ אֲשֶׁר מָצָאנוּ בַהֵיכָל הַהוּא

12. שָׁמְעוּ עַבְדֵי אֲבוֹתֵינוּ בְקוֹל נְבִיא אֱלֹהֵי יִשְׂרָאֵל וְלֹא שָׁבְרוּ אֶת־שֻׁלְחַן הַהֵיכָל אֲשֶׁר מָצְאוּ בְבֵית יהוה

13. יָרַדְנוּ אֵת אֲנָשָׁיו אֶל־מַחֲנֵה הַנָּהָר וְשָׁם יָשַׁבְנוּ בְתוֹכָם יָמִים רַבִּים כִּי הָלַכְנוּ לַמִּלְחָמָה עַל־עָרֵי הָרְשָׁעִים אֲשֶׁר שָׁבְרוּ אֶת־בָּתֵּינוּ

14. יְשָׁרִים אַתֶּם בְּעֵינֵי הָעָם הַזֶּה וַאֲנִי בָטַחְתִּי בָכֶם וְלָכֶם נָתַתִּי אֵת סוּסַי וְאֶת־זְהָבִי וְאֵת אַנְשֵׁי מְקוֹמִי לֹא נָתַתִּי לָכֶם

15. יָרַדְתָּ עִם נְשֵׁי עַמְּךָ וְעִם הַיְלָדִים אֲשֶׁר לָהֶן וּלְאַנְשֵׁי הַמָּקוֹם הַזֶּה אָמַרְתָּ לֹא מָצָאתִי צֶדֶק בָּכֶם כִּי אֶת־תּוֹרַת יהוה וּמִצְוֹתָיו לֹא זְכַרְתֶּם אַתֶּם וּבְנֵיכֶם

14.4. OT Texts

1. וּלְשָׂרָה° אָמַר הִנֵּה• נָתַתִּי אֶלֶף[1] כֶּסֶף לְאָחִיךְ[1a] הִנֵּה הוּא־לָךְ כְּסוּת[1b] עֵינַיִם לְכֹל• אֲשֶׁר אִתָּךְ[1c] Gen 20:16

2. וַיֹּאמֶר פַּרְעֹה° אֶל־יוֹסֵף° רְאֵה[2] נָתַתִּי אֹתְךָ[2a] עַל כָּל•־אֶרֶץ מִצְרָיִם°׃ Gen 41:41

3. הוּא אַהֲרֹן° וּמֹשֶׁה° אֲשֶׁר אָמַר יְהוָה לָהֶם הוֹצִיאוּ[3] אֶת־בְּנֵי יִשְׂרָאֵל מֵאֶרֶץ מִצְרַיִם° עַל־צִבְאֹתָם׃ Ex 6:26

---

[1] 1000 (sheqels); [1a] אָחִיךָ - אָח + 2ms suffix; [1b] כְּסוּת - covering; [1c] אֵת ('with') + *pronominal suffix.*

[2] see; [2a] *object marker + pronominal suffix.*

[3] bring out.

4. וְאָמַר[4] פַּרְעֹה° לִבְנֵי יִשְׂרָאֵל נְבֻכִים[4a] הֵם בָּאָרֶץ סָגַר עֲלֵיהֶם הַמִּדְבָּר•:
Ex 14:3

5. רְאוּ[5] כִּי־יְהוָה נָתַן לָכֶם הַשַּׁבָּת• עַל־כֵּן• הוּא נֹתֵן[5a] לָכֶם בַּיּוֹם הַשִּׁשִּׁי[5b]
לֶחֶם יוֹמָיִם Ex 16:29

6. וַיֹּאמֶר יְהוֹשֻׁעַ° אֶל־כָּל•־הָעָם כֹּה•־אָמַר יְהוָה אֱלֹהֵי יִשְׂרָאֵל בְּעֵבֶר[6] הַנָּהָר
יָשְׁבוּ אֲבוֹתֵיכֶם מֵעוֹלָם[6a] תֶּרַח° אֲבִי אַבְרָהָם וַאֲבִי נָחוֹר° וַיַּעַבְדוּ[6b]
אֱלֹהִים אֲחֵרִים[6c]: Josh 24:2

7. וְלֹא זָכְרוּ בְּנֵי יִשְׂרָאֵל אֶת־יְהוָה אֱלֹהֵיהֶם הַמַּצִּיל[7] אוֹתָם[2a] מִיַּד•
כָּל•־אֹיְבֵיהֶם[7a] מִסָּבִיב[7b]: Jg 8:34

8. כֹּה• אָמַר יְהוָה צְבָאוֹת פָּקַדְתִּי אֵת אֲשֶׁר־עָשָׂה[8] עֲמָלֵק° לְיִשְׂרָאֵל
אֲשֶׁר־שָׂם[8a] לוֹ בַּדֶּרֶךְ בַּעֲלֹתוֹ[8b] מִמִּצְרָיִם°: 1 Sam 15:2

9. וַיִּקְרָא[9] אָכִישׁ° אֶל־דָּוִד° וַיֹּאמֶר אֵלָיו[9a] חַי־יְהוָה[9b] כִּי־יָשָׁר אַתָּה וְטוֹב
בְּעֵינַי צֵאתְךָ[9c] וּבֹאֲךָ[9d] אִתִּי[1c] בַּמַּחֲנֶה כִּי לֹא־מָצָאתִי בְךָ רָעָה מִיּוֹם
בֹּאֲךָ[9d] אֵלַי[9a] עַד•־הַיּוֹם הַזֶּה וּבְעֵינֵי הַסְּרָנִים[9e] לֹא־טוֹב אָתָּה: 1 Sam 29:6

10. וְהַמֶּלֶךְ דָּוִד שָׁמַע אֵת כָּל•־הַדְּבָרִים הָאֵלֶּה וַיִּחַר[10] לוֹ מְאֹד: 2 Sam 13:21

11. וַהֲדַד° שָׁמַע בְּמִצְרַיִם° כִּי־שָׁכַב• דָּוִד° עִם־אֲבֹתָיו וְכִי־מֵת[11] יוֹאָב°
שַׂר•־הַצָּבָא 1 Kings 11:21

----

[4] then (he) will say; [4a] confused/disoriented.

[5] see/recognize; [5a] giving; [5b] שִׁשִּׁי - sixth.

[6] עֵבֶר - other side; [6a] עוֹלָם - distant past/future, eternity; [6b] and they served;
[6c] אַחֵר - other.

[7] who delivered; [7a] אֹיֵב - enemy; [7b] מִן + סָבִיב - round about.

[8] (he) did; [8a] (he) carried out; [8b] when he came up.

[9] (he) called/summoned; [9a] אֶל־ + *pronominal suffix*; [9b] as YHWH lives, (it is true);
[9c] צֵאת - going out; [9d] בֹּא - coming in; [9e] סֶרֶן - lord/ruler.

[10] it burned (to him)/(he) was angry.

[11] (he) had died.

12. וַיֹּאמֶר אֲלֵהֶם°9a רַב־שָׁקֵה°12 אִמְרוּ־נָא°12a אֶל־חִזְקִיָּהוּ° כֹּה°־אָמַר הַמֶּלֶךְ
הַגָּדוֹל מֶלֶךְ אַשּׁוּר° מָה° הַבִּטָּחוֹן°12b הַזֶּה אֲשֶׁר בָּטָחְתָּ:   2 Kings 18:19

14.5. Genesis 1:16-19

16 וַיַּעַשׂ°13 אֱלֹהִים אֶת־שְׁנֵי°13a הַמְּאֹרֹת°13b הַגְּדֹלִים אֶת־הַמָּאוֹר הַגָּדֹל
לְמֶמְשֶׁלֶת°13c הַיּוֹם וְאֶת־הַמָּאוֹר הַקָּטֹן לְמֶמְשֶׁלֶת הַלַּיְלָה וְאֵת הַכּוֹכָבִים:

17 וַיִּתֵּן°14 אֹתָם°14a אֱלֹהִים בִּרְקִיעַ°14b הַשָּׁמָיִם לְהָאִיר°14c עַל־הָאָרֶץ:

18 וְלִמְשֹׁל°15 בַּיּוֹם וּבַלַּיְלָה וּלֲהַבְדִּיל°15a בֵּין הָאוֹר וּבֵין הַחֹשֶׁךְ°15b וַיַּרְא°15c
אֱלֹהִים כִּי־טוֹב:

19 וַיְהִי°16־עֶרֶב° וַיְהִי־בֹקֶר° יוֹם רְבִיעִי°16a:

----

[12] the chief official/envoy (or, transliterated, Rab-Shaqeh);   [12a] say;   [12b] confidence.
[13] so (he) made;   [13a] שְׁנַיִם - two;   [13b] מָאוֹר - light;   [13c] מֶמְשֶׁלֶת - rule.
[14] then (he) placed;   [14a] them;   [14b] רָקִיעַ - expanse;   [14c] 'to give light'.
[15] לִמְשֹׁל - 'to rule';   [15a] 'and to divide';   [15b] חֹשֶׁךְ - darkness;   [15c] and (he) saw.
[16] וַיְהִי - and there was;   [16a] fourth.

54

Chapter 15

15.1. Parse and Translate

1. בָּטַ֫חְתִּי	2. מַלְכּוֹ	3. אָמַר
4. שְׁמוֹתֵיכֶם	5. עָבַ֫דְתָּ	6. שָׁבְרוּ
7. סְגַרְתֶּם	8. אָחִיו	9. בְּנוֹתָיו
10. לְכְדָה	11. בָּחַרְתְּ	12. כֻּלָּם
13. יָדֶ֫יךָ	14. בֵּיתָהּ	15. שָׁמַ֫עְתִּי
16. בָּטְחוּ	17. חַיֵּ֫ינוּ	18. אֲבִיהֶם
19. כָּתַ֫בְנוּ	20. עָבַ֫דְתִּי	21. פִּ֫יהוּ
22. מוֹתָן	23. אָמַ֫רְתָּ	24. אוֹרִי
25. מִסְפָּרוֹ	26. סָגַ֫רְנוּ	27. קְבַצְתֶּן
28. מַלְאָכֵ֫ינוּ	29. בְּנֵ֫נוּ	30. בָּחַ֫רְתִּי

15.2 Translate

1. הָלְכוּ כֹל אֲנָשָׁיו אַחֲרָיו
2. בָּחַר בִּירוּשָׁלַ֫יִם וּבְמַלְכָּהּ
3. כָּל־עֲבָדֵיהֶם טוֹבִים בְּעֵינֵ֫ינוּ
4. לֹא עָבְדוּ נְעָרֶ֫יךָ הָרָעִים בְּכַרְמִי
5. חַיֵּי עַם יִשְׂרָאֵל בְּיַד אֵלָם
6. יָרַ֫דְנוּ עִם אָבִ֫ינוּ הַזָּקֵן וְאִשְׁתּוֹ אִתּוֹ

7. פָּקַד יהוה אֶת־מַלְאָכוֹ הַיָּשָׁר עֲלֵיכֶם

8. אֵ֫לֶּה בְנֵי בָנַי וּבְנוֹתֵיהֶם

9. זָכַרְתְּ אֵת דִּבְרֵי פִיו וְאֵלָיו שָׁמַ֫עַתְּ

10. לֹא מָצָ֫אתִי אֵת אָחִ֫יהוּ תַּ֫חַת הָהָר

11. זֹאת בִּתֵּ֫נוּ וִילָדֶ֫יהָ עִמָּהּ

12. לָֽכְדוּ רִשְׁעֵי אַרְצֵ֫נוּ אֶת־בֵּיתִי

15.3. Translate

1. לֹא מָצָ֫אתָ מַ֫יִם לִצְבָאֵ֫נוּ אֲשֶׁר בַּמַּחֲנֶה וּלְסוּסֵ֫ינוּ אֵין לֶ֫חֶם בְּתוֹךְ עָרֶ֫יךָ

2. בָּֽחֲרוּ הַזְּקֵנִים בְּמַלְאָכִים יְשָׁרִים אֲשֶׁר קָֽבְצוּ אֵת עַם הָאָ֫רֶץ אֶל־יְרוּשָׁלַ֫יִם עַל־מִצְוַת מַלְכָּם וּכְפִ֫יהוּ

3. מִי בָטַח בַּיהוה וּבְעַבְדּוֹ לֹא נָֽפְלוּ כָּל־יְשָׁרָיו בִּידֵי הָֽרְשָׁעִים בִּימֵי הָרָעָה וּבִשְׁנֵי הָרָעָב

4. כָּתַ֫בְתִּי אֵלָיו סְפָרִים עַל־מִצְוֹתֶ֫יךָ אֲשֶׁר אָמַ֫רְתָּ לִי וְלֹא זָֽכְרוּ הוּא וּבֵיתוֹ אִתּוֹ אֶת־דְּבָרַי

5. רְשָׁעִים אַנְשֵׁיכֶם בְּעֵינֵי נָשֵׁ֫ינוּ כִּי הָֽלְכוּ הֵ֫מָּה אֶל־בָּֽתֵּיהֶם וְלֹא עָֽבְדוּ בִּשְׂדוֹתֵיהֶן

6. אֲנִי קָבַ֫צְתִּי אֵת סוּסַי וְאֵת גְּמַלַּי בְּבֵיתָם וְלֹא סָֽגְרוּ בְנוֹתֶ֫יךָ אֵת שַׁעֲרוֹ וְעַתָּה יָֽרְדוּ כֻּלָּם אֶל־הַשָּׂדֶה

7. יְשַׁבְתֶּם עִם אֲבוֹתֵיכֶם עַל־אַדְמָתָם בִּשְׁנֵי רְעָבָם וְלֹא הֲלַכְתֶּם מֵעָלֶ֫יהָ אַחֲרֵי מוֹתָם

8. אֵין לָכֶם לֶ֫חֶם עַל־שֻׁלְחָנֵ֫נוּ וְאֵין לָכֶם מַ֫יִם בְּכָל־בֵּיתֵ֫נוּ כִּי לָכַד מַלְכֵּ֫נוּ הָרַע עִם נְעָרָיו אֵת כֹּל אֲשֶׁר מָֽצְאוּ פֹּה

9. זְקֵנֵינוּ אֲשֶׁר פְּקַדְתֶּם אַתֶּם עָלֵינוּ הֵמָּה אָמְרוּ כִּי יָרַד אֲלֵיהֶם מַלְאָךְ
מִמַּלְכֵּנוּ וְאֵת כָּל־אַנְשֵׁי עִירֵנוּ קָבַץ לַמִּלְחָמָה

10. שָׁבַר נְבִיא יהוה אֵת שַׁעֲרֵי הֵיכְלֵי אֱלֹהֵי הָעַמִּים אֲשֶׁר בִּיהוּדָה וּבָנָיו
שָׁבְרוּ אֶת־שֻׁלְחֲנוֹתֵיהֶם וְאֵת כֹּל אֲשֶׁר מָצְאוּ בְּתוֹכָם

11. הָלַכְנוּ כֻּלָּנוּ בְּאוֹר תּוֹרָתוֹ וְהוּא זָכַר אֵת בְּנוֹתֵינוּ וְאֶת־בָּנֵינוּ אֲשֶׁר בְּעָרֵינוּ
אֲנַחְנוּ שָׁמַעְנוּ לְקוֹלוֹ וְהוּא נָתַן לָנוּ אֶת־הַחַיִּים תַּחַת הַמָּוֶת

12. בַּיָּמִים הָהֵמָּה יָרַד כְּבוֹד יהוה וְרוּחוֹ עַל־בֵּיתוֹ אֲשֶׁר בְּתוֹךְ הַמַּחֲנֶה וּנְבִיאֵי
יהוה נָפְלוּ עַל־הָאֲדָמָה וּבְקוֹל אֶחָד אָמְרוּ גָּדוֹל יהוה אֱלֹהֵינוּ וּבוֹ בָּטַחְנוּ

15.4. OT Texts

1. וַיֹּאמֶר אֱלֹהִים אֶל־אַבְרָהָם שָׂרַי° אִשְׁתְּךָ לֹא־תִקְרָא[1] אֶת־שְׁמָהּ שָׂרָי כִּי
שָׂרָה שְׁמָהּ׃ Gen 17:15

2. וְרִבְקָה° אָמְרָה אֶל־יַעֲקֹב° בְּנָהּ לֵאמֹר[2] הִנֵּה• שָׁמַעְתִּי אֶת־אָבִיךָ מְדַבֵּר[2a]
אֶל־עֵשָׂו° אָחִיךָ Gen 27:6

3. תְּנָה[3] אֶת־נָשַׁי וְאֶת־יְלָדַי אֲשֶׁר עָבַדְתִּי אֹתְךָ[3a] בָּהֵן וְאֵלֵכָה[3b] כִּי אַתָּה
יָדַעְתָּ אֶת־עֲבֹדָתִי אֲשֶׁר עֲבַדְתִּיךָ[3c]׃ Gen 30:26

4. וְאֶת־הָאָרֶץ אֲשֶׁר נָתַתִּי לְאַבְרָהָם וּלְיִצְחָק° לְךָ אֶתְּנֶנָּה[4] וּלְזַרְעֲךָ• אַחֲרֶיךָ
אֶתֵּן[4a] אֶת־הָאָרֶץ׃ Gen 35:12

5. וַיֹּאמֶר יוֹסֵף° אֶל־אָבִיו בָּנַי הֵם אֲשֶׁר־נָתַן־לִי אֱלֹהִים בָּזֶה וַיֹּאמַר
קָחֶם־נָא[5] אֵלַי וַאֲבָרֲכֵם[5a]׃ Gen 48:9

----

[1] you shall call.

[2] saying/as follows; [2a] speaking.

[3] give; [3a] *object marker* + *suffix*; [3b] that I may go; [3c] I have served you.

[4] I will give it; [4a] I will give.

[5] bring them; [5a] that I may bless them.

6. וַיִּתֵּן[6] יְהוָה אֶת־חֵן[6a] הָעָם בְּעֵינֵי מִצְרָיִם° גַּם[6b] הָאִישׁ מֹשֶׁה° גָּדוֹל מְאֹד
בְּאֶרֶץ מִצְרַיִם בְּעֵינֵי עַבְדֵי־פַרְעֹה° וּבְעֵינֵי הָעָם׃ Ex 11:3

7. וְאֶת־כָּל־עָרֵי הַמְּלָכִים־הָאֵלֶּה וְאֶת־כָּל־מַלְכֵיהֶם לָכַד יְהוֹשֻׁעַ° Josh 11:12

8. וַיֹּאמֶר יְהוֹשֻׁעַ אֶל־הָעָם עֵדִים[7] אַתֶּם בָּכֶם כִּי־אַתֶּם בְּחַרְתֶּם לָכֶם
אֶת־יְהוָה לַעֲבֹד[7a] אוֹתוֹ[3a] וַיֹּאמְרוּ[7b] עֵדִים׃ Josh 24:22

9. וְלֹא שָׁמַע מֶלֶךְ בְּנֵי עַמּוֹן° אֶל־דִּבְרֵי יִפְתָּח° אֲשֶׁר שָׁלַח• אֵלָיו׃ Jg 11:28

10. וּזְעַקְתֶּם[8] בַּיּוֹם הַהוּא מִלִּפְנֵי[8a] מַלְכְּכֶם אֲשֶׁר בְּחַרְתֶּם לָכֶם וְלֹא־יַעֲנֶה[8b]
יְהוָה אֶתְכֶם[3a] בַּיּוֹם הַהוּא׃ 1 Sam 8:18

11. וְעַתָּה הִנֵּה• הַמֶּלֶךְ אֲשֶׁר בְּחַרְתֶּם אֲשֶׁר שְׁאֶלְתֶּם[9] וְהִנֵּה נָתַן יְהוָה עֲלֵיכֶם
מֶלֶךְ׃ 1 Sam 12:13

12. וַיָּבֵא[10] הַסֵּפֶר אֶל־מֶלֶךְ יִשְׂרָאֵל לֵאמֹר[2] וְעַתָּה כְּבוֹא[10a] הַסֵּפֶר הַזֶּה אֵלֶיךָ
הִנֵּה שָׁלַחְתִּי• אֵלֶיךָ אֶת־נַעֲמָן° עַבְדִּי וַאֲסַפְתּוֹ[10b] מִצָּרַעְתּוֹ[10c]׃ 2 Kings 5:6

Cf.: Gen 42:4, 48:22; Eccl 8:14.

15.5. Genesis 1:20-23

20 וַיֹּאמֶר[11] אֱלֹהִים יִשְׁרְצוּ[11a] הַמַּיִם שֶׁרֶץ[11b] נֶפֶשׁ[11c] חַיָּה וְעוֹף[11d]
יְעוֹפֵף[11e] עַל־הָאָרֶץ עַל־פְּנֵי[11f] רְקִיעַ[11g] הַשָּׁמָיִם׃

----

[6] and (he) gave; [6a] favour; [6b] moreover/also.
[7] עֵד - witness; [7a] 'to serve'; [7b] and they said.
[8] then you will cry out; [8a] because of; [8b] (he) will answer.
[9] שָׁאַל - to ask.
[10] then he brought; [10a] when (it) comes; [10b] so that you may heal/release him; [10c] צָרַעַת - leprosy/skin disease.
[11] then (he) said; [11a] let (them) swarm; [11b] swarm; [11c] soul, life; [11d] עוֹף - bird(s); [11e] let (them) fly around; [11f] פָּנִים - face, surface; [11g] רָקִיעַ - expanse.

21 וַיִּבְרָא[12] אֱלֹהִים אֶת־הַתַּנִּינִם[12a] הַגְּדֹלִים וְאֵת כָּל־נֶפֶשׁ[11c] הַחַיָּה
הָרֹמֶשֶׂת[12b] אֲשֶׁר שָׁרְצוּ[12c] הַמַּיִם לְמִינֵהֶם[12d] וְאֵת כָּל־עוֹף[11d] כָּנָף[12e]
לְמִינֵהוּ וַיַּרְא[12f] אֱלֹהִים כִּי־טוֹב׃

22 וַיְבָרֶךְ[13] אֹתָם[13a] אֱלֹהִים לֵאמֹר[13b] פְּרוּ[13c] וּרְבוּ וּמִלְאוּ אֶת־הַמַּיִם בַּיַּמִּים
וְהָעוֹף[11d] יִרֶב[13d] בָּאָרֶץ׃

23 וַיְהִי[14]-עֶרֶב וַיְהִי־בֹקֶר יוֹם חֲמִישִׁי[14a]׃

15.6. Psalm 1:1-3

1 אַשְׁרֵי[15]-הָאִישׁ אֲשֶׁר לֹא הָלַךְ בַּעֲצַת רְשָׁעִים וּבְדֶרֶךְ חַטָּאִים[15a] לֹא
עָמָד[15b] וּבְמוֹשַׁב[15c] לֵצִים[15d] לֹא יָשָׁב׃

2 כִּי אִם[16] בְּתוֹרַת יְהוָה חֶפְצוֹ[16a] וּבְתוֹרָתוֹ יֶהְגֶּה[16b] יוֹמָם וָלָיְלָה׃

3 וְהָיָה[17] כְּעֵץ[17a] שָׁתוּל[17b] עַל־פַּלְגֵי[17c] מָיִם אֲשֶׁר פִּרְיוֹ[17d] יִתֵּן[17e]
בְּעִתּוֹ[17f] וְעָלֵהוּ[17g] לֹא־יִבּוֹל[17h] וְכֹל אֲשֶׁר־יַעֲשֶׂה[17i] יַצְלִיחַ[17j]׃

---

[12] so (he) created; [12a] תַּנִּין - sea creature; [12b] which creeps; [12c] שָׁרַץ - to swarm; [12d] מִין - kind, species; [12e] wing; [12f] then (he) saw.

[13] then (he) blessed; [13a] them; [13b] saying; [13c] פְּרוּ וּרְבוּ וּמִלְאוּ - be fruitful, multiply and fill; [13d] let (them) multiply.

[14] so there was; [14a] fifth.

[15] blessed (is); [15a] חַטָּא - sinner; [15b] עָמַד - to stand; [15c] מוֹשָׁב - seat; [15d] לֵץ - mocker.

[16] כִּי אִם - but rather; [16a] חֵפֶץ - delight; [16b] he meditates.

[17] he will be; [17a] עֵץ - tree; [17b] planted; [17c] פֶּלֶג - channel; [17d] פְּרִי - fruit; [17e] (it) yields; [17f] עֵת - season; [17g] עָלֶה - foliage; [17h] יִבּוֹל - (it) withers; [17i] יַעֲשֶׂה - he does; [17j] he prospers.

Chapter 16

16.1. Parse and Translate

1. הָֽרְגוּ	2. כְּמִסְפַּרְכֶם	3. לְבָבְךָ
4. תַּחְתֶּ֫יהָ	5. לְפָנֵ֫ינוּ	6. בֹּחֲרַ֫יִךְ
7. צְבָאוֹת	8. עָבַ֫דְנוּ	9. שֹׁפְטַי
10. כִּבְנוֹתָיו	11. לִבּוֹ	12. לְאֹיִבְךָ
13. כִּסְאוֹתֵיהֶם	14. מֵרוּחִי	15. לִפְנֵיהֶם
16. יָלַדְתְּ	17. בְּאוֹרוֹ	18. צִדְקֵךְ
19. יְדֵיכֶם	20. סָֽגְרָה	21. מוֹתוֹ
22. שֹׁבְרֶ֫יהָ	23. יוֹלְדוֹתֵ֫ינוּ	24. חֶצְיוֹ
25. מַלְאָכָהּ	26. שֹׁפְטֵי	27. שְׁעָרַ֫יִךְ
28. מֹצְאוֹת	29. אָֽמְרוּ	30. עִמָּהּ

16.2. Translate

1. הַשֹּׁפֵט שֹׁמֵעַ לַעֲצוֹת לְבָבוֹ
2. הַמְּלָכִים יֹשְׁבִים עַל־כִּסְאוֹתֵיהֶם
3. אֲנַ֫חְנוּ בּוֹחֲרִים בְּךָ לְמֶ֫לֶךְ עָלֵ֫ינוּ
4. נָֽפְלוּ חֲצִי הָעָם לִפְנֵי אֹיְבֵיהֶם
5. אֵ֫לֶּה הָאֲנָשִׁים הָעֹבְדִים אֵת אָבִ֫ינוּ
6. הֵם בּוֹטְחִים בַּיהוה בְּכָל־לִבָּם

7. מָצָאתָ אֶת־מַלְאָכָם אֲשֶׁר דֹּרֵשׁ אֹתָנוּ

8. מִי סֹגֵר אֵת שְׁעָרֵינוּ לְפָנֵינוּ

9. יָלְדָה בַת כַּאֲשֶׁר אָמַר לָהּ אֱלֹהֶיהָ

10. אַתֶּם הֹלְכִים לִמְלַאכְתְּכֶם בַּשָּׂדֶה

11. לָכַדְתִּי אֵת הָרֹעִים הַהֹרְגִים אֶת־סוּסֶיךָ

12. בְּנוֹת הַמַּלְכָּה יֹרְדוֹת אֶל־מְקוֹמָן

16.3. Translate

1. עָבְדוּ הַנְּעָרִים אֵת מַלְכָּם כָּל־יְמֵי חַיֵּיהֶם וּבְהֵיכָלוֹ יָשְׁבוּ בְשִׂמְחַת לִבָּם

2. אַחֲרֵי מוֹת שֹׁפְטֵנוּ בָּחַרְנוּ לָנוּ בְנָבִיא יהוה הַצַּדִּיק הַהוּא אֲשֶׁר שָׁפַט אֹתָנוּ
שָׁנִים רַבּוֹת בְּצֶדֶק רוּחוֹ וּבִלְבַב בִּינָה

3. אֵלֶיךָ הָלַכְתִּי וּלְפָנֶיךָ נָפַלְתִּי עַל־פָּנַי וּבְתוֹרָתְךָ בָּטַחְתִּי כִּי אַתָּה אֱלֹהֵי
יְשׁוּעָתִי וּבְיָדֶךָ כָּל־חַי

4. יָשַׁב הַנַּעַר עַל־כִּסֵּא אָבִיהוּ תַּחְתָּיו כִּי הָרְגוּ אֹיְבֵי עַמּוֹ אֵת הַמֶּלֶךְ וְאֵת
אִשְׁתּוֹ וְאֵת חֲצִי צְבָאוֹ וּבְנוֹ לֹא לָכְדוּ אֹתוֹ בַּמִּלְחָמָה

5. יהוה בְּיָדֶיךָ כָּל־אַרְצוֹתֵינוּ וּבְהֵיכַל כְּבוֹדְךָ מָצָאנוּ אֵת דִּבְרֵי הַחַיִּים אֲשֶׁר
אָמַרְתָּ אֹתָם בְּפִי עֲבָדֶיךָ הַנְּבִיאִים

6. אָמַר יהוה לְבַת הַשּׁוֹפֵט בַּשָּׁנָה הַהִיא אֲנִי בֹחֵר בָּךְ הַיּוֹם כִּי צַדִּיקָה אַתְּ
וּבְצֶדֶק הָלַכְתְּ לְפָנַי וְאֹתִי עָבַדְתְּ בְּכָל־לִבֵּךְ

7. מִי שֹׁמֵעַ בַּמָּקוֹם הַזֶּה לְקוֹל אֱלֹהֵינוּ אֲשֶׁר נֹתֵן אֶת־שְׁלוֹמוֹ וְאֶת־תּוֹרוֹתָיו
לָנוּ וּלְבָנֵינוּ וְלִבְנוֹתֵינוּ אִתָּנוּ

8. יָלַד מַלְכֵּנוּ בָּנִים וּבָנוֹת רַבִּים וְיָפִים אֲשֶׁר יָלְדָה לוֹ מַלְכָּתוֹ וְאֹתָם פָּקַד
עַל־כֹּל מְלֶאכֶת יְרוּשָׁלַםִ

9. אָמַר לוֹ הַנָּבִיא אֵיפֹה אַתָּה הֹלֵךְ וּבְמִי אַתָּה בֹטֵחַ הָרַגְתָּ אֵת אַחִיךָ הַיְשָׁרִים
וְעַתָּה פָּקַד יהוה אֹתְךָ וְאֶת־בֵּיתְךָ שָׁפַט אֱלֹהִים

10. בְּאוֹר פָּנֶיךָ וּבְדַרְכֵי מִצְוֹתֶיךָ אֲנַחְנוּ הוֹלְכִים כָּל־הַיּוֹם כִּי אַתָּה שְׁלוֹמֵנוּ
וִישׁוּעָתֵנוּ בְתוֹכֵנוּ

11. אַחֲרֵי הַדְּבָרִים הָאֵלֶּה יָשְׁבוּ שֹׁפְטֵי הָאָרֶץ עַל־כִּסְאוֹתֵיהֶם וְאֵת רָעֵי הָעָם
שָׁפְטוּ אֲשֶׁר לֹא עָבְדוּ אֵת יהוה

12. אֵת חֲצִי מֵי יַמֵּי הָאָרֶץ קָבַץ אֶל־מָקוֹם אֶחָד וְאֶת־הָרֵי הָאֲדָמָה וְאֵת
גִּבְעוֹתֶיהָ שָׁבַר וְכָל־אָדָם נָפַל לְפָנָיו כַּאֲשֶׁר שָׁמְעוּ אֶת־קוֹל יהוה הַגָּדוֹל

16.4. OT Texts

1. וַיְהִי[1] כַּאֲשֶׁר יָלְדָה רָחֵל° אֶת־יוֹסֵף° וַיֹּאמֶר יַעֲקֹב אֶל־לָבָן° שַׁלְּחֵנִי[1a]
וְאֵלְכָה[1b] אֶל־מְקוֹמִי וּלְאַרְצִי׃ Gen 30:25

2. וַיֹּאמֶר עַבְדְּךָ אָבִי אֵלֵינוּ אַתֶּם יְדַעְתֶּם כִּי שְׁנַיִם[2] יָלְדָה־לִּי אִשְׁתִּי׃
Gen 44:27

3. וְשֵׁם אֵשֶׁת עַמְרָם° יוֹכֶבֶד° בַּת־לֵוִי° אֲשֶׁר יָלְדָה אֹתָהּ לְלֵוִי בְּמִצְרָיִם°
וַתֵּלֶד[3] לְעַמְרָם אֶת־אַהֲרֹן° וְאֶת־מֹשֶׁה וְאֵת מִרְיָם° אֲחֹתָם[3a]׃ Num 26:59

4. וַיֹּאמֶר יְהוָה אֵלַי אַל־תִּירָא[4] אֹתוֹ כִּי בְיָדְךָ נָתַתִּי אֹתוֹ וְאֶת־כָּל־עַמּוֹ
וְאֶת־אַרְצוֹ וְעָשִׂיתָ[4a] לּוֹ כַּאֲשֶׁר עָשִׂיתָ[4b] לְסִיחֹן° מֶלֶךְ הָאֱמֹרִי° אֲשֶׁר יוֹשֵׁב
בְּחֶשְׁבּוֹן°׃ Deut 3:2

5. כִּי אָנֹכִי מֵת[5] בָּאָרֶץ הַזֹּאת אֵינֶנִּי[5a] עֹבֵר• אֶת־הַיַּרְדֵּן° וְאַתֶּם עֹבְרִים
וִירִשְׁתֶּם[5b] אֶת־הָאָרֶץ הַטּוֹבָה הַזֹּאת׃ Deut 4:22

----

[1] then; [1a] send me; [1b] that I may go.
[2] two (sons).
[3] and she bore; [3a] אָחוֹת - sister.
[4] do not fear; [4a] and you shall do; [4b] you did.
[5] dying/about to die; [5a] I am not; [5b] and you will take possession of.

6. רְאֵה[6] נָתַתִּי לְפָנֶיךָ הַיּוֹם אֶת־הַחַיִּים וְאֶת־הַטּוֹב וְאֶת־הַמָּוֶת וְאֶת־הָרָע׃
Deut 30:15

7. וְהָאֲנָשִׁים רָדְפוּ[7] אַחֲרֵיהֶם דֶּרֶךְ הַיַּרְדֵּן° עַל הַמַּעְבְּרוֹת[7a] וְהַשַּׁעַר סָגָרוּ
אַחֲרֵי כַּאֲשֶׁר יָצְאוּ הָרֹדְפִים אַחֲרֵיהֶם׃ Josh 2:7

8. וְהִנֵּה׃ אָנֹכִי הוֹלֵךְ הַיּוֹם בְּדֶרֶךְ כָּל־הָאָרֶץ וִידַעְתֶּם[8] בְּכָל־לְבַבְכֶם וּבְכָל־
נַפְשְׁכֶם[8a] כִּי לֹא־נָפַל דָּבָר אֶחָד מִכֹּל הַדְּבָרִים הַטּוֹבִים אֲשֶׁר דִּבֶּר[8b] יְהוָה
אֱלֹהֵיכֶם עֲלֵיכֶם הַכֹּל׃ בָּאוּ[8c] לָכֶם לֹא־נָפַל מִמֶּנּוּ[8d] דָּבָר אֶחָד׃ Josh 23:14

9. וַיַּעֲשׂוּ[9] אַנְשֵׁי עִירוֹ הַזְּקֵנִים וְהַחֹרִים[9a] אֲשֶׁר הַיֹּשְׁבִים בְּעִירוֹ כַּאֲשֶׁר
שָׁלְחָה׃ אֲלֵיהֶם אִיזָבֶל° כַּאֲשֶׁר כָּתוּב[9b] בַּסְּפָרִים אֲשֶׁר שָׁלְחָה אֲלֵיהֶם׃
1 Kings 21:11

10. כִּי לֹא נַעֲשָׂה[10] כַּפֶּסַח[10a] הַזֶּה מִימֵי הַשֹּׁפְטִים אֲשֶׁר שָׁפְטוּ אֶת־יִשְׂרָאֵל
וְכֹל יְמֵי מַלְכֵי יִשְׂרָאֵל וּמַלְכֵי יְהוּדָה׃ 2 Kings 23:22

11. הָעָם הַהֹלְכִים בַּחֹשֶׁךְ׃ רָאוּ[11] אוֹר גָּדוֹל יֹשְׁבֵי בְּאֶרֶץ צַלְמָוֶת[11a] אוֹר
נָגַהּ[11b] עֲלֵיהֶם׃ Isa 9:1

12. מֶלֶךְ יוֹשֵׁב עַל־כִּסֵּא־דִין[12] מְזָרֶה[12a] בְעֵינָיו כָּל־רָע׃ Prov 20:8

----

[6] see.

[7] רָדַף - to pursue; [7a] מַעְבָּרָה - ford (*lit.*, crossing place).

[8] and you must know/recognize; [8a] נֶפֶשׁ - soul; [8b] (he) spoke; [8c] (they) came/were fulfilled; [8d] from/of it.

[9] then (they) did; [9a] חֹר - noble; [9b] (it was) written.

[10] there was celebrated; [10a] פֶּסַח - Passover.

[11] (they) have seen; [11a] deep darkness/shadow of death; [11b] (it) has shone.

[12] justice; [12a] (he) scatters.

16.5. Genesis 1:24-27

24 וַיֹּאמֶר אֱלֹהִים תּוֹצֵא[13] הָאָרֶץ נֶפֶשׁ[13a] חַיָּה לְמִינָהּ[13b] בְּהֵמָה[13c] וָרֶמֶשׂ[13d]
וְחַיְתוֹ[13e]־אֶרֶץ לְמִינָהּ וַיְהִי[13f]־כֵן׃

25 וַיַּעַשׂ[14] אֱלֹהִים אֶת־חַיַּת הָאָרֶץ לְמִינָהּ[13b] וְאֶת־הַבְּהֵמָה[13c] לְמִינָהּ וְאֵת
כָּל־רֶמֶשׂ[13d] הָאֲדָמָה לְמִינֵהוּ וַיַּרְא[14a] אֱלֹהִים כִּי־טוֹב׃

26 וַיֹּאמֶר אֱלֹהִים נַעֲשֶׂה[15] אָדָם בְּצַלְמֵנוּ[15a] כִּדְמוּתֵנוּ[15b] וְיִרְדּוּ[15c] בִדְגַת[15d]
הַיָּם וּבְעוֹף[15e] הַשָּׁמַיִם וּבַבְּהֵמָה[13c] וּבְכָל־הָאָרֶץ וּבְכָל־הָרֶמֶשׂ[13d]
הָרֹמֵשׂ[15f] עַל־הָאָרֶץ׃

27 וַיִּבְרָא[16] אֱלֹהִים אֶת־הָאָדָם בְּצַלְמוֹ[15a] בְּצֶלֶם אֱלֹהִים בָּרָא[16a] אֹתוֹ
זָכָר[16b] וּנְקֵבָה[16c] בָּרָא אֹתָם׃

16.6. Psalm 1:4-6

4 לֹא־כֵן[17] הָרְשָׁעִים כִּי אִם[17a]־כַּמֹּץ[17b] אֲשֶׁר־תִּדְּפֶנּוּ[17c] רוּחַ׃

5 עַל־כֵּן[17] לֹא־יָקֻמוּ[18] רְשָׁעִים בַּמִּשְׁפָּט[18a] וְחַטָּאִים[18b] בַּעֲדַת[18c] צַדִּיקִים׃

6 כִּי־יוֹדֵעַ[19] יְהוָה דֶּרֶךְ צַדִּיקִים וְדֶרֶךְ רְשָׁעִים תֹּאבֵד[19a]׃

----

[13] let (it) bring forth; [13a] soul, life, living being(s); [13b] מִין - kind, species; [13c] בְּהֵמָה - animal(s), livestock; [13d] רֶמֶשׂ - crawling things, insects; [13e] and (wild) animals; [13f] and it was.

[14] so (he) made; [14a] and (he) saw.

[15] let us make; [15a] צֶלֶם - image; [15b] דְּמוּת - likeness; [15c] and let them have dominion; [15d] דָּגָה - fish; [15e] עוֹף - bird(s); [15f] רָמַשׂ - to crawl.

[16] so (he) created; [16a] בָּרָא - to create; [16a] male; [16b] נְקֵבָה - female.

[17] כֵּן - thus; [17a] כִּי אִם - but rather; [17b] מֹץ - chaff; [17c] תִּדְּפֶנּוּ - (it) drives it.

[18] יָקֻמוּ - (they) will not stand up; [18a] מִשְׁפָּט - judgement; [18b] חַטָּא - sinner; [18c] עֵדָה - assembly.

[19] יָדַע - to know; [19a] (it) will perish.

Chapter 17

17.1. Parse and Translate

1.	אֶכְרֹת	2.	נִשְׁמֹר	3.	תִּדְרְשִׁי
4.	קָבְרָה	5.	שָׁבַ֫תִּי	6.	שׁוֹמְעוֹת
7.	שְׂרַפְתֶּן	8.	תִּמְכֹּ֫רְנָה	9.	קֹבְרֵי
10.	יִשְׁבֹּר	11.	יִשְׁמְרוּ	12.	תִּמְצְאִי
13.	נִבְטַח	14.	כָּרַ֫תָּ	15.	יִסְגְּרוּ
16.	הֹרְגִים	17.	תִּשְׁבֹּת	18.	תִּשְׂרְפוּ
19.	מָכַ֫רְנוּ	20.	שֹׁמְרִי	21.	תִּבְחַר
22.	אֶשְׁפֹּט	23.	כֹּרְתָיו	24.	יִקְבְּרוּ
25.	שֹׂרֶ֫פֶת	26.	יָלַ֫דְתְּ	27.	נִשְׁבֹּת
28.	דִּרְשׁוּ	29.	יִכְתֹּב	30.	מֹכְרוֹת

17.2. Translate

1. נִדְרֹשׁ אֵת אַחֵ֫ינוּ בְּבֵיתְךָ
2. מָכְרָה אֶת־סוּסָהּ לַאֲחוֹתָהּ
3. לֹא אֶשְׁמֹר אֵת מִצְוֹתֵיכֶם הָרָעוֹת
4. תִּקְבֹּר אֶת־בְּנֵי מְקוֹמְךָ בַּיּוֹם הַהוּא
5. שְׁבַתֶּם בַּשָּׁנִים הָהֵ֫נָּה מֵעֲבוֹדַתְכֶם
6. תִּזְכְּרִי אֵת דְּבָרָיו הַחֲכָמִים

7. לֹא תִכְרְתוּ בְרִית עִמָּם

8. תִּמְצֶ֫אנָה בַנָּהָר אֶת־זְהַבְכֶן

9. יִשְׂרְפוּ אֵת כָּל־שַׁעֲרֵיכֶם וְאֵת בָּתֵּיכֶם

10. יִשְׁפֹּט אֶת־עַמּוֹ בְצִדְקוֹ

11. תְּקַבֵּ֫צְנָה אֶת־בְּנוֹתֵיהֶן שָׁ֫מָּה

12. תִּשְׁמַע אֵת קוֹל בְּנָהּ אֲשֶׁר תִּדְרֹשׁ אֹתוֹ

17.3. Translate

1. נִבְחַר בְּךָ וּלְשֹׁפֵט עַל־הָעִיר הַזֹּאת נִפְקֹד אֹתְךָ כִּי יָשָׁר אַתָּה וּבִבְנְךָ לֹא נִבְחַר כִּי אֶת־דַּרְכֵי אֱלֹהָיו לֹא יִשְׁמֹר

2. תְּקַבֵּץ אֵת צְבָאֵ֫נוּ וְאֵת סוּסֵ֫ינוּ וּבְאֵשׁ תִּשְׂרֹף כָּל־עִיר לְאֹיְבֵ֫ינוּ אֲשֶׁר הֹרְגִים אֵת יַלְדֵי עַמֵּ֫נוּ

3. מִי הַנַּ֫עַר הֶחָכָם הַהוּא אֲשֶׁר עֹבֵד בְּשָׂדְךָ לֹא יִשְׁבֹּת כָּל־הַיּוֹם מֵהַמְּלָאכָה אֲשֶׁר נָתַ֫תָּ אֹתָהּ לוֹ

4. לֹא יִכְרְתוּ אַנְשֵׁיהֶם בְּרִית אִתָּ֫נוּ כִּי לֹא יִבְטְחוּ בָּ֫נוּ זִקְנֵיהֶם וְהֵם אֹמְרִים כִּי רָשָׁע עַמֵּ֫נוּ

5. יִכְתֹּב הַנָּבִיא אֵת כֹּל דְּבָרָיו בְּסֵ֫פֶר וְאַתֶּם תִּשְׁמְעוּ אֲלֵיהֶם וְתִשְׁמְרוּ אֹתָם כָּל־יְמֵיכֶם

6. תִּדְרֹ֫שְׁנָה בְנוֹתֵ֫ינוּ אֵת יהוה בְּהֵיכָלוֹ כִּי טוֹב הוּא וְכָל־דֹּרְשָׁיו יִמְצְאוּ אֹתוֹ

7. אַתָּה תִשְׁפֹּט אֵת עַמִּי כַּאֲשֶׁר אָמְרוּ לְךָ נְבִיאַי אֲשֶׁר נָתַ֫תִּי אֹתָם בָּאָ֫רֶץ לְבִרְכָתָהּ

8. אַתְּ נֹתֶ֫נֶת הַיּוֹם אֵת בֵּיתֵךְ וַחֲצִי כַסְפֵּךְ לַאֲחוֹתֵךְ הַקְּטַנָּה כִּי הֹלֶ֫כֶת אַתְּ עִם בִּתֵּךְ אֲשֶׁר יָלַדְתְּ אֹתָהּ בָּעִיר הַזֹּאת אֶל־אֶ֫רֶץ אֲבוֹתַ֫יִךְ

9. תִּזְכְּרוּ אֵת יהוה אֱלֹהֵיכֶם וְלֹא תִשְׁבְּתוּ מֵעֲבֹדַתְכֶם כִּי גְדוֹלָה הִיא בְעֵינָיו
וְהוּא בָחַר בָּכֶם לָהּ

10. בַּיּוֹם הַהוּא יִכְרֹת יהוה בְּרִית חֲדָשָׁה בֵּינוֹ וּבֵין בֵּית יְהוּדָה וְאֹתוֹ יִדְרְשׁוּ
בְּלֵבָב חָדָשׁ וְאֵלָיו יִשְׁמְעוּ וּבוֹ יִבְטְחוּ

11. הָרַגְתָּ אֶת־נַעֲרֵי אֹיְבֶיךָ אֲשֶׁר יִסְגְּרוּ אֵת שַׁעֲרָם עָלֶיךָ וְעַתָּה תִשְׁבֹּר
אֶת־הַשַּׁעַר וְאֹתָם תִּקְבֹּר בְּקִבְרֵי עִירָם

12. הוּא טוֹב בְּעֵינֵי בָנַי כִּי יִזְכְּרוּ אֵת צִדְקוֹ וְאֵת חָכְמָתוֹ עִמָּם וְלוֹ אֶמְכֹּר אֵת
גַּנַּי אֲשֶׁר עָבַד בּוֹ יָמִים רַבִּים

17.4. OT Texts

1. אֱלֹהֵי אַבְרָהָם וֵאלֹהֵי נָחוֹר° יִשְׁפְּטוּ בֵינֵינוּ אֱלֹהֵי אֲבִיהֶם וַיִּשָּׁבַע[1] יַעֲקֹב
בְּפַחַד[1a] אָבִיו יִצְחָק°: Gen 31:53

2. וַיֹּאמֶר יוֹסֵף° אֶל־אֶחָיו אָנֹכִי מֵת[2] וֵאלֹהִים פָּקֹד[2a] יִפְקֹד אֶתְכֶם וְהֶעֱלָה[2b]
אֶתְכֶם מִן־הָאָרֶץ הַזֹּאת אֶל־הָאָרֶץ אֲשֶׁר נִשְׁבַּע[2c] לְאַבְרָהָם לְיִצְחָק
וּלְיַעֲקֹב: Gen 50:24

3. וְלֹא־יִשְׁמַע אֲלֵכֶם פַּרְעֹה וְנָתַתִּי[3] אֶת־יָדִי בְּמִצְרָיִם וְהוֹצֵאתִי[3a] אֶת־צִבְאֹתַי
אֶת־עַמִּי בְנֵי־יִשְׂרָאֵל מֵאֶרֶץ מִצְרַיִם בִּשְׁפָטִים[3b] גְּדֹלִים: Ex 7:4

4. וְזָכַרְתִּי[4] אֶת־בְּרִיתִי יַעֲקוֹב וְאַף[4a] אֶת־בְּרִיתִי יִצְחָק וְאַף אֶת־בְּרִיתִי
אַבְרָהָם אֶזְכֹּר וְהָאָרֶץ אֶזְכֹּר: Lev 26:42

----

[1] then (he) swore an oath; [1a] פַּחַד - fear/dread.
[2] about to die; [2a] surely; [2b] and (he) will bring up; [2c] (he) promised on oath.
[3] so I will set/direct; [3a] then I will bring out; [3b] שֶׁפֶט - judgement/sanction.
[4] then I will remember; [4a] אַף - also/indeed.

5. אֵלֶּה הַחֻקִּים· וְהַמִּשְׁפָּטִים· אֲשֶׁר תִּשְׁמְרוּן לַעֲשׂוֹת[5] בָּאָרֶץ אֲשֶׁר נָתַן יְהוָה
אֱלֹהֵי אֲבֹתֶיךָ לְךָ לְרִשְׁתָּהּ[5a] כָּל־הַיָּמִים אֲשֶׁר־אַתֶּם חַיִּים עַל־הָאֲדָמָה׃
Deut 12:1

6. לִפְנֵי יְהוָה אֱלֹהֶיךָ תֹּאכְלֶנּוּ[6] בַּמָּקוֹם אֲשֶׁר יִבְחַר יְהוָה אֱלֹהֶיךָ בּוֹ אַתָּה
וּבִנְךָ וּבִתֶּךָ וְעַבְדְּךָ וַאֲמָתֶךָ[6a] וְהַלֵּוִי° אֲשֶׁר בִּשְׁעָרֶיךָ וְשָׂמַחְתָּ[6b] לִפְנֵי יְהוָה
אֱלֹהֶיךָ בְּכֹל מִשְׁלַח[6c] יָדֶךָ׃ Deut 12:18

7. וְאַתֶּם לֹא־תִכְרְתוּ בְרִית לְיוֹשְׁבֵי הָאָרֶץ הַזֹּאת מִזְבְּחוֹתֵיהֶם[7] תִּתֹּצוּן[7a]
וְלֹא־שְׁמַעְתֶּם בְּקֹלִי׃ Jg 2:2

8. לֹא תִהְיֶה[8] תִּפְאַרְתְּךָ[8a] עַל־הַדֶּרֶךְ אֲשֶׁר אַתָּה הוֹלֵךְ כִּי בְיַד־אִשָּׁה יִמְכֹּר
יְהוָה אֶת־סִיסְרָא° Jg 4:9

9. וְאָנֹכִי לֹא־חָטָאתִי· לָךְ וְאַתָּה עֹשֶׂה[9] אִתִּי רָעָה לְהִלָּחֶם[9a] בִּי יִשְׁפֹּט יְהוָה
הַשֹּׁפֵט הַיּוֹם בֵּין בְּנֵי יִשְׂרָאֵל וּבֵין בְּנֵי עַמּוֹן°׃ Jg 11:27

10. וְאָמַרְתָּ[10] אֲלֵיהֶם כֹּה·־אָמַר יְהוָה צְבָאוֹת כָּכָה[10a] אֶשְׁבֹּר אֶת־הָעָם הַזֶּה
וְאֶת־הָעִיר הַזֹּאת כַּאֲשֶׁר יִשְׁבֹּר אֶת־כְּלִי[10b] הַיּוֹצֵר[10c] Jer 19:11

11. כִּי זֹאת הַבְּרִית אֲשֶׁר אֶכְרֹת אֶת־בֵּית יִשְׂרָאֵל אַחֲרֵי הַיָּמִים הָהֵם
נְאֻם[11]־יְהוָה נָתַתִּי אֶת־תּוֹרָתִי בְּקִרְבָּם[11a] וְעַל־לִבָּם אֶכְתֲּבֶנָּה[11b]
וְהָיִיתִי[11c] לָהֶם לֵאלֹהִים וְהֵמָּה יִהְיוּ[11d]־לִי לְעָם׃ Jer 31:33

----

[5] 'to do'; [5a] 'to possess it'.

[6] you are to eat it; [6a] אָמָה - female servant; [6b] and you shall rejoice/celebrate; [6c] undertaking (*lit.*, sending).

[7] מִזְבֵּחַ - altar; [7a] you must break down.

[8] (it) will be; [8a] תִּפְאָרָה - renown/glory.

[9] doing; [9a] by fighting.

[10] you are to say; [10a] thus/in this way; [10b] vessel; [10c] יָצַר - to form/to work as a potter.

[11] says/utterance of; [11a] קֶרֶב - midst/inner part; [11b] = אֶכְתֹּב אֹתָהּ; [11c] and I will be; [11d] they will be.

12. וְכֹל אֲשֶׁר לֹא־יִדְרֹשׁ לַיהוָה אֱלֹהֵי־יִשְׂרָאֵל יוּמָת[12] לְמִן־קָטֹן וְעַד־גָּדוֹל
לְמֵאִישׁ וְעַד־אִשָּׁה׃ 2 Chr 15:13

17.5. Genesis 1:28-31

28 וַיְבָרֶךְ[13] אֹתָם אֱלֹהִים וַיֹּאמֶר לָהֶם אֱלֹהִים פְּרוּ[13a] וּרְבוּ וּמִלְאוּ
אֶת־הָאָרֶץ וְכִבְשֻׁהָ[13b] וּרְדוּ[13c] בִּדְגַת[13d] הַיָּם וּבְעוֹף[13e] הַשָּׁמַיִם
וּבְכָל־חַיָּה הָרֹמֶשֶׂת[13f] עַל־הָאָרֶץ׃

29 וַיֹּאמֶר אֱלֹהִים הִנֵּה[14] נָתַתִּי לָכֶם אֶת־כָּל־עֵשֶׂב[14a] זֹרֵעַ[14b] זֶרַע[14c] אֲשֶׁר
עַל־פְּנֵי כָל־הָאָרֶץ וְאֶת־כָּל־הָעֵץ אֲשֶׁר־בּוֹ פְרִי[14d]־עֵץ זֹרֵעַ זָרַע לָכֶם
יִהְיֶה[14e] לְאָכְלָה[14f]׃

30 וּלְכָל־חַיַּת הָאָרֶץ וּלְכָל־עוֹף[13e] הַשָּׁמַיִם וּלְכֹל רוֹמֵשׂ[13f] עַל־הָאָרֶץ
אֲשֶׁר־בּוֹ נֶפֶשׁ חַיָּה אֶת־כָּל־יֶרֶק[15] עֵשֶׂב[14a] לְאָכְלָה[14f] וַיְהִי[15a]־כֵן׃

31 וַיַּרְא[16] אֱלֹהִים אֶת־כָּל־אֲשֶׁר עָשָׂה[16a] וְהִנֵּה[14]־טוֹב מְאֹד וַיְהִי[15a]־עֶרֶב
וַיְהִי־בֹקֶר יוֹם הַשִּׁשִּׁי[16b]׃

----

[12] (he) will be put to death.

[13] then (he) blessed; [13a] פְּרוּ וּרְבוּ וּמִלְאוּ - be fruitful, multiply and fill; [13b] and subdue/control it; [13c] and rule; [13d] דָּגָה - fish; [13e] עוֹף - bird(s); [13f] רָמַשׂ - to crawl.

[14] behold/consider (that); [14a] עֵשֶׂב - plant(s); [14b] זָרַע - to sow; [14c] זֶרַע - seed; [14d] fruit; [14e] it shall belong; [14f] אָכְלָה - food.

[15] greenery; [15a] and it was.

[16] then (he) saw; [16a] he had made; [16b] sixth.

17.6. Psalm 121:1-4

1 שִׁיר[17] לַֽמַּעֲלוֹת[17a] אֶשָּׂא[17b] עֵינַי אֶל־הֶהָרִים מֵאַיִן[17c] יָבֹא[17d]
עֶזְרִי[17e]׃

2 עֶזְרִי[17e] מֵעִם יְהוָה עֹשֵׂה[18] שָׁמַיִם וָאָרֶץ׃

3 אַל[19]־יִתֵּן[19a] לַמּוֹט[19b] רַגְלֶךָ[19c] אַל[19]־יָנוּם[19d] שֹׁמְרֶךָ׃

4 הִנֵּה[20] לֹא־יָנוּם[19d] וְלֹא יִישָׁן[20a] שׁוֹמֵר יִשְׂרָאֵל׃

----

[17] song; [17a] מַעֲלָה - ascent; [17b] I will lift up; [17c] אַיִן - where?; [17d] (it) will come; [17e] עֵזֶר - help.

[18] עֹשֶׂה - maker, one making.

[19] not; [19a] יִתֵּן - he will allow, give; [19b] 'to stumble'; [19c] רֶגֶל - foot; [19d] יָנוּם - (he) will fall asleep.

[20] behold; [20a] (he) will sleep.

Chapter 18

18.1. Parse and Translate

1. לֹקְחָיו	2. כָּרַתִּי	3. וָאֶשְׁמֹר
4. חֲסָדָיו	5. אֵלֵינוּ	6. וַהֲרַגְתֶּם
7. וַיִּקְבְּרוּ	8. שֹׁרְפֶיהָ	9. חַכְמֵי
10. לָקַחַתְּ	11. וַנִּבְחַר	12. וַתִּשְׁבֹּתְנָה
13. וְקָבַרְתִּי	14. תִּמְלֹךְ	15. שֹׁמְרָהּ
16. תִּסְגְּרוּ	17. רֹכְבֵיהֶם	18. אֶבְטַח
19. יָשַׁבְנוּ	20. וּמָכַרְתָּ	21. מָלְכוּ
22. לַהֹלְכִים	23. שֹׁמְעֶיךָ	24. תִּדְרֹשׁ
25. אָמְרָה	26. תִּרְכְּבִי	27. בָּחֲרוּ
28. נִמְכֹּר	29. יוֹשְׁבֶיהָ	30. נָתַנּוּ

18.2. Translate

1. יִרְכְּבוּ עַל־סוּסֵיהֶם וְיֵרְדוּ אֶל־הַמַּחֲנֶה
2. הָלַכְנוּ הַמִּדְבָּרָה וַנִּדְרֹשׁ אֵת אֱלֹהֵינוּ
3. מָלַךְ בֶּן־הַכֹּהֵן בְּעִירוֹ וַיִּשְׁפֹּט אֵת עַמּוֹ
4. וַיְהִי בַלַּיְלָה וָאֶשְׁבֹּת מִכָּל־מְלַאכְתִּי
5. תִּמְצְאוּ אֶת־כַּסְפְּכֶם וּלְקַחְתֶּם אֹתוֹ עִמָּכֶם
6. זָכַרְתְּ אֵת מִצְוֹתָיו וַתִּשְׁמְרִי אֹתָן

7. וְהָיָה בַשָּׁנָה הַזֹּאת וּמָכַרְתָּ־לָּנוּ אֵת בֵּיתְךָ

8. יִלְכֹּד הָאֹיֵב אֵת אַרְצְךָ וְהָרַג רַבִּים מֵעַמְּךָ

9. קָבַצְתָּ אֶת־פְּרִי אַדְמָתְךָ וַתִּמְכֹּר אֹתוֹ לָהֶם

10. נִבְטַח בְּחַסְדּוֹ וְעָבַדְנוּ אֹתוֹ בְּמִשְׁכָּנוֹ

11. וַיְהִי בַּיּוֹם הַהוּא וַיִּכְרְתוּ בְרִית אִתָּנוּ

12. יְשַׁבְתֶּם בְּהֵיכָלוֹ וַתִּשְׁמְעוּ לִדְבָרָיו

18.3. Translate

1. גְּדוֹלוֹת הָאֲבָנִים הָאֵלֶּה מֵאַנְשֵׁי מְקוֹמֵנוּ וְלֹא לָקְחוּ אֹתָן מֵהַמִּדְבָּר הָעִירָה
וַיִּשְׁבְּרוּ אֹתָן שָׁם

2. אֵלִי שִׂמְחָתִי הוּא וְיָשַׁבְתִּי בְּמִשְׁכָּנוֹ וְדָרַשְׁתִּי אֹתוֹ בְּכָל־לִבִּי וּבָחַרְתִּי
בִּדְרָכָיו הַצַּדִּיקוֹת כָּל־יְמֵי חַיַּי

3. תִּמְכֹּרְנָה אֵת הַשֻּׁלְחָן הַזֶּה לְאַנְשֵׁי עִירְכֶן וּלְקַחְתֶּן אֵת הַכֶּסֶף וַהֲלַכְתֶּן
הַבַּיְתָה וִישַׁבְתֶּן שָׁם

4. יָלְדָה אֵשֶׁת הַכֹּהֵן בֵּן וַיִּדְרֹשׁ אֵת יהוה וַיִּמְצָא חָכְמָה לְפָנָיו וַיִּבְחַר יהוה בוֹ
לִנְבִיאוֹ וְאֵת אֱלֹהָיו עָבַד כָּל־יָמָיו

5. וַיְהִי בָּעֶרֶב הַהוּא וַיִּרְכְּבוּ עַל־סוּסֵיהֶם אֶל־מַחֲנֵה אֹיְבֵינוּ וַיִּשְׂרְפוּ אֹתוֹ
בָּאֵשׁ בַּעֲבוּר אָחִינוּ אֲשֶׁר הָרְגוּ אֵת יְלָדָיו

6. וַתִּשְׁמְעוּ אֶת־דִּבְרֵי אֱלֹהֵיכֶם הָאֵלֶּה וַתִּשְׁבְּתוּ מִמְּלַאכְתְּכֶם כַּאֲשֶׁר אָמַר
לָכֶם בְּפִי עַבְדּוֹ אֲשֶׁר הָלַךְ אֲלֵיכֶם בַּשָּׁנָה הַהִיא

7. וַיְהִי אַחֲרֵי מוֹת הַמֶּלֶךְ הַזָּקֵן וַיִּמְלֹךְ בְּנוֹ תַּחְתָּיו וְאֶל־עַמּוֹ נָתַן אֶת־פְּרִי
הָאָרֶץ וַיִּשְׁמְעוּ בְקוֹלוֹ כִּי הוּא שֹׁפֵט אֹתָם בְּרוּחַ חָכְמָה

8. וְהָיָה בְּיוֹם יהוה הַגָּדוֹל וְהָרַע כִּי יִשְׁפֹּט אֵת הָאָרֶץ עִם יֹשְׁבֶיהָ וְנָפְלוּ
כּוֹכְבֵי הַשָּׁמַיִם כָּאֵשׁ וְדָרְשׁוּ בְּנֵי הָאָדָם אֵת הַמָּוֶת וְלֹא יִמְצְאוּ אֹתוֹ

9. אֲנִי כָּרַ֫תִּי אִתְּכֶם בְּרִית בְּרָכָה וָאֶשְׁמֹר אֶתְכֶם בַּמִּדְבָּר הָרַע הַהוּא אֲשֶׁר
הֲלַכְתֶּם אֵלָיו וְאַתֶּם לֹא שְׁמַעְתֶּם לְקוֹלִי וַתִּדְרְשׁוּ אֱלֹהִים רְשָׁעִים אֲשֶׁר
אֵין בָּהֶם חַיִּים

10. יֵשׁ חֲכָמִים רַבִּים בַּמָּקוֹם הַזֶּה כִּי אֶת־יהוה יִדְרְשׁוּ כָל־יוֹם וּבָטְחוּ
בְּבִרְכֹתָיו בְּכָל־לְבָבָם וְעָבְדוּ אֹתוֹ כֹּהֲנָיו שֹׁמְרֵי תוֹרֹתָיו בְּשִׂמְחַת הַצֶּ֫דֶק

11. תִּכְתֹּב אֶת דִּבְרֵי אֲשֶׁר שָׁמַ֫עְתָּ מֵאִתִּי וְזָכַרְתָּ אֹתָם וְהָלַכְתָּ אֶל־עַמִּי יִשְׂרָאֵל
וְאָמַרְתָּ לָהֶם פָּקַד יהוה אֶתְכֶם בְּחַסְדּוֹ וְאַתֶּם לֹא דְרַשְׁתֶּם אֹתוֹ
וְאֶת־בְּרִיתוֹ לֹא תִשְׁמְרוּ

12. תִּשְׁמְרוּ אֶת מִצְוֹתַי וּזְכַרְתֶּם אֶת־תּוֹרָתִי כִּי אָנֹכִי יהוה אֱלֹהֶ֫יךָ אֲשֶׁר
לָקַ֫חְתִּי אֹתְךָ מֵאֶ֫רֶץ אֹיְבֶ֫יךָ וָאֶזְכֹּר אֶת עַמְּכֶם בַּמִּדְבָּר וָאֶשְׁמֹר אֶתְכֶם
בְּכָל־הַדֶּ֫רֶךְ אֲשֶׁר הֲלַכְתֶּם בּוֹ

18.4. OT Texts

1. וְזָכַרְתִּי אֶת־בְּרִיתִי אֲשֶׁר בֵּינִי וּבֵינֵיכֶם וּבֵין כָּל־נֶ֫פֶשׁ חַיָּה בְּכָל־בָּשָׂר[1]
Gen 9:15

2. וַיִּשְׁמַע אֶת־דִּבְרֵי בְנֵי־לָבָן° לֵאמֹר[2] לָקַח יַעֲקֹב אֵת כָּל־אֲשֶׁר לְאָבִינוּ
וּמֵאֲשֶׁר לְאָבִ֫ינוּ עָשָׂה[2a] אֵת כָּל־הַכָּבֹד הַזֶּה׃ Gen 31:1

3. וְשָׁפְטוּ אֶת־הָעָם בְּכָל־עֵת[3] וְהָיָה כָּל־הַדָּבָר הַגָּדֹל יָבִ֫יאוּ[3a] אֵלֶ֫יךָ
וְכָל־הַדָּבָר הַקָּטֹן יִשְׁפְּטוּ־הֵם Ex 18:22

4. דַּבֵּר[4] אֶל־בְּנֵי יִשְׂרָאֵל וְאָמַרְתָּ אֲלֵהֶם כִּי תָבֹ֫אוּ[4a] אֶל־הָאָ֫רֶץ אֲשֶׁר אֲנִי נֹתֵן
לָכֶם וְשָׁבְתָה הָאָ֫רֶץ שַׁבָּת לַיהוָה׃ Lev 25:2

----

[1] flesh/animate being.
[2] saying/as follows; [2a] he has acquired/created.
[3] time; [3a] they will bring.
[4] speak [*2ms imperative*]; [4a] you come.

5. וְאֶת־כָּל־שְׁלָלָהּ[5] תִּקְבֹּץ אֶל־תּוֹךְ רְחֹבָהּ[5a] וְשָׂרַפְתָּ בָאֵשׁ אֶת־הָעִיר
וְאֶת־כָּל־שְׁלָלָהּ כָּלִיל[5b] לַיהוָה אֱלֹהֶיךָ Deut 13:17

6. וְהָיָה כְשִׁבְתּוֹ[6] עַל כִּסֵּא מַמְלַכְתּוֹ[6a] וְכָתַב לוֹ אֶת־מִשְׁנֵה[6b] הַתּוֹרָה הַזֹּאת
עַל־סֵפֶר מִלִּפְנֵי הַכֹּהֲנִים הַלְוִיִּם°: Deut 17:18

7. כִּי יְהוָה אֱלֹהֵינוּ הוּא הַמַּעֲלֶה[7] אֹתָנוּ וְאֶת־אֲבוֹתֵינוּ מֵאֶרֶץ מִצְרַיִם° מִבֵּית
עֲבָדִים וַאֲשֶׁר עָשָׂה[7a] לְעֵינֵינוּ אֶת־הָאֹתוֹת הַגְּדֹלוֹת הָאֵלֶּה וַיִּשְׁמְרֵנוּ[7b]
בְּכָל־הַדֶּרֶךְ אֲשֶׁר הָלַכְנוּ בָהּ וּבְכֹל הָעַמִּים אֲשֶׁר עָבַרְנוּ בְּקִרְבָּם[7c]:
Josh 24:17

8. וַיְהִי אַחֲרֵי קָבְרוֹ[8] אֹתוֹ וַיֹּאמֶר אֶל־בָּנָיו לֵאמֹר בְּמוֹתִי וּקְבַרְתֶּם אֹתִי
בַּקֶּבֶר אֲשֶׁר אִישׁ הָאֱלֹהִים קָבוּר[8a] בּוֹ 1 Kings 13:31

9. וַיִּקְבְּרוּ אֹתוֹ וַיִּסְפְּדוּ[9]־לוֹ כָּל־יִשְׂרָאֵל כִּדְבַר יְהוָה אֲשֶׁר דִּבֶּר[9a] בְּיַד־עַבְדּוֹ
אֲחִיָּהוּ הַנָּבִיא: 1 Kings 14:18

10. וַיִּשְׁכַּב אֲבִיָּם° עִם־אֲבֹתָיו וַיִּקְבְּרוּ אֹתוֹ בְּעִיר דָּוִד וַיִּמְלֹךְ אָסָא° בְנוֹ
תַּחְתָּיו: 1 Kings 15:8

11. וַיִּכְרֹת יְהוֹיָדָע° אֶת־הַבְּרִית בֵּין יְהוָה וּבֵין הַמֶּלֶךְ וּבֵין הָעָם לִהְיוֹת[10] לְעָם
לַיהוָה וּבֵין הַמֶּלֶךְ וּבֵין הָעָם: 2 Kings 11:17

12. וַיִּבְחַר יְהוָה אֱלֹהֵי יִשְׂרָאֵל בִּי מִכֹּל בֵּית־אָבִי לִהְיוֹת[10] לְמֶלֶךְ עַל־יִשְׂרָאֵל
לְעוֹלָם כִּי בִיהוּדָה בָּחַר לְנָגִיד[11] וּבְבֵית יְהוּדָה בֵּית אָבִי וּבִבְנֵי אָבִי בִּי
רָצָה[11a] לְהַמְלִיךְ[11b] עַל־כָּל־יִשְׂרָאֵל: 1 Chr 28:4

Cf.: Gen 8:1; Deut 26:11; 1 Chr 28:5.

----

[5] שָׁלָל - spoil/plunder; [5a] רְחוֹב - square/open space; [5b] entirety.
[6] when he sits/reigns; [6a] מַמְלָכָה - kingdom; [6b] מִשְׁנֶה - copy.
[7] the one bringing up; [7a] (he) performed; [7b] = וַיִּשְׁמֹר אֹתָנוּ; [7c] קֶרֶב - midst.
[8] he buried/his burying; [8a] buried.
[9] סָפַד - to mourn; [9a] he spoke.
[10] ‘to be’.
[11] נָגִיד - leader; [11a] he favoured; [11b] ‘to make king’.

18.5. Genesis 2:1-4

1 וַיְכֻלּוּ[12] הַשָּׁמַ֫יִם וְהָאָ֫רֶץ וְכָל־צְבָאָם׃

2 וַיְכַל[13] אֱלֹהִים בַּיּוֹם הַשְּׁבִיעִי[13a] מְלַאכְתּוֹ אֲשֶׁר עָשָׂה[13b] וַיִּשְׁבֹּת בַּיּוֹם
הַשְּׁבִיעִי מִכָּל־מְלַאכְתּוֹ אֲשֶׁר עָשָׂה׃

3 וַיְבָ֫רֶךְ[14] אֱלֹהִים אֶת־יוֹם הַשְּׁבִיעִי[13a] וַיְקַדֵּשׁ[14a] אֹתוֹ כִּי בוֹ שָׁבַת
מִכָּל־מְלַאכְתּוֹ אֲשֶׁר־בָּרָא[14b] אֱלֹהִים לַעֲשׂוֹת[14c]׃

4 אֵ֫לֶּה תוֹלְדוֹת[15] הַשָּׁמַ֫יִם וְהָאָ֫רֶץ בְּהִבָּרְאָם[15a] בְּיוֹם עֲשׂוֹת[15b] יְהוָה אֱלֹהִים
אֶ֫רֶץ וְשָׁמָיִם׃

18.6. Psalm 121:5-8

5 יְהוָה שֹׁמְרֶךָ יְהוָה צִלְּךָ[16] עַל־יַד יְמִינֶךָ[16a]׃

6 יוֹמָם הַשֶּׁ֫מֶשׁ[17] לֹא־יַכֶּ֫כָּה[17a] וְיָרֵחַ[17b] בַּלָּיְלָה׃

7 יְהוָה יִשְׁמָרְךָ[18] מִכָּל־רָע יִשְׁמֹר אֶת־נַפְשֶׁךָ[18a]׃

8 יְהוָה יִשְׁמָר־צֵאתְךָ[19] וּבוֹאֶךָ[19a] מֵעַתָּה וְעַד[19b]-עוֹלָם[19c]׃

----

[12] so (they) were completed.
[13] so (he) completed; [13a] שְׁבִיעִי - seventh; [13b] he had made.
[14] then (he) blessed; [14a] and he consecrated; [14b] בָּרָא - to create; [14c] 'to do'.
[15] תּוֹלֵדוֹת - history; [15a] when they were created; [15b] 'to make'.
[16] צֵל - shade; [16a] יָמִין - right side, hand.
[17] שֶׁ֫מֶשׁ - sun; [17a] יַכֶּ֫כָּה - (it) will strike you; [17b] יָרֵחַ - moon.
[18] = יִשְׁמֹר אֹתְךָ; [18a] נֶ֫פֶשׁ - soul.
[19] צֵאת - going out; [19a] בּוֹא - entering; [19b] עַד - until; [19c] forever.

Chapter 19

19.1. Parse and Translate

1. יְכָלְתֶּם	2. תִּשְׁמְרִי	3. לָקְחוּ
4. נִמְכֹּר	5. וַיִּכְרֹת	6. יָרֵ֫אתִי
7. מוֹלֶ֫כֶת	8. וָאֶקְבֹּר	9. וְיָכֹ֫לְנוּ
10. תִּשְׂרֹ֫פְנָה	11. מָכְרוּ	12. שָׁבַ֫תָּ
13. אֶשְׁכַּב	14. שָׁמַ֫רְתִּי	15. וַיִּמְלְאוּ
16. אֶמְלֹךְ	17. דָּרַשְׁתְּ	18. הֹרְגָיו
19. וַתִּזְקַן	20. לֹקֵחַ	21. תִּשְׁבְּתוּ
22. וַתִּשְׁפֹּט	23. שָׁכְבָה	24. פֹּקְדוֹת
25. תִּמְצֶ֫אנָה	26. וַנִּרְכַּב	27. יֵרְדוּ
28. שׂוֹרְפִים	29. וַתִּכְתְּבוּ	30. יִשְׁמַע

19.2. Translate

1. יִמָּלְאוּ כָל־הַכֵּלִים מָ֫יִם
2. לָ֫מָּה יְרֵאתֶם מֵהַכֹּהֵן הַצַּדִּיק
3. כָּבְדוּ הָאֲבָנִים מֵהָעֲבָדִים הָאֵ֫לֶּה
4. הָלְכוּ הַנָּשִׁים וַתִּשְׁכַּ֫בְנָה מִחוּץ לָעִיר
5. אַתָּה זָקַ֫נְתָּ וּבָנֶ֫יךָ לֹא יָרְאוּ אֵת יהוה
6. יָכֹ֫לְנוּ לְאֹיְבֵ֫ינוּ כִּי אֱלֹהֶ֫יךָ אִתָּ֫נוּ

7. הֲתִמְכְּרוּ לָהֶם אֵת יַלְדֵיכֶם

8. מָה אַתֶּם דֹּרְשִׁים בְּאַרְצָם

9. הֶאָמְרָה לְךָ כִּי תִמְצָא אֵת כֵּלֶיךָ

10. הֲלֹא יִזְכֹּר אֵת דַּם יְשָׁרָיו הַהֹלְכִים בְּיִרְאָתוֹ

11. מַה יִּכְתְּבוּ בְּסִפְרֵי מַלְכֵּנוּ

12. בַּת־מִי אַתְּ וּמִי אָחִיךְ

19.3. Translate

1. וַיְהִי בַשָּׁנִים הָהֵנָּה וַיִּזְקַן אֲבִיהוּ וְהוּא הָלַךְ בְּצִדְקוֹ לִפְנֵי יהוה כָּל־יְמֵי חַיָּיו וַיִּכְבַּד מְאֹד בְּשַׁעַר עַמּוֹ

2. לֹא אֶרְכַּב עַל־סוּסְךָ כִּי רַע הוּא מְאֹד וְנָפַלְתִּי מֵעָלָיו כַּאֲשֶׁר נָפְלוּ רַבִּים לְפָנַי

3. לָמָּה הָלַכְתָּ אֶל־הַכֶּרֶם וַתִּסְגֹּר אֵת שַׁעֲרוֹ וַתִּשְׁכַּב שָׁם וְלֹא עָבַדְתָּ בַשָּׂדוֹת כְּאַחֶיךָ

4. יֵשׁ גִּבּוֹרִים רֹכְבִים מֵהַמִּדְבָּר וְהָרְגוּ אֵת כָּל־חַי אֲשֶׁר יִמְצְאוּ בְדַרְכָּם וְלָקְחוּ אֵת כֹּל כְּלֵי זָהָב וָכֶסֶף אֲשֶׁר תִּמְצָא יָדָם

5. מִי יִשְׁפֹּט אֵת הָעָם הַזֶּה כִּי גָדוֹל מְאֹד הוּא וְלֹא מָצָאנוּ אִישׁ חָכָם אֲשֶׁר יִמְלֹךְ עָלָיו

6. אֵין פְּרִי בַכְּלִי הַזֶּה כִּי לָקְחָה אֹתוֹ אִשְׁתְּךָ וַתִּמְכֹּר אֶת־כֻּלּוֹ לְיֹשְׁבֵי עִירָהּ כַּאֲשֶׁר הָלְכָה שָׁמָּה הַיּוֹם

7. וְהָיָה אַחֲרֵי מוֹת הַמֶּלֶךְ כִּי יִשְׁכַּב עִם אֲבוֹתָיו וְקָבְרוּ אֹתוֹ וְיָשַׁב בְּנוֹ הַקָּטֹן עַל־כִּסֵּא אָבִיו וּמָלַךְ תַּחְתָּיו בִּירוּשָׁלַיִם

8. יָרְדוּ מֵהֶהָרִים וַיִּלְכְּדוּ אֵת שֻׁלְחַן הַמִּשְׁכָּן וְאֶת־כָּל־כֵּלָיו וַיִּשְׂרְפוּ אֵת בֵּית אֱלֹהִים בָּאֵשׁ וְאֵת כֹּהֲנָיו הָרְגוּ

9. וַיְהִי כִּי יָרְאנוּ מֵאֹיְבֵינוּ אֲשֶׁר מָלְאוּ אֶת אַרְצֵנוּ וַיִּדְרְשׁוּ אֹתָנוּ לְדָמִים
וַתִּכְבַּד עָלֵינוּ רָעָתָם וַנִּמְכֹּר אֶת־בָּתֵּינוּ וַנִּקְבֹּץ אֶת יְלָדֵינוּ הַמִּדְבָּרָה

10. וְהָיָה בָּעֶרֶב וּשְׁבַתֶּם מֵעֲבוֹדַתְכֶם וּסְגַרְתֶּם אֶת־שַׁעֲרֵי עִירְכֶם וְהָלַךְ
כָּל־אִישׁ וְכָל־אִשָּׁה אֶל־הֵיכַל אֱלֹהֵיהֶם וְשָׁמְעוּ לְמִצְוֹתָיו בּוֹ

11. גָּדוֹל צֶדֶק אֱלֹהֵינוּ וְרַבִּים חֲסָדָיו כִּי כָרַת עִמָּנוּ בְּרִית צְדִיקָה וַיִּשְׁמֹר אֹתָנוּ
בְּכֹל שְׁנֵי חַיֵּינוּ וַיִּזְכֹּר אֶת בָּתֵּינוּ אִתָּנוּ וְלֹא נָתַן אֶת־עַמּוֹ בְּיַד אֹיְבֵיהֶם

12. וַיְהִי לִפְנֵי שְׁנֵי הָרָעָב וְלֹא שָׁמְעוּ הָעָם לְקוֹל יהוה וּלְדִבְרֵי פִּיהוּ וְלֹא הָלְכוּ
כְּתוֹרוֹתָיו אֲשֶׁר נָתַן לָהֶם בְּיַד עַבְדּוֹ וַיִּמְכֹּר אֹתָם בִּידֵי הֹרְגֵיהֶם וְאֵת
לַחְמָם לָקַח מִתּוֹךְ אַרְצָם וַיְהִי אַחֲרֵי הַדְּבָרִים הָאֵלֶּה וַיִּקְבְּצוּ זִקְנֵי יְהוּדָה
אֶת־הָעָם וַיִּזְכְּרוּ אֶת יהוה אֱלֹהֵיהֶם וַיִּדְרְשׁוּ אֹתוֹ וַיִּשְׁמְרוּ אֶת בְּרִיתוֹ וְאֵת
תּוֹרוֹתָיו

19.4. OT Texts

1. לָמָּה נָמוּת[1] לְעֵינֶיךָ גַּם־אֲנַחְנוּ גַּם אַדְמָתֵנוּ קְנֵה[1a]־אֹתָנוּ וְאֶת־אַדְמָתֵנוּ
בַּלָּחֶם וְנִהְיֶה[1b] אֲנַחְנוּ וְאַדְמָתֵנוּ עֲבָדִים לְפַרְעֹה Gen 47:19

2. וַיִּרְאוּ[2] בְנֵי־יִשְׂרָאֵל וַיֹּאמְרוּ[2a] אִישׁ אֶל־אָחִיו מָן[2b] הוּא כִּי לֹא יָדְעוּ
מַה־הוּא וַיֹּאמֶר מֹשֶׁה אֲלֵהֶם הוּא הַלֶּחֶם אֲשֶׁר נָתַן יְהוָה לָכֶם לְאָכְלָה[2c]׃
Ex 16:15

3. וּרְאִיתֶם[3] אֶת־הָאָרֶץ מַה־הִוא[3a] וְאֶת־הָעָם הַיֹּשֵׁב עָלֶיהָ הֶחָזָק הוּא . . . . :
וּמָה הָאָרֶץ אֲשֶׁר־הוּא יֹשֵׁב בָּהּ הֲטוֹבָה הִוא[3a] אִם[3b]־רָעָה וּמָה הֶעָרִים
אֲשֶׁר־הוּא יוֹשֵׁב בָּהֵנָּה הַבְּמַחֲנִים אִם[3b] בְּמִבְצָרִים[3c]׃ Num 13:18-19

----

[1] should we die; [1a] buy; [1b] and we will be.
[2] and/when (they) saw; [2a] then they said; [2b] what?; [2c] אָכְלָה - food/'to eat'.
[3] and you are to view; [3a] she/it; [3b] if/whether, or; [3c] מִבְצָר - fortified city.

4. וְלָמָה יְהוָה מֵבִיא[4] אֹתָנוּ אֶל־הָאָרֶץ הַזֹּאת . . . הֲלוֹא טוֹב לָנוּ שׁוּב[4a]
מִצְרָיְמָה׃ Num 14:3

5. כִּי מִי־גוֹי[5] גָּדוֹל אֲשֶׁר־לוֹ אֱלֹהִים קְרֹבִים[5a] אֵלָיו . . . : וּמִי גּוֹי גָּדוֹל
אֲשֶׁר־לוֹ חֻקִּים• וּמִשְׁפָּטִים• צַדִּיקִם כְּכֹל הַתּוֹרָה הַזֹּאת אֲשֶׁר אָנֹכִי נֹתֵן
לִפְנֵיכֶם הַיּוֹם׃ Deut 4:7-8

6. וִיהוֹשֻׁעַ בִּן־נוּן° מָלֵא רוּחַ חָכְמָה כִּי־סָמַךְ[6] מֹשֶׁה אֶת־יָדָיו עָלָיו וַיִּשְׁמְעוּ
אֵלָיו בְּנֵי־יִשְׂרָאֵל וַיַּעֲשׂוּ[6a] כַּאֲשֶׁר צִוָּה[6b] יְהוָה אֶת־מֹשֶׁה׃ Deut 34:9

7. וַיִּירְאוּ מְאֹד כִּי עִיר גְּדוֹלָה גִּבְעוֹן° כְּאַחַת עָרֵי הַמַּמְלָכָה• וְכִי הִיא גְדוֹלָה
מִן־הָעַי° וְכָל־אֲנָשֶׁיהָ גִּבֹּרִים׃ Josh 10:2

8. וּמִי יִשְׁמַע לָכֶם לַדָּבָר הַזֶּה כִּי כְּחֵלֶק[7] הַיֹּרֵד בַּמִּלְחָמָה וּכְחֵלֶק הַיֹּשֵׁב
עַל־הַכֵּלִים 1 Sam 30:24

9. וַהֲלוֹא עִמְּךָ שָׁם צָדוֹק° וְאֶבְיָתָר° הַכֹּהֲנִים וְהָיָה כָּל־הַדָּבָר אֲשֶׁר תִּשְׁמַע
מִבֵּית הַמֶּלֶךְ תַּגִּיד[8] לְצָדוֹק וּלְאֶבְיָתָר הַכֹּהֲנִים׃ 2 Sam 15:35

10. וְעַבְדֵי מֶלֶךְ־אֲרָם° אָמְרוּ אֵלָיו אֱלֹהֵי הָרִים אֱלֹהֵיהֶם עַל־כֵּן• חָזְקוּ[9]
מִמֶּנּוּ[9a]

1 Kings 20:23

11. וְאִשָּׁה אַחַת מִנְּשֵׁי בְנֵי־הַנְּבִיאִים צָעֲקָה[10] אֶל־אֱלִישָׁע° לֵאמֹר• עַבְדְּךָ אִישִׁי
מֵת[10a] וְאַתָּה יָדַעְתָּ כִּי עַבְדְּךָ הָיָה[10b] יָרֵא אֶת־יְהוָה 2 Kings 4:1

----

[4] bringing; [4a] ‘to return’.

[5] people/nation; [5a] קָרוֹב - near.

[6] (he) laid; [6a] and they did; [6b] (he) commanded.

[7] portion/share.

[8] you will communicate.

[9] חָזַק - to be strong; [9a] מִן + *1cp pronominal suffix*.

[10] צָעַק - to cry out/appeal; [10a] dead/(he) died: [9b] (he) was.

12. וְהָיָה כִּי תַגִּיד[11] לָעָם הַזֶּה אֵת כָּל־הַדְּבָרִים הָאֵלֶּה וְאָמְרוּ אֵלֶיךָ עַל־מֶה
דִבֶּר[11a] יְהוָה עָלֵינוּ אֵת כָּל־הָרָעָה הַגְּדוֹלָה הַזֹּאת וּמֶה עֲוֹנֵנוּ[11b] וּמֶה
חַטָּאתֵנוּ[11c] אֲשֶׁר חָטָאנוּ[11d] לַיהוָה אֱלֹהֵינוּ:   וְאָמַרְתָּ אֲלֵיהֶם עַל
אֲשֶׁר־עָזְבוּ[11e] אֲבוֹתֵיכֶם אוֹתִי נְאֻם[11f]־יְהוָה   Jer 16:10-11

Cf.: Gen 20:5.

19.5. Genesis 22:1-4

1   וַיְהִי אַחַר הַדְּבָרִים הָאֵלֶּה וְהָאֱלֹהִים נִסָּה[12] אֶת־אַבְרָהָם° וַיֹּאמֶר אֵלָיו
     אַבְרָהָם וַיֹּאמֶר הִנֵּנִי[12a]:

2   וַיֹּאמֶר קַח[13]־נָא אֶת־בִּנְךָ אֶת־יְחִידְךָ[13a] אֲשֶׁר־אָהַבְתָּ[13b] אֶת־יִצְחָק°
     וְלֶךְ[13c]־לְךָ אֶל־אֶרֶץ הַמֹּרִיָּה° וְהַעֲלֵהוּ[13d] שָׁם לְעֹלָה[13e] עַל אַחַד הֶהָרִים
     אֲשֶׁר אֹמַר[13f] אֵלֶיךָ:

3   וַיַּשְׁכֵּם[14] אַבְרָהָם בַּבֹּקֶר[14a] וַיַּחֲבֹשׁ[14b] אֶת־חֲמֹרוֹ[14c] וַיִּקַּח[14d] אֶת־שְׁנֵי[14e]
     נְעָרָיו אִתּוֹ וְאֵת יִצְחָק בְּנוֹ וַיְבַקַּע[14f] עֲצֵי[14g] עֹלָה[13e] וַיָּקָם[14h] וַיֵּלֶךְ[14i]
     אֶל־הַמָּקוֹם אֲשֶׁר־אָמַר־לוֹ הָאֱלֹהִים:

4   בַּיּוֹם הַשְּׁלִישִׁי[15] וַיִּשָּׂא[15a] אַבְרָהָם אֶת־עֵינָיו וַיַּרְא[15b] אֶת־הַמָּקוֹם
     מֵרָחֹק[15c]:

----

[11] you announce;   [11a] (he) has spoken;   [11b] עָוֹן - guilt/wrong-doing;   [11c] חַטָּאת - sin;
[11d] חָטָא - to sin;   [11e] עָזַב - to leave/forsake;   [11f] says.
[12] (he) tested;   [12a] here I am.
[13] take;   [13a] יָחִיד - only;   [13b] אָהַב - to love;   [13c] and go;   [13d] and offer him up;
[13e] עֹלָה - burnt offering;   [13f] I shall say.
[14] so (he) rose early;   [14a] בֹּקֶר - morning;   [14b] and he saddled;   [14c] חֲמוֹר - donkey;
[14d] and he took;   [14e] שְׁנַיִם - two;   [14f] then he split;   [14g] עֵץ - wood;   [14h] then he
arose;   [14i] and he went.
[15] שְׁלִישִׁי - third;   [15a] (he) lifted up;   [15b] and he saw;   [15c] רָחוֹק - far, distant.

80

19.6. Psalm 133:1-3

1 שִׁיר[16] הַמַּעֲלוֹת[16a] לְדָוִד° הִנֵּה[16b] מַה־טּוֹב וּמַה־נָּעִים[16c] שֶׁבֶת[16d] אַחִים גַּם־יָחַד[16e]:

2 כַּשֶּׁמֶן[17] הַטּוֹב עַל־הָרֹאשׁ[17a] יֹרֵד עַל־הַזָּקָן[17b] זְקַן־אַהֲרֹן° שֶׁיֹּרֵד[17c] עַל־פִּי מִדּוֹתָיו[17d]:

3 כְּטַל[18]־חֶרְמוֹן° שֶׁיֹּרֵד[17c] עַל־הַרְרֵי צִיּוֹן° כִּי שָׁם צִוָּה[18a] יְהוָה אֶת־הַבְּרָכָה חַיִּים עַד[18b]־הָעוֹלָם[18c]:

---

[16] song;   [16a] מַעֲלָה -ascent;   [16b] behold;   [16c] fine, beautiful;   [16d] living;
[16e] גַּם־יַחַד - truly together.
[17] שֶׁמֶן - oil;   [17a] רֹאשׁ - head;   [17b] זָקָן - beard;   [17c] שֶׁ - which;   [17d] מִדָּה - robe.
[18] טַל - dew;   [18a] (he) commanded;   [18b] until;   [18c] עוֹלָם - (distant) future.

81

Chapter 20

20.1. Parse and Translate

1. נִשְׂמְחָה
2. שִׁכְבָה
3. שִׁמְרוּ
4. שְׁפֹךְ
5. דִּרְשִׁי
6. שָׁמַ֫רְנוּ
7. רִכְבִי
8. שָֽׁלְחוּ
9. תִּמְלָא
10. אֶכְרְתָה
11. וַנִּגְאַל
12. מְכֹ֫רְנָה
13. יְרֵאתֶן
14. וָאֶשְׁלַח
15. שָֽׂרְפָה
16. וַיִּכְבְּדוּ
17. מָֽלְאָה
18. שָֽׁמְרוּ
19. אֶבְחֲרָה
20. וַנִּזְקַן
21. לוֹכְדָם
22. שִׁלְחוּ
23. שׁוֹמַ֫עַת
24. אִשְׁתּוֹ
25. תִּמְלֶ֫אנָה
26. שָֽׁכְבוּ
27. יָכֹ֫לְתִּי
28. רִכְבוּ
29. זְכֹר
30. וְגָֽאֲלוּ

20.2. Translate

1. שִׁפְכוּ אֵת הַדָּם עַל־הָאֲדָמָה
2. קְבֹץ אֶת־הַקָּהָל וּדְרַשְׁתֶּם אֵת יהוה
3. אַל־יִשְׂמְחוּ בֵּאלֹהִים אֲחֵרִים
4. נִשְׁלְחָה־נָּא אֶת־מַלְאָכֵ֫ינוּ לַנָּבִיא
5. לֹא תִקְבְּרוּ אֹתָם בָּאָ֫רֶץ הַזֹּאת
6. רִכְבִי הָעִ֫ירָה וְתִמְכְּרִי שָׁם אֶת־הַכֵּלִים

7. שְׁלַחְנָה אֵלַי אֵת בְּנִי פֶּן־יִלְכְּדוּ אֹתוֹ אֹיְבַי

8. גְּאַל־נָא אֹתָנוּ מִיְּדֵי הָרְשָׁעִים

9. אַל־תִּכְרְתוּ בְרִית עִמָּם פֶּן־יִמְלְכוּ עֲלֵיכֶם

10. יִשְׁמַע־נָא הָעָם לְקוֹלוֹ וְיִֽרְאוּ מֵאַפּוֹ

11. אֶבְחֲרָה בִדְרָכֶיךָ וְאֶשְׁמְרָה אֵת מִצְוֹתֶיךָ

12. זְכֹרְנָה אֵת חֵיל אֱלֹהֵיכֶן וּבְטַחְנָה בוֹ

20.3. Translate

1. שִׁלְחוּ לִי אֵת הָאֲנָשִׁים הָהֵם אֲשֶׁר שָׁפְכוּ דָמִים בְּאַרְצִי וְאֶשְׁפֹּט אֹתָם

2. אַל־תְּשַׁבֵּר אֶת־הַכְּלִי הַזֶּה כִּי אֵין לִי כְּלִי אַחֵר וַאֲנִי לֹקֵחַ מַיִם בּוֹ לְבֵיתִי

3. קְבֹץ אֶת־כָּל־קְהָלוֹ וְשָׂמְחוּ לְפָנָיו וְאָמְרוּ גָּדוֹל אַתָּה יהוה אֱלֹהֵינוּ
מִכָּל־הָאֵלִים בָּעַמִּים וּמִכֹּל מַלְכֵי הָאָרֶץ

4. יָכֹלְנוּ לְאֹיְבֵנוּ בַּמִּלְחָמָה וַנִּלְכֹּד אֶת־עִירוֹ הַגְּדוֹלָה כִּי יָֽרְאוּ הוּא וַאֲנָשָׁיו
אֵת חֵילֵנוּ וַיִּרְכְּבוּ אֶל־אֶרֶץ אַחֶרֶת

5. וַיִּגְאַל יהוה אֶת־יִשְׂרָאֵל עַמּוֹ וַיִּשְׁמַע אֶת־קוֹלָם וּמַיִם נָתַן לָהֶם בַּמִּדְבָּר
וַיִּמְלְאוּ לֶחֶם מִן־הַשָּׁמַיִם אֲשֶׁר שָׁפַךְ בְּתוֹכָם וְהֵמָּה לֹא זָכְרוּ אֶת־חַסְדּוֹ

6. וַיִּשְׁלְחוּ אֵלֵינוּ אֶת־מַלְאָכָם אֲשֶׁר אָמַר לָנוּ כִּרְתוּ־נָא בֵינֵיכֶם וּבֵינֵינוּ בְּרִית
שָׁלוֹם וְדָרַשְׁנוּ אֲנַחְנוּ אֵת שְׁלוֹמְכֶם וּדְרַשְׁתֶּם אַתֶּם וְעַמְּכֶם אֶת־שְׁלוֹמֵנוּ

7. נִבְחֲרָה־לָּנוּ מֶלֶךְ וְיִקְבֹּץ צָבָא גָדוֹל וְיִרְכַּב לְפָנֵינוּ בַּמִּלְחָמָה וְיָרַדְנוּ
אֶל־עָרֵי אֹיְבֵינוּ וְהָלַכְנוּ בְּבָתֵּיהֶם וְלָקַחְנוּ אֵת זְהָבָם וְאֵת כְּלֵיהֶם הַיְקָרִים

8. לֹא תִדְרְשׁוּ אֶת־הַכֹּהֲנִים הָהֵם וְלֹא תִמְכְּרוּ לָהֶם אֵת לַחְמְכֶם וְאֵת צֹאנְכֶם
וְאֵת פֶּרְיְכֶם כִּי אַנְשֵׁי דָמִים הֵמָּה וּמָֽלְאוּ מְקוֹמוֹתֵיהֶם רָעוֹת

9. שִׁכְבִי פֹה בַּלַּיְלָה הַזֶּה וְהָיָה כַּאֲשֶׁר יִמְצָא אֹתָךְ הָאִישׁ הַזֶּה וְאָמַרְתְּ לוֹ
שְׁמַע־נָא אֲדוֹנִי לְקוֹלִי וְנָתַתָּ־לִּי וְלִבְנוֹתַי לֶחֶם לְדַרְכֵּנוּ

10. זְכֹר אֶת הַיּוֹם הַזֶּה וְהָלַכְתָּ בְחָכְמָתוֹ אֲשֶׁר הוּא שֹׁלֵחַ אֹתְךָ בָהּ וְשָׂמַחְתָּ
בְטוֹב עַמְּךָ אֲשֶׁר יִפְקֹד יהוה אֹתְךָ עֲלֵיהֶם לְשֹׁפְטָם

11. שִׁלְחִי־נָא אֶת בָּנַיִךְ וְאֶת בִּתֵּךְ וְאֶת־אֲחוֹתֵךְ וְהָלְכוּ הָהָרָה וְיָשְׁבוּ שָׁם יָמִים
אֲחָדִים פֶּן־יִמְצְאוּ אֹתָם אֹיְבֵינוּ וְלָכְדוּ וְהָרְגוּ כַּאֲשֶׁר נָפְלוּ אֲחֵרִים בִּידֵיהֶם

12. אַל־תִּדְרְשִׁי אֱלֹהִים אֲחֵרִים כִּי יִפְקֹד יהוה כָּל־דֹּרְשֵׁי אֱלֹהִים אֲחֵרִים לֹא
תִבְטְחִי בָהֶם לְיִרְאָתָם וְלֹא תִשְׁמְעִי לְכֹהֲנֵיהֶם וְלֹא תִשְׂמְחִי לִפְנֵיהֶם כִּי
יִכְרֹת יהוה כָּל־יִרְאֵיהֶם מֵעַמּוֹ

20.4. OT Texts

1. לֵךְ[1] וְאָסַפְתָּ[1a] אֶת־זִקְנֵי יִשְׂרָאֵל וְאָמַרְתָּ אֲלֵהֶם יְהוָה אֱלֹהֵי אֲבֹתֵיכֶם
נִרְאָה[1b] אֵלַי אֱלֹהֵי אַבְרָהָם יִצְחָק וְיַעֲקֹב לֵאמֹר• פָּקֹד[1c] פָּקַדְתִּי אֶתְכֶם
וְאֶת־הֶעָשׂוּי[1d] לָכֶם בְּמִצְרָיִם׃ Ex 3:16

2. וְשָׁמְעוּ לְקֹלֶךָ וּבָאתָ[2] אַתָּה וְזִקְנֵי יִשְׂרָאֵל אֶל־מֶלֶךְ מִצְרַיִם° וַאֲמַרְתֶּם אֵלָיו
יְהוָה אֱלֹהֵי הָעִבְרִיִּים° נִקְרָה[2a] עָלֵינוּ וְעַתָּה נֵלֲכָה[2b]-נָּא דֶּרֶךְ שְׁלֹשֶׁת[2c]
יָמִים בַּמִּדְבָּר וְנִזְבְּחָה[2d] לַיהוָה אֱלֹהֵינוּ׃ Ex 3:18

3. וַיֹּאמֶר יְהוָה אֶל־מֹשֶׁה כְּתָב־לְךָ אֶת־הַדְּבָרִים הָאֵלֶּה כִּי עַל־פִּי הַדְּבָרִים
הָאֵלֶּה כָּרַתִּי אִתְּךָ בְּרִית וְאֶת־יִשְׂרָאֵל׃ Ex 34:27

4. שְׁלַח־לְךָ אֲנָשִׁים וְיָתֻרוּ[3] אֶת־אֶרֶץ כְּנַעַן° אֲשֶׁר־אֲנִי נֹתֵן לִבְנֵי יִשְׂרָאֵל אִישׁ
אֶחָד אִישׁ אֶחָד לְמַטֵּה[3a] אֲבֹתָיו תִּשְׁלָחוּ כֹּל נָשִׂיא[3b] בָּהֶם׃ Num 13:2

---

[1] go (*imperative*); [1a] אָסַף - to gather; [1b] (he) has appeared; [1c] surely; [1d] what has been done.

[2] and you will enter/go; [2a] (he) has encountered; [2b] let us go; [2c] three; [2d] זָבַח - to sacrifice.

[3] and let them reconnoitre/spy out; [3a] מַטֶּה - tribe; [3b] chief/leader.

5. כִּי־יִרְחַק[4] מִמְּךָ[4a] הַמָּקוֹם אֲשֶׁר יִבְחַר יְהוָה אֱלֹהֶיךָ לָשׂוּם[4b] שְׁמוֹ שָׁם
וְזָבַחְתָּ[2d] מִבְּקָרְךָ· וּמִצֹּאנְךָ אֲשֶׁר נָתַן יְהוָה לְךָ . . . וְאָכַלְתָּ[4c] בִּשְׁעָרֶיךָ
Deut 12:21

6. וַיֹּאמֶר שָׁאוּל° לָעָם אֲשֶׁר אִתּוֹ פִּקְדוּ־נָא וּרְאוּ[5] מִי הָלַךְ מֵעִמָּנוּ וַיִּפְקְדוּ
וְהִנֵּה· אֵין יוֹנָתָן° וְנֹשֵׂא[5a] כֵלָיו׃ 1 Sam 14:17

7. וַיֹּאמֶר שְׁמוּאֵל° אֶל־שָׁאוּל° אֹתִי שָׁלַח יְהוָה לִמְשָׁחֳךָ[6] לְמֶלֶךְ עַל־עַמּוֹ
עַל־יִשְׂרָאֵל וְעַתָּה שְׁמַע לְקוֹל דִּבְרֵי יְהוָה׃ 1 Sam 15:1

8. וַיִּשְׁלַח שָׁאוּל מַלְאָכִים אֶל־יִשָׁי° וַיֹּאמֶר שִׁלְחָה אֵלַי אֶת־דָּוִד בִּנְךָ אֲשֶׁר
בַּצֹּאן׃ 1 Sam 16:19

9. וַיִּשְׁלַח דָּוִד מַלְאָכִים אֶל־אַנְשֵׁי יָבֵישׁ° גִּלְעָד° וַיֹּאמֶר אֲלֵיהֶם בְּרֻכִים[7] אַתֶּם
לַיהוָה אֲשֶׁר עֲשִׂיתֶם[7a] הַחֶסֶד הַזֶּה עִם־אֲדֹנֵיכֶם· עִם־שָׁאוּל וַתִּקְבְּרוּ אֹתוֹ׃
2 Sam 2:5

10. וַיֹּאמֶר יְהוֹשָׁפָט° הַאֵין פֹּה נָבִיא לַיהוָה וְנִדְרְשָׁה אֶת־יְהוָה מֵאוֹתוֹ[8] וַיַּעַן[8a]
אֶחָד מֵעַבְדֵי מֶלֶךְ־יִשְׂרָאֵל וַיֹּאמֶר פֹּה אֱלִישָׁע בֶּן־שָׁפָט° אֲשֶׁר־יָצַק[8b] מַיִם
עַל־יְדֵי אֵלִיָּהוּ°׃ 2 Kings 3:11

11. וְעַתָּה לְעֵינֵי כָל־יִשְׂרָאֵל קְהַל־יְהוָה וּבְאָזְנֵי[9] אֱלֹהֵינוּ שִׁמְרוּ וְדִרְשׁוּ
כָּל־מִצְוֺת יְהוָה אֱלֹהֵיכֶם לְמַעַן[9a] תִּירְשׁוּ[9b] אֶת־הָאָרֶץ הַטּוֹבָה וְהִנְחַלְתֶּם[9c]
לִבְנֵיכֶם אַחֲרֵיכֶם עַד־·עוֹלָם׃ 1 Chr 28:8

---

[4] רָחַק - to be far; [4a] מִן + *2ms suffix*; [4b] 'to place/establish'; [4c] אָכַל - to eat.
[5] see; [5a] נָשָׂא - to carry/bear.
[6] 'to anoint you'.
[7] בָּרוּךְ - blessed; [7a] you have performed.
[8] ≡ מֵאִתּוֹ; [8a] then (he) answered; [8b] יָצַק - to pour.
[9] אֹזֶן - ear; [9a] so that; [9b] יָרַשׁ - to possess/inherit; [9c] and you may bequeath (it).

12. זִבְחוּ[10] זִבְחֵי[10a]-צֶדֶק וּבִטְחוּ אֶל-יְהוָה: רַבִּים אֹמְרִים מִי-יַרְאֵנוּ[10b] טוֹב
נְסָה[10c]-עָלֵינוּ אוֹר פָּנֶיךָ יְהוָה: נָתַתָּה שִׂמְחָה בְלִבִּי ...   Ps 4:6-8

Cf.: Num 3:15; Deut 20:3; Josh 9:6-8; Jg 9:19; 2 Sam 11:6; 1 Kings 5:15, 22:19.

20.5. Genesis 22:5-9

5 וַיֹּאמֶר אַבְרָהָם אֶל-נְעָרָיו שְׁבוּ[11]-לָכֶם פֹּה עִם-הַחֲמוֹר[11a] וַאֲנִי וְהַנַּעַר
נֵלְכָה[11b] עַד-כֹּה[11c] וְנִשְׁתַּחֲוֶה[11d] וְנָשׁוּבָה[11e] אֲלֵיכֶם:

6 וַיִּקַּח[12] אַבְרָהָם אֶת-עֲצֵי[12a] הָעֹלָה[12b] וַיָּשֶׂם[12c] עַל-יִצְחָק בְּנוֹ וַיִּקַּח[12d]
בְּיָדוֹ אֶת-הָאֵשׁ וְאֶת-הַמַּאֲכֶלֶת[12e] וַיֵּלְכוּ[12f] שְׁנֵיהֶם[12g] יַחְדָּו[12h]:

7 וַיֹּאמֶר יִצְחָק אֶל-אַבְרָהָם אָבִיו וַיֹּאמֶר אָבִי וַיֹּאמֶר הִנֶּנִּי[13] בְנִי וַיֹּאמֶר
הִנֵּה הָאֵשׁ וְהָעֵצִים[12a] וְאַיֵּה[13a] הַשֶּׂה[13b] לְעֹלָה[12b]:

8 וַיֹּאמֶר אַבְרָהָם אֱלֹהִים יִרְאֶה[14]-לּוֹ הַשֶּׂה[13b] לְעֹלָה[12b] בְּנִי וַיֵּלְכוּ[12f]
שְׁנֵיהֶם[12g] יַחְדָּו[12h]:

9 וַיָּבֹאוּ[15] אֶל-הַמָּקוֹם אֲשֶׁר אָמַר-לוֹ הָאֱלֹהִים וַיִּבֶן[15a] שָׁם אַבְרָהָם
אֶת-הַמִּזְבֵּחַ[15b] וַיַּעֲרֹךְ[15c] אֶת-הָעֵצִים[12a] וַיַּעֲקֹד[15d] אֶת-יִצְחָק בְּנוֹ
וַיָּשֶׂם[12c] אֹתוֹ עַל-הַמִּזְבֵּחַ מִמַּעַל[15e] לָעֵצִים:

----

[10] זָבַח - to sacrifice;   [10a] זֶבַח - sacrifice;   [10b] (he) will show us;   [10c] lift up (?).
[11] sit, remain;   [11a] חֲמוֹר - donkey;   [11b] (we) will go;   [11c] there;   [11d] we will
worship;   [11e] then we will return.
[12] so (he) took;   [12a] עֵץ - wood;   [12b] עֹלָה - burnt offering;   [12c] and he placed;
[12d] and he took;   [12e] מַאֲכֶלֶת - knife;   [12f] then they went;   [12g] שְׁנַיִם - two;
[12h] together.
[13] I am here;   [13a] אַיֵּה - where?;   [13b] שֶׂה - sheep.
[14] (he) will provide.
[15] then they came;   [15a] and (he) built;   [15b] מִזְבֵּחַ - altar;   [15c] then he arranged;
[15d] and he bound;   [15e] on top, above.

20.6. Psalm 100:1-5

1 מִזְמוֹר[16] לְתוֹדָה[16a] הָרִיעוּ[16b] לַיהוָה כָּל־הָאָרֶץ׃

2 עִבְדוּ אֶת־יְהוָה בְּשִׂמְחָה בֹּאוּ[17] לְפָנָיו בִּרְנָנָה[17a]׃

3 דְּעוּ[18] כִּי־יְהוָה הוּא אֱלֹהִים הוּא־עָשָׂנוּ[18a] וְלֹא אֲנַחְנוּ עַמּוֹ וְצֹאן
מַרְעִיתוֹ[18b]׃

4 בֹּאוּ[17] שְׁעָרָיו בְּתוֹדָה[16a] חֲצֵרֹתָיו[19] בִּתְהִלָּה[19a] הוֹדוּ[19b]-לוֹ בָּרְכוּ[19c]
שְׁמוֹ׃

5 כִּי־טוֹב יְהוָה לְעוֹלָם[20] חַסְדּוֹ וְעַד[20a]-דֹּר[20b] וָדֹר אֱמוּנָתוֹ[20c]׃

---

[16] song; [16a] תּוֹדָה - thanksgiving; [16b] shout.

[17] enter; [17a] רְנָנָה - (joyful) shouting.

[18] know; [18a] he made us; [18b] מַרְעִית - pasture.

[19] חָצֵר - courtyard; [19a] תְּהִלָּה - praise; [19b] give thanks; [19c] bless.

[20] עוֹלָם - (distant) future; [20a] עַד - until; [20b] דֹּר - generation; [20c] אֱמוּנָה - faithfulness.

Chapter 21

21.1. Translate and Parse

1.	שָׁמְעָה	2.	אֶשְׁמְחָה	3.	גַאֲלוּ
4.	יְדוּעִים	5.	שֹׁלֵחַ	6.	תִּשְׁפְּכוּ
7.	יֵרָאֶה	8.	שְׁכֹ֫נָּה	9.	וַתִּדְרְשִׁי
10.	יְכָלְתֶּם	11.	זְכוּרִים	12.	שִׁבְתּוּ
13.	זָקַ֫נּוּ	14.	נִשְׁבְּרָה	15.	יִכְבְּדוּ
16.	שְׁלוּחוֹת	17.	יֵדְעוּ	18.	שָׁמַ֫חַתְּ
19.	לָקוּחַ	20.	וְשָׂרַפְתָּ	21.	גֹּאֲלֵי
22.	נִשְׁכֹּן	23.	שְׁפוּכָה	24.	שֹׁכֵב
25.	תִּזְקַן	26.	יֹדֵעַ	27.	וַתִּשְׂמַ֫חְנָה
28.	גְּאוּלָה	29.	שֹׁכֶ֫נֶת	30.	שָׁפְכָה

21.2. Translate

1. אֵ֫לֶּה הַסְּפָרִים הַכְּתוּבִים בַּהֵיכָל הַקָּדֹשׁ
2. וַיִּגְאַל אֵת עַמּוֹ וְהֵ֫מָּה בוֹ לֹא בָטָ֫חוּ
3. נִמְכְּרָה אֵת הַצֹּאן וְאֶת־הַסּוּסִים נִקְבֹּץ לָ֫נוּ
4. שֹׁכְנֵי הַחֹ֫שֶׁךְ אֵת חַסְדּוֹ לֹא יָדָ֫עוּ
5. וַיִּשְׁלַח מִמֶּ֫נּוּ אֵת נְעָרָיו לְאֹ֫הֶל אֲדוֹנוֹ
6. שְׁבוּרִים כְּלֵיכֶם כִּי נָֽפְלוּ מִשֻּׁלְחַנְכֶם

7. אַתָּה טוֹב בְּעֵינֵי הַשֹּׁפֵט וְלֹא בָחַר בָּךְ

8. שִׂמְחוּ בַיהוה הַגְּאוּלִים מֵהַגּוֹיִם

9. אַתָּה שָׁלוּחַ יהוה וְאַנְשֵׁי בֹ֫שֶׁת הֵם בְּעֵינָיו

10. תִּדְרְשׁוּ אֶת אֱלֹהֵ֫ינוּ בְּיוֹם צָרַתְכֶם

11. הָאָבֹת חֲכָמִים מִמֶּ֫נִּי כִּי יֹדְעֵי הַתּוֹרָה הֵם

12. אֵין כָּמֹ֫הוּ גִּבּוֹר אַחֵר בְּכָל־אַרְצֶ֫ךָ

21.3. Translate

1. לָ֫מָּה תִכְרְתוּ אִתּוֹ בְּרִית וְהוּא לֹא יִזְכֹּר אֶתְכֶם וְלֹא יִגְאַל כָּל־בֹּטֵחַ בּוֹ

2. וַיְהִי כַּאֲשֶׁר שָׁמַ֫עְנוּ אֵת קוֹלְךָ וַנִּשְׂמַח מְאֹד וַיִּמְלָא לִבֵּ֫נוּ שִׂמְחָה גְדוֹלָה

3. נָתַן אֱלֹהִים אוֹר בְּתוֹךְ אָהֳלֵי בְנֵי יִשְׂרָאֵל וְעַל־כֹּל מִשְׁכְּנוֹת אֹיְבֵיהֶם שָׁלַח יהוה חֹ֫שֶׁךְ

4. הַאַתֶּם יוֹרְדִים מִירוּשָׁלַ֫ם הַמִּדְבָּ֫רָה לָ֫מָּה לֹא אֲמַרְתֶּם לָהּ כִּי כֻלְּכֶם הֹלְכִים שָׁ֫מָּה

5. הֲלֹא זָקַ֫נְתָּ וְעַתָּה פָּקְדָה־נָּא אַחַד בָּנֶ֫יךָ עָלֵ֫ינוּ וְיִשְׁפֹּט אֹתָ֫נוּ כַּאֲשֶׁר שָׁפַ֫טְתָּ אַתָּה אֶת־הַקָּהָל הַזֶּה כָּל־יְמֵי חַיֶּ֫יךָ

6. עִבְדוּ־נָא אֶת יהוה בְּשִׂמְחָה וּשְׁבַתֶּם מִמְּלַאכְתְּכֶם בְּיוֹמוֹ הַקָּדוֹשׁ וְתִמְצְאוּ חַיִּים לְפָנָיו וּלְקַחְתֶּם אֵת בִּרְכָתוֹ מִמֶּ֫נּוּ

7. וַיִּשְׁבְּרוּ אֶת כֵּלֵ֫ינוּ אֲשֶׁר בְּיָדֵ֫ינוּ וַיִּשְׁפְּכוּ אֶת־הַמַּ֫יִם עַל־הָאֲדָמָה וְהֵם אֲנָשִׁים רְשָׁעִים לֹא יָדְעוּ אֶת יהוה

8. מִי יִשְׁכֹּן בְּאָהָלְךָ וּמִי יִדְרֹשׁ אֹתְךָ בְּמִשְׁכָּנְךָ הַקָּדוֹשׁ אָדָם יְשַׁר לֵב וְצַדִּיק שְׂפָתַ֫יִם הוּא יִכְבַּד בְּעֵינֵי אֲדֹנֵ֫ינוּ וְיֵשֵׁב לְפָנָיו בְּשָׁלוֹם

9. אַל־תִּשְׁלְחוּ אֶת־יְדֵיכֶם אֶל־זְהַב הַגּוֹיִם וְאַל־תִּבְטְחוּ בְחֵילָם פֶּן־תִּשְׂמְחוּ כָהֶם בֵּאלֹהִים אֲחֵרִים וְיִשְׁפֹּךְ יהוה אֶת־אַפּוֹ עֲלֵיכֶם כְּמוֹ אֵשׁ

10. מֶה־אָֽמְרוּ לָךְ הַנְּבִיאִים אֲשֶׁר הָלַכְתְּ אֶל־מַחֲנֵיהֶם בַּלַּיְלָה וַתִּדְרְשִׁי אֹתָם
שָׁם אִמְרִי־נָא לָנוּ אֵת אֲשֶׁר אָֽמְרוּ לָךְ עַל־צֹאנֵנוּ אֲשֶׁר לָֽכְדוּ גִּבּוֹרֵי הַגּוֹיִם
אֹתָהּ

11. יִסְגֹּר הַכֹּהֵן אֵת שַׁעַר הַהֵיכָל וְלָקַח אֶת־כָּל־כֵּלָיו מֵהַמָּקוֹם הַהוּא כִּי מָלֵא
הַבַּיִת הַהוּא רָעָה וַיִּשְׁפֹּט יהוה אֹתוֹ וְלֹא יִשְׁמֹר אֹתוֹ אַחֲרֵי הַדְּבָרִים הָאֵלֶּה

12. אָנֹכִי יָדַעְתִּי הַיּוֹם כִּי יהוה הוּא נָתַן לָנוּ אֶת־הַיְשׁוּעָה הַזֹּאת בְּיָדַי וַיִּבְחַר
בִּי וַיִּשְׁלַח וַיִּפְקֹד אֹתִי לִשְׁפֹּט עֲלֵיכֶם וְאַתֶּם לֹא יְרֵאתֶם אֶת־אֱלֹהִים וְלֹא
לְקַחְתֶּם אֵת עֲצָתִי מִפִּי

21.4. OT Texts

1. וַיְמָאֵן[1] אָבִיו וַיֹּאמֶר יָדַעְתִּי בְנִי יָדַעְתִּי גַּם־הוּא יִהְיֶה[1a]־לְּעָם וְגַם־הוּא
יִגְדָּל[1b] וְאוּלָם[1c] אָחִיו הַקָּטֹן יִגְדַּל מִמֶּנּוּ וְזַרְעוֹ יִהְיֶה[1a] מְלֹא[1d]־הַגּוֹיִם׃
Gen 48:19

2. וַיָּקָם[2] מֶלֶךְ־חָדָשׁ עַל־מִצְרָיִם אֲשֶׁר לֹא־יָדַע אֶת־יוֹסֵף׃ וַיֹּאמֶר
אֶל־עַמּוֹ הִנֵּה עַם בְּנֵי יִשְׂרָאֵל רַב וְעָצוּם[2a] מִמֶּנּוּ׃ Ex 1:8-9

3. וְלֹא־יָכֹל מֹשֶׁה לָבוֹא[3] אֶל־אֹהֶל מוֹעֵד[3a] כִּי־שָׁכַן עָלָיו הֶעָנָן[3b] וּכְבוֹד יְהוָה
מָלֵא אֶת־הַמִּשְׁכָּן׃ Ex 40:35

4. וַאֲנִי הִנֵּה לָקַחְתִּי אֶת־אֲחֵיכֶם הַלְוִיִּם מִתּוֹךְ בְּנֵי יִשְׂרָאֵל לָכֶם מַתָּנָה[4]
נְתֻנִים לַיהוָה לַעֲבֹד[4a] אֶת־עֲבֹדַת אֹהֶל מוֹעֵד[3a]׃ Num 18:6

----

[1] but (he) refused; [1a] he will be/become; [1b] גָּדַל - to be great; [1c] however; [1d] fullness/multitude.

[2] then (he) arose; [2a] עָצוּם - powerful.

[3] 'to enter'; [3a] meeting/assembly; [3b] עָנָן - cloud.

[4] gift; [4a] 'to serve'.

5. כִּי הַגּוֹיִם הָאֵלֶּה אֲשֶׁר אַתָּה יוֹרֵשׁ אוֹתָם אֶל־מְעֹנְנִים[5] וְאֶל־קֹסְמִים[5a] יִשְׁמָעוּ וְאַתָּה לֹא כֵן נָתַן לְךָ יְהוָה אֱלֹהֶיךָ: נָבִיא מִקִּרְבְּךָ מֵאַחֶיךָ כָּמֹנִי יָקִים[5b] לְךָ יְהוָה אֱלֹהֶיךָ אֵלָיו תִּשְׁמָעוּן:

Deut 18:14-15

6. וְהוֹתִירְךָ[6] יְהוָה אֱלֹהֶיךָ בְּכֹל מַעֲשֵׂה[6a] יָדֶךָ . . . : כִּי תִשְׁמַע בְּקוֹל יְהוָה אֱלֹהֶיךָ לִשְׁמֹר[6b] מִצְוֺתָיו וְחֻקֹּתָיו[6c] הַכְּתוּבָה בְּסֵפֶר הַתּוֹרָה הַזֶּה כִּי תָשׁוּב[6d] אֶל־יְהוָה אֱלֹהֶיךָ בְּכָל־לְבָבְךָ וּבְכָל־נַפְשֶׁךָ:

Deut 30:9-10

7. וּבְנֵיהֶם אֲשֶׁר לֹא־יָדְעוּ יִשְׁמְעוּ וְלָמְדוּ[7] לְיִרְאָה אֶת־יְהוָה אֱלֹהֵיכֶם כָּל־הַיָּמִים אֲשֶׁר אַתֶּם חַיִּים עַל־הָאֲדָמָה אֲשֶׁר אַתֶּם עֹבְרִים אֶת־הַיַּרְדֵּן שָׁמָּה לְרִשְׁתָּהּ[7a]:

Deut 31:13

8. וְעֵלִי זָקֵן מְאֹד וְשָׁמַע אֵת כָּל־אֲשֶׁר יַעֲשׂוּן[8] בָּנָיו לְכָל־יִשְׂרָאֵל וְאֵת אֲשֶׁר־יִשְׁכְּבוּן אֶת־הַנָּשִׁים הַצֹּבְאוֹת[8a] פֶּתַח[8b] אֹהֶל מוֹעֵד:

1 Sam 2:22

9. וַיֹּאמֶר הַמֶּלֶךְ אֶל־שִׁמְעִי אַתָּה יָדַעְתָּ אֵת כָּל־הָרָעָה אֲשֶׁר יָדַע לְבָבְךָ אֲשֶׁר עָשִׂיתָ[9] לְדָוִד אָבִי

1 Kings 2:44

10. וְיֶתֶר[10] דִּבְרֵי שְׁלֹמֹה וְכָל־אֲשֶׁר עָשָׂה[10a] וְחָכְמָתוֹ הֲלוֹא־הֵם כְּתֻבִים עַל־סֵפֶר דִּבְרֵי שְׁלֹמֹה:

1 Kings 11:41

11. בַּיהוָה אֱלֹהֵי־יִשְׂרָאֵל בָּטָח וְאַחֲרָיו לֹא־הָיָה[11] כָמֹהוּ בְּכֹל מַלְכֵי יְהוּדָה וַאֲשֶׁר הָיוּ[11a] לְפָנָיו:

2 Kings 18:5

----

[5] מְעוֹנֵן - soothsayer;   [5a] קָסַם - to divine;   [5b] (he) will raise up.

[6] then (he) will prosper you;   [6a] מַעֲשֶׂה - work/deed;   [6b] by keeping;   [6c] חֻקָּה - decree;   [6d] you return.

[7] לָמַד - to learn;   [7a] 'to possess it'.

[8] (they) were doing;   [8a] צָבָא - to perform service;   [8b] entrance.

[9] you did.

[10] יֶתֶר - rest/remainder;   [10a] (he) did.

[11] there was;   [11a] (they) were.

12. וְיִרְמְיָהוּ° לָקַח מְגִלָּה[12] אַחֶרֶת וַיִּתְּנָהּ[12a] אֶל־בָּרוּךְ° בֶּן־נֵרִיָּהוּ הַסֹּפֵר[12b]
וַיִּכְתֹּב עָלֶיהָ מִפִּי יִרְמְיָהוּ אֵת כָּל־דִּבְרֵי הַסֵּפֶר אֲשֶׁר שָׂרַף יְהוֹיָקִים°
מֶלֶךְ־יְהוּדָה בָּאֵשׁ וְעוֹד[12c] נוֹסַף[12d] עֲלֵיהֶם דְּבָרִים רַבִּים כָּהֵמָּה׃ Jer 36:32

Cf.: Gen 4:9, 25:27, 30:29, 42:23; Num 8:16; 1 Sam 20:39, 30:3; 1 Kings 6:13.

21.5. Genesis 22:10-14

10 וַיִּשְׁלַח אַבְרָהָם אֶת־יָדוֹ וַיִּקַּח[13] אֶת־הַמַּאֲכֶלֶת[13a] לִשְׁחֹט[13b] אֶת־בְּנוֹ׃

11 וַיִּקְרָא[14] אֵלָיו מַלְאַךְ יְהוָה מִן־הַשָּׁמַיִם וַיֹּאמֶר אַבְרָהָם אַבְרָהָם וַיֹּאמֶר
הִנֵּנִי[14a]׃

12 וַיֹּאמֶר אַל־תִּשְׁלַח יָדְךָ אֶל־הַנַּעַר וְאַל־תַּעַשׂ[15] לוֹ מְאוּמָה[15a] כִּי עַתָּה
יָדַעְתִּי כִּי־יְרֵא אֱלֹהִים אַתָּה וְלֹא חָשַׂכְתָּ[15b] אֶת־בִּנְךָ אֶת־יְחִידְךָ[15c] מִמֶּנִּי׃

13 וַיִּשָּׂא[16] אַבְרָהָם אֶת־עֵינָיו וַיַּרְא[16a] וְהִנֵּה־אַיִל[16b] אַחַר נֶאֱחַז[16c] בַּסְּבַךְ[16d]
בְּקַרְנָיו[16e] וַיֵּלֶךְ[16f] אַבְרָהָם וַיִּקַּח[16g] אֶת־הָאַיִל וַיַּעֲלֵהוּ[16h] לְעֹלָה[16i] תַּחַת
בְּנוֹ׃

14 וַיִּקְרָא[14] אַבְרָהָם שֵׁם־הַמָּקוֹם הַהוּא יְהוָה יִרְאֶה[17] אֲשֶׁר יֵאָמֵר[17a] הַיּוֹם
בְּהַר יְהוָה יֵרָאֶה[17b]׃

---

[12] scroll; [12a] and he gave it; [12b] the scribe; [12c] again/further; [12d] there was added.

[13] and he took; [13a] מַאֲכֶלֶת - knife; [13b] ‘to slaughter’.

[14] קָרָא - to call out; [14a] here I am.

[15] תַּעַשׂ - you must do; [15a] anything; [15b] חָשַׂךְ - to withhold; [15c] יָחִיד - only.

[16] then (he) lifted up; [16a] and he saw; [16b] אַיִל - ram; [16c] caught; [16d] סְבַךְ - thicket; [16e] קֶרֶן - horn; [16f] so (he) went; [16g] and he took; [16h] and he offered it up; [16i] עֹלָה - burnt offering.

[17] (he) will provide; [17a] it is said; [17b] it is provided.

21.6. Psalm 103:1-4

1 לְדָוִד° בָּרֲכִי[18] נַפְשִׁי[18a] אֶת־יְהוָה וְכָל־קְרָבַי[18b] אֶת־שֵׁם קָדְשׁוֹ[18c]׃

2 בָּרֲכִי[18] נַפְשִׁי[18a] אֶת־יְהוָה וְאַל־תִּשְׁכְּחִי[19] כָּל־גְּמוּלָיו[19a]׃

3 הַסֹּלֵחַ[20] לְכָל־עֲוֺנֵכִי[20a] הָרֹפֵא[20b] לְכָל־תַּחֲלֻאָיְכִי[20c]׃

4 הַגּוֹאֵל מִשַּׁחַת[21] חַיָּיְכִי הַמְעַטְּרֵכִי[21a] חֶסֶד וְרַחֲמִים[21b]׃

----

[18] bless; [18a] נֶפֶשׁ - soul; [18b] קֶרֶב - inward part; [18c] קֹדֶשׁ - holiness.
[19] שָׁכַח - to forget; [19a] גְּמוּל - recompense.
[20] סָלַח - to forgive; [20a] עָוֹן - iniquity (+ *2fs suffix*); [20b] רָפָא - to heal; [20c] תַּחֲלוּאִים - sickness(es) (+ *2fs suffix*).
[21] שַׁחַת - pit, grave; [21a] מְעַטֵּר - crowning (+ *2fs suffix*); [21b] רַחֲמִים - compassion.

Chapter 22

22.1. Parse and Translate

1. לְגָאֳלִי	2. תְּכַבְּדִי	3. חָטָ֫אתִי
4. מָלְכָם	5. חָפַצְתְּ	6. וַיִּזָּכְרוּ
7. מַלְכָּם	8. שְׁכֹן	9. יָרֵ֫אנוּ
10. מָלְכָה	11. זָבְחֲךָ	12. מָלְכָה
13. וַנִּשְׁכַּב	14. שָׁכַ֫נּוּ	15. גְּאוּלִים
16. שְׁלַ֫חְנָה	17. קָבְרִי	18. שְׂרוּפֶ֫יהָ
19. נִשְׁפְּטָה	20. כָּרְתוֹ	21. יָדְעָה
22. בְּחָטְאֵ֫נוּ	23. לְמָכְרֵךְ	24. וַתִּשְׁבֹּת
25. לְשָׁפְכָהּ	26. יְדוּעָיו	27. מַלְכָּהּ
28. שְׁמוּרָה	29. שָׁלְחָן	30. וַיִּזְבְּחוּ

22.2. Translate

1. יָרַ֫דְנוּ לְעִירָם לְמַ֫עַן מָכְרֵךְ אֵת סוּסֵ֫נוּ
2. הֶהָלַ֫כְתָּ לִזְבֹּחַ אֵת זְבָחֶ֫יךָ לֵאלֹהֶ֫יךָ
3. וַיְהִי כְּדָרְשֵׁ֫נוּ אֵת יהוה וַיִּשְׁמַע אֹתָ֫נוּ
4. וְהָיָה בְּחָטְאָם לוֹ וְחָדְלוּ לְעָבְדוֹ וְשָׁפַט אֹתָם
5. יִשְׂמַח־נָא הָעָם יַ֫עַן שָׁמְעֲךָ אֵת קוֹלָם בְּצַעֲקָם
6. וְהָיָה בַלַּ֫יְלָה וְנָתַתָּ לֶ֫חֶם עַל־מִזְבְּחוֹ

7. נִכְרְתָה בְרִית עִמְּךָ לְבִלְתִּי מָלְכָם עָלֵינוּ

8. לָמָּה לֹא חֲפַצְתֶּם לַעֲבֹד אֶת־אֲדוֹנֵנוּ

9. וַיְהִי בְמָצְאֲכֶם מַיִם וַתִּבְטְחוּ בְצִדְקָתוֹ

10. יִפְקֹד אֵת עַמּוֹ לְגָאֳלָם מֵחַטֹּאתֵיהֶם וּמִבָּשְׁתָּם

11. שִׁמְרוּ אֵת יְלָדֵינוּ לְבִלְתִּי הָרְגָם הָאֹיֵב

12. וַיִּזְכְּרוּ אֶת־חַסְדּוֹ לִשְׁמֹר אֶת־תּוֹרָתוֹ

22.3. Translate

1. אֶשְׁכְּנָה־נָּא בְאָהֳלְךָ וְאֶשְׁמְעָה אֶת־דְּבָרֶיךָ לְמַעַן דָּרְשִׁי אֵת חָכְמַת דְּרָכֶיךָ

2. וְהָיָה אַחֲרֵי זָבְחָם אֵת כָּל־זִבְחֵיהֶם וְשָׁכְנוּ בָעִיר הַזֹּאת וְשָׂמְחוּ אִתָּנוּ יָמִים רַבִּים

3. וַיְהִי בְשָׁלְחַ הַקָּהָל אֶת־צֹאנָם לַאדוֹנָם וַיִּכְרְתוּ בְרִית עִמּוֹ וַיִּשְׁכְּנוּ בְשָׁלוֹם עַל־אַדְמָתָם

4. וַיְהִי בְצָרָתָם וַיִּזְכְּרוּ אֹתוֹ וַיִּבְטְחוּ בִשְׁמוֹ וַיִּגְאַל אֹתָם מֵחֹשֶׁךְ הַמָּוֶת וַיִּשְׁבֹּר אֶת־חֵיל אֹיְבֵיהֶם כִּי גָדוֹל הוּא

5. זִבְחוּ אֵת הַצֹּאן לַיהוה וְאַל תִּשְׁפְּכוּ אֶת־הַדָּם עַל־הָאֲדָמָה יַעַן אֲשֶׁר פָּקַד הוּא אֵת כֹּהֲנָיו לְשָׁפְכוֹ עַל־מִזְבְּחוֹ

6. הֶחָטָאתִי בָּכֶם הֶחָפַצְתִּי אָנֹכִי לִשְׁכֹּן בְּתוֹכְכֶם הֶאָמַרְתִּי לָכֶם אֶמְלְכָה עֲלֵיכֶם הֲלֹא אַתֶּם דְּרַשְׁתֶּם אֹתִי לְפָקְדִי לְמֹלֵךְ עַל־הַגּוֹי הַזֶּה

7. כֹּל הַגּוֹיִם הָלְכוּ בְאוֹר אֱלֹהֵיהֶם וַיִּדְרְשׁוּ אֹתָם וְחֹשֶׁךְ בְּכָל־דַּרְכֵיהֶם וַאֲנַחְנוּ הֹלְכִים אַחֲרֵי יהוה אֱלֹהֵינוּ לְדָרְשׁוֹ וּבְאוֹרוֹ נִמְצְאָה חַיִּים וָחֶסֶד

8. לָמָּה חָטָאתָ־לִּי לְבִלְתִּי שָׁמְרְךָ אֵת מִצְוֹתַי אֲשֶׁר אָמַרְתִּי לְךָ וַתִּזְבַּח זְבָחִים רְשָׁעִים לֵאלֹהִים אֲחֵרִים עַל־מִזְבְּחִי הַקָּדוֹשׁ וַתִּבְחֲרוּ בָם מִמֶּנִּי

9. יהוה הוּא גֹאֲלֵנוּ וְשָׁמַע בְּצַעֲקֵנוּ אֵלָיו וְיָרַד לְפָקְדֵנוּ וְשָׁפַט אֵת אֹיְבֵינוּ
אֲשֶׁר לָקְחוּ מִמֶּנּוּ אֵת יְלָדֵינוּ וַיִּלְכְּדוּ אֶת־עָרֵינוּ וְיָדְעוּ כִּי אֲנַחְנוּ עַמּוֹ
וְחָדְלוּ לִנְפֹּל עָלֵינוּ

10. אָמַר לָהֶם הַנָּבִיא בְּשֵׁם־אֱלֹהָיו שָׁפַט יהוה אֶתְכֶם יַעַן עֲבָדְכֶם כְּלֵי זָהָב
וּכְלֵי כֶסֶף אֲשֶׁר לֹא נָתַתִּי אֹתָם לָכֶם וְלֹא בָחַרְתִּי בָם לִבְנֵיכֶם וַתִּבְטְחוּ
בָהֶם וְלִי חֲטָאתֶם

11. אִמְרוּ־נָא אֵלַי מָה הַדְּבָרִים הַכְּתוּבִים בְּסֵפֶר תּוֹרָתוֹ מֶה אָמַר לָכֶם
אֱלֹהֵיכֶם וּמַה דָּרַשׁ מִכֶּם וּמִי שָׁמַע אֵת קוֹלוֹ הַקָּדוֹשׁ עַל־הָהָר וְהָהָר שֹׂרוּף
אֵשׁ כֻּלּוֹ וְחֹשֶׁךְ עַל־פְּנֵי הָאֲדָמָה

12. הָלְכוּ לִמְצֹא לֶחֶם לְבָתֵּיהֶם בִּימֵי צָרַת הָרָעָב וְלֹא יִמְצְאוּ לֶחֶם וּמַיִם בְּכֹל
אַרְצָם וַיִּפְקֹד אֹתָם יהוה בְּצִדְקַת חַסְדּוֹ לְגָאֳלָם מִצָּרָתָם וְלִשְׁלֹחַ לָהֶם מַיִם
אֶל־נַהֲרוֹתֵיהֶם וָלֶחֶם בְּכָל־שְׂדוֹתֵיהֶם

22.4. OT Texts

1. וַיָּשָׁב[1] יוֹסֵף מִצְרַיְמָה° הוּא וְאֶחָיו וְכָל־הָעֹלִים[1a] אִתּוֹ לִקְבֹּר אֶת־אָבִיו
אַחֲרֵי קָבְרוֹ אֶת־אָבִיו׃ Gen 50:14

2. וַיֹּאמֶר מִי שָׂמְךָ[2] לְאִישׁ שַׂר• וְשֹׁפֵט עָלֵינוּ הַלְהָרְגֵנִי אַתָּה אֹמֵר כַּאֲשֶׁר
הָרַגְתָּ אֶת־הַמִּצְרִי° וַיִּירָא מֹשֶׁה וַיֹּאמַר אָכֵן[2a] נוֹדַע[2b] הַדָּבָר׃ Ex 2:14

3. וַיִּשְׁלַח פַּרְעֹה וַיִּקְרָא[3] לְמֹשֶׁה וּלְאַהֲרֹן וַיֹּאמֶר אֲלֵהֶם חָטָאתִי הַפָּעַם[3a] יְהוָה
הַצַּדִּיק וַאֲנִי וְעַמִּי הָרְשָׁעִים׃ Ex 9:27

4. וַיֹּאמֶר בִּלְעָם° אֶל־מַלְאַךְ יְהוָה חָטָאתִי כִּי לֹא יָדַעְתִּי כִּי אַתָּה נִצָּב[4]
לִקְרָאתִי[4a] בַּדָּרֶךְ וְעַתָּה אִם[4b]־רַע בְּעֵינֶיךָ אָשׁוּבָה[4c] לִּי׃ Num 22:34

----

[1] then (he) returned; [1a] עֹלֶה - one going up.
[2] (he) appointed you; [2a] surely; [2b] (it) is known.
[3] קָרָא - to call/summon; [3a] this time/now.
[4] standing/stationed; [4a] לִקְרַאת - against/towards; [4b] if; [4c] I will return.

5. וַיִּקְרָא[3] מֹשֶׁה אֶל־כָּל־יִשְׂרָאֵל וַיֹּאמֶר אֲלֵהֶם אַתֶּם רְאִיתֶם[5] אֵת כָּל־אֲשֶׁר
עָשָׂה[5a] יְהוָה לְעֵינֵיכֶם בְּאֶרֶץ מִצְרַיִם לְפַרְעֹה וּלְכָל־עֲבָדָיו וּלְכָל־אַרְצוֹ׃
. . . : וְלֹא־נָתַן יְהוָה לָכֶם לֵב לָדַעַת[5b] וְעֵינַיִם לִרְאוֹת[5c] וְאָזְנַיִם לִשְׁמֹעַ
עַד הַיּוֹם הַזֶּה׃ Deut 29:1,3

6. וַיְהִי[6] הַשַּׁעַר לִסְגּוֹר בַּחֹשֶׁךְ וְהָאֲנָשִׁים יָצָאוּ[6a] לֹא יָדַעְתִּי אָנָה[6b] הָלְכוּ
הָאֲנָשִׁים רִדְפוּ מַהֵר[6c] אַחֲרֵיהֶם כִּי תַשִּׂיגוּם[6d]׃ Josh 2:5

7. וַיֹּאמֶר אֲלֵהֶם רִדְפוּ אַחֲרַי כִּי־נָתַן יְהוָה אֶת־אֹיְבֵיכֶם אֶת־מוֹאָב בְּיֶדְכֶם
וַיֵּרְדוּ[7] אַחֲרָיו וַיִּלְכְּדוּ אֶת־מַעְבְּרוֹת[7a] הַיַּרְדֵּן לְמוֹאָב וְלֹא־נָתְנוּ אִישׁ
לַעֲבֹר׃ Jg 3:28

8. וַיֹּאמְרוּ אֵלָיו הִנֵּה אַתָּה זָקַנְתָּ וּבָנֶיךָ לֹא הָלְכוּ בִּדְרָכֶיךָ עַתָּה שִׂימָה[8]־לָּנוּ
מֶלֶךְ לְשָׁפְטֵנוּ כְּכָל־הַגּוֹיִם׃ 1 Sam 8:5

9. וַיֹּאמֶר שָׁאוּל אֶל־שְׁמוּאֵל חָטָאתִי כִּי־עָבַרְתִּי אֶת־פִּי־יְהוָה וְאֶת־דְּבָרֶיךָ
כִּי יָרֵאתִי אֶת־הָעָם וָאֶשְׁמַע בְּקוֹלָם׃ 1 Sam 15:24

10. וַיְהִי כִּשְׁמֹעַ חִירָם אֶת־דִּבְרֵי שְׁלֹמֹה וַיִּשְׂמַח מְאֹד וַיֹּאמֶר בָּרוּךְ[9] יְהוָה
הַיּוֹם אֲשֶׁר נָתַן לְדָוִד בֵּן חָכָם עַל־הָעָם הָרָב הַזֶּה׃ 1 Kings 5:21

11. וַיְהִי כִשְׁמֹעַ הַמֶּלֶךְ אֶת־דְּבַר אִישׁ־הָאֱלֹהִים אֲשֶׁר קָרָא[3] עַל־הַמִּזְבֵּחַ
בְּבֵית־אֵל וַיִּשְׁלַח יָרָבְעָם אֶת־יָדוֹ מֵעַל הַמִּזְבֵּחַ לֵאמֹר תִּפְשֻׂהוּ[10]
וַתִּיבַשׁ[10a] יָדוֹ אֲשֶׁר שָׁלַח עָלָיו וְלֹא יָכֹל לַהֲשִׁיבָהּ[10b] אֵלָיו׃ 1 Kings 13:4

----

[5] you have seen; [5a] (he) did; [5b] דַּעַת - ‘to know’/knowledge; [5c] ‘to see’.

[6] (it) was; [6a] יָצָא - to go out; [6b] where?; [6c] quickly; [6d] you can overtake them.

[7] so they descended; [7a] מַעְבָּרָה - ford.

[8] appoint.

[9] ברך - to bless.

[10] תָּפַשׂ - to seize, + הוּ - ‘him’; [10a] יָבֵשׁ - to be dry/wither; [10b] ‘to draw it back’.

12. וְאֶל־מֶ֫לֶךְ יְהוּדָה הַשֹּׁלֵחַ אֶתְכֶם לִדְרֹשׁ אֶת־יְהוָה כֹּה• תֹאמְרוּ אֵלָיו
כֹּה•־אָמַר יְהוָה אֱלֹהֵי יִשְׂרָאֵל הַדְּבָרִים אֲשֶׁר שָׁמָ֫עְתָּ׃ יַ֫עַן רַךְ[11]־לְבָבְךָ
וַתִּכָּנַע[11a] מִפְּנֵי יְהוָה בְּשָׁמְעֲךָ אֲשֶׁר דִּבַּ֫רְתִּי[11b] עַל־הַמָּקוֹם הַזֶּה
וְעַל־יֹשְׁבָיו . . . וְגַם• אָנֹכִי שָׁמַ֫עְתִּי נְאֻם•־יְהוָה׃ 2 Kings 22:18-19

Cf.: Gen 3:5; Ex 11:9; Josh 11:1; 1 Sam 11:6; 2 Sam 15:10, 20:11; 1 Kings 8:62; 2 Kings 6:30, 21:17; Jer 9:12; Eccl 1:13.

22.5. Genesis 22:15-19

15 וַיִּקְרָא[12] מַלְאַךְ יְהוָה אֶל־אַבְרָהָם שֵׁנִית[12a] מִן־הַשָּׁמָיִם׃
16 וַיֹּ֫אמֶר בִּי נִשְׁבַּ֫עְתִּי[13] נְאֻם[13a]־יְהוָה כִּי יַ֫עַן אֲשֶׁר עָשִׂ֫יתָ[13b] אֶת־הַדָּבָר
הַזֶּה וְלֹא חָשַׂ֫כְתָּ[13c] אֶת־בִּנְךָ אֶת־יְחִידֶךָ[13d]׃
17 כִּי־בָרֵךְ[14] אֲבָרֶכְךָ וְהַרְבָּה[14a] אַרְבֶּה אֶת־זַרְעֲךָ[14b] כְּכוֹכְבֵי הַשָּׁמַ֫יִם
וְכַחוֹל[14c] אֲשֶׁר עַל־שְׂפַת הַיָּם וְיִרַשׁ[14d] זַרְעֲךָ אֵת שַׁ֫עַר אֹיְבָיו׃
18 וְהִתְבָּרֲכוּ[15] בְזַרְעֲךָ[14b] כֹּל גּוֹיֵי הָאָ֫רֶץ עֵ֫קֶב[15a] אֲשֶׁר שָׁמַ֫עְתָּ בְּקֹלִי׃
19 וַיָּ֫שָׁב[16] אַבְרָהָם אֶל־נְעָרָיו וַיָּ֫קֻמוּ[16a] וַיֵּלְכוּ[16b] יַחְדָּו• אֶל־בְּאֵר שָׁ֫בַע°
וַיֵּ֫שֶׁב[16c] אַבְרָהָם בִּבְאֵר שָׁ֫בַע׃

----

[11] soft/tender; [11a] and you humbled yourself; [11b] I spoke.

[12] קָרָא - to call out; [12a] שֵׁנִי - second.

[13] I have sworn; [13a] נְאֻם - says, utterance; [13b] you have done; [13c] חָשַׂךְ - to withhold; [13d] יָחִיד - only.

[14] בָּרֵךְ אֲבָרֶכְךָ - I will certainly bless you; [14a] וְהַרְבָּה אַרְבֶּה - and I will certainly multiply; [14b] זֶ֫רַע - seed, offspring; [14c] חוֹל - sand; [14d] יָרַשׁ - to possess.

[15] and (they) will obtain blessing; [15a] עֵ֫קֶב אֲשֶׁר - because.

[16] then (he) returned; [16a] and they arose; [16b] and they went; [16c] and (he) lived.

22.6. Psalm 103:5-8

5 הַמַּשְׂבִּיעַ[17] בַּטּוֹב עֶדְיֵךְ[17a] תִּתְחַדֵּשׁ[17b] כַּנֶּשֶׁר[17c] נְעוּרָיְכִי[17d]׃

6 עֹשֵׂה[18] צְדָקוֹת יְהוָה וּמִשְׁפָּטִים[18a] לְכָל־עֲשׁוּקִים[18b]׃

7 יוֹדִיעַ[19] דְּרָכָיו לְמֹשֶׁה° לִבְנֵי יִשְׂרָאֵל עֲלִילוֹתָיו[19a]׃

8 רַחוּם[20] וְחַנּוּן[20a] יְהוָה אֶרֶךְ[20b] אַפַּיִם וְרַב־חָסֶד׃

----

[17] the one satisfying; [17a] עֲדִי - (prime of) life (?); [17b] (it) is renewed; [17c] נֶשֶׁר - eagle; [17d] נְעוּרִים - youth (+ *2fs suffix*).

[18] עֹשֶׂה - one performing; [18a] מִשְׁפָּט - judgement; [18b] עָשַׁק - to wrong, oppress.

[19] he made known; [19a] עֲלִילָה - deed.

[20] compassionate; [20a] חַנּוּן - gracious; [20b] slow (of, to).

Qal Qatal
Qal Yiqtal
Imperative
Infinitive - Construct or Absolute
Participle - passive or active

Chapter 23

23.1. Parse and Translate

1. שָׁמְעָה	2. שַׁאֲלוּ	3. נָסוֹעַ
4. אֶרְדְּפָה	5. אֲכוּלִים	6. שְׁכֹחַ
7. זְבָחֵנוּ	8. יָצֹא	9. נְשׂוּאֵי
10. חֲפַצְתֶּם	11. נִשְׁכַּח	12. שֹׁכְנֶיהָ
13. אָכְלִי	14. יָדוֹעַ	15. יָצָאתִי
16. רָדְפוּ	17. תִּשְׁאַלְנָה	18. חָטוֹא
19. נָסַעַתְּ	20. אֹכֶלֶת	21. רִדְפוּ
22. נָשׂוֹא	23. שְׁכוּחָה	24. שָׁאֲלוּ
25. נְשָׂאנוּ	26. יֹצְאוֹת	27. אָכוֹל
28. שְׁלֹחַ	29. תִּרְדְּפִי	30. נֹסֵעַ

23.2. Translate

1. אָכוֹל לֹא אָכְלוּ מֵהַלֶּחֶם הַהוּא
2. יָצָאנוּ יָצוֹא וְרָדוֹף אַחֲרֵי אֹיְבֵינוּ לְתָפְשָׂם
3. נִדְרְשָׁה אֵת מִשְׁפְּטֵי יהוה וְהָלוֹךְ בָּם
4. שָׁכֹחַ לֹא תִשְׁכְּחוּ עוֹד אֵת חֻקָּיו
5. זָכוֹר אֶת־הַיּוֹם הַזֶּה לִירֹא אֵת אֱלֹהִים
6. שָׁאֹל אֶשְׁאֲלָה חֶסֶד מֵעִם אֲדוֹנִי

7. כָּרֹת יִכָּרֵת מֵעַמּוֹ כָּל־נֶפֶשׁ אֲשֶׁר חָטְאָה

8. אֵינֶנּוּ נֹסְעִים לִנְשֹׂא אֵת חֵילֵנוּ לְעִירְךָ

9. הֲיֶשְׁכֶם יֹצְאִים לַמִּלְחָמָה הַיּוֹם

10. אֵינָם זֹבְחִים לֵאלֹהִים אֵת זִבְחָם

11. חָטֹא חָטְאוּ לַיהוה לִשְׁפֹּךְ אֶת־דַּם כֹּהֲנָיו

12. תִּזְכְּרוּ אֶת־מִשְׁפָּטָיו וְשָׁמוֹר אֹתָם

23.3. Translate

1. שִׁכְבָה־נָּא בְּבֵיתִי בַּלַּיְלָה הַזֶּה וְהָיָה אַחֲרֵי אָכְלְךָ לֶחֶם עִמִּי וְיָצָאתָ עַל־דַּרְכְּךָ

2. שָׁכוֹחַ לֹא יִשְׁכַּח אֹתִי לְבִלְתִּי שָׁמְרוֹ אֵת חֻקַּי כִּי שָׁמוֹעַ יִשְׁמַע לְקוֹלִי לִזְכֹּר אֵת כָּל־מִשְׁפְּטֵי אֱלֹהָיו

3. וַיְהִי בְקָבְצֵנוּ אֵת נְעָרֵינוּ וַנִּרְכַּב עַל־סוּסֵי אֲדֹנֵנוּ לִרְדֹּף אַחֲרֵי הַחֹטְאִים הַלֹּקְחִים אֵת כְּלֵי עֲבוֹדָתֵנוּ

4. וְהָיָה בְּיוֹם מוֹת אֲבִיכֶם הַזָּקֵן וְקָבוֹר תִּקְבְּרוּ אֹתוֹ בְּקֶבֶר אֲבוֹתָיו וּבְאֶרֶץ אֶחָיו כִּי שָׁכֹב לֹא יִשְׁכַּב בְּאַדְמַת הַגּוֹי הַזֶּה

5. נִשְׁאֲלָה אֵת הָאֲנָשִׁים הָאֵלֶּה וְאָמַרְנוּ לָהֶם הֲיֶשְׁכֶם נֹסְעִים אֶל־עִיר אַחֶרֶת יַעַן אֲשֶׁר חֲפַצְתֶּם שְׁמֹר אֶת־צֹאנְכֶם שָׁם

6. מַה־שְּׁמוֹת כֹּהֲנֵי הַמִּשְׁכָּן אֲשֶׁר נָשְׂאוּ אֵת הַכֵּלִים הַקְּדוֹשִׁים בַּמִּדְבָּר וּמִי אֲחֵיהֶם אֲשֶׁר הֵמָּה עָבְדוּ עִמָּם בָּעֲבוֹדָה הַהִיא

7. מִי חָפֵץ לִשְׁכֹּן בְּאֹהֶל אֱלֹהָיו וְלִדְרֹשׁ אֵת פָּנָיו אַל־יִשְׁלַח אֶת־יָדָיו לָרַע וְאַל־יִשְׂמַח בְּחַטָּאת וְהוּא יִשְׁכַּב בְּשָׁלוֹם וְיָדַע אֶת־תּוֹרַת אֲדֹנֵינוּ

8. שַׁאֲלוּ שָׁאוֹל אֵת הֶחָכָם עַל־הַמִּלְחָמָה אֲשֶׁר אֲנַחְנוּ יֹצְאִים לָהּ כִּי רַבִּים הַהֲרוּגִים בָּהּ וְאֵינֶנּוּ יֹדְעִים אֵת הַגִּבּוֹרִים אֲשֶׁר אֲנַחְנוּ נֹסְעִים אִתָּם

9. וַיְהִי בְנָסְעָם לִזְבֹּחַ זְבָחִים בָּעִיר הַקְּדוֹשָׁה וַיִּמְצְאוּ אִישׁ נֹפֵל בַּשָּׂדֶה אֲשֶׁר
עוֹדֶנּוּ חַי וְאֵין לוֹ אָח וָעֶבֶד לְנָשְׂאוֹ וַיִּשְׁמְעוּ לְקוֹלוֹ כִּי אַנְשֵׁי צְדָקָה הֵם

10. לֹא יָכֹלְתִּי לִמְצֹא אֹתָם כִּי נָסְעוּ מִשָּׁם וַיִּרְכְּבוּ בְּחַיִל גָּדוֹל אֶל־מַחֲנֵה
אֹיְבֵיהֶם לְמַעַן יִשְׂרְפוּ אֹתוֹ שָׂרוֹף בָּאֵשׁ וְלִתְפֹּשׂ אֶת־לְכוּדֵי הַמִּלְחָמָה

11. וְהָיָה בַּיּוֹם הַהוּא תִּשְׁבְּתוּ מִמְּלַאכְתְּכֶם לִדְרֹשׁ אֵת יהוה וְלִשְׂמֹחַ לְפָנָיו
וּכְרַתֶּם כָּרוֹת מֵעִמְּכֶם כָּל־נֶפֶשׁ נֹשֵׂאת אֲבָנִים וּפְרִי וְכָל־דָּבָר בְּיוֹם יהוה
הַקָּדוֹשׁ

12. מָלְאָה הָאָרֶץ כְּבוֹד יהוה וְהַשָּׁמַיִם אֹמְרִים אֶת־מִשְׁפָּטוֹ יֵרְאוּ הַנְּהָרוֹת
יִרְאָה מִפָּנָיו וַיִּסְגְּרוּ אֶת־דֶּרֶךְ מֵימֵיהֶם וְאֵת הֶהָרִים שָׁבַר בְּחֵילוֹ וַיִּשְׁפֹּךְ
אֹתָם בִּלְבַב הַיַּמִּים

23.4. OT Texts

1. וַיִּשְׁאֲלוּ אַנְשֵׁי הַמָּקוֹם לְאִשְׁתּוֹ וַיֹּאמֶר אֲחֹתִי הִוא[1] כִּי יָרֵא לֵאמֹר• אִשְׁתִּי
פֶּן־יַהַרְגֻנִי[1a] אַנְשֵׁי הַמָּקוֹם עַל־רִבְקָה° כִּי־טוֹבַת מַרְאֶה[1b] הִיא׃ Gen 26:7

2. וַיֹּאמְרוּ שָׁאוֹל שָׁאַל־הָאִישׁ לָנוּ וּלְמוֹלַדְתֵּנוּ[2] לֵאמֹר• הַעוֹד אֲבִיכֶם חַי הֲיֵשׁ
לָכֶם אָח וַנַּגֶּד[2a]־לוֹ עַל־פִּי הַדְּבָרִים הָאֵלֶּה הֲיָדוֹעַ נֵדַע[2b] כִּי יֹאמַר
הוֹרִידוּ[2c] אֶת־אֲחִיכֶם׃ Gen 43:7

3. וַיִּשְׁאַל לָהֶם לְשָׁלוֹם וַיֹּאמֶר הֲשָׁלוֹם אֲבִיכֶם הַזָּקֵן אֲשֶׁר אֲמַרְתֶּם הַעוֹדֶנּוּ
חָי׃ וַיֹּאמְרוּ שָׁלוֹם לְעַבְדְּךָ לְאָבִינוּ עוֹדֶנּוּ חָי Gen 43:27-28

4. וַיֹּאמֶר מֹשֶׁה אֶל־הָעָם זָכוֹר אֶת־הַיּוֹם הַזֶּה אֲשֶׁר יְצָאתֶם מִמִּצְרַיִם° מִבֵּית
עֲבָדִים כִּי בְּחֹזֶק[3] יָד הוֹצִיא[3a] יְהוָה אֶתְכֶם מִזֶּה Ex 13:3

---

[1] ≡ הִיא; [1a] (they) should kill me; [1b] appearance.
[2] מוֹלֶדֶת - relatives/family; [2a] so we told; [2b] we could know; [2c] bring down.
[3] strength; [3a] (he) brought out.

5. וְעַתָּה אִם־שָׁמוֹעַ תִּשְׁמְעוּ בְּקֹלִי וּשְׁמַרְתֶּם אֶת־בְּרִיתִי וִהְיִיתֶם[4] לִי סְגֻלָּה[4a]
מִכָּל־הָעַמִּים כִּי־לִי כָּל־הָאָרֶץ׃ Ex 19:5

6. וָאֲצַוֶּה[5] אֶת־שֹׁפְטֵיכֶם בָּעֵת[5a] הַהִוא[1] לֵאמֹר שָׁמֹעַ בֵּין־אֲחֵיכֶם וּשְׁפַטְתֶּם
צֶדֶק בֵּין־אִישׁ וּבֵין־אָחִיו וּבֵין גֵּרוֹ[5b]׃ Deut 1:16

7. וַיִּקְרָא מֹשֶׁה אֶל־כָּל־יִשְׂרָאֵל וַיֹּאמֶר אֲלֵהֶם שְׁמַע יִשְׂרָאֵל אֶת־הַחֻקִּים
וְאֶת־הַמִּשְׁפָּטִים אֲשֶׁר אָנֹכִי דֹּבֵר[6] בְּאָזְנֵיכֶם הַיּוֹם וּלְמַדְתֶּם[6a] אֹתָם
וּשְׁמַרְתֶּם לַעֲשֹׂתָם[6b]׃ Deut 5:1

8. לֹא תִירָא מֵהֶם זָכֹר תִּזְכֹּר אֵת אֲשֶׁר־עָשָׂה[7] יְהוָה אֱלֹהֶיךָ לְפַרְעֹה
וּלְכָל־מִצְרָיִם׃ Deut 7:18

9. וְהָיָה אִם־שָׁמֹעַ תִּשְׁמְעוּ אֶל־מִצְוֹתַי אֲשֶׁר אָנֹכִי מְצַוֶּה[8] אֶתְכֶם הַיּוֹם
לְאַהֲבָה[8a] אֶת־יְהוָה אֱלֹהֵיכֶם וּלְעָבְדוֹ בְּכָל־לְבַבְכֶם וּבְכָל־נַפְשְׁכֶם׃
וְנָתַתִּי מְטַר[8b]־אַרְצְכֶם בְּעִתּוֹ[5a] Deut 11:13-14

10. כְּכֹל אֲשֶׁר־שָׁאַלְתָּ מֵעִם יְהוָה אֱלֹהֶיךָ בְּחֹרֵב° בְּיוֹם הַקָּהָל לֵאמֹר לֹא אֹסֵף[9]
לִשְׁמֹעַ אֶת־קוֹל יְהוָה אֱלֹהָי וְאֶת־הָאֵשׁ הַגְּדֹלָה הַזֹּאת לֹא־אֶרְאֶה[9a] עוֹד
וְלֹא אָמוּת[9b]׃ וַיֹּאמֶר יְהוָה אֵלָי הֵיטִיבוּ[9c] אֲשֶׁר דִּבֵּרוּ[9d]׃ נָבִיא
אָקִים[9e] לָהֶם מִקֶּרֶב אֲחֵיהֶם כָּמוֹךָ וְנָתַתִּי דְבָרַי בְּפִיו Deut 18:16-18

11. וַיְצַו[10] מֹשֶׁה וְזִקְנֵי יִשְׂרָאֵל אֶת־הָעָם לֵאמֹר שָׁמֹר אֶת־כָּל־הַמִּצְוָה אֲשֶׁר
אָנֹכִי מְצַוֶּה[8] אֶתְכֶם הַיּוֹם׃ וְהָיָה בַּיּוֹם אֲשֶׁר תַּעַבְרוּ[10a] אֶת־הַיַּרְדֵּן
אֶל־הָאָרֶץ אֲשֶׁר־יְהוָה אֱלֹהֶיךָ נֹתֵן לָךְ וַהֲקֵמֹתָ[10b] לְךָ אֲבָנִים גְּדֹלוֹת . . .
׃ וְכָתַבְתָּ עֲלֵיהֶן אֶת־כָּל־דִּבְרֵי הַתּוֹרָה הַזֹּאת בְּעָבְרֶךָ Deut 27:1-3

----

[4] then you shall be; [4a] personal/special possession.

[5] then I commanded; [5a] עֵת - time; [5b] גֵּר - foreigner/immigrant.

[6] דִּבֵּר - to speak; [6a] לָמַד - to learn; [6b] עֲשׂוֹת - ‘to do’.

[7] (he) did.

[8] commanding; [8a] ‘to love’; [8b] מָטָר - rain.

[9] let me continue; [9a] let me see; [9b] I (will) die; [9c] they have done well (in); [9d] they have spoken; [9e] I will raise up.

[10] (he) commanded; [10a] you cross; [10b] you shall set up.

12. וַיִּשְׁמְעוּ כָל־יִשְׂרָאֵל אֶת־הַמִּשְׁפָּט אֲשֶׁר שָׁפַט הַמֶּלֶךְ וַיִּרְאוּ מִפְּנֵי הַמֶּלֶךְ כִּי
רָאוּ[11] כִּי־חָכְמַת אֱלֹהִים בְּקִרְבּוֹ לַעֲשׂוֹת[6b] מִשְׁפָּט׃ 1 Kings 3:28

Cf.: Deut 6:17; 1 Sam 12:9, 14:30; 2 Sam 11:7, 15:12, 16:23; 1 Kings 1:25; Ezek 20:25.

23.5. Deuteronomy 8:1-6

1 כָּל־הַמִּצְוָה אֲשֶׁר אָנֹכִי מְצַוְּךָ[12] הַיּוֹם תִּשְׁמְרוּן לַעֲשׂוֹת[12a] לְמַעַן תִּחְיוּן[12b]
וּרְבִיתֶם[12c] וּבָאתֶם[12d] וִירִשְׁתֶּם[12e] אֶת־הָאָרֶץ אֲשֶׁר־נִשְׁבַּע[12f] יְהוָה
לַאֲבֹתֵיכֶם׃

2 וְזָכַרְתָּ אֶת־כָּל־הַדֶּרֶךְ אֲשֶׁר הוֹלִיכְךָ[13] יְהוָה אֱלֹהֶיךָ זֶה אַרְבָּעִים[13a] שָׁנָה
בַּמִּדְבָּר לְמַעַן עַנֹּתְךָ[13b] לְנַסֹּתְךָ[13c] לָדַעַת[13d] אֶת־אֲשֶׁר בִּלְבָבְךָ הֲתִשְׁמֹר
מִצְוֹתָיו אִם[13e]-לֹא׃

3 וַיְעַנְּךָ[14] וַיַּרְעִבֶךָ[14a] וַיַּאֲכִלְךָ[14b] אֶת־הַמָּן[14c] אֲשֶׁר לֹא־יָדַעְתָּ וְלֹא יָדְעוּן
אֲבֹתֶיךָ לְמַעַן הוֹדִעֲךָ[14d] כִּי לֹא עַל־הַלֶּחֶם לְבַדּוֹ[14e] יִחְיֶה[14f] הָאָדָם כִּי
עַל־כָּל־מוֹצָא[14g] פִּי־יְהוָה יִחְיֶה[14f] הָאָדָם׃

4 שִׂמְלָתְךָ[15] לֹא בָלְתָה[15a] מֵעָלֶיךָ וְרַגְלְךָ[15b] לֹא בָצֵקָה[15c] זֶה אַרְבָּעִים[13a]
שָׁנָה׃

----

[11] they saw.

[12] מְצַוֶּה - commanding; [12a] עֲשׂוֹת - 'to do'; [12b] you may live; [12c] and you may multiply; [12d] you may enter; [12e] יָרַשׁ - to possess; [12f] (he) promised.

[13] הֹלִיךְ - (he) led; [13a] forty; [13b] עַנֹּת - 'to humble'; [13c] נַסֹּת - 'to test'; [13d] דַּעַת - 'to know'; [13e] or.

[14] so he humbled you; [14a] וַיַּרְעִב - he allowed to hunger; [14b] וַיַּאֲכִל - he fed; [14c] מָן - manna; [14d] הוֹדִעַ - 'to cause to know'; [14e] alone; [14f] (he) lives; [14g] that which comes out.

[15] שִׂמְלָה - garment; [15a] (it) wore out; [15b] רֶגֶל - foot; [15c] בָּצֵק - to swell.

5 וְיָדַעְתָּ עִם־לְבָבֶךָ כִּי כַּאֲשֶׁר יְיַסֵּר[16] אִישׁ אֶת־בְּנוֹ יְהוָה אֱלֹהֶיךָ
מְיַסְּרֶךָּ[16a]׃

6 וְשָׁמַרְתָּ אֶת־מִצְוֹת יְהוָה אֱלֹהֶיךָ לָלֶכֶת[17] בִּדְרָכָיו וּלְיִרְאָה[17a] אֹתוֹ׃

23.6. Psalm 103:9-13

9 לֹא־לָנֶצַח[18] יָרִיב[18a] וְלֹא לְעוֹלָם יִטּוֹר[18b]׃

10 לֹא כַחֲטָאֵינוּ[19] עָשָׂה[19a] לָנוּ וְלֹא כַעֲוֹנֹתֵינוּ[19b] גָּמַל[19c] עָלֵינוּ׃

11 כִּי כִגְבֹהַּ[20] שָׁמַיִם עַל־הָאָרֶץ גָּבַר[20a] חַסְדּוֹ עַל־יְרֵאָיו׃

12 כִּרְחֹק[21] מִזְרָח[21a] מִמַּעֲרָב[21b] הִרְחִיק[21c] מִמֶּנּוּ אֶת־פְּשָׁעֵינוּ[21d]׃

13 כְּרַחֵם[22] אָב עַל־בָּנִים רִחַם[22a] יְהוָה עַל־יְרֵאָיו׃

---

[16] (he) disciplines; [16a] מְיַסֵּר - (is) disciplining.
[17] לֶכֶת - 'to go'; [17a] יִרְאָה - '(to) fear'.
[18] נֶצַח - perpetuity; [18a] he will contend; [18b] he will maintain (his anger).
[19] חֵטְא - sin; [19a] he has acted; [19b] עָוֹן - iniquity; [19c] גָּמַל - to requite, repay.
[20] גָּבַהּ - to be high; [20a] גָּבַר - to prevail.
[21] רָחַק - to be distant; [21a] east; [21b] מַעֲרָב - west; [21c] he has made distant; [21d] פֶּשַׁע - transgression, rebellion.
[22] רַחֵם - 'to show compassion'; [22a] (he) has showed compassion.

Chapter 24

24.1. Parse and Translate

and I will rejoice   furtive patach

1. עֲזָבֻ֫הוּ   forsake him
2. וְשָׂמַחְתִּי
3. מָשׁ֫וֹחַ

4. שְׁכַחֲנוּם   QQ1cP we forgot them
5. וַיִּמְשָׁחֵ֫נוּ   And he anointed us   Q43ms, 1cP Suffix
6. יְצָאתֶן

7. אֲכָל֫וּהָ
8. מִלְאוּ
9. תִּשְׁאָל֫וּנִי

10. נְשָׂא֫יוּ
11. תִּזְבַּ֫חְנָה
12. אֶשְׁלְחָה

13. לְקָח֫וּנוּ
14. שְׁמָרֵ֫נִי
15. חָטָ֫אנוּ

16. תִּדְרְשֶׁ֫יהָ
17. נָסְעוּ
18. שְׁלֹ֫נָה

19. כְּשָׁכְחֵךְ
20. עֲזַבְתָּם
21. נִמְצָאָה

22. זְבָחוּם
23. לְרָדְפָן
24. הֲיְדַעְתֵּ֫נוּ

25. בְּאָכְלְכֶם
26. וָאֶמְלָאֵ֫הוּ
27. מְשַׁחְתִּ֫יךְ

28. נְשָׂא֫וּן
29. שְׁאָל֫וּהָ
30. יְצָאת

24.2. Translate

1. עֲזָבַ֫נִי עַמִּי לְבִלְתִּי זָכְרָם אֶת אֱמֶת דְּרָכַי

2. לֹא שְׁכַחֲנ֫וּהוּ וַנִּמְשָׁחֵ֫נוּ לְמֶ֫לֶךְ עָלֵ֫ינוּ

3. וַיִּשְׁמְרֵךְ בְּחֵ֫נוּ וַיִּבְחָרֵךְ בָּחֹר עַד־עוֹלָם

4. שְׁמָעֵם אֲדֹנֵ֫ינוּ וּגְאַלְתָּם מֵעֲוֺנָם

5. אָז תִּשְׁמַ֫חְנָה לְפָנָיו וּדְרָשׁ֫וּהוּ בְּמִנְחָתָן

6. אֲקַבֵּץ אֶת צֹאנִי וּנְתַתִּ֫יהָ לְמַלְכֵּ֫נוּ

7. הֲלְכוּ הַבַּ֫יְתָה בְּיוֹם הַשַּׁבָּת וַיִּמְצָא֫וּךְ שָׁם

8. תִּתְפֹּשׂ אֵת אֹיִבְךָ וּלְקַחְתּוֹ הָעִ֫ירָה

9. נֶפְלוּ עֲבָדֶ֫יךָ בַּגִּבְעָה כִּי הֲרָגוּם הַגּוֹיִם

10. אֵ֫לֶּה הַמִּצְוֹת אֲשֶׁר כְּתָבָן בְּתוֹרָתוֹ בַּעֲבוּרֵ֫נוּ

11. זֹאת בַּת הַשֹּׁפֵט אֲשֶׁר יְלָדַ֫תָּה לוֹ אֲחוֹתֵ֫נוּ

12. מָשׁוֹחַ לֹא תִמְשָׁח֫וּנִי כִּי נַ֫עַר אָנֹכִי

24.3. Translate

1. אָנֹכִי יְדַעְתִּ֫יךְ בִּשְׁמֵךְ וְאַתְּ יְרֵאתִ֫נִי כִּכְבוֹדִי וַתִּשְׁמָעִ֫נִי וְלֹא שְׁכַחְתִּ֫נִי

2. הַעוֹדֶ֫נּוּ בְּבֵיתְךָ שְׁלַח־נָא מַלְאָכְךָ אֵלָיו וְיִכְתֹּב לִי אֶת־הַסֵּ֫פֶר הַזֶּה וְיִזְכְּרֵ֫נִי
הַמֶּ֫לֶךְ וְאֶמְצָא חֵן בְּעֵינָיו

3. אָז תִּמְשָׁחֶ֫נּוּ וּמָלַךְ עַל־עַמִּי יִשְׂרָאֵל וּבְיָמָיו יִרְדְּפוּ שָׁלוֹם וְיִמְצָא֫וּהוּ כִּי
עַתָּה פָּקוֹד פְּקַדְתִּים וְלֹא עֲזַבְתִּים

4. מֶה אָמַר לָכֶם הַנָּבִיא בְּשָׁאָלְכֶם אֹתוֹ עַל־דְּבָרֵ֫ינוּ וּמַה נְּתַתֶּם לוֹ כַּאֲשֶׁר
עֲזַבְתּ֫וּהוּ הֲלָקַח אֵת כַּסְפֵּ֫נוּ מִכֶּם

5. אֵינֶ֫נָּה יוֹרֶ֫דֶת לַנָּהָר כִּי יָֽרְאָה מֵאֹיְבֵי עַמֵּ֫נוּ אֲשֶׁר שָׁם מַחֲנֵיהֶם וַאֲשֶׁר
יִרְדְּפ֫וּנוּ וַתִּרְכַּב עַל־סוּסָהּ הָהָ֫רָה

6. שִׁמְעוּ־נָא אֵת דְּבָרַי וּלְקַחְתּוּם בִּלְבַבְכֶם לְבִלְתִּי שְׁכָחָם וְזִכְרוּ אֵת תּוֹרָתִי
וּשְׁמַרְתּ֫וּהָ בֶּאֱמֶת לְבִלְתִּי חֲטֹא לִי כָּל־יְמֵיכֶם

7. אַחֲרֵי הַצֶּ֫דֶק רָדוֹף תִּרְדֹּף וּמְצָאתוֹ אֶת־מִצְוֹת יהוה וְאֵת תּוֹרוֹתָיו שָׁמוֹר
תִּשְׁמֹר וִידַעְתָּ֫הוּ כִּי יִמְצָא֫וּהוּ כָּל־דֹּרְשָׁיו

8. וַיְהִי בַּהֲרֹג אֹיְבֵיהֶם אֶת־מַלְכָּם וַיִּבְחֲרוּ בִי לְמֶ֫לֶךְ לָהֶם וַיִּמְשָׁח֫וּנִי וַאֲנִי נַ֫עַר
קָטֹן אֵינֶ֫נִּי חָכָם וְלֹא יָכֹ֫לְתִּי מְלֹךְ עַל־הָעָם הַגָּדוֹל הַזֶּה

9. וַיְהִי כְשָׁמְעִי אֶת־קוֹלָם וָאֶשְׂמַח שָׂמוֹחַ וָאֶדְרְשֵׁם בְּתוֹךְ הַכֶּרֶם וְלֹא יָדַעְתִּי
אַיֵּה הֵם וְלֹא מְצָאתִים כִּי יָצְאוּ מִשָּׁם בַּעֲבוּר מְכֹר אֵת פְּרִי כַרְמָם בָּעִיר

10. שְׁמָעֵנוּ יהוה אֱלֹהֵינוּ וְנִשְׂמְחָה לְפָנֶיךָ גְּאָלֵנוּ מִצָּרָתֵנוּ וְנִזְכֹּר אֶת־שִׁמְךָ
הַקָּדוֹשׁ כִּי בְךָ בָּטַחְנוּ וַנִּדְרְשֶׁךָ כָל־יוֹם וַנִּשְׁמֹר אֶת־חֻקֶּיךָ נְתַתָּם לָנוּ וְלֹא
שְׁכַחְנוּם

11. נָשְׂאוּ אֵת מִנְחֹתֵיהֶם וַיִּכְרְתוּ בְרִית אַחֶרֶת אֵת יוֹשְׁבֵי הָאָרֶץ וְהֵמָּה אַנְשֵׁי
חַטָּאת אֵת יהוה לֹא יָרְאוּ בַעֲוֹנָם וַיִּזְבְּחוּ זִבְחֵי שִׂמְחָה עַל־מִזְבְּחוֹתֵיהֶם
וְאֶת־יהוה גֹּאֲלָם מֵעוֹלָם לֹא זְכָרוּהוּ

12. וַיְהִי עַד־הַשָּׁנָה הַזֹּאת וְלֹא יָצָא הַמֶּלֶךְ עִם חֵילוֹ יַעַן אֲשֶׁר יָרֵא הוּא מְאֹד
מִפְּנֵי אֹיְבָיו וַיִּשְׁלַח אֶת־בְּנוֹ תַחְתָּיו וַיִּסְגֹּר אֶת־שַׁעֲרֵי הָעִיר אַחֲרָיו וְעַתָּה
יִמְלָא הַמֶּלֶךְ רוּחַ אַחֶרֶת וְהָלַךְ לִפְנֵי אֲנָשָׁיו לַמִּלְחָמָה

24.4. OT Texts

1. וַיִּמְצָאָהּ מַלְאַךְ יְהוָה עַל־עֵין הַמַּיִם בַּמִּדְבָּר עַל־הָעַיִן בְּדֶרֶךְ שׁוּר׃
Gen 16:7

2. לֹא־אֲדֹנִי שְׁמָעֵנִי הַשָּׂדֶה נָתַתִּי לָךְ וְהַמְּעָרָה[1] אֲשֶׁר־בּוֹ לְךָ נְתַתִּיהָ לְעֵינֵי
בְנֵי־עַמִּי נְתַתִּיהָ לָּךְ קְבֹר מֵתֶךָ[1a]׃ Gen 23:11

3. וַיִּקְרְבוּ[2] יְמֵי־יִשְׂרָאֵל לָמוּת[2a] וַיִּקְרָא׀ לִבְנוֹ לְיוֹסֵף וַיֹּאמֶר לוֹ אִם־נָא
מָצָאתִי חֵן בְּעֵינֶיךָ שִׂים[2b]־נָא יָדְךָ תַּחַת יְרֵכִי[2c] וְעָשִׂיתָ[2d] עִמָּדִי חֶסֶד
וֶאֱמֶת אַל־נָא תִקְבְּרֵנִי בְּמִצְרָיִם׃ וְשָׁכַבְתִּי עִם־אֲבֹתַי וּנְשָׂאתַנִי מִמִּצְרַיִם
וּקְבַרְתַּנִי בִּקְבֻרָתָם[2e] Gen 47:29-30

----

[1] the cave; [1a] מֵת - dead.
[2] קָרַב - to be near/approach; [2a] מוּת - 'to die'; [2b] place; [2c] יָרֵךְ - thigh; [2d] and fulfill/perform; [2e] קְבוּרָה - grave.

4. וַיֹּאמֶר מֹשֶׁה אִכְלֻהוּ הַיּוֹם כִּי־שַׁבָּת הַיּוֹם לַיהוָה הַיּוֹם לֹא תִמְצָאֻהוּ
בַּשָּׂדֶה׃
Ex 16:25

5. וַיְהִי בְּיוֹם כַּלּוֹת[3] מֹשֶׁה לְהָקִים[3a] אֶת־הַמִּשְׁכָּן וַיִּמְשַׁח אֹתוֹ וַיְקַדֵּשׁ[3b] אֹתוֹ
וְאֶת־כָּל־כֵּלָיו וְאֶת־הַמִּזְבֵּחַ וְאֶת־כָּל־כֵּלָיו וַיִּמְשָׁחֵם וַיְקַדֵּשׁ[3b] אֹתָם׃
Num 7:1

6. וַיִּשְׁלַח מֹשֶׁה מַלְאָכִים מִקָּדֵשׁ° אֶל־מֶלֶךְ אֱדוֹם° כֹּה˙ אָמַר אָחִיךָ יִשְׂרָאֵל
אַתָּה יָדַעְתָּ אֵת כָּל־הַתְּלָאָה[4] אֲשֶׁר מְצָאָתְנוּ׃ Num 20:14

7. רַק[5] חֲזַק[5a] לְבִלְתִּי אֲכֹל הַדָּם כִּי הַדָּם הוּא הַנָּפֶשׁ וְלֹא־תֹאכַל[5b] הַנֶּפֶשׁ
עִם־הַבָּשָׂר˙׃ לֹא תֹּאכְלֶנּוּ[5b] עַל־הָאָרֶץ תִּשְׁפְּכֶנּוּ כַּמָּיִם׃ לֹא תֹּאכְלֶנּוּ
לְמַעַן יִיטַב[5c] לְךָ וּלְבָנֶיךָ אַחֲרֶיךָ כִּי־תַעֲשֶׂה[5d] הַיָּשָׁר בְּעֵינֵי יְהוָה׃
Deut 12:23-25

8. לִפְנֵי יְהוָה אֱלֹהֶיךָ תֹאכְלֶנּוּ[5b] שָׁנָה בְשָׁנָה בַּמָּקוֹם אֲשֶׁר־יִבְחַר יְהוָה אַתָּה
וּבֵיתֶךָ׃ Deut 15:20

9. וְהָיָה אִם־שָׁמוֹעַ תִּשְׁמַע בְּקוֹל יְהוָה אֱלֹהֶיךָ לִשְׁמֹר לַעֲשׂוֹת[6]
אֶת־כָּל־מִצְוֹתָיו אֲשֶׁר אָנֹכִי מְצַוְּךָ[6a] הַיּוֹם וּנְתָנְךָ יְהוָה אֱלֹהֶיךָ עֶלְיוֹן[6b] עַל
כָּל־גּוֹיֵי הָאָרֶץ׃ Deut 28:1

10. וַיִּכְתֹּב מֹשֶׁה אֶת־הַתּוֹרָה הַזֹּאת וַיִּתְּנָהּ[7] אֶל־הַכֹּהֲנִים בְּנֵי לֵוִי° הַנֹּשְׂאִים
אֶת־אֲרוֹן˙ בְּרִית יְהוָה וְאֶל־כָּל־זִקְנֵי יִשְׂרָאֵל׃ Deut 31:9

----

[3] 'to finish'; [3a] 'to set up'; [3b] he consecrated.

[4] תְּלָאָה - toil/hardship.

[5] only/but; [5a] חָזַק - to be strong; [5b] תֹּאכַל - you may/must eat; [5c] יָטַב - to be well; [5d] you do.

[6] עֲשׂוֹת - 'to do'; [6a] מְצַוֶּה - commanding; [6b] high/exalted.

[7] וַיִּתֵּן - and he gave.

11. וַיָּבֹ֫אוּ[8] כָּל־זִקְנֵי יִשְׂרָאֵל אֶל־הַמֶּ֫לֶךְ חֶבְר֫וֹנָה° וַיִּכְרֹת לָהֶם הַמֶּ֫לֶךְ דָּוִד בְּרִית
בְּחֶבְרוֹן לִפְנֵי יְהוָה וַיִּמְשְׁחוּ אֶת־דָּוִד לְמֶ֫לֶךְ עַל־יִשְׂרָאֵל׃ 2 Sam 5:3

12. וַיֹּ֫אמֶר נָתָן° אֶל־דָּוִד אַתָּה הָאִישׁ כֹּה־אָמַר יְהוָה אֱלֹהֵי יִשְׂרָאֵל אָנֹכִי
מְשַׁחְתִּ֫יךָ לְמֶ֫לֶךְ עַל־יִשְׂרָאֵל וְאָנֹכִי הִצַּלְתִּ֫יךָ[9] מִיַּד שָׁאוּל°׃ 2 Sam 12:7

Cf.: Ex 13:14; Jg 9:8; 1 Sam 9:16, 23:17, 24:21; 2 Kings 9:3,6; Ezek 33:7.

24.5. Deuteronomy 8:7-13

7 כִּי יְהוָה אֱלֹהֶ֫יךָ מְבִיאֲךָ[10] אֶל־אֶ֫רֶץ טוֹבָה אֶ֫רֶץ נַחֲלֵי[10a] מָ֫יִם עֲיָנֹת
וּתְהֹמֹת[10b] יֹצְאִים בַּבִּקְעָה[10c] וּבָהָר׃

8 אֶ֫רֶץ חִטָּה[11] וּשְׂעֹרָה וְגֶ֫פֶן וּתְאֵנָה וְרִמּוֹן אֶ֫רֶץ־זֵית שֶׁ֫מֶן[11a] וּדְבָשׁ[11b]׃

9 אֶ֫רֶץ אֲשֶׁר לֹא בְמִסְכֵּנֻת[12] תֹּאכַל[12a]־בָּהּ לֶ֫חֶם לֹא־תֶחְסַר[12b] כֹּל בָּהּ אֶ֫רֶץ
אֲשֶׁר אֲבָ֫נֶיהָ בַרְזֶל[12c] וּמֵהֲרָרֶ֫יהָ תַּחְצֹב[12d] נְחֹשֶׁת[12e]׃

10 וְאָכַלְתָּ וְשָׂבָעְתָּ[13] וּבֵרַכְתָּ[13a] אֶת־יְהוָה אֱלֹהֶ֫יךָ עַל־הָאָ֫רֶץ הַטֹּבָה אֲשֶׁר
נָתַן־לָךְ׃

11 הִשָּׁ֫מֶר[14] לְךָ פֶּן־תִּשְׁכַּח אֶת־יְהוָה אֱלֹהֶיךָ לְבִלְתִּי שְׁמֹר מִצְוֹתָיו וּמִשְׁפָּטָיו
וְחֻקֹּתָיו אֲשֶׁר אָנֹכִי מְצַוְּךָ[14a] הַיּוֹם׃

12 פֶּן־תֹּאכַל[12a] וְשָׂבָעְתָּ[13] וּבָתִּים טוֹבִים תִּבְנֶה[15] וְיָשָׁבְתָּ׃

----

[8] then (they) came.

[9] הִצַּ֫לְתִּי - I delivered.

[10] מֵבִיא - (is) bringing; [10a] נַ֫חַל - wadi; [10b] תְּהוֹם - aquifer; [10c] בִּקְעָה - valley.

[11] חִטָּה . . . רִמּוֹן - wheat and barley, vine(s) and figtree(s) and pomegranate(s); [11a] זֵית שֶׁ֫מֶן - olive tree(s) (producing) oil; [11b] דְּבַשׁ - honey.

[12] מִסְכֵּנוּת - poverty; [12a] you will eat; [12b] חָסֵר - to lack; [12c] iron; [12d] חָצַב - to dig; [12e] copper.

[13] שָׂבַע - to be satisfied; [13a] you will bless.

[14] take care; [14a] מְצַוֶּה - commanding.

[15] you build.

13 וּבְקָרְךָ[16] וְצֹאנְךָ יִרְבְּיֻן[16a] וְכֶסֶף וְזָהָב יִרְבֶּה[16b]־לָּךְ וְכֹל אֲשֶׁר־לְךָ יִרְבֶּה׃

24.6. Psalm 103:14-18

14 כִּי־הוּא יָדַע יִצְרֵנוּ[17] זָכוּר כִּי־עָפָר[17a] אֲנָחְנוּ׃
15 אֱנוֹשׁ[18] כֶּחָצִיר[18a] יָמָיו כְּצִיץ[18b] הַשָּׂדֶה כֵּן יָצִיץ[18c]׃
16 כִּי רוּחַ עָבְרָה[19]־בּוֹ וְאֵינֶנּוּ וְלֹא־יַכִּירֶנּוּ[19a] עוֹד מְקוֹמוֹ׃
17 וְחֶסֶד יְהוָה מֵעוֹלָם וְעַד־עוֹלָם עַל־יְרֵאָיו וְצִדְקָתוֹ לִבְנֵי בָנִים׃
18 לְשֹׁמְרֵי בְרִיתוֹ וּלְזֹכְרֵי פִקֻּדָיו[20] לַעֲשׂוֹתָם[20a]׃

----

[16] בָּקָר - cattle; [16a] (they) increase; [16b] (it) increases.
[17] יֵצֶר - constitution; [17a] עָפָר - dust.
[18] human being; [18a] חָצִיר - grass; [18b] צִיץ - flower; [18c] he blooms.
[19] עָבַר - to pass over; [19a] יַכִּיר - (it) recognizes.
[20] פִּקּוּד - requirement; [20a] עֲשׂוֹת - ‘to do’.

Chapter 25

25.1. Parse and Translate

1. תִּשְׁכָּחֶ֫נּוּ	2. נָסַ֫עְנוּ	3. וַיִּמְשָׁחֵ֫הוּ
4. נְשָׂא֫וּךָ	5. יָצֹא	6. עִזְבוּם
7. נִשְׁאֲלָה	8. חָפַ֫צְתָּ	9. שְׁכֹנְךָ
10. וָאֶזְבָּחֶ֫נּוּ	11. יָדוּעַ	12. גָּאֳלֵךְ
13. לְקָחְ֫תַּן	14. תִּשְׁמַ֫חְנָה	15. שְׁלָחֻ֫נוּ
16. נִשְׁפְּכֶ֫נּוּ	17. מָלֵ֫את	18. מְכָר֫וּהוּ
19. וַאֲכָלָהּ	20. מְשָׁחַ֫נִי	21. וַיִּזְקַן
22. לְקֻחִים	23. כָּבְדוּ	24. וַתִּקְבְּרוּם
25. שָׁכְחָהּ	26. יְדַ֫עְתּוּ	27. דְּרַשְׁתִּיךְ
28. תִּשְׁאָ֫לִיהוּ	29. תִּשְׁמְר֫וּהָ	30. דְּרָשַׁ֫נִי
31. רֹדְפֵיהֶם	32. יָרֵ֫אתִי	33. נִשְׁכְּבָה
34. אָכְלָה	35. יָכֹ֫לְתִּי	36. זְבָחֻ֫נוּ
37. גְּאַלְתֶּם	38. שְׁאוּלֶ֫יהָ	39. שִׁכְנוּ
40. רְדַפְנ֫וּהוּ	41. נָסְעָם	42. חָטָ֫אנוּ
43. שְׁלָחִ֫יהָ	44. שִׂמְחוּ	45. זְקַנְתֶּם
46. וַתִּשְׁפְּכִ֫יהוּ	47. נְשָׂאתִ֫נִי	48. יָצָ֫אנוּ
49. מָלְאוּ	50. תִּמְלְכוּ	51. וַתִּרְדְּפ֫וּנִי
52. שְׁכַב	53. נִרְכַּב	54. כְּרַתִ֫יהָ

55. אָכְלֵ֫הוּ

56. חֹטְאָיו

57. וַיִּכְבְּדוּ

58. יְרֹא

59. גְּאָלֵ֫נוּ

60. יְדַעְתִּ֫יהוּ

25.2. Translate

1. וַיִּמְכֹּר הָאִישׁ חֲמִשָּׁה בָקָר וּשְׁנֵי סוּסִים
2. שְׁלַח לָהֶם אֵת תִּשְׁעַת הַשָּׂרִים וְשִׁבְעָה עָשָׂר גְּמַלִּים
3. וָאֶקְבֹּץ נְבִיאִים שְׁלֹשׁ מֵאוֹת אֶל־מָקוֹם אֶחָד
4. וְהָיָה מִקֵּץ שֵׁ֫שֶׁת יָמִים וְהָלַכְתָּ אֵלֵ֫ינוּ בַבֹּ֫קֶר הַשְּׁבִיעִי
5. וַיִּרְדְּפוּם אַלְפַּ֫יִם גִּבּוֹר אֶל־קְצֵה אַרְצָם
6. יֵשׁ לְךָ אַרְבָּעָה כְסָפִים וּשְׁלֹשָׁה כֵלִים
7. יִגְאֲלוּ שְׁמֹנַת עֲבָדֶ֫יךָ שְׁנֵים עָשָׂר כֹּהֲנִים
8. וַיִּכְתֹּב אֵת עֲשֶׂ֫רֶת הַדְּבָרִים בַּסֵּפֶר הַשֵּׁנִי
9. יֵֽצְאוּ עֶשְׂרִים אִישׁ וְאַרְבָּעִים נַ֫עַר לַמִּלְחָמָה
10. יֵֽרְדוּ חֲמֵשׁ עֶשְׂרֵה נָשִׁים לַנָּהָר
11. וְכָל־יְמֵי חַיָּיו מָאתַ֫יִם וְשִׁבְעִים שָׁנָה הֵם
12. נָֽפְלוּ שִׁבְעִים אֶ֫לֶף וְשִׁשִּׁים אִישׁ בַּשָּׁנָה הָֽרְבִיעִית

25.3. Translate

1. וַיְהִי בַבֹּ֫קֶר וַיִּפְקְדוּ שִׁבְעָה כֹהֲנִים לִזְבֹּחַ אֵת הַצֹּאן וְלִשְׁפֹּךְ אֶת־דַּם
זִבְחֵיהֶם עַל־הַמִּזְבֵּחַ הַגָּדוֹל
2. לֹא אֶגְאָלְךָ עוֹד וְלֹא אֶשְׁמְעָה לַקָּהָל הַזֶּה כִּי אֵינֶ֫נִּי נֹשֵׂא אֵת הֶעָוֺן אֲשֶׁר
חָֽטְאוּ לִי שְׁנֵים עָשָׂר בָּֽתֵּי יִשְׂרָאֵל

3. נִשְׁכְּנָה־נָּא בַּמָּקוֹם הַזֶּה שְׁתֵּי שָׁנִים פֶּן־תִּמְצָאֵנוּ צָרָה בְּאַרְצֵנוּ וַהֲרָגוּנוּ שָׁם
אַנְשֵׁי עָוֺן אֲשֶׁר לֹא יְרֵאִים אֵת יהוה

4. זִכְרוּנִי זָכוֹר וְשָׁכוֹחַ אַל־תִּשְׁכָּחוּנִי לְבִלְתִּי עֲזָבְכֶם אֵת דְּרָכַי וְאֵת בְּרִיתִי
אֲשֶׁר כְּרַתִּיהָ עִמָּכֶם בַּעֲבוּר שָׁמְרִי אֶתְכֶם כָּל־יְמֵיכֶם

5. זֶה מִסְפַּר בְּנֵי יִשְׂרָאֵל אֲשֶׁר נָפְלוּ בַּמִּלְחָמָה אַרְבָּעִים אֶלֶף וּמָאתַיִם אִישׁ
וּמִבְּנֵי יְהוּדָה אַחַד עָשָׂר אֶלֶף וְשֵׁשׁ מֵאוֹת וְתִשְׁעִים אִישׁ

6. אִכְלוּ אֵת פְּרִי הָאָרֶץ וּשְׂמַחְתֶּם בְּחֶסֶד יהוה וּבַאֲמִתּוֹ וּדְרַשְׁתּוּהוּ בְּצִדְקַת
לִבְּכֶם כִּי פָקַד אֶת־עַמּוֹ וַיִּשְׁמְרֵם וְלֹא עֲזָבָם זֶה אַרְבָּעִים שָׁנָה

7. שְׁמֹר אֵת מִצְוֹתַי וַהֲלַכְתֶּם בָּהֵן כֻּלְּכֶם וְדָרַשְׁתָּ כָּל־אָדָם אֶת־חֻקַּי וְשִׁמְרוּם
כִּי חַיֵּיכֶם הֵמָּה וּבְרָכָה לְנַפְשְׁכֶם וּמְצָאתֶם שָׁלוֹם וֶאֱמֶת בְּאַרְצְכֶם

8. שִׁמְעוּ שָׁמוֹעַ אֵת דְּבַר יהוה הַזֶּה אֲשֶׁר שְׁלָחָהוּ אֲלֵיכֶם בְּיָדַי לָמָּה
תִּדְרְשׁוּנִי לְבִלְתִּי זָכְרְכֶם אֶת־עֲצָתִי וְלָמָּה תִּשְׁאֲלוּ חָכְמָה מִפִּי לְבִלְתִּי
רָדְפָה בְּצֶדֶק

9. זֹאת הַמִּנְחָה אֲשֶׁר נְתָנוּהָ עֹבְדֵי הַמִּזְבֵּחַ עָלָיו יוֹם יוֹם בַּבֹּקֶר וּבָעֶרֶב
אַרְבָּעָה בָקָר וּשְׁמֹנֶה צֹאן וּבְיוֹם הַשַּׁבָּת נָתְנוּ שִׁשָּׁה עָשָׂר בָּקָר וּשְׁלֹשִׁים
וּשְׁתַּיִם צֹאן

10. אָז אָמַר הַנָּבִיא לִפְנֵי שַׁעֲרֵי הַהֵיכָל יִפְקֹד יהוה אֵת עֲוֺן הָעִיר הַזֹּאת
עַל־יֹשְׁבֶיהָ וְהָיָה בְּעוֹד שָׁלֹשׁ שָׁנִים וְיָצְאוּ מִמֶּנָּה וּנְשָׂאוּם אֹיְבֵיהֶם
אֶל־אֶרֶץ אַחֶרֶת

11. וַנִּרְדֹּף אַחֲרֵי צִבְאוֹת הַגּוֹיִם עַד אֲשֶׁר יָצְאוּ חוּצָה לְאַדְמָתֵנוּ וַנְּמַלֵּא אֵת
שְׂדוֹתֵינוּ הֲרוּגֵיהֶם שְׁלֹשִׁים אֶלֶף וַחֲמֵשׁ מֵאוֹת וּשְׁמֹנִים אִישׁ וְסוּסִים
אַלְפַּיִם וּתְשַׁע מֵאוֹת

12. וְהָיָה מִקְצֵה הַשָּׁנָה הַהִיא הַשָּׁנָה הַשִּׁשִּׁית וּשְׁבַתֶּם מֵעֲבוֹדַתְכֶם בַּשָּׂדֶה
וּשְׂמַחְתֶּם בַּטּוֹבָה אֲשֶׁר נְתָנָהּ לָכֶם יהוה אֱלֹהֵיכֶם וְשָׁבְתָה הָאָרֶץ בַּשָּׁנָה
הַשְּׁבִיעִית שַׁבָּת לַיהוה הִיא

25.4. OT Texts

1. זֶה־לִּי עֶשְׂרִים שָׁנָה בְּבֵיתֶךָ עֲבַדְתִּיךָ אַרְבַּע־עֶשְׂרֵה שָׁנָה בִּשְׁתֵּי בְנֹתֶיךָ
וְשֵׁשׁ שָׁנִים בְּצֹאנֶךָ וַתַּחֲלֵף[1] אֶת־מַשְׂכֻּרְתִּי[1a] עֲשֶׂרֶת מֹנִים[1b]: Gen 31:41

2. וַיִּבְחַר מֹשֶׁה אַנְשֵׁי־חַיִל מִכָּל־יִשְׂרָאֵל וַיִּתֵּן[2] אֹתָם רָאשִׁים[2a] עַל־הָעָם שָׂרֵי
אֲלָפִים שָׂרֵי מֵאוֹת שָׂרֵי חֲמִשִּׁים וְשָׂרֵי עֲשָׂרֹת: Ex 18:25

3. וַיְהִי[3]־שָׁם עִם־יְהוָה אַרְבָּעִים יוֹם וְאַרְבָּעִים לַיְלָה לֶחֶם לֹא אָכַל וּמַיִם לֹא
שָׁתָה[3a] וַיִּכְתֹּב עַל־הַלֻּחֹת[3b] אֵת דִּבְרֵי הַבְּרִית עֲשֶׂרֶת הַדְּבָרִים: Ex 34:28

4. פְּקֻדֵיהֶם לְמַטֵּה[4] רְאוּבֵן° שִׁשָּׁה וְאַרְבָּעִים אֶלֶף וַחֲמֵשׁ מֵאוֹת:
פְּקֻדֵיהֶם לְמַטֵּה שִׁמְעוֹן° תִּשְׁעָה וַחֲמִשִּׁים אֶלֶף וּשְׁלֹשׁ מֵאוֹת:
פְּקֻדֵיהֶם לְמַטֵּה גָד° חֲמִשָּׁה וְאַרְבָּעִים אֶלֶף וְשֵׁשׁ מֵאוֹת וַחֲמִשִּׁים:
פְּקֻדֵיהֶם לְמַטֵּה יְהוּדָה° אַרְבָּעָה וְשִׁבְעִים אֶלֶף וְשֵׁשׁ מֵאוֹת:
פְּקֻדֵיהֶם לְמַטֵּה יִשָּׂשכָר° אַרְבָּעָה וַחֲמִשִּׁים אֶלֶף וְאַרְבַּע מֵאוֹת:
פְּקֻדֵיהֶם לְמַטֵּה זְבוּלֻן° שִׁבְעָה וַחֲמִשִּׁים אֶלֶף וְאַרְבַּע מֵאוֹת:
פְּקֻדֵיהֶם לְמַטֵּה אֶפְרָיִם° אַרְבָּעִים אֶלֶף וַחֲמֵשׁ מֵאוֹת:
פְּקֻדֵיהֶם לְמַטֵּה מְנַשֶּׁה° שְׁנַיִם וּשְׁלֹשִׁים אֶלֶף וּמָאתָיִם:
פְּקֻדֵיהֶם לְמַטֵּה בִנְיָמִן° חֲמִשָּׁה וּשְׁלֹשִׁים אֶלֶף וְאַרְבַּע מֵאוֹת:
פְּקֻדֵיהֶם לְמַטֵּה דָן° שְׁנַיִם וְשִׁשִּׁים אֶלֶף וּשְׁבַע מֵאוֹת:
פְּקֻדֵיהֶם לְמַטֵּה אָשֵׁר° אֶחָד וְאַרְבָּעִים אֶלֶף וַחֲמֵשׁ מֵאוֹת:
פְּקֻדֵיהֶם לְמַטֵּה נַפְתָּלִי° שְׁלֹשָׁה וַחֲמִשִּׁים אֶלֶף וְאַרְבַּע מֵאוֹת:
וַיִּהְיוּ[4a] כָּל־הַפְּקֻדִים שֵׁשׁ־מֵאוֹת אֶלֶף וּשְׁלֹשֶׁת אֲלָפִים וַחֲמֵשׁ מֵאוֹת
וַחֲמִשִּׁים: Num 1:21,23,25,27,29,31,33,35,37,39,41,43,46

----

[1] and you have changed; [1a] מַשְׂכֹּרֶת - wages; [1b] מֹנֶה - time.
[2] and he placed/appointed; [2a] רֹאשׁ - head/chief.
[3] and he was/remained; [3a] he drank; [3b] לוּחַ - tablet.
[4] מַטֶּה - tribe; [4a] and (they) were.

5. כָּל־הַפְּקֻדִים לְמַחֲנֵה יְהוּדָה מְאַת אֶלֶף וּשְׁמֹנִים אֶלֶף וְשֵׁשֶׁת־אֲלָפִים
וְאַרְבַּע־מֵאוֹת לְצִבְאֹתָם רִאשֹׁנָה[5] יִסָּעוּ[5a]׃
כָּל־הַפְּקֻדִים לְמַחֲנֵה רְאוּבֵן מְאַת אֶלֶף וְאֶחָד וַחֲמִשִּׁים אֶלֶף וְאַרְבַּע־מֵאוֹת
וַחֲמִשִּׁים לְצִבְאֹתָם וּשְׁנִיִם יִסָּעוּ[5a]׃
כָּל־הַפְּקֻדִים לְמַחֲנֵה אֶפְרַיִם מְאַת אֶלֶף וּשְׁמֹנַת־אֲלָפִים וּמֵאָה לְצִבְאֹתָם
וּשְׁלִשִׁים יִסָּעוּ[5a]׃
כָּל־הַפְּקֻדִים לְמַחֲנֵה דָן מְאַת אֶלֶף וְשִׁבְעָה וַחֲמִשִּׁים אֶלֶף וְשֵׁשׁ מֵאוֹת
לָאַחֲרֹנָה[5b] יִסְעוּ[5a] Num 2:9,16,24,31

6. כִּי אַרְבָּעִים שָׁנָה הָלְכוּ בְנֵי־יִשְׂרָאֵל בַּמִּדְבָּר עַד־תֹּם[6] כָּל־הַגּוֹי אַנְשֵׁי
הַמִּלְחָמָה הַיֹּצְאִים מִמִּצְרַיִם אֲשֶׁר לֹא־שָׁמְעוּ בְּקוֹל יְהוָה אֲשֶׁר נִשְׁבַּע[6a]
יְהוָה לָהֶם לְבִלְתִּי הַרְאוֹתָם[6b] אֶת־הָאָרֶץ Josh 5:6

7. וְעַתָּה הִנֵּה הֶחֱיָה[7] יְהוָה אוֹתִי כַּאֲשֶׁר דִּבֵּר[7a] זֶה אַרְבָּעִים וְחָמֵשׁ שָׁנָה מֵאָז
דִּבֶּר יְהוָה אֶת־הַדָּבָר הַזֶּה אֶל־מֹשֶׁה אֲשֶׁר־הָלַךְ יִשְׂרָאֵל בַּמִּדְבָּר וְעַתָּה
הִנֵּה אָנֹכִי הַיּוֹם בֶּן־חָמֵשׁ וּשְׁמוֹנִים שָׁנָה׃ עוֹדֶנִּי הַיּוֹם חָזָק כַּאֲשֶׁר בְּיוֹם
שְׁלֹחַ אוֹתִי מֹשֶׁה כְּכֹחִי[7b] אָז וּכְכֹחִי עָתָּה לַמִּלְחָמָה Josh 14:10-11

8. וַיִּלְכָּד־נַעַר מֵאַנְשֵׁי סֻכּוֹת° וַיִּשְׁאָלֵהוּ וַיִּכְתֹּב אֵלָיו אֶת־שָׂרֵי סֻכּוֹת
וְאֶת־זְקֵנֶיהָ שִׁבְעִים וְשִׁבְעָה אִישׁ׃ Jg 8:14

9. בֶּן־אַרְבָּעִים שָׁנָה אִישׁ־בֹּשֶׁת° בֶּן־שָׁאוּל בְּמָלְכוֹ עַל־יִשְׂרָאֵל וּשְׁתַּיִם שָׁנִים
מָלָךְ אַךְ[8] בֵּית יְהוּדָה הָיוּ[8a] אַחֲרֵי דָוִד׃ 2 Sam 2:10

10. וְהַיָּמִים אֲשֶׁר מָלַךְ יָרָבְעָם° עֶשְׂרִים וּשְׁתַּיִם שָׁנָה וַיִּשְׁכַּב עִם־אֲבֹתָיו וַיִּמְלֹךְ
נָדָב בְּנוֹ תַּחְתָּיו׃ וּרְחַבְעָם בֶּן־שְׁלֹמֹה מָלַךְ בִּיהוּדָה בֶּן־אַרְבָּעִים וְאַחַת
שָׁנָה רְחַבְעָם בְּמָלְכוֹ וּשְׁבַע עֶשְׂרֵה שָׁנָה מָלַךְ בִּירוּשָׁלַםִ 1 Kings 14:20-21

---

[5] first; [5a] they shall set out; [5b] last.

[6] 'to come to an end/perish'; [6a] (he) promised/swore an oath; [6b] הַרְאוֹת - 'to allow to see'.

[7] (he) has allowed to live/preserved alive; [7a] he spoke/promised; [7b] כֹּחַ - strength.

[8] however; [8a] (they) were/followed.

11. וְעַתָּה שְׁלַח קְבֹץ אֵלַי אֶת־כָּל־יִשְׂרָאֵל אֶל־הַר הַכַּרְמֶל° וְאֶת־נְבִיאֵי
הַבַּעַל° אַרְבַּע מֵאוֹת וַחֲמִשִּׁים וּנְבִיאֵי הָאֲשֵׁרָה° אַרְבַּע מֵאוֹת אֹכְלֵי שֻׁלְחַן
אִיזָבֶל°׃

1 Kings 18:19

12. וַיְהִי בִשְׁלֹשִׁים וָשֶׁבַע שָׁנָה לְגָלוּת[9] יְהוֹיָכִין° מֶלֶךְ־יְהוּדָה בִּשְׁנֵים עָשָׂר
חֹדֶשׁ[9a] בְּעֶשְׂרִים וְשִׁבְעָה לַחֹדֶשׁ נָשָׂא אֱוִיל מְרֹדַךְ° מֶלֶךְ בָּבֶל° בִּשְׁנַת מָלְכוֹ
אֶת־רֹאשׁ[9b] יְהוֹיָכִין מֶלֶךְ־יְהוּדָה מִבֵּית כֶּלֶא[9c]׃ 2 Kings 25:27

Cf.: Gen 8:5, 23:15-16, 41:26, 45:22, 47:9, 50:3; Ex 24:4,16, 34:21, 38:25; Num 1:3,44-45, 11:21, 31:48; Deut 9:11; 1 Sam 2:21, 17:13-14; 2 Sam 15:11, 17:1; 1 Kings 16:29, 22:42; 2 Kings 2:7,17, 5:5, 14:2, 15:2,33, 16:2, 18:2, 21:1,19, 22:1, 23:31,36, 24:8, 25:1.

25.5. Deuteronomy 8:14-20

14 וְרָם[10] לְבָבֶךָ וְשָׁכַחְתָּ אֶת־יְהוָה אֱלֹהֶיךָ הַמּוֹצִיאֲךָ[10a] מֵאֶרֶץ מִצְרַיִם°
מִבֵּית עֲבָדִים׃

15 הַמּוֹלִיכֲךָ[11] בַּמִּדְבָּר הַגָּדֹל וְהַנּוֹרָא[11a] נָחָשׁ[11b] שָׂרָף וְעַקְרָב וְצִמָּאוֹן אֲשֶׁר
אֵין־מָיִם הַמּוֹצִיא[10a] לְךָ מַיִם מִצּוּר[11c] הַחַלָּמִישׁ[11d]׃

16 הַמַּאֲכִלְךָ[12] מָן[12a] בַּמִּדְבָּר אֲשֶׁר לֹא־יָדְעוּן אֲבֹתֶיךָ לְמַעַן עַנֹּתְךָ[12b] וּלְמַעַן
נַסֹּתֶךָ[12c] לְהֵיטִבְךָ[12d] בְּאַחֲרִיתֶךָ[12e]׃

17 וְאָמַרְתָּ בִּלְבָבֶךָ כֹּחִי[13] וְעֹצֶם[13a] יָדִי עָשָׂה[13b] לִי אֶת־הַחַיִל הַזֶּה׃

18 וְזָכַרְתָּ אֶת־יְהוָה אֱלֹהֶיךָ כִּי הוּא הַנֹּתֵן לְךָ כֹּחַ[13] לַעֲשׂוֹת[14] חָיִל לְמַעַן
הָקִים[14a] אֶת־בְּרִיתוֹ אֲשֶׁר־נִשְׁבַּע[14b] לַאֲבֹתֶיךָ כַּיּוֹם הַזֶּה׃

----

[9] exile; [9a] month; [9b] head; [9c] imprisonment/confinement.

[10] and (it) becomes haughty; [10a] מוֹצִיא - bringing out.

[11] מוֹלִיךְ - leading; [11a] נוֹרָא - terrible; [11b] נָחָשׁ . . . צִמָּאוֹן - (with) fiery snakes, and scorpion(s), and parched ground; [11c] צוּר - rock; [11d] חַלָּמִישׁ - flint.

[12] מַאֲכִיל - causing to eat; [12a] manna; [12b] עַנּוֹת - 'to humble'; [12c] נַסּוֹת - 'to test'; [12d] הֵיטִיב - 'to treat well'; [12e] אַחֲרִית - future.

[13] כֹּחַ - strength; [13a] עֹצֶם - power; [13b] (it) has produced.

[14] עֲשׂוֹת - 'to create'; [14a] 'to establish'; [14b] he promised on oath.

19 וְהָיָה אִם־שָׁכֹחַ תִּשְׁכַּח אֶת־יְהוָה אֱלֹהֶיךָ וְהָלַכְתָּ אַחֲרֵי אֱלֹהִים אֲחֵרִים
וַעֲבַדְתָּם וְהִשְׁתַּחֲוִיתָ[15] לָהֶם הַעִדֹתִי[15a] בָכֶם הַיּוֹם כִּי אָבֹד[15b] תֹּאבֵדוּן׃
20 כַּגּוֹיִם אֲשֶׁר יְהוָה מַאֲבִיד[16] מִפְּנֵיכֶם כֵּן[16a] תֹּאבֵדוּן[15b] עֵקֶב[16b] לֹא
תִשְׁמְעוּן בְּקוֹל יְהוָה אֱלֹהֵיכֶם׃

25.6. Psalm 103:19-22

19 יְהוָה בַּשָּׁמַיִם הֵכִין[17] כִּסְאוֹ וּמַלְכוּתוֹ[17a] בַּכֹּל מָשָׁלָה[17b]׃
20 בָּרֲכוּ[18] יְהוָה מַלְאָכָיו גִּבֹּרֵי כֹחַ[18a] עֹשֵׂי[18b] דְבָרוֹ לִשְׁמֹעַ בְּקוֹל דְּבָרוֹ׃
21 בָּרֲכוּ[18] יְהוָה כָּל־צְבָאָיו מְשָׁרְתָיו[19] עֹשֵׂי[18b] רְצוֹנוֹ[19a]׃
22 בָּרֲכוּ יְהוָה כָּל־מַעֲשָׂיו[20] בְּכָל־מְקֹמוֹת מֶמְשַׁלְתּוֹ[20a] בָּרֲכִי נַפְשִׁי
אֶת־יְהוָה׃

----

[15] and you worship; [15a] I testify; [15b] אָבַד - to perish.
[16] (is) destroying; [16a] thus; [16b] because.
[17] (he) has established; [17a] מַלְכוּת - kingship; [17b] מָשַׁל - to rule.
[18] bless; [18a] כֹּחַ - power; [18b] עֹשֶׂה - one doing.
[19] מְשָׁרֵת - one serving; [19a] רָצוֹן - will.
[20] מַעֲשֶׂה - work; [20a] מֶמְשָׁלָה - dominion.

Chapter 26

26.1. Parse and Translate

1. נִלְחֲמֵי
2. הִזָּכְרִי
3. נִשְׁבְּעוּ
4. וַנִּשָּׁמֹר
5. לְשָׁפְכוֹ
6. וַיִּלָּחֲמוּ
7. נִגְאַלְתֶּן
8. לְהִמָּשַׁחֲךָ
9. נִשְׂרָפָה
10. קְרֶאנָה
11. תִּקָּבְרוּ
12. נִסְתַּרְנוּ
13. הִשָּׁכְחוּ
14. וַתִּשָּׁבַע
15. נִקְרָא
16. וַנִּמְשַׁח
17. הִקָּבְצוּ
18. נִשְׁאָר
19. אֶשְׁכָּחֵם
20. נִכְתָּבִים
21. הִלָּחֲמָם
22. נִפְקְדֵךְ
23. וַיִּקָּרֵא
24. נִמְלָטֵינוּ
25. נִשְׁאֲלָה
26. נִשָּׁאֵר
27. הִשָּׁמַרְנָה
28. תִּגָּאֲלִי
29. לְהִסָּתְרָהּ
30. הֲשָׂרַפְתָּ

26.2. Translate

1. וַיִּשָּׁאֵר שֵׁבֶט אֶחָד בָּאָרֶץ אֲשֶׁר לֹא נִכְרַת
2. וַיִּקָּבְצוּ אַנְשֵׁיהֶם לְהִלָּחֵם עַל־הַנָּשִׂיא
3. נִשְׁבְּרוּ כָּל־עֲצֵי הַשָּׂדֶה וַיִּלָּקַח הָעָם
4. וַיִּמָּלְטוּ עַבְדֵי הָעֵדָה מִלִּפְנֵי אֹיְבָם
5. הֲיִזָּבְחוּ זְבָחֶיךָ עַל־הַמִּזְבֵּחַ הַנִּשְׂרָף הַזֶּה
6. הִשָּׁבַע־נָא לִי כִּי אֵת שְׁלוֹמִי אַתָּה דֹרֵשׁ

7. אַל־תִּשָּׁאֵר נֶפֶשׁ אַחַת כִּי נִמְלְאוּ רָעָה

8. גַּם אַתֶּם תִּסָּתְרוּ בְּיוֹם צָרַתְכֶם כְּהִשָּׁפֶטְכֶם

9. וַיִּקָּרְאוּ שֵׁמוֹת חֲדָשִׁים לְיֹשְׁבֵי הָעִיר הַנִּלְכָּדִים

10. הִזָּכוֹר תִּזָּכֵר תּוֹרָתְךָ בְּשִׁבְטֵינוּ וְלֹא נִשְׁכָּחֶנָּה

11. נִקָּבְצָה עֲדַת הָעָם אֶל־אֹהֶל מוֹעֵד בְּהִשָּׁמַע הַקּוֹל

12. לֹא יָכֹלְנוּ הִמָּלֵט עִם־צְבָא מַלְכֵּנוּ כַּאֲשֶׁר נִרְדַּף

26.3. Translate

1. תִּקָּבֵץ הַצֹּאן אֶל־הָאֳהָלִים הַיּוֹם פֶּן־תִּשָּׁכַח בַּמִּדְבָּר וּמְצָאוּהָ שָׁם אֹיְבֵינוּ

2. תִּנָּשֶׂאנָה אַבְנֵי הַמִּזְבֵּחַ הַזֶּה לְמָקוֹם אַחֵר וְיִזָּבְחוּ שָׁם זִבְחֵי הָעֵדָה

3. וְהָיָה אַחֲרֵי חֵטְא הָעָם לַיהוה וְנִרְדְּפוּ לִפְנֵי צִבְאוֹת אֹיְבֵיהֶם שֶׁבַע שָׁנִים
עַד הִשָּׁמְרָם עוֹד מֵחַטֹּאתֵיהֶם

4. וַיִּנָּתְנוּ הַבָּתִּים הָאֵלֶּה לְעַבְדֵי מַלְכֵּנוּ אֲשֶׁר נִלְחֲמוּ בְּמִלְחֲמוֹת אֲדוֹנָם אַחֲרֵי
הִמָּשְׁחוֹ לְמֶלֶךְ עֲלֵיהֶם

5. יִכָּרְתוּ כָּל־הַחֹטְאִים מֵהָאָרֶץ כִּי נִתְּנָה יהוה לַצַּדִּיקִים וַיִּשָּׁבַע לְהִלָּחֵם
עֲלֵיהֶם וּלְפָקְדָם בְּקָרְאָם אֵלָיו

6. אָמַר הַנָּבִיא לָאִשָּׁה הֲנִמְצָא הַכֶּסֶף אֲשֶׁר שְׁאַלְתִּינִי עָלָיו בְּדָרְשֵׁךְ אֹתִי
בַּהֵיכָל וְהִיא אָמְרָה־לּוֹ הַכֶּסֶף וְגַם הַכֵּלִים נִמְצָאִים

7. וַיְהִי כְּהִשָּׁמַע הַקּוֹלוֹת הָהֵם עַל־הָהָר וְהוּא נִשְׂרוֹף נִשְׂרַף בָּאֵשׁ וַיִּירְאוּ
הָעָם יִרְאָה גְדוֹלָה וַיִּצְעֲקוּ לִנְשִׂיאָם לְבִלְתִּי עָזְבָם בְּצָרָתָם

8. הֲנִזְכְּרוּ דְבָרֶיךָ אֲשֶׁר אֲמַרְתָּם לָעָם הַזֶּה בִּימֵי הָרָעָב וַיִּשְׁמַע לְקוֹלְךָ בְּלֵב
אֶחָד הֲלֹא נִסְתְּרוּ מֵעֵינָיו וַיִּשָּׁכְחוּ הִשָּׁכֹחַ אַחֲרֵי הַיָּמִים הָהֵם

9. אָז אָמְרוּ הַשָּׂרִים לְכֹהֲנֵי הַמָּקוֹם יִסָּגְרוּ־נָא שַׁעֲרֵי הַהֵיכָל לְמַעַן הִמָּלֵט
בְּתוֹכוֹ גִּבּוֹרֵי שִׁבְטֵינוּ הַנִּשְׁאָרִים מֵהַמִּלְחָמוֹת אֲשֶׁר נִלְחַמְנוּ בָהֶן

10. וַיִּדָּרֵשׁ סֵ֫פֶר תּוֹרַת יהוה וְלֹא יִמָּצֵא כִּי לְקָחֽוּהוּ רְשָׁעִים בָּעָם לְבִלְתִּי
הִזָּכְרוֹ וַיְהִי מִקֵּץ יָמִים רַבִּים וַיִּמְצָא֫וּהוּ וַיִּסָּתֵר בְּבֵית יהוה

11. וְהָיָה בְּשָׁכְנְכֶם בָּאָ֫רֶץ הַהִיא וְנִכְתְּבוּ מִצְוֹת אֱלֹהֵיכֶם וְחֻקָּיו עַל אֲבָנִים
גְּדוֹלוֹת לְמַ֫עַן יִקָּֽרְאוּ לְכָל־יוֹשְׁבֵי אַרְצְכֶם וְיִֽוָּדְעוּ אֹתָם בְּכָל־עָרֵיהֶם

12. וַיְהִי בַּיּוֹם הַהוּא וַיִּשָּׁבֵר כֹּל כְּלִי וְכָל־עֵץ פְּרִי וַיִּלָּֽקְחוּ סוּסֵיהֶם וּבְקָרָם
וּגְמַלֵּיהֶם וְאַנְשֵׁי הַמָּקוֹם נִמְלְטוּ וּנְשֵׁיהֶם עִמָּם וַיִּסָּֽתְרוּ בַּכְּרָמִים וַיִּשָּׁאֲרוּ

26.4. OT Texts

1. וַיֹּ֫אמֶר יַעֲקֹב מִכְרָה כַיּוֹם אֶת־בְּכֹרָתְךָ[1] לִי׃ וַיֹּ֫אמֶר עֵשָׂו° הִנֵּה אָנֹכִי
הוֹלֵךְ לָמוּת[1a] וְלָ֫מָּה־זֶּה לִי בְּכֹרָה׃ וַיֹּ֫אמֶר יַעֲקֹב הִשָּׁבְעָה לִּי כַּיּוֹם
וַיִּשָּׁבַע לוֹ וַיִּמְכֹּר אֶת־בְּכֹרָתוֹ לְיַעֲקֹב׃ וְיַעֲקֹב נָתַן לְעֵשָׂו לֶ֫חֶם Gen
25:31-34

2. וַיֹּ֫אמֶר־לוֹ אֱלֹהִים שִׁמְךָ יַעֲקֹב לֹא־יִקָּרֵא שִׁמְךָ עוֹד יַעֲקֹב כִּי אִם[2]־יִשְׂרָאֵל
יִהְיֶה[2a] שְׁמֶ֫ךָ וַיִּקְרָא אֶת־שְׁמוֹ יִשְׂרָאֵל׃ Gen 35:10

3. וְאִם•־לֹא יִגְאַל אֶת־הַשָּׂדֶה וְאִם־מָכַר אֶת־הַשָּׂדֶה לְאִישׁ אַחֵר לֹא יִגָּאֵל
עוֹד׃ Lev 27:20

4. יְהוָה אֱלֹהֵיכֶם הַהֹלֵךְ לִפְנֵיכֶם הוּא יִלָּחֵם לָכֶם כְּכֹל אֲשֶׁר עָשָׂה[3] אִתְּכֶם
בְּמִצְרַ֫יִם לְעֵינֵיכֶם׃ Deut 1:30

5. וְהָיָה עֵ֫קֶב[4] תִּשְׁמְעוּן אֵת הַמִּשְׁפָּטִים הָאֵ֫לֶּה וּשְׁמַרְתֶּם וַעֲשִׂיתֶם[4a] אֹתָם
וְשָׁמַר יְהוָה אֱלֹהֶ֫יךָ לְךָ אֶת־הַבְּרִית וְאֶת־הַחֶ֫סֶד אֲשֶׁר נִשְׁבַּע לַאֲבֹתֶ֫יךָ׃
Deut 7:12

----

[1] בְּכֹרָה - birthright; [1a] to die.

[2] כִּי אִם - but; [2a] (it) shall be.

[3] he did.

[4] because; [4a] and you perform/do.

6. וְלֹא־נִשְׁאַר אִישׁ בָּעַי° וּבֵית אֵל° אֲשֶׁר לֹא־יָצְאוּ אַחֲרֵי יִשְׂרָאֵל וַיַּעַזְבוּ[5]
אֶת־הָעִיר פְּתוּחָה[5a] וַיִּרְדְּפוּ אַחֲרֵי יִשְׂרָאֵל׃ Josh 8:17

7. וְלֹא הָיָה[6] כַּיּוֹם הַהוּא לְפָנָיו וְאַחֲרָיו לִשְׁמֹעַ יְהוָה בְּקוֹל אִישׁ כִּי יְהוָה
נִלְחָם לְיִשְׂרָאֵל׃ Josh 10:14

8. וַיִּקָּבְצוּ הַמִּצְפָּתָה° וַיִּשְׁאֲבוּ[7]־מַיִם וַיִּשְׁפְּכוּ לִפְנֵי יְהוָה וַיָּצוּמוּ[7a] בַּיּוֹם הַהוּא
וַיֹּאמְרוּ שָׁם חָטָאנוּ לַיהוָה וַיִּשְׁפֹּט שְׁמוּאֵל אֶת־בְּנֵי יִשְׂרָאֵל בַּמִּצְפָּה׃
1 Sam 7:6

9. וְהָיָה בְּיוֹם מִלְחֶמֶת וְלֹא נִמְצָא חֶרֶב[8] וַחֲנִית[8a] בְּיַד כָּל־הָעָם אֲשֶׁר
אֶת־שָׁאוּל וְאֶת־יוֹנָתָן° וַתִּמָּצֵא לְשָׁאוּל וּלְיוֹנָתָן בְּנוֹ׃ 1 Sam 13:22

10. אִם־פָּקֹד יִפְקְדֵנִי אָבִיךָ וְאָמַרְתָּ נִשְׁאֹל נִשְׁאַל מִמֶּנִּי דָוִד לָרוּץ[9] בֵּית־לֶ
חֶם° עִירוֹ כִּי זֶבַח הַיָּמִים שָׁם לְכָל־הַמִּשְׁפָּחָה[9a]׃ 1 Sam 20:6

11. וַיִּשְׁכַּב יוֹאָשׁ° עִם־אֲבֹתָיו וְיָרָבְעָם° יָשַׁב עַל־כִּסְאוֹ וַיִּקָּבֵר יוֹאָשׁ בְּשֹׁמְרוֹן°
עִם מַלְכֵי יִשְׂרָאֵל׃ 2 Kings 13:13

12. דִּרְשׁוּ אֶת־יְהוָה בַּעֲדִי[10] וּבְעַד־הָעָם וּבְעַד כָּל־יְהוּדָה עַל־דִּבְרֵי הַסֵּפֶר
הַנִּמְצָא הַזֶּה כִּי־גְדוֹלָה חֲמַת[10a] יְהוָה אֲשֶׁר־הִיא נִצְּתָה[10b] בָנוּ עַל אֲשֶׁר
לֹא־שָׁמְעוּ אֲבֹתֵינוּ עַל־דִּבְרֵי הַסֵּפֶר הַזֶּה לַעֲשׂוֹת[10c] כְּכָל־הַכָּתוּב עָלֵינוּ׃
2 Kings 22:13

Cf.: Gen 21:31; Ex 36:2; Deut 1:35,42; 1 Sam 14:47, 20:3; Isa 50:10.

----

[5] עָזַב (*3mp Qal preterite*); [5a] פָּתַח - to open.

[6] there was/has been.

[7] שָׁאַב - to draw; [7a] and they fasted.

[8] sword; [8a] חֲנִית - spear.

[9] to run/hasten; [9a] clan/family.

[10] בַּעַד - for/on behalf of; [10a] חֵמָה - wrath; [10b] (it) is kindled/ignited (*Niphal*, יָצַת);
[10c] עָשָׂה - 'to do'.

26.5. Deuteronomy 9:1-10

1 שְׁמַע יִשְׂרָאֵל אַתָּה עֹבֵר[11] הַיּוֹם אֶת־הַיַּרְדֵּן° לָבֹא[11a] לָרֶשֶׁת[11b] גּוֹיִם
גְּדֹלִים וַעֲצֻמִים[11c] מִמֶּךָּ עָרִים גְּדֹלֹת וּבְצֻרֹת[11d] בַּשָּׁמָיִם׃

2 עַם־גָּדוֹל וָרָם[12] בְּנֵי עֲנָקִים° אֲשֶׁר אַתָּה יָדַעְתָּ וְאַתָּה שָׁמַעְתָּ מִי יִתְיַצֵּב[12a]
לִפְנֵי בְּנֵי עֲנָק°׃

3 וְיָדַעְתָּ הַיּוֹם כִּי יְהוָה אֱלֹהֶיךָ הוּא־הָעֹבֵר[11] לְפָנֶיךָ אֵשׁ אֹכְלָה הוּא
יַשְׁמִידֵם[13] וְהוּא יַכְנִיעֵם[13a] לְפָנֶיךָ וְהוֹרַשְׁתָּם[13b] וְהַאֲבַדְתָּם[13c] מַהֵר[13d]
כַּאֲשֶׁר דִּבֶּר[13e] יְהוָה לָךְ׃

4 אַל־תֹּאמַר[14] בִּלְבָבְךָ בַּהֲדֹף[14a] יְהוָה אֱלֹהֶיךָ אֹתָם מִלְּפָנֶיךָ לֵאמֹר[14b]
בְּצִדְקָתִי הֱבִיאַנִי[14c] יְהוָה לָרֶשֶׁת[11b] אֶת־הָאָרֶץ הַזֹּאת וּבְרִשְׁעַת הַגּוֹיִם
הָאֵלֶּה יְהוָה מוֹרִישָׁם[14d] מִפָּנֶיךָ׃

5 לֹא בְצִדְקָתְךָ וּבְיֹשֶׁר[15] לְבָבְךָ אַתָּה בָא[15a] לָרֶשֶׁת[11b] אֶת־אַרְצָם כִּי
בְּרִשְׁעַת הַגּוֹיִם הָאֵלֶּה יְהוָה אֱלֹהֶיךָ מוֹרִישָׁם[14d] מִפָּנֶיךָ וּלְמַעַן הָקִים[15b]
אֶת־הַדָּבָר אֲשֶׁר נִשְׁבַּע יְהוָה לַאֲבֹתֶיךָ לְאַבְרָהָם לְיִצְחָק וּלְיַעֲקֹב׃

6 וְיָדַעְתָּ כִּי לֹא בְצִדְקָתְךָ יְהוָה אֱלֹהֶיךָ נֹתֵן לְךָ אֶת־הָאָרֶץ הַטּוֹבָה הַזֹּאת
לְרִשְׁתָּהּ[11b] כִּי עַם־קְשֵׁה־עֹרֶף[16] אָתָּה׃

7 זְכֹר אַל־תִּשְׁכַּח אֵת אֲשֶׁר־הִקְצַפְתָּ[17] אֶת־יְהוָה אֱלֹהֶיךָ בַּמִּדְבָּר לְמִן־הַיּוֹם
אֲשֶׁר־יָצָאתָ מֵאֶרֶץ מִצְרַיִם עַד־בֹּאֲכֶם[11a] עַד־הַמָּקוֹם הַזֶּה מַמְרִים[17a]

----

[11] עָבַר - to cross over; [11a] בֹּא - ‘to enter’; [11b] רֶשֶׁת - ‘to dispossess’; [11c] עָצוּם - powerful; [11d] בָּצַר - to fortify.

[12] רָם - exalted; [12a] יִתְיַצֵּב - (he) can stand.

[13] יַשְׁמִיד - he will destroy; [13a] יַכְנִיעַ - he will subdue; [13b] וְהוֹרַשְׁתָּ - you will dispossess; [13c] and you will cause them to perish; [13d] quickly; [13e] (he) spoke.

[14] you must say; [14a] הָדַף - to drive; [14b] saying; [14c] הֵבִיא - (he) brought in; [14d] מוֹרִישׁ - dispossessing.

[15] יֹשֶׁר - uprightness; [15a] entering; [15b] ‘to establish’.

[16] עֹרֶף - neck.

[17] you angered; [17a] rebelling; [17b] you have been.

הֱיִתֶם[17b] עִם־יְהוָה׃

8 וּבְחֹרֵב° הִקְצַפְתֶּם[17] אֶת־יְהוָה וַיִּתְאַנַּף[18] יְהוָה בָּכֶם לְהַשְׁמִיד[18a] אֶתְכֶם׃

9 בַּעֲלֹתִי[19] הָהָרָה לָקַחַת[19a] לוּחֹת[19b] הָאֲבָנִים לוּחֹת הַבְּרִית אֲשֶׁר־כָּרַת
יְהוָה עִמָּכֶם וָאֵשֵׁב[19c] בָּהָר אַרְבָּעִים יוֹם וְאַרְבָּעִים לַיְלָה לֶחֶם לֹא אָכַלְתִּי
וּמַיִם לֹא שָׁתִיתִי[19d]׃

10 וַיִּתֵּן[20] יְהוָה אֵלַי אֶת־שְׁנֵי לוּחֹת[19b] הָאֲבָנִים כְּתֻבִים בְּאֶצְבַּע[20a] אֱלֹהִים
וַעֲלֵיהֶם כְּכָל־הַדְּבָרִים אֲשֶׁר דִּבֶּר[13e] יְהוָה עִמָּכֶם בָּהָר מִתּוֹךְ הָאֵשׁ בְּיוֹם
הַקָּהָל׃

26.6. Psalm 19:1-5

1 לַמְנַצֵּחַ[21] מִזְמוֹר[21a] לְדָוִד׃

2 הַשָּׁמַיִם מְסַפְּרִים[22] כְּבוֹד־אֵל וּמַעֲשֵׂה[22a] יָדָיו מַגִּיד[22b] הָרָקִיעַ[22c]׃

3 יוֹם לְיוֹם יַבִּיעַ[23] אֹמֶר[23a] וְלַיְלָה לְּלַיְלָה יְחַוֶּה[23b]־דָּעַת׃

4 אֵין־אֹמֶר[23a] וְאֵין דְּבָרִים בְּלִי[24] נִשְׁמָע קוֹלָם׃

5 בְּכָל־הָאָרֶץ יָצָא קַוָּם[25] וּבִקְצֵה תֵבֵל[25a] מִלֵּיהֶם[25b] לַשֶּׁמֶשׁ[25c]
שָׂם[25d]־אֹהֶל בָּהֶם׃

----

[18] (he) became angry; [18a] 'so as to destroy'.

[19] עֲלוֹת - 'to go up'; [19a] קַחַת - 'to receive'; [19b] לוּחַ - tablet; [19c] I remained; [19d] I drank.

[20] (he) gave; [20a] אֶצְבַּע - finger.

[21] מְנַצֵּחַ - leader; [21a] song.

[22] מְסַפֵּר - recounting; [22a] מַעֲשֶׂה - work; [22b] declaring; [22c] רָקִיעַ - expanse (of the sky).

[23] (it) expresses; [23a] speech; [23b] (it) utters.

[24] not.

[25] קַו - line, statement (?); [25a] world; [25b] מִלָּה - word; [25c] שֶׁמֶשׁ - sun; [25d] he has established.

Chapter 27

27.1. Parse and Translate

1. וַיְגַדְּלֵהוּ
2. מְדַבְּרוֹת
3. בִּקַּשְׁתָּ PQ2MS בקש
4. קַדֶּשְׁךָ
5. נִלְחֲמוּ NQ3cP לחם
6. מַלּוֹא
7. וּנְקַבֵּץ
8. תִּשָּׁבְעִי
9. שִׁמַּחְתַּנִי
10. הִלַּלְתְּ
11. וַיְשַׁבְּרוּהָ
12. הִקָּרְאוּ
13. שַׁלְּחוּם
14. וָאֲשַׁכֵּן
15. לְקַבְּרָם
16. תְּסַפֵּרְנָה
17. נִמְלַטְנוּ
18. מְזַבֵּחַ
19. וַיְדַבְּרוּהוּ
20. אֲקַדֵּשׁ
21. מִלְּטָנוּ
22. הִלָּחֲמוּ
23. קְרָאתֶן
24. נִכְבְּדָה
25. סַפְּרָן
26. הַלְּלִי
27. נִסְתְּרָה
28. נִשְׁמַע
29. מְגַדְּלֵינוּ
30. בַּקְּשׁוּהוּ

27.2. Translate

1. כֹּה דִּבֶּר הַנָּבִיא אֲשֶׁר בִּקַּשְׁתִּיו
2. אֵינָם נִלְחָמִים לָנוּ לָכֵן לֹא נְכַבְּדֵם
3. דַּבְּרִי לִי אֵת מִי אַתְּ מְבַקֶּשֶׁת פֹּה
4. נְגַדְּלָה אֵת אֱלֹהֵינוּ אֲשֶׁר מִלְּטָנוּ
5. הִקָּדְשׁוּ לַיהוה וּבִקַּשְׁתּוּהוּ כֻּלְּכֶם
6. וַתְּסַפֵּר לַשֹּׁפֵט אֵת כָּל־אֲשֶׁר שְׁמָעַתּוּ

7. הִלַּ֫לְנוּ אֹתְךָ כִּי בְצֶ֫דֶק הִלַּ֫כְתָּ תָמִיד

8. וַיְדַבְּרוּ לְאֻמָּם לֵאמֹר יֵשׁ לָ֫נוּ רֹב לֶ֫חֶם

9. לֹא תְזַבְּחוּ לֵאלֹהִים אֲחֵרִים תּוֹעֵבָה הִיא

10. מַלּוֹא אֲמַלֵּא כָל־כְּלִי מַ֫יִם וְשִׂמַּחְתִּ֫יךָ

11. אַל־נָא תְכַבְּד֫וּהוּ לְקַדְּשֵׁ֫הוּ לְנָשִׂיא עֲלֵיכֶם

12. אֲנַ֫חְנוּ מְשַׁלְּחָיו אֲלֵיהֶם לְסַפֵּר אֵת הַנִּשְׁמָע

27.3. Translate

1. הִשָּׁמְרוּ לָכֶם פֶּן־תִּקָּֽרְאוּ אֶל־זִבְחֵי הַגּוֹיִם וַאֲכַלְתֶּם מִתּוֹעֲבוֹתֵיהֶם כִּי שַׁבֵּר תְּשַׁבְּרוּ אֵת מִזְבְּחוֹתֵיהֶם

2. וְעַתָּה נְבַקְשָׁה־נָּא אֵת יהוה וְיִשָּׁמְעוּ דְבָרֵ֫ינוּ מִמִּשְׁכַּן כְּבוֹדוֹ כִּי רַבִּים חֲסָדָיו וְלֹא תִכָּרַ֫תְנָה מִמֶּ֫נּוּ צִדְקוֹתָיו

3. עוֹד הָעָם מְזַבְּחִים בְּכָל־עָרֵיהֶם וְהֵם מְבַקְשִׁים אֵת פְּנֵי אֱלֹהֵיהֶם עַל־כֹּל הָרֵי אַדְמָתָם לָכֵן עֲזָבָם יהוה לְבִלְתִּי מַלְּטָם

4. יֵשׁ בַּמַּחֲנֶה הַזֶּה אֶ֫לֶף אִישׁ וְגַם מָאתַ֫יִם סוּס וְאֵין בָּהֶם גִּבּוֹר אֶחָד אֲשֶׁר נְשַׁלְּחֶ֫נּוּ כִּי לֹא חָפְצוּ כֻּלָּם לְהִלָּחֵם עַל־אֹיְבֵ֫ינוּ

5. וַיְהִי בְשָׁמְעִי אֵת הַתּוֹעֵבָה הַזֹּאת וָאֲסַפְּרֶ֫נָּה לְעַבְדֵי הַמֶּ֫לֶךְ וַיְדַבְּרוּ לַסֹּפְרִים לֵאמֹר יִכָּתְבוּ דִּבְרֵי הַנַּ֫עַר הַזֶּה בְּסֵ֫פֶר הַמִּשְׁפָּט

6. וַיִּקָּבֵץ הַקָּהָל בַּהֵיכָל לִדְרֹשׁ אֵת יהוה לֵאמֹר אַתָּה יהוה שִׂמַּחְתָּ֫נוּ בִּישׁוּעָתֶךָ וַאֲנַ֫חְנוּ נִקְבַּ֫צְנוּ לְהַלֶּלְךָ וּלְגַדֵּל אֶת־שִׁמְךָ

7. וַיְהַלְּכוּ אֶל־כָּל־נַהֲרוֹת אַרְצָם לְבַקֵּשׁ מַ֫יִם לַסּוּסִים וְלֹא מְצָאוּם יַ֫עַן אֲשֶׁר כָּבֵד הָרָעָב בָּאָ֫רֶץ וַיִּסָּגְרוּ הַשָּׁמַ֫יִם שָׁלוֹשׁ שָׁנִים

8. וַיְהִי אַחֲרֵי הַדְּבָרִים הָאֵ֫לֶּה וַיְשַׁלְּחוּ מִתּוֹכָם אֵת כֹּהֲנֵי בֵית יהוה אֲשֶׁר קִדְּשׁוּם לַעֲבוֹדַת הֵיכָלוֹ עַל חָטְאָם לוֹ חַטָּאת גְּדוֹלָה

9. וַיְמַלֵּא הָאֹיֵב אֵת אַרְצֵנוּ הֲרוּגִים אֲשֶׁר נְקַבְּרֵם בַּשָּׂדֶה וַיִּלָּקְחוּ כֹּל יוֹשְׁבֵי
הָאָרֶץ הַנִּמְצָאִים חַיִּים וַיִּמָּכְרוּ לַעֲבָדִים וְאֵין נִשְׁאָר לָעָם בָּהּ

10. וַיְדַבְּרוּ לוֹ הַזְּקֵנִים אֲשֶׁר עָבְדוּ אֶת־אֲבִי הַמֶּלֶךְ לֵאמֹר שְׁמַע־נָא אֶל־קוֹל
הָעֵדָה הַזֹּאת וּמַלֵּא אֵת אֲשֶׁר דִּבְּרוּהוּ לְךָ וְהִלְכוּ אַחֲרֶיךָ כֹּל יָמֶיךָ

11. יִשָּׁמַע־נָא הַדָּבָר הַזֶּה אֲשֶׁר אָמְרוּ אֱלֹהִים לֵאמֹר וְהָיָה בַּיָּמִים הָהֵם
וְקִבַּצְתִּים מִכֹּל הָאֲרָצוֹת אֲשֶׁר הֵמָּה נִלְקְחוּ שָׁמָּה וְלֹא נִשְׁכְּחוּ עוֹד כִּי אֲנִי
יהוה מְמַלְּטָם

12. יִמָּלֵא כָל־כְּלִי דָם וּמִלֵּא מַלּוֹא יהוה אֵת כָּל־הָאָרֶץ דָּם גַּם נַהֲרוֹתֶיהָ וְגַם
יַמֶּיהָ וּבְכָל אָהֳלֵי יִשְׂרָאֵל יִמָּצְאוּ מַיִם כִּי יִשְׁמְרֵם יהוה אֱלֹהֵיהֶם מִצָּרָה
וְנִגְאֲלוּ בְּיוֹם הָרָעָה

27.4. OT Texts

1. יְהוָה אֱלֹהֵי הַשָּׁמַיִם אֲשֶׁר לְקָחַנִי מִבֵּית אָבִי וּמֵאֶרֶץ מוֹלַדְתִּי[1] וַאֲשֶׁר
דִּבֶּר־לִי וַאֲשֶׁר נִשְׁבַּע־לִי לֵאמֹר לְזַרְעֲךָ אֶתֵּן[1a] אֶת־הָאָרֶץ הַזֹּאת הוּא
יִשְׁלַח מַלְאָכוֹ לְפָנֶיךָ וְלָקַחְתָּ אִשָּׁה לִבְנִי מִשָּׁם׃ Gen 24:7

2. וַיְצַו[2] גַּם אֶת־הַשֵּׁנִי גַּם אֶת־הַשְּׁלִישִׁי גַּם אֶת־כָּל־הַהֹלְכִים אַחֲרֵי
הָעֲדָרִים[2a] לֵאמֹר כַּדָּבָר הַזֶּה תְּדַבְּרוּן אֶל־עֵשָׂו° בְּמֹצַאֲכֶם אֹתוֹ׃ Gen 32:20

3. וַיֹּאמֶר פַּרְעֹה מִי יְהוָה אֲשֶׁר אֶשְׁמַע בְּקֹלוֹ לְשַׁלַּח אֶת־יִשְׂרָאֵל לֹא יָדַעְתִּי
אֶת־יְהוָה וְגַם אֶת־יִשְׂרָאֵל לֹא אֲשַׁלֵּחַ׃ Ex 5:2

4. וַיְחַזֵּק[3] יְהוָה אֶת־לֵב פַּרְעֹה מֶלֶךְ מִצְרַיִם וַיִּרְדֹּף אַחֲרֵי בְּנֵי יִשְׂרָאֵל וּבְנֵי
יִשְׂרָאֵל יֹצְאִים בְּיָד רָמָה[3a]׃ Ex 14:8

---

[1] מוֹלֶדֶת - birth/(place of) origin/family; [1a] I will give.
[2] and he commanded; [2a] עֵדֶר - flock/drove.
[3] חָזַק - to be strong; [3a] רָם - high.

5. וַיֹּאמֶר יְהוָה אֶל־מֹשֶׁה פְּסָל[4]־לְךָ שְׁנֵי־לֻחֹת[4a] אֲבָנִים כָּרִאשֹׁנִים[4b] וְכָתַבְתִּי
עַל־הַלֻּחֹת אֶת־הַדְּבָרִים אֲשֶׁר הָיוּ[4c] עַל־הַלֻּחֹת הָרִאשֹׁנִים אֲשֶׁר שִׁבַּרְתָּ׃
Ex 34:1

6. וְלֹא תְטַמֵּא[5] אֶת־הָאָרֶץ אֲשֶׁר אַתֶּם יֹשְׁבִים בָּהּ אֲשֶׁר אֲנִי שֹׁכֵן בְּתוֹכָהּ כִּי
אֲנִי יְהוָה שֹׁכֵן בְּתוֹךְ בְּנֵי יִשְׂרָאֵל׃ Num 35:34

7. בַּיּוֹם הַהוּא גִּדַּל יְהוָה אֶת־יְהוֹשֻׁעַ בְּעֵינֵי כָּל־יִשְׂרָאֵל וַיִּרְאוּ אֹתוֹ כַּאֲשֶׁר
יָרְאוּ אֶת־מֹשֶׁה כָּל־יְמֵי חַיָּיו׃ Josh 4:14

8. אִישׁ־אֶחָד מִכֶּם יִרְדָּף־אָלֶף כִּי יְהוָה אֱלֹהֵיכֶם הוּא הַנִּלְחָם לָכֶם כַּאֲשֶׁר
דִּבֶּר לָכֶם׃ וְנִשְׁמַרְתֶּם מְאֹד לְנַפְשֹׁתֵיכֶם לְאַהֲבָה[6] אֶת־יְהוָה אֱלֹהֵיכֶם׃
Josh 23:10-11

9. וַיֹּאמֶר דָּוִד יְהוָה אֱלֹהֵי יִשְׂרָאֵל שָׁמֹעַ שָׁמַע עַבְדְּךָ כִּי־מְבַקֵּשׁ שָׁאוּל לָבוֹא[7]
אֶל־קְעִילָה° לְשַׁחֵת[7a] לָעִיר בַּעֲבוּרִי׃ 1 Sam 23:10

10. וַיֵּשֶׁב[8] דָּוִד בַּמִּדְבָּר בַּמְּצָדוֹת[8a] וַיֵּשֶׁב בָּהָר בְּמִדְבַּר־זִיף° וַיְבַקְשֵׁהוּ שָׁאוּל
כָּל־הַיָּמִים וְלֹא־נְתָנוֹ אֱלֹהִים בְּיָדוֹ׃ 1 Sam 23:14

11. וַיֹּאמֶר אַבְנֵר° אֶל־דָּוִד אָקוּמָה[9] וְאֵלֵכָה[9a] וְאֶקְבְּצָה אֶל־אֲדֹנִי הַמֶּלֶךְ
אֶת־כָּל־יִשְׂרָאֵל וְיִכְרְתוּ אִתְּךָ בְּרִית וּמָלַכְתָּ בְּכֹל אֲשֶׁר־תְּאַוֶּה[9b] נַפְשֶׁךָ
וַיְשַׁלַּח דָּוִד אֶת־אַבְנֵר וַיֵּלֶךְ[9c] בְּשָׁלוֹם׃ 2 Sam 3:21

12. וְכָל־הָאָרֶץ מְבַקְשִׁים אֶת־פְּנֵי שְׁלֹמֹה לִשְׁמֹעַ אֶת־חָכְמָתוֹ אֲשֶׁר־נָתַן אֱלֹהִים
בְּלִבּוֹ׃ 1 Kings 10:24

Cf.: Gen 24:59; Ex 2:15, 6:12, 9:7, 11:2; Deut 4:29,33, 15:12; Jg 16:24; 1 Sam 24:10; 1 Kings 2:2-4, 8:56, 13:12, 18:6; 2 Kings 2:19.

----

[4] פָּסַל - to carve/hew (out); [4a] לוּחַ - tablet; [4b] רִאשׁוֹן - first; [4c] (they) were.

[5] טָמֵא - to be impure.

[6] to love/by loving.

[7] to come; [7a] שׁחת (*Piel*) - to destroy.

[8] and (he) lived/remained; [8a] מְצָד - inaccessible place/hideout/fortress.

[9] I will arise; [9a] and I will go; [9b] (it) desires; [9c] and he went.

27.5. Deuteronomy 9:11-20

11 וַיְהִי מִקֵּץ^{10} אַרְבָּעִים יוֹם וְאַרְבָּעִים לָיְלָה נָתַן יְהוָה אֵלַי אֶת־שְׁנֵי לֻחֹת^{10a} הָאֲבָנִים לֻחוֹת הַבְּרִית:

12 וַיֹּאמֶר יְהוָה אֵלַי קוּם^{11} רֵד מַהֵר^{11a} מִזֶּה כִּי שִׁחֵת^{11b} עַמְּךָ אֲשֶׁר הוֹצֵאתָ^{11c} מִמִּצְרָיִם סָרוּ^{11d} מַהֵר^{11a} מִן־הַדֶּרֶךְ אֲשֶׁר צִוִּיתִם^{11e} עָשׂוּ^{11f} לָהֶם מַסֵּכָה^{11g}:

13 וַיֹּאמֶר יְהוָה אֵלַי לֵאמֹר רָאִיתִי^{12} אֶת־הָעָם הַזֶּה וְהִנֵּה עַם־קְשֵׁה־עֹרֶף^{12a} הוּא:

14 הֶרֶף^{13} מִמֶּנִּי וְאַשְׁמִידֵם^{13a} וְאֶמְחֶה^{13b} אֶת־שְׁמָם מִתַּחַת הַשָּׁמָיִם וְאֶעֱשֶׂה^{13c} אוֹתְךָ לְגוֹי־עָצוּם^{13d} וָרָב מִמֶּנּוּ:

15 וָאֵפֶן^{14} וָאֵרֵד^{14a} מִן־הָהָר וְהָהָר בֹּעֵר^{14b} בָּאֵשׁ וּשְׁנֵי לֻחֹת^{10a} הַבְּרִית עַל שְׁתֵּי יָדָי:

16 וָאֵרֶא^{15} וְהִנֵּה חֲטָאתֶם לַיהוָה אֱלֹהֵיכֶם עֲשִׂיתֶם^{15a} לָכֶם עֵגֶל^{15b} מַסֵּכָה^{11g} סַרְתֶּם^{15c} מַהֵר^{11a} מִן־הַדֶּרֶךְ אֲשֶׁר־צִוָּה^{15d} יְהוָה אֶתְכֶם:

17 וָאֶתְפֹּשׂ בִּשְׁנֵי הַלֻּחֹת^{10a} וָאַשְׁלִכֵם^{16} מֵעַל שְׁתֵּי יָדָי וָאֲשַׁבְּרֵם לְעֵינֵיכֶם:

---

^{10} קֵץ - end; ^{10a} לוּחַ - tablet.

^{11} קוּם רֵד - arise, go down; ^{11a} quickly; ^{11b} שִׁחֵת - (he) has acted corruptly; ^{11c} you brought out; ^{11d} they have departed; ^{11e} צִוִּיתִי - I commanded; ^{11f} they have made; ^{11g} a cast image.

^{12} I have seen; ^{12a} עֹרֶף - neck.

^{13} refrain; ^{13a} וְאַשְׁמִיד - that I may destroy; ^{13b} and that I may obliterate; ^{13c} and I will make; ^{13d} powerful.

^{14} so I turned; ^{14a} and I descended; ^{14b} בָּעַר - to burn.

^{15} then I saw; ^{15a} you had made; ^{15b} a calf; ^{15c} you had turned away; ^{15d} (he) had commanded.

^{16} וָאַשְׁלִיךְ - I threw.

18 וָאֶתְנַפַּל[17] לִפְנֵי יְהוָה כָּרִאשֹׁנָה[17a] אַרְבָּעִים יוֹם וְאַרְבָּעִים לַיְלָה לֶחֶם לֹא
אָכַלְתִּי וּמַיִם לֹא שָׁתִיתִי[17b] עַל כָּל־חַטַּאתְכֶם אֲשֶׁר חֲטָאתֶם לַעֲשׂוֹת[17c]
הָרַע בְּעֵינֵי יְהוָה לְהַכְעִיסוֹ[17d]׃

19 כִּי יָגֹרְתִּי[18] מִפְּנֵי הָאַף וְהַחֵמָה[18a] אֲשֶׁר קָצַף[18b] יְהוָה עֲלֵיכֶם לְהַשְׁמִיד[18c]
אֶתְכֶם וַיִּשְׁמַע יְהוָה אֵלַי גַּם בַּפַּעַם[18d] הַהִוא׃

20 וּבְאַהֲרֹן° הִתְאַנַּף[19] יְהוָה מְאֹד לְהַשְׁמִידוֹ[18c] וָאֶתְפַּלֵּל[19a] גַּם־בְּעַד[19b]
אַהֲרֹן בָּעֵת[19c] הַהִוא׃

27.6. Psalm 19:6-10

6 וְהוּא כְּחָתָן[20] יֹצֵא מֵחֻפָּתוֹ[20a] יָשִׂישׂ[20b] כְּגִבּוֹר לָרוּץ[20c] אֹרַח[20d]׃

7 מִקְצֵה הַשָּׁמַיִם מוֹצָאוֹ[21] וּתְקוּפָתוֹ[21a] עַל־קְצוֹתָם וְאֵין נִסְתָּר מֵחַמָּתוֹ[21b]
׃

8 תּוֹרַת יְהוָה תְּמִימָה[22] מְשִׁיבַת[22a] נָפֶשׁ עֵדוּת[22b] יְהוָה נֶאֱמָנָה[22c]
מַחְכִּימַת[22d] פֶּתִי[22e]׃

----

[17] I threw myself down; [17a] רִאשׁוֹן - first; [17b] I drank; [17c] by doing; [17d] הַכְעִיס - 'to provoke to anger'.

[18] יָגֹר - to fear; [18a] חֵמָה - fury; [18b] קָצַף - to be angry; [18c] לְהַשְׁמִיד - 'so as to destroy'; [18d] פַּעַם - occasion.

[19] (he) became angry; [19a] so I prayed; [19b] בְּעַד - for; [19c] עֵת - time.

[20] חָתָן - bridegroom; [20a] חֻפָּה - (marriage) chamber, canopy; [20b] (it) rejoices; [20c] רוּץ - 'to run'; [20d] path, track.

[21] מוֹצָא - place of origin; [21a] תְּקוּפָה - circuit; [21b] חַמָּה - heat, sun.

[22] תָּמִים - complete, perfect; [22a] מֵשִׁיב - restoring; [22b] stipulation; [22c] אמן (*Niph*) - to be reliable; [22d] מַחְכִּים - making wise; [22e] simple, naive.

9 פִּקּוּדֵי[23] יְהוָה יְשָׁרִים מְשַׂמְּחֵי־לֵב מִצְוַת יְהוָה בָּרָה[23a] מְאִירַת[23b]
עֵינָיִם׃
10 יִרְאַת יְהוָה טְהוֹרָה[24] עוֹמֶדֶת[24a] לָעַד[24b] מִשְׁפְּטֵי־יְהוָה אֱמֶת צָדְקוּ[24c]
יַחְדָּו[24d]׃

[23] פִּקּוּד - requirement; [23a] בַּר - pure; [23b] מֵאִיר - enlightening.
[24] טָהוֹר - clean, pure; [24a] עָמַד - to stand, last; [24b] עַד - enduring time; [24c] צָדֵק - to be righteous; [24d] together, entirely.

Chapter 28

28.1. Parse and Translate

1. מְכֻפָּרִים	2. שֻׁלַּם	3. קֻדַּשְׁנוּ
4. נִסְגּוֹר	5. מְהֻלָּלֶיךָ	6. הִמָּלְטוּ
7. קִטַּרְתִּי	8. לֻקַּחְתָּ	9. דִּבַּרְתּוּ
10. שִׁמְעוּ	11. קַדְּשֵׁם	12. וַיְכַפֵּר
13. מְצָאֻיהוּ	14. וַתְּבַקְשׁוּ	15. תְּכַפֵּר
16. דִּבְרוּ	17. הִשָּׁבְעָן	18. שִׁבַּרְתְּ
19. תְּשַׁלְּמִי	20. מִלְּטוּנִי	21. סֻפַּר
22. וָאֶקְרָא	23. כַּפְּרוּ	24. מַלְאָה
25. נִשְׁאַרְתִּי	26. קִבְּצוּנוּ	27. מְשֻׁלָּח
28. נִסְתָּרָה	29. כִּבַּדְנוּ	30. יְהֻלְלוּ

28.2. Translate

1. יְהֻלַּל יהוה בַּעֲדַת קְדוֹשָׁיו וְסֻפְּרוּ גְדוֹלוֹתָיו
2. הִנְנִי נוֹסֵעַ לְבַקֵּשׁ אֵת צֹאן אָבִי הַמְלֻקָּחָה
3. לֹא יְכֻפַּר עֲוֹן מַמְלַכְתּוֹ בְּזִבְחֵי אֵילִים
4. לֹא כֻבְּדוּ מַלְאָכָיו וַיְשֻׁלְּחוּ מֵעִיר אֹיְבָיו
5. יְשֻׁלַּם הַצַּדִּיק בְּצִדְקוֹ וּרְשָׁעִים יִמְצָא רָע
6. כֹּל מְקֻדָּשָׁיו בְּיָדוֹ וְנָשְׂאוּ אֵלָיו אֵת כַּפֵּיהֶם

7. עוֹד מִשְׁפַּחְתָּם מְקַטֶּ֫רֶת עַל־הַבָּמוֹת

8. יהוה אֲהַלְלֶ֫נּוּ אֲשֶׁר יְמַלְּטֵ֫נִי מִכַּף הַחֹטְאִים

9. וְהָיָה בַבֹּ֫קֶר וְאָכַל בְּשַׂר הַפָּר הַזֶּה וְשָׁפַךְ דָּמוֹ

10. יְשַׁלֶּמְךָ יהוה טוֹבָה כִּי לֹא הֲרַגְתַּ֫נִי בַחֶ֫רֶב

11. הִנֵּה הָעִיר מְסֻגֶּ֫רֶת נֶ֫גֶד צְבָאֵ֫נוּ אֲשֶׁר שֻׁלַּח עָלֶ֫יהָ

12. לֹא יְכַפֵּר עַל־חַטֹּאת בָּנָיו בְּהִשָּׁמַע הַמְדֻבָּרוֹת עֲלֵיהֶם

28.3. Translate

1. וַיְהִי בְּפָקְדֵךְ יהוה וַתְּכַבְּדִ֫יהוּ וְאֵת צִדְקוֹ גִּדַּלְתְּ כִּי טוֹב הוּא לְעוֹלָם חַסְדּוֹ

2. לֻקַּח הַפְּרִי מֵהַשָּׂדֶה אֶל־בֵּית יהוה לְהִנָּתֵן שָׁם וְרַע מְאֹד הַפְּרִי הַהוּא אֵין אֹכְלוֹ

3. וַיְהִי בָעֶ֫רֶב וַיְסֻגְּרוּ הַשְּׁעָרִים וְגַם שֻׁלְּחוּ שֹׁמְרֵי הָעִיר לְשָׁמְרָהּ עַד־אוֹר הַבֹּ֫קֶר

4. הִלְּכוּ בְדַרְכֵי אֲדֹנֵיכֶם תָּמִיד וְרַדְּפ֫וּהוּ לְמַ֫עַן תִּמְצְאוּ חַיִּים וּלְקַחְתֶּם מִמֶּ֫נּוּ אֵת בִּרְכָתוֹ

5. גִּדַּלְנ֫וּךָ וַנְּהַלְלֶךָ כִּי גָדוֹל אַתָּה וּמְהֻלָּל מְאֹד וְגַם יְכַבְּדוּ כָל־הַגּוֹיִם אֶת שִׁמְךָ בְּשָׁמְעָם אֶת הַמְדֻבָּרוֹת עָלֶ֫יךָ

6. הִנֵּה עֲזָבַ֫נִי עַמִּי אֲשֶׁר קִדַּשְׁתִּ֫יהוּ לִי אֲשֶׁר קֻדַּשׁ בְּדַם הַבְּרִית וְעַתָּה לֹא יְכֻפַּר עֲוֹנוֹ עַד־אֲשֶׁר בַּקּוֹשׁ יְבַקְשֵׁ֫נִי עוֹד

7. וַיְסַפֵּר לָ֫נוּ כִּי יָרְדוּ הָאֲנָשִׁים מֵהַמַּחֲנֶה לְקַבֵּץ אֶת־הַגִּבּוֹרִים הַהֹלְכִים אִתָּם לְהִלָּחֵם בְּרֹדְפֵיהֶם וּלְמַלֵּט אֶת שָׂרֵיהֶם בַּמִּלְחָמָה

8. יְקֻבַּץ הָעָם הַזֶּה כְּצֹאן בַּמִּדְבָּר וְהָלְכוּ בְשִׂמְחָה לִירוּשָׁלַ֫ם כִּי יְבַקֵּשׁ יהוה אֶת־גְּאוּלָיו וְשִׂמְּחָם לְפָנָיו וְכִבֵּד הַמָּקוֹם אֲשֶׁר שִׁכֵּן אֶת־שְׁמוֹ שָׁם

9. אֲסַפְּרָה־נָּא אֶת־צִדְקוֹת יהוה אֱלֹהַי וְגִדְלוּ חֲסָדָיו אֶל־בְּנֵי יִשְׂרָאֵל כִּי
בַאֲמִתְּךָ גְּאַלְתָּנוּ מִבֵּית עֲבָדִים וּבְחִנְּךָ נְשָׂאתָנוּ מִימֵי עוֹלָם

10. אַל־תְּשַׁלֵּמְנָה לוֹ אֶת־כֶּסֶף מְלַאכְתּוֹ וְאַל יְבַקֵּשׁ שְׁלוֹמוֹ מִכֶּן כִּי אֵינֶנּוּ
מְמַלֵּא אֵת דְּבָרָיו אֲשֶׁר דִּבְּרָם לָכֶן וְהוּא נִשְׁבַּע בַּיהוה לַעֲבָדְכֶן בְּצֶדֶק

11. אָז דִּבַּרְנוּ לֵאמֹר הִלַּלְנוּ אֶת־הַמֶּלֶךְ יַעַן אֲשֶׁר נִלְחַם לָנוּ בְמִלְחֲמוֹתֵינוּ
וַיְמַלְטֵנוּ מִכַּף הָאֹיְבִים וּמֵחֵיל צְבָאָם מִלֵּט אֶת־נַפְשֵׁנוּ וְלָכֵן הִנֵּה הַכֶּסֶף
אֲשֶׁר מְשֻׁלָּם לוֹ

12. נְשַׁבְּרָה אֵת מִזְבְּחוֹת הַגּוֹיִם וְסִגְרוּ שַׁעֲרֵי בָּתֵּי אֱלֹהֵיהֶם וַאֲלֵיהֶם נְדַבְּרָה
לֵאמֹר אֵת פְּנֵי יהוה אֱלֹהֵינוּ תְּבַקְשׁוּ וּבְחִנּוֹ תִבְטְחוּ וְאֶת־שְׁמוֹ תְּגַדְּלוּ
וְכִפְּרוּ כֹּהֲנָיו עַל־חַטֹּאתֵיכֶם

28.4. OT Texts

1. הַשָּׂדֶה אֲשֶׁר־קָנָה[1] אַבְרָהָם מֵאֵת בְּנֵי־חֵת° שָׁמָּה קֻבַּר אַבְרָהָם וְשָׂרָה
אִשְׁתּוֹ׃ Gen 25:10

2. כִּי־יִתֵּן[2] אִישׁ אֶל־רֵעֵהוּ[2a] כֶּסֶף אוֹ־כֵלִים לִשְׁמֹר וְגֻנַּב[2b] מִבֵּית הָאִישׁ
אִם־יִמָּצֵא הַגַּנָּב יְשַׁלֵּם שְׁנָיִם׃ Ex 22:6

3. וְאָכַל אַהֲרֹן וּבָנָיו אֶת־בְּשַׂר הָאַיִל וְאֶת־הַלֶּחֶם אֲשֶׁר בַּסָּל[3] פֶּתַח[3a] אֹהֶל
מוֹעֵד׃ וְאָכְלוּ אֹתָם אֲשֶׁר כֻּפַּר בָּהֶם לְמַלֵּא אֶת־יָדָם לְקַדֵּשׁ אֹתָם
Ex 29:32-33

4. וַיְדַבֵּר יְהוָה אֶל־מֹשֶׁה לֵּאמֹר׃ דַּבֵּר אֶל־אַהֲרֹן וְאֶל־בָּנָיו לֵאמֹר זֹאת
תּוֹרַת הַחַטָּאת בִּמְקוֹם אֲשֶׁר תִּשָּׁחֵט[4] הָעֹלָה[4a] תִּשָּׁחֵט הַחַטָּאת לִפְנֵי יְהוָה

----

[1] (he) acquired.
[2] (he) gives; [2a] רֵעַ - companion; [2b] גָּנַב - to steal.
[3] סַל - basket; [3a] entrance.
[4] שָׁחַט - to slaughter; [4a] burnt offering; [4b] אכל (*Niphal*); [4c] חָצֵר - courtyard.

קֹדֶשׁ קָדָשִׁים הִוא׃ הַכֹּהֵן הַמְחַטֵּא אֹתָהּ יֹאכְלֶנָּה בְּמָקוֹם קָדֹשׁ תֵּאָכֵל[4b]
בַּחֲצַר[4c] אֹהֶל מוֹעֵד׃ Lev 6:17-19

5. וְכִפֶּר עָלָיו הַכֹּהֵן בְּאֵיל הָאָשָׁם[5] לִפְנֵי יְהוָה עַל־חַטָּאתוֹ אֲשֶׁר חָטָא
וְנִסְלַח[5a] לוֹ מֵחַטָּאתוֹ אֲשֶׁר חָטָא׃ Lev 19:22

6. וְלֹא־תַחֲנִיפוּ[6] אֶת־הָאָרֶץ אֲשֶׁר אַתֶּם בָּהּ כִּי הַדָּם הוּא יַחֲנִיף[6a] אֶת־הָאָרֶץ
וְלָאָרֶץ לֹא־יְכֻפַּר לַדָּם אֲשֶׁר שֻׁפַּךְ־בָּהּ כִּי־אִם[6b] בְּדַם שֹׁפְכוֹ׃ Num 35:33

7. וַיִּלָּחֲמוּ בְנֵי־יְהוּדָה בִּירוּשָׁלַםִ וַיִּלְכְּדוּ אוֹתָהּ וַיַּכּוּהָ[7] לְפִי־חָרֶב וְאֶת־הָעִיר
שִׁלְּחוּ בָאֵשׁ׃ וְאַחַר יָרְדוּ בְּנֵי יְהוּדָה לְהִלָּחֵם בַּכְּנַעֲנִי° יוֹשֵׁב הָהָר
וְהַנֶּגֶב° וְהַשְּׁפֵלָה°׃ Jg 1:8-9

8. וְהַמַּלְאָךְ אֲשֶׁר־הָלַךְ לִקְרֹא מִיכָיְהוּ° דִּבֶּר אֵלָיו לֵאמֹר הִנֵּה־נָא דִּבְרֵי
הַנְּבִיאִים פֶּה־אֶחָד טוֹב אֶל־הַמֶּלֶךְ יְהִי[8]־נָא דְבָרְךָ כִּדְבַר אַחַד מֵהֶם וְדִבַּרְתָּ
טּוֹב׃ 1 Kings 22:13

9. וְיֵהוּא° יָצָא אֶל־עַבְדֵי אֲדֹנָיו וַיֹּאמֶר לוֹ הֲשָׁלוֹם מַדּוּעַ[9] בָּא[9a]־הַמְשֻׁגָּע[9b]
הַזֶּה אֵלֶיךָ וַיֹּאמֶר אֲלֵיהֶם אַתֶּם יְדַעְתֶּם אֶת־הָאִישׁ וְאֶת־שִׂיחוֹ[9c]׃
2 Kings 9:11

10. בַּיָּמִים הָהֵם וּבָעֵת הַהִיא נְאֻם־יְהוָה יְבֻקַּשׁ אֶת־עֲוֺן יִשְׂרָאֵל וְאֵינֶנּוּ
וְאֶת־חַטֹּאת יְהוּדָה וְלֹא תִמָּצֶאינָה כִּי אֶסְלַח[5a] לַאֲשֶׁר אַשְׁאִיר[10]׃ Jer 50:20

11. וַיְבֻקַּשׁ הַדָּבָר וַיִּמָּצֵא וַיִּתָּלוּ[11] שְׁנֵיהֶם עַל־עֵץ וַיִּכָּתֵב בְּסֵפֶר דִּבְרֵי הַיָּמִים
לִפְנֵי הַמֶּלֶךְ׃ Esth 2:23

----

[5] guilt/reparation offering; [5a] סָלַח - to forgive.

[6] you shall defile/pollute; [6a] (it) defiles; [6b] except.

[7] וַיַּכּוּ - and they struck/destroyed.

[8] let (it) be.

[9] why; [9a] (he) came; [9b] שׁגע - to be mad/crazy; [9c] שִׂיחַ - talk/idea(s).

[10] I cause to be left/allow to survive.

[11] so (they) were hanged.

12.
שִׁירוּ[12] לַיהוָה כָּל־הָאָרֶץ בַּשְּׂרוּ[12a] מִיּוֹם־אֶל־יוֹם יְשׁוּעָתוֹ: סַפְּרוּ

בַגּוֹיִם אֶת־כְּבוֹדוֹ בְּכָל־הָעַמִּים נִפְלְאֹתָיו[12b]: כִּי גָדוֹל יְהוָה וּמְהֻלָּל מְאֹד

וְנוֹרָא[12c] הוּא עַל־כָּל־אֱלֹהִים: 1 Chr 16:23-25

Cf.: Gen 3:23, 37:15, 40:15, 44:3; Ex 38:21; Lev 5:16; Deut 31:16; 2 Kings 7:13; Hos 11:2.

28.5. Deuteronomy 9:21-29

21 וְאֶת־חַטַּאתְכֶם אֲשֶׁר־עֲשִׂיתֶם[13] אֶת־הָעֵגֶל[13a] לָקַחְתִּי וָאֶשְׂרֹף אֹתוֹ בָּאֵשׁ
וָאֶכֹּת[13b] אֹתוֹ טָחוֹן[13c] הֵיטֵב[13d] עַד אֲשֶׁר־דַּק[13e] לְעָפָר[13f] וָאַשְׁלִךְ[13g]
אֶת־עֲפָרוֹ אֶל־הַנַּחַל הַיֹּרֵד מִן־הָהָר:

22 וּבְתַבְעֵרָה וּבְמַסָּה וּבְקִבְרֹת הַתַּאֲוָה מַקְצִפִים[14] הֱיִיתֶם[14a] אֶת־יְהוָה:

23 וּבִשְׁלֹחַ יְהוָה אֶתְכֶם מִקָּדֵשׁ בַּרְנֵעַ לֵאמֹר עֲלוּ[15] וּרְשׁוּ[15a] אֶת־הָאָרֶץ אֲשֶׁר
נָתַתִּי לָכֶם וַתַּמְרוּ[15b] אֶת־פִּי יְהוָה אֱלֹהֵיכֶם וְלֹא הֶאֱמַנְתֶּם[15c] לוֹ וְלֹא
שְׁמַעְתֶּם בְּקֹלוֹ:

24 מַמְרִים[16] הֱיִיתֶם עִם־יְהוָה מִיּוֹם דַּעְתִּי אֶתְכֶם:

25 וָאֶתְנַפַּל[17] לִפְנֵי יְהוָה אֵת אַרְבָּעִים הַיּוֹם וְאֶת־אַרְבָּעִים הַלַּיְלָה אֲשֶׁר
הִתְנַפָּלְתִּי[17] כִּי־אָמַר יְהוָה לְהַשְׁמִיד[17a] אֶתְכֶם:

----

[12] sing;   [12a] בשׂר - to announce/herald;   [12b] פלא (Niphal) - to be wonderful/amazing;
[12c] fearful/awesome.

[13] you had produced;   [13a] עֵגֶל - calf;   [13b] and I crushed;   [13c] טָחַן - to grind;
[13d] thoroughly;   [13e] דַּק - it became fine;   [13f] עָפָר - dust;   [13g] then I threw.

[14] מַקְצִפִים - making angry (mp Hiph ptc, קָצַף);   [14a] הֱיִיתֶם - you were (2mp Qal pf, הָיָה).

[15] go up;   [15a] and possess;   [15b] you rebelled against;   [15c] you believed.

[16] מַמְרִים הֱיִיתֶם - you have been rebelling;   [16a] דַּעַת - 'to know' (Qal inf cons, יָדַע).

[17] I threw myself down (1cs Hith pret, נָפַל);   [17a] הַשְׁמִיד - 'to destroy' (Hiph inf cons, שׁמד).

136

26 וָאֶתְפַּלֵּל[18] אֶל־יְהוָה וָאֹמַר[18a] אֲדֹנָי יְהוִה אַל־תַּשְׁחֵת[18b] עַמְּךָ וְנַחֲלָתְךָ[18c] אֲשֶׁר פָּדִיתָ[18d] בְּגָדְלֶךָ[18e] אֲשֶׁר־הוֹצֵאתָ[18f] מִמִּצְרַיִם בְּיָד חֲזָקָה[18g]:

27 זְכֹר לַעֲבָדֶיךָ לְאַבְרָהָם לְיִצְחָק וּלְיַעֲקֹב אַל־תֵּפֶן[19] אֶל־קְשִׁי[19a] הָעָם הַזֶּה וְאֶל־רִשְׁעוֹ[19b] וְאֶל־חַטָּאתוֹ:

28 פֶּן־יֹאמְרוּ[20] הָאָרֶץ אֲשֶׁר הוֹצֵאתָנוּ[18f] מִשָּׁם מִבְּלִי[20a] יְכֹלֶת[20b] יְהוָה לַהֲבִיאָם[20c] אֶל־הָאָרֶץ אֲשֶׁר־דִּבֶּר לָהֶם וּמִשִּׂנְאָתוֹ[20d] אוֹתָם הוֹצִיאָם[20e] לַהֲמִתָם[20f] בַּמִּדְבָּר:

29 וְהֵם עַמְּךָ וְנַחֲלָתֶךָ[18c] אֲשֶׁר הוֹצֵאתָ[18f] בְּכֹחֲךָ הַגָּדֹל וּבִזְרֹעֲךָ[21] הַנְּטוּיָה[21a]:

28.6. Psalm 19:11-15

11 הַנֶּחֱמָדִים[22] מִזָּהָב וּמִפַּז[22a] רָב וּמְתוּקִים[22b] מִדְּבַשׁ[22c] וְנֹפֶת[22d] צוּפִים[22e]:

12 גַּם־עַבְדְּךָ נִזְהָר[23] בָּהֶם בְּשָׁמְרָם עֵקֶב[23a] רָב:

13 שְׁגִיאוֹת[24] מִי־יָבִין[24a] מִנִּסְתָּרוֹת נַקֵּנִי[24b]:

---

[18] so I prayed;   [18a] and I said;   [18b] תַּשְׁחֵת - may you destroy;   [18c] נַחֲלָה - possession;   [18d] you ransomed;   [18e] גֹּדֶל - greatness;   [18f] הוֹצֵאתָ - you brought out;   [18g] חָזָק - strong.

[19] תֵּפֶן - may you pay attention (*2ms Qal juss*, פָּנָה);   [19a] stubborness;   [19b] רֶשַׁע - wickedness.

[20] יֹאמְרוּ - they say;   [20a] בְּלִי - not;   [20b] to be able;   [20c] הֵבִיא - 'to bring in';   [20d] שִׂנְאָה - hatred;   [20e] הוֹצִיא - he brought out;   [20f] הֵמִית - 'to put to death'.

[21] זְרוֹעַ - arm;   [21a] נָטוּי - stretched out.

[22] חָמַד - to desire;   [22a] פַּז - refined gold;   [22b] מָתוֹק - sweet;   [22c] דְּבַשׁ - honey;   [22d] נֹפֶת - (fresh?) honey;   [22e] flowing.

[23] זהר - to warn;   [23a] reward.

[24] שְׁגִיאָה - error;   [24a] יָבִין - (he) can discern;   [24b] acquit me, purify me.

14 גַּם מִזֵּדִים^{25} חֲשֹׂךְ^{25a} עַבְדֶּךָ אַל־יִמְשְׁלוּ^{25b}־בִי אָז אֵיתָם^{25c} וְנִקֵּיתִי^{25d} מִפֶּשַׁע^{25e} רָב:

15 יִהְיוּ^{26} לְרָצוֹן^{26a} אִמְרֵי^{26b}־פִי וְהֶגְיוֹן^{26c} לִבִּי לְפָנֶיךָ יְהוָה צוּרִי^{26d} וְגֹאֲלִי:

----

^{25} זֵד - presumptuous; ^{25a} חָשַׂךְ - to withhold; ^{25b} מָשַׁל - to rule; ^{25c} I shall have integrity, be innocent; ^{25d} and I shall be acquitted, purified; ^{25e} פֶּשַׁע - transgression.
^{26} may (they) be; ^{26a} רָצוֹן - favour; ^{26b} אֵמֶר - word; ^{26c} הִגָּיוֹן - meditation; ^{26d} צוּר - rock.

Chapter 29

29.1. Parse and Translate

1. הִתְהַלְכוּ	2. הִזָּכְרוּ	3. הִתְפַּלְלָה
4. קַדְּשׁ֫וּנִי	5. הִטַּמְּאָם	6. לָקַ֫חַתְּ
7. מְלַמְּדָיו	8. מִתְהַלֶּ֫כֶת	9. וַנְּכַפֵּר
10. הַמָּצוֹא	11. נִכְתְּבוּ	12. הִתְחַנַּ֫נְתִּי
13. לִמְּדוּ	14. טָמְאוּ	15. יִתְהַלְּלוּ
16. מִתְקַדְּשֶׁ֫יהָ	17. נָתַ֫נּוּ	18. וַתִּתְחַנְּנִי
19. לִמַּ֫דְנוּ	20. לְהִשְׁתַּמְּ֫רֵנוּ	21. אֶתְפַּלֵּל
22. תִּשָּׁמַע	23. שַׁלְּמֵ֫הוּ	24. הִנָּבְאוּ
25. מְטַמֵּא	26. יְסֻפְּרוּ	27. הִתְהַלֶּ֫כְךָ
28. נִשְׁבָּרִים	29. סֻפְּרָה	30. הִתְקַבֵּ֫צְנָה

29.2. Translate

1. הִתְקַדְּשׁוּ לֵאלֹהִים הַיּוֹם וּבַקְּשׁ֫וּהוּ
2. הִתְנַבֵּא בֶן־אָדָם עַל־הַגּוֹי הַמִּתְגַּדֵּל הַזֶּה
3. יִתְקַבְּצוּ הָעָם וְלִמְּדָם אֵת חֻקֵּי אֱלֹהֵיהֶם
4. וַיְשַׁכֵּן אֵת שְׁנֵי הַכְּרוּבִים בְּתוֹךְ הַהֵיכָל
5. וַיְהִי אַחַר הַיָּמִים הָהֵם וַיִּתְחַבֵּא לְהִסְתַּתֵּר בַּנֶּ֫גֶב
6. וַיְהִי בְּהִתְקַדְּשָׁם וַיִּתְפַּלְלוּ אֶל־יהוה וַיִּשְׁמָעֵם

7. אַל־תִּטַּמְּאוּ בְּתוֹךְ הָרְשָׁעִים הָאֵלֶּה אֲשֶׁר יִתְנַשְּׂאוּ

8. לֹא יִשְׁתַּמְּרוּ מֵעֲוֺנָם אִם יִבְטְחוּ בְּכֹחָם וְהִתְכַּבְּדוּ

9. וַיְהִי בְּכָל־חַצְרֵי יִשְׂרָאֵל וַיִּתְפַּלְלוּ עַל־בְּנֵיהֶם

10. וְהָיָה בְּהִשְׁתַּכַּח שְׁנֵי הַטּוֹבָה וְהִתְחַנַּנְתֶּם אֶל־מַלְכְּכֶם

11. אַל־תִּתְהַלְלוּ בְּצִדְקְכֶם כִּי אֵת יהוה תְּהַלְלוּ

12. וְהָיָה בְּהִתְחַנְּנָם אֵלָיו וְנָשְׂאוּ תְּפִלָּה עַל־עִירָם

29.3. Translate

1. שַׂמְּחֵנִי יהוה וְשָׁמְרָה אֵת נַפְשִׁי מַלֵּא אֵת לִבִּי שִׂמְחָה לְפָנֶיךָ וְזָכְרֵנִי לְמַעַן
אֲהַלֶּלְךָ בַּקָּהָל וְסִפַּרְתִּי אֶת־כֹּחֲךָ בְּאָהָלְךָ

2. הִנֵּה אֲנָשִׁים רַבִּים מִתְקַבְּצִים עַל־הָרֵי יִשְׂרָאֵל וְהֵם מְבַקְשִׁים לִתְפֹּשׂ אֵת
עִירְךָ כִּי נִשְׁבּוֹעַ נִשְׁבְּעוּ לְהִלָּחֵם בְּיֹשְׁבֶיהָ

3. וַיִּטַּמְּאוּ הַכֹּהֲנִים בְּזִבְחֵי תּוֹעֲבָתָם אֲשֶׁר יְקַדְּשׁוּם לְזַבְּחָם לֵאלֹהִים חֲדָשִׁים
לָכֵן לֹא יְדָעָם יהוה וְלֹא נִדְרַשׁ מֵהֶם בְּהִתְפַּלְלָם אֵלָיו

4. וַיִּתְקַבְּצוּ אַנְשֵׁי הַמֶּלֶךְ לְהִתְהַלְּכָם בְּשִׁבְטֵי יִשְׂרָאֵל לְבַקֵּשׁ מַיִם לַבָּקָר
וְלַצֹּאן בָּרָעָב וְלֹא יִמָּצְאוּ מַיִם כִּי כָבֵד הָרָעָב בְּכָל־הָאֲרָצוֹת

5. וַיְדַבְּרוּ הַשָּׂרִים אֲלֵיהֶם לֵאמֹר הִתְקַדְּשׁוּ לַיהוה אֱלֹהֵיכֶם וְשָׁמוֹעַ לְקוֹלוֹ
וְתִתְחַנְּנוּ אֵלָיו כִּי יֵרֵד הוּא הַיּוֹם לְעֵינֵיכֶם עַל־הָהָר הַזֶּה

6. הַכֹּל נִשְׁמַע אֶת־הָאֱלֹהִים תִּירָא וּבְיִרְאָתוֹ תִּתְהַלֵּךְ שְׁמֹר אֶת־מִצְוֹתָיו
וְהִשְׁתַּמֵּר מֵרַע כִּי זֶה טוֹב וְיָשָׁר לָאָדָם וְכָל־מְלֶאכֶת אִישׁ תִּשָּׁפֵט

7. אֵין לָנוּ כֶּסֶף כִּי לְקָחֻהוּ אֹיְבֵינוּ אֲשֶׁר נִסְתַּרְנוּ מֵהֶם וַיִּתְגַּדְּלוּ עָלֵינוּ וְגַם
נִלְקַח לַחְמֵנוּ מִמֶּנּוּ וַאֲנַחְנוּ נִשְׁאַרְנוּ כַּעֲבָדִים בְּאֶרֶץ אֲבוֹתֵינוּ

8. וְהָיָה בְּהִתְקַבֵּץ אַנְשֵׁי הָעֵדָה עַל־שְׂפַת הַנָּהָר וְשָׂמוֹחַ יִשְׂמְחוּ וְכִבְּדוּ אֵת
יהוה וְהָלְכוּ הָעִירָה בְּשָׁלוֹם כִּי לֹא נִשְׁאֲרוּ אֹיְבֵיהֶם עוֹד בְּתוֹכָם

9. וַיְהִי אַחֲרֵי הַדְּבָרִים הָאֵלֶּה וַיְדַבֵּר יהוה עוֹד לָאֹיֵב לֵאמֹר אַתָּה לָמָּה
הִתְהַלַּכְתָּ בָּאָרֶץ וַיְדַבֶּר־הָאֹיֵב אָנֹכִי מִתְהַלֵּךְ בָּאָרֶץ לִמְצֹא אִישׁ צַדִּיק
בַּעֲבוּר רָדְפוֹ

10. הִתְנַשְּׂאָה הַמַּמְלָכָה עַל־כָּל־הַגּוֹיִם יַעַן צִדְקַת מַלְכָּהּ וַיְהִי בְמוֹתוֹ וַיִּשְׁכַּח
יהוה לְבִלְתִּי הַלֵּךְ הָעָם עוֹד כְּמִשְׁפָּטָיו וַיִּשְׁכָּחֵם שָׁכוֹחַ גַּם הוּא וַיִּכָּרֵתוּ
לִפְנֵי רֹב אֹיְבֵיהֶם הַנִּלְחָמִים בָּם

11. הָרְשָׁעִים מִתְגַּדְּלִים בְּחַטָּאתָם עַל־הַצַּדִּיקִים וְיוֹשְׁבֵי הַחֹשֶׁךְ מִתְהַלְלִים
בְּכֹחַ חֵילָם עַל־בְּנֵי הָאוֹר וְהֵמָּה לֹא יָדְעוּ כִּי יהוה בְּתוֹךְ הַצַּדִּיקִים לְמַלְּטֵם

12. וַיְהִי בְּהִתְנַבֵּא הַנְּבִיאִים נֶגֶד שְׁנֵי הַמְּלָכִים וְהֵם יֹשְׁבִים שְׁנֵיהֶם לִפְנֵי
הַמִּתְנַבְּאִים עַל־כִּסְאוֹתֵיהֶם וַיְדַבֵּר אַחַד הַמְּלָכִים אֶל־אָחִיו לֵאמֹר הֲיֵשׁ פֹּה
עוֹד נָבִיא לַיהוה דָּרְשֶׁנּוּ־נָא וְיִקָּרֵא לְמַעַן אֶשְׁמָעֵהוּ וְיָדַעְתִּי אֵת דְּבָרָיו

29.4. OT Texts

1. אַל־תִּטַּמְּאוּ בְּכָל־אֵלֶּה כִּי בְכָל־אֵלֶּה נִטְמְאוּ הַגּוֹיִם אֲשֶׁר־אֲנִי מְשַׁלֵּחַ
מִפְּנֵיכֶם׃ Lev 18:24

2. וַיִּשָּׁאֲרוּ שְׁנֵי־אֲנָשִׁים בַּמַּחֲנֶה שֵׁם הָאֶחָד אֶלְדָּד° וְשֵׁם הַשֵּׁנִי מֵידָד° וַתָּנַח[1]
עֲלֵיהֶם הָרוּחַ וְהֵמָּה בַּכְּתֻבִים וְלֹא יָצְאוּ הָאֹהֱלָה וַיִּתְנַבְּאוּ בַּמַּחֲנֶה׃
Num 11:26

3. וְאִישׁ אֲשֶׁר־יִטְמָא וְלֹא יִתְחַטָּא וְנִכְרְתָה הַנֶּפֶשׁ הַהִוא מִתּוֹךְ הַקָּהָל כִּי
אֶת־מִקְדַּשׁ[2] יְהוָה טִמֵּא מֵי נִדָּה[2a] לֹא־זֹרַק[2b] עָלָיו טָמֵא הוּא׃ Num 19:20

4. וְעַתָּה כִּתְבוּ לָכֶם אֶת־הַשִּׁירָה[3] הַזֹּאת וְלַמְּדָהּ אֶת־בְּנֵי־יִשְׂרָאֵל שִׂימָהּ[3a]
בְּפִיהֶם . . . : וַיִּכְתֹּב מֹשֶׁה אֶת־הַשִּׁירָה הַזֹּאת בַּיּוֹם הַהוּא וַיְלַמְּדָהּ
אֶת־בְּנֵי יִשְׂרָאֵל׃ Deut 31:19,22

----

[1] and (it) rested.

[2] מִקְדָּשׁ - sanctuary; [2a] impurity/defilement; [2b] זרק (*Pual*) - to be sprinkled.

[3] song; [3a] שִׂים - place/establish (*imperative*).

5. וַיֹּאמֶר שְׁמוּאֵל קִבְצוּ אֶת־כָּל־יִשְׂרָאֵל הַמִּצְפָּֽתָה° וְאֶתְפַּלֵּל בַּעַדְכֶם⁴
אֶל־יְהוָֽה: . . . . וַיִּשְׁמְעוּ פְלִשְׁתִּים° כִּֽי־הִתְקַבְּצוּ בְנֵֽי־יִשְׂרָאֵל הַמִּצְפָּתָה
וַיַּעֲלוּ⁴ᵃ סַרְנֵֽי⁴ᵇ־פְלִשְׁתִּים אֶל־יִשְׂרָאֵל וַיִּשְׁמְעוּ בְּנֵי יִשְׂרָאֵל וַיִּֽרְאוּ מִפְּנֵי
פְלִשְׁתִּֽים: 1 Sam 7:5,7

6. וְאַתֶּם הַיּוֹם מְאַסְתֶּם⁵ אֶת־אֱלֹהֵיכֶם אֲשֶׁר־הוּא מוֹשִׁיעַ⁵ᵃ לָכֶם
מִכָּל־רָעוֹתֵיכֶם וְצָרֹֽתֵיכֶם וַתֹּאמְרוּ⁵ᵇ לוֹ כִּי־מֶלֶךְ תָּשִׂים⁵ᶜ עָלֵינוּ וְעַתָּה
הִתְיַצְּבוּ⁵ᵈ לִפְנֵי יְהוָה לְשִׁבְטֵיכֶם וּלְאַלְפֵיכֶֽם: 1 Sam 10:19

7. וְעַתָּה הִנֵּה הַמֶּלֶךְ מִתְהַלֵּךְ לִפְנֵיכֶם וַאֲנִי זָקַנְתִּי וָשַׂבְתִּי⁶ וּבָנַי הִנָּם אִתְּכֶם
וַאֲנִי הִתְהַלַּכְתִּי לִפְנֵיכֶם מִנְּעֻרַי⁶ᵃ עַד־הַיּוֹם הַזֶּֽה: 1 Sam 12:2

8. וַיֹּאמְרוּ כָל־הָעָם אֶל־שְׁמוּאֵל הִתְפַּלֵּל בְּעַד־עֲבָדֶיךָ אֶל־יְהוָה אֱלֹהֶיךָ
וְאַל־נָמוּת⁷ כִּֽי־יָסַפְנוּ⁷ᵃ עַל־כָּל־חַטֹּאתֵינוּ רָעָה לִשְׁאֹל לָנוּ מֶֽלֶךְ:
1 Sam 12:19

9. וַיֹּאמֶר אַחְאָב° אֶל־אֵלִיָּהוּ° הַֽמְצָאתַנִי אֹיְבִי וַיֹּאמֶר מָצָאתִי יַעַן הִתְמַכֶּרְךָ
לַעֲשׂוֹת⁸ הָרַע בְּעֵינֵי יְהוָֽה: 1 Kings 21:20

10. וּמֶלֶךְ יִשְׂרָאֵל וִיהוֹשָׁפָט° מֶֽלֶךְ־יְהוּדָה יֹשְׁבִים אִישׁ עַל־כִּסְאוֹ מְלֻבָּשִׁים⁹
בְּגָדִים⁹ᵃ בְּגֹרֶן⁹ᵇ פֶּתַח⁹ᶜ שַׁעַר שֹׁמְרוֹן° וְכָל־הַנְּבִיאִים מִֽתְנַבְּאִים לִפְנֵיהֶֽם:
1 Kings 22:10

11. וַיֹּאמֶר מֶֽלֶךְ־יִשְׂרָאֵל אֶל־יְהוֹשָׁפָט הֲלוֹא אָמַרְתִּי אֵלֶיךָ לֽוֹא־יִתְנַבֵּא עָלַי
טוֹב כִּי אִם¹⁰־רָֽע: 1 Kings 22:18

----

⁴ בַּעַד - for/on behalf of; ⁴ᵃ so (they) went up; ⁴ᵇ סֶרֶן - lord/ruler.
⁵ מָאַס - to reject; ⁵ᵃ saviour/deliverer; ⁵ᵇ and you have said; ⁵ᶜ you must set;
⁵ᵈ יצב (Hith) - to stand/position oneself.
⁶ I have become aged/grey-haired; ⁶ᵃ נְעוּרִים - youth.
⁷ let us die; ⁷ᵃ יָסַף - to add.
⁸ to do.
⁹ לָבֵשׁ - to be clothed/wear; ⁹ᵃ בֶּגֶד - garment; ⁹ᵇ גֹּרֶן - threshing-floor; ⁹ᶜ entrance.
¹⁰ כִּי אִם - but (rather).

12. וַיִּשְׁלַח יְשַׁעְיָהוּ° בֶן־אָמוֹץ אֶל־חִזְקִיָּהוּ° לֵאמֹר כֹּה־אָמַר יְהוָה אֱלֹהֵי
יִשְׂרָאֵל אֲשֶׁר הִתְפַּלַּלְתָּ אֵלַי אֶל־סַנְחֵרִב° מֶלֶךְ־אַשּׁוּר° שָׁמָעְתִּי׃

2 Kings 19:20

Cf.: Gen 3:8, 6:9, 23:13, 24:40; Lev 11:44; Num 6:7; Deut 4:21, 14:23; Josh 9:2; 1 Sam 1:27, 2:30, 14:22, 19:21, 20:29; 2 Kings 20:5; 2 Chr 29:5.

29.5. Deuteronomy 10:1-10

1 בָּעֵת• הַהִוא אָמַר יְהוָה אֵלַי פְּסָל[11]־לְךָ שְׁנֵי־לוּחֹת• אֲבָנִים כָּרִאשֹׁנִים•
וַעֲלֵה[11a] אֵלַי הָהָרָה וְעָשִׂיתָ[11b] לְּךָ אֲרוֹן[11c] עֵץ׃

2 וְאֶכְתֹּב עַל־הַלֻּחֹת• אֶת־הַדְּבָרִים אֲשֶׁר הָיוּ[12] עַל־הַלֻּחֹת הָרִאשֹׁנִים• אֲשֶׁר
שִׁבַּרְתָּ וְשַׂמְתָּם[12a] בָּאָרוֹן[11c]׃

3 וָאַעַשׂ[13] אֲרוֹן עֲצֵי שִׁטִּים[13a] וָאֶפְסֹל[11] שְׁנֵי־לֻחֹת אֲבָנִים כָּרִאשֹׁנִים
וָאַעַל[13b] הָהָרָה וּשְׁנֵי הַלֻּחֹת בְּיָדִי׃

4 וַיִּכְתֹּב עַל־הַלֻּחֹת כַּמִּכְתָּב[14] הָרִאשׁוֹן אֵת עֲשֶׂרֶת הַדְּבָרִים אֲשֶׁר דִּבֶּר יְהוָה
אֲלֵיכֶם בָּהָר מִתּוֹךְ הָאֵשׁ בְּיוֹם הַקָּהָל וַיִּתְּנֵם[14a] יְהוָה אֵלָי׃

5 וָאֵפֶן[15] וָאֵרֵד מִן־הָהָר וָאָשִׂם[15a] אֶת־הַלֻּחֹת בָּאָרוֹן אֲשֶׁר עָשִׂיתִי[15b]
וַיִּהְיוּ[15c] שָׁם כַּאֲשֶׁר צִוַּנִי[15d] יְהוָה׃

6 וּבְנֵי יִשְׂרָאֵל נָסְעוּ מִבְּאֵרֹת בְּנֵי־יַעֲקָן° מוֹסֵרָה° שָׁם מֵת[16] אַהֲרֹן° וַיִּקָּבֵר
שָׁם וַיְכַהֵן[16a] אֶלְעָזָר° בְּנוֹ תַּחְתָּיו׃

7 מִשָּׁם נָסְעוּ הַגֻּדְגֹּדָה° וּמִן־הַגֻּדְגֹּדָה יָטְבָתָה° אֶרֶץ נַחֲלֵי• מָיִם׃

----

[11] פָּסַל - to cut out; [11a] and go up; [11b] you are to make; [11c] אֲרוֹן - ark.
[12] (they) were (*3cp Qal pf*, הָיָה); [12a] וְשַׂמְתָּ - and you are to put (*2ms Qal wc + pf*, שִׂים).
[13] so I made (*1cs Qal pret*, עָשָׂה); [13a] acacias; [13b] then I went up.
[14] מִכְתָּב - writing; [14a] וַיִּתֵּן - and (he) gave (*3ms Qal pret*, נָתַן).
[15] וָאֵפֶן וָאֵרֵד - then I turned and went down; [15a] and I placed; [15b] I had made; [15c] and they were; [15d] (he) commanded me.
[16] (he) died; [16a] כהן (*Piel*) - to serve as a priest.

8 בָּעֵת˙ הַהִוא הִבְדִּיל[17] יְהוָה אֶת־שֵׁבֶט הַלֵּוִי° לָשֵׂאת[17a] אֶת־אֲרוֹן
בְּרִית־יְהוָה לַעֲמֹד[17b] לִפְנֵי יְהוָה לְשָׁרְתוֹ[17c] וּלְבָרֵךְ[17d] בִּשְׁמוֹ עַד הַיּוֹם
הַזֶּה׃

9 עַל־כֵּן˙ לֹא־הָיָה[18] לְלֵוִי° חֵלֶק[18a] וְנַחֲלָה˙ עִם־אֶחָיו יְהוָה הוּא נַחֲלָתוֹ
כַּאֲשֶׁר דִּבֶּר יְהוָה אֱלֹהֶיךָ לוֹ׃

10 וְאָנֹכִי עָמַדְתִּי[17b] בָהָר כַּיָּמִים הָרִאשֹׁנִים˙ אַרְבָּעִים יוֹם וְאַרְבָּעִים לָיְלָה
וַיִּשְׁמַע יְהוָה אֵלַי גַּם בַּפַּעַם[19] הַהִוא לֹא־אָבָה[19a] יְהוָה הַשְׁחִיתֶךָ[19b]׃

29.6. Psalm 113:1-4

1 הַלְלוּ יָהּ° הַלְלוּ עַבְדֵי יְהוָה הַלְלוּ אֶת־שֵׁם יְהוָה׃

2 יְהִי[20] שֵׁם יְהוָה מְבֹרָךְ[20a] מֵעַתָּה וְעַד־עוֹלָם׃

3 מִמִּזְרַח[21]-שֶׁמֶשׁ˙ עַד־מְבוֹאוֹ[21a] מְהֻלָּל שֵׁם יְהוָה׃

4 רָם[22] עַל־כָּל־גּוֹיִם יְהוָה עַל הַשָּׁמַיִם כְּבוֹדוֹ׃

----

[17] (he) separated; [17a] שֵׂאת - ‘to carry’ (*Qal inf cons*, נָשָׂא); [17b] עֲמֹד - to stand; [17c] שָׁרֵת - ‘to serve’ (*Piel inf cons*, שׁרת); [17d] בָּרֵךְ - ‘to bless’ (*Piel inf cons*, ברך).

[18] there was; [18a] a share.

[19] פַּעַם - occasion; [19a] (he) wished; [19b] הַשְׁחִית - ‘to destroy’ (*Hiph inf cons*, שׁחת).

[20] may (it) be; [20a] blessed.

[21] מִזְרָח - rising; [21a] מָבוֹא - setting, entry.

[22] exalted.

Chapter 30

30.1. Parse and Translate

1. מַגְדִּילָיו
2. הִקְטַרְתָּ
3. וַיִּבְטַח
4. הִסְתִּירֵנוּ
5. נַזְכִּירָה
6. יַרְכִּיבוּהוּ
7. נִמְצְאָה
8. הִסְגַּרְתִּי
9. הַלְבִּישׁוּם
10. וַתַּכְרִיתֵן
11. יַקְדֵּשׁ
12. נַשְׁלִיךְ
13. מַקְרִיבָה
14. הִזְכִּירוּ
15. תַּפְקִידוּ
16. הַשְׁמֵד
17. וַנַּכְבֵּדְנָה
18. הַשְׁבִּיתִי
19. הִלְבַּשְׁתֶּן
20. וַתַּגְדֵּל
21. תַּשְׁחִיתוּם
22. הִשְׁבַּעְנוּ
23. הַזְכִּירִי
24. יַמְלִיכֵהוּ
25. מַשְׁמִיעֵינוּ
26. הִשְׁלַכְתְּ
27. הַשְׁאֵר
28. וַתַּסְתֵּרְנָה
29. הַגְדִּילוֹ
30. הִשְׁכַּבְנוּ

30.2. Translate

1. אַקְדִּישֵׁם בְּהַקְרִיבָם לִי אֵת זִבְחֵיהֶם
2. הַשְׁלֵךְ תַּשְׁלִיכוּ אֵת הַחֶרֶב מֵעַל הַצּוּר
3. לֹא הִשְׁבַּתִּי אֶת־נְעָרֶיךָ מֵהַמְּלָאכָה
4. וַיַּשְׁמִידוּ כָל־זָכָר לֹא הִשְׁאִירוּ גַּם אֶחָד
5. יַגְדִּיל אֶת־עַבְדּוֹ וְהִזְכִּיר אֵת שֵׁם־בְּכוֹרוֹ
6. הַלְבֵּשׁ אֶת־עַמֵּנוּ צְדָקָה וְהִשְׂמַחְתָּם בְּחַסְדֶּךָ

7. יַרְכֵּב מַלְאָךְ עַל־סוּסִי וַיִּשְׁמַע אֵת הַדָּבָר

8. הִמְלִיכוּ נַעַר וַיַּכְבִּידוּ אֵת יָדָם עַל־עַם־הָאָרֶץ

9. הַשְׁבַּע אֵת הָאֲנָשִׁים הָאֵלֶּה וְהִשְׁכַּנְתָּם עִמָּנוּ

10. לֹא הִסְתַּרְתִּי אֵת חַטָּאתִי מִמְּךָ פֶּן־תַּכְרִיתֵנִי מִלְּפָנֶיךָ

11. אַל־תַּבְטִיחִים בַּעֲצוֹת הַחֹטְאִים הַמַּקְטִירִים לֵאלֹהֵיהֶם

12. וְהָיָה בְּהַשְׁלִיכוֹ אֶת־תּוֹרָתִי אַחֲרָיו וְהִשְׁחִית אֵת דְּרָכָיו

30.3. Translate

1. וַיַּשְׁכֵּב אֹתוֹ בְּקֶבֶר אֲבוֹתָיו וַיְהִי אַחֲרֵי הַשְׁכִּיבוֹ אֵת אָבִיו וַיַּמְלִיכֻהוּ
עַם־הָאָרֶץ תַּחְתָּיו עַל־כִּסֵּא הַמַּמְלָכָה

2. הַשְׁבֵּעַ נַשְׁבִּיעָה אֹתָם בַּיהוה לֵאמֹר לֹא תַקְרִיבוּ עָלֵינוּ לָרַע וְלֹא תַשְׁחִיתוּ
אֵת חַצְרוֹתֵינוּ כִּי יַשְׁמִיד יהוה אֶת־מַשְׁמִידֵינוּ

3. גְּדוֹלוֹת תְּסֻפַּרְנָה עָלַיִךְ יְרוּשָׁלַיִם עִיר אֱלֹהֵינוּ וּבָךְ יְכֻפְּרוּ עֲוֹנוֹת כֹּל
הַמַּמְלָכוֹת בְּהַשְׁמִיעוֹ אֶת־יְשׁוּעָתוֹ בְּיַד מְשִׁיחוֹ

4. וַיִּרְכַּב לְבַקֵּשׁ אֶת־סוּסֵי מִשְׁפַּחְתּוֹ וַיַּשְׁאִירֵם אֱלֹהָיו בַּמִּדְבָּר וַיַּמְצִיא אֹתָם
שָׁם כִּי הִתְחַנֵּן אֵלָיו בְּלֵב מְקֻדָּשׁ וּבְרוּחַ נִשְׁבָּרָה

5. יְהַלְלוּ אֶת־יהוה מְקֻדָּשָׁיו תָּמִיד וְסִפְּרוּ אֵת מִשְׁפְּטֵי אֲמִתּוֹ כָּל־הַיּוֹם יְדַבְּרוּ
עַל גְּדֹלוֹת כֹּחוֹ בָּעֶרֶב וְהִזְכִּירוּ אֵת חַסְדֵי מְלַמְּדָם בַּבֹּקֶר

6. וַיַּשְׁכַּח הַמֶּלֶךְ אֶת־עַמּוֹ אֵת מִצְוֹת יהוה וַיַּקְטִירוּ עַל־הֶהָרִים וְתַחַת כָּל־עֵץ
גָּדוֹל וְגַם הַשְׁבֵּת הִשְׁבִּיתוּ אֶת־זִבְחֵי יהוה אֲשֶׁר הִקְדִּישָׁם לוֹ

7. וַיַּזְכִּירֵם יהוה לֵאמֹר לֹא תַקְרִיבוּ אֶת־מִנְחוֹתֵיכֶם בְּכָל־מָקוֹם כִּי לְפָנַי
תְּקַדְּשׁוּן לְהַקְטִירָן בַּמָּקוֹם אֲשֶׁר אֲנִי אֶבְחַר בּוֹ לְהַשְׁכִּין אֵת שְׁמִי שָׁם

8. שַׁלֹּחַ תְּשַׁלְּחוּ אֵת הָרָשָׁע מִכֶּם וְלֹא יִשְׁכֹּן בְּתוֹכְכֶם פֶּן־תַּמְשִׁילוּהוּ עֲלֵיכֶם
וְלִמֵּד אֶתְכֶם אֶת־דְּרָכָיו וְהִלַּכְתֶּם בְּחַטֹּאתָיו כִּי הִקְרִיבְךָ יהוה לְהִתְקַדֵּשׁ לוֹ

9. הִנֵּה הַנְּבִיאִים הָאֵלֶּה מַבְטִיחִים אֶת־יֹשְׁבֵי יְרוּשָׁלַםִ בַּעֲצוֹת רָעָה וְהִסְתִּירוּ הַסְתֵּר אֵת מִצְוֹת יהוה מֵהֶם לָכֵן הוּא מַסְתִּיר אֵת פָּנָיו מֵעֵינֵיהֶם וְהִכְרִית הַכְרֵת אֵת זִכְרָם בָּאָרֶץ

10. וַיְהִי אַחֲרֵי הַכְבִּיד יהוה אֵת מִשְׁפָּטָיו עֲלֵיהֶם לְמַעַן הַשְׁמִידָם מֵהָאָרֶץ וַיַּפְקֵד נְבִיאִים צַדִּיקִים כִּלְבּוֹ הַפְקֵד וְהַקְדֵּשׁ לַעֲדָתוֹ וַיַּשְׁלִימוּ אֶת־כֹּל אֲשֶׁר שְׁלָחָם לוֹ

11. וְאַתָּה הִתְנַבֵּא עַל־הָעָם הַהוּא וְנָשָׂאתָ אֶת־שִׁבְטְךָ עַל־פְּנֵי הַיָּם וְדִבַּרְתָּ אֶל־הַמַּיִם לֵאמֹר הִתְקַבְּצוּ מֵי הַיָּם בְּאֹיְבֵי יהוה וְהִשְׁתַּפַּכְתֶּם עֲלֵיהֶם וְלֹא יִתְמַלֵּט מֵהֶם גַּם אִישׁ אֶחָד

12. וַיְהִי בְהִקָּבֵץ הָעָם לִפְנֵי אֱלֹהֵיהֶם וַיִּתְפַּלֵּל שְׁמוּאֵל° אֵלָיו וַיִּשְׁמַע אֶת־קוֹל תְּפִלָּתוֹ אָז יָצָא יהוה כְּגִבּוֹר לְהַשְׁמִיד אֵת צִבְאוֹת מַשְׁחִיתֵיהֶם וַיַּלְבֵּשׁ אֵת נִבְחָרָיו כֹּחַ לַמִּלְחָמָה

30.4. OT Texts

1. כִּי־מַשְׁחִתִים אֲנַחְנוּ אֶת־הַמָּקוֹם הַזֶּה כִּי־גָדְלָה צַעֲקָתָם[1] אֶת־פְּנֵי יְהוָה וַיְשַׁלְּחֵנוּ יְהוָה לְשַׁחֲתָהּ׃ . . . ׃ וַיְהִי בְּשַׁחֵת אֱלֹהִים אֶת־עָרֵי הַכִּכָּר[1a] וַיִּזְכֹּר אֱלֹהִים אֶת־אַבְרָהָם וַיְשַׁלַּח אֶת־לוֹט° מִתּוֹךְ הַהֲפֵכָה בַּהֲפֹךְ[1b] אֶת־הֶעָרִים אֲשֶׁר־יָשַׁב בָּהֵן לוֹט׃ Gen 19:13,29

2. וַיִּקַּח[2] מֹשֶׁה אֶת־עַצְמוֹת[2a] יוֹסֵף עִמּוֹ כִּי הַשְׁבֵּעַ הִשְׁבִּיעַ אֶת־בְּנֵי יִשְׂרָאֵל לֵאמֹר פָּקֹד יִפְקֹד אֱלֹהִים אֶתְכֶם וְהַעֲלִיתֶם[2b] אֶת־עַצְמֹתַי מִזֶּה אִתְּכֶם׃ Ex 13:19

3. וּבְכֹל אֲשֶׁר־אָמַרְתִּי אֲלֵיכֶם תִּשָּׁמֵרוּ וְשֵׁם אֱלֹהִים אֲחֵרִים לֹא תַזְכִּירוּ לֹא יִשָּׁמַע עַל־פִּיךָ׃ Ex 23:13

----

[1] צְעָקָה - outcry; [1a] כִּכָּר - plain; [1b] הֲפֵכָה - overthrow/destruction; הָפַךְ - to overthrow.
[2] (he) took; [2a] עֶצֶם - bone; [2b] and you must bring up.

4. וְהִלְבַּשְׁתָּ אֹתָם אֶת־אַהֲרֹן° אָחִיךָ וְאֶת־בָּנָיו אִתּוֹ וּמָשַׁחְתָּ אֹתָם וּמִלֵּאתָ
אֶת־יָדָם וְקִדַּשְׁתָּ אֹתָם וְכִהֲנוּ[3] לִי׃ Ex 28:41

5. וְאֶל־הָעָם תֹּאמַר• הִתְקַדְּשׁוּ לְמָחָר[4] וַאֲכַלְתֶּם בָּשָׂר כִּי בְּכִיתֶם[4a] בְּאָזְנֵי•
יְהוָה לֵאמֹר מִי יַאֲכִלֵנוּ בָּשָׂר כִּי־טוֹב לָנוּ בְּמִצְרָיִם וְנָתַן יְהוָה לָכֶם בָּשָׂר
וַאֲכַלְתֶּם׃ Num 11:18

6. וְנִקְרַבְתֶּם בַּבֹּקֶר לְשִׁבְטֵיכֶם וְהָיָה הַשֵּׁבֶט אֲשֶׁר־יִלְכְּדֶנּוּ יְהוָה יִקְרַב
לַמִּשְׁפָּחוֹת וְהַמִּשְׁפָּחָה אֲשֶׁר־יִלְכְּדֶנָּה יְהוָה תִּקְרַב לַבָּתִּים וְהַבַּיִת אֲשֶׁר
יִלְכְּדֶנּוּ יְהוָה יִקְרַב לַגְּבָרִים[5]׃ Josh 7:14

7. וַיַּקְרֵב אֶת־מִשְׁפַּחַת יְהוּדָה וַיִּלְכֹּד אֵת מִשְׁפַּחַת הַזַּרְחִי° וַיַּקְרֵב
אֶת־מִשְׁפַּחַת הַזַּרְחִי לַגְּבָרִים[5] וַיִּלָּכֵד זַבְדִּי°׃ Josh 7:17

8. וַיֵּלְכוּ[6] כָל־הָעָם הַגִּלְגָּל° וַיַּמְלִכוּ שָׁם אֶת־שָׁאוּל לִפְנֵי יְהוָה בַּגִּלְגָּל
וַיִּזְבְּחוּ־שָׁם זְבָחִים שְׁלָמִים[6a] לִפְנֵי יְהוָה וַיִּשְׂמַח שָׁם שָׁאוּל וְכָל־אַנְשֵׁי
יִשְׂרָאֵל עַד־מְאֹד׃ 1 Sam 11:15

9. וְלֹא־תַכְרִת אֶת־חַסְדְּךָ מֵעִם בֵּיתִי עַד־עוֹלָם וְלֹא בְּהַכְרִת יְהוָה אֶת־אֹיְבֵי
דָוִד אִישׁ מֵעַל פְּנֵי הָאֲדָמָה׃ 1 Sam 20:15

10. וַיֹּאמֶר יְהוָה אֵלָיו שָׁמַעְתִּי אֶת־תְּפִלָּתְךָ וְאֶת־תְּחִנָּתְךָ[7] אֲשֶׁר הִתְחַנַּנְתָּה
לְפָנַי הִקְדַּשְׁתִּי אֶת־הַבַּיִת הַזֶּה אֲשֶׁר בָּנִתָה[7a] לָשׂוּם[7b]־שְׁמִי שָׁם עַד־עוֹלָם
וְהָיוּ[7c] עֵינַי וְלִבִּי שָׁם כָּל־הַיָּמִים׃ 1 Kings 9:3

----

[3] כהן (*Piel*) - to serve as priest.

[4] מָחָר - tomorrow; [4a] you have wept.

[5] גֶּבֶר - man.

[6] (they) went; [6a] שֶׁלֶם - communion/peace offering.

[7] תְּחִנָּה - plea/supplication; [7a] you have built; [7b] שׂוּם - ‘to establish’; [7c] and (they) will be.

11. וַיִּקְרָא עַל־הַמִּזְבֵּחַ בִּדְבַר יְהוָה וַיֹּאמֶר מִזְבֵּחַ מִזְבֵּחַ כֹּה אָמַר יְהוָה הִנֵּה־בֵן
נוֹלָד[8] לְבֵית־דָּוִד יֹאשִׁיָּהוּ° שְׁמוֹ וְזָבַח עָלֶיךָ אֶת־כֹּהֲנֵי הַבָּמוֹת[8a] הַמַּקְטִרִים
עָלֶיךָ וְעַצְמוֹת[8b] אָדָם יִשְׂרְפוּ עָלֶיךָ׃ 1 Kings 13:2

12. וַיַּךְ[9] יֵהוּא° אֵת כָּל־הַנִּשְׁאָרִים לְבֵית־אַחְאָב° בְּיִזְרְעֶאל° וְכָל־גְּדֹלָיו
וּמְיֻדָּעָיו וְכֹהֲנָיו עַד־בִּלְתִּי הִשְׁאִיר־לוֹ שָׂרִיד[9a]׃ 2 Kings 10:11

Cf.: Gen 12:11, 44:4; Lev 1:2; Num 5:3; Deut 29:20, 31:12; 1 Sam 8:22, 10:21.

30.5. Deuteronomy 10:11-22

11 וַיֹּאמֶר יְהוָה אֵלַי קוּם[10] לֵךְ לְמַסַּע[10a] לִפְנֵי הָעָם וְיָבֹאוּ[10b] וְיִירְשׁוּ•
אֶת־הָאָרֶץ אֲשֶׁר־נִשְׁבַּעְתִּי לַאֲבֹתָם לָתֵת[10c] לָהֶם׃

12 וְעַתָּה יִשְׂרָאֵל מָה יְהוָה אֱלֹהֶיךָ שֹׁאֵל מֵעִמָּךְ כִּי אִם[11]־לְיִרְאָה• אֶת־יְהוָה
אֱלֹהֶיךָ לָלֶכֶת[11a] בְּכָל־דְּרָכָיו וּלְאַהֲבָה• אֹתוֹ וְלַעֲבֹד אֶת־יְהוָה אֱלֹהֶיךָ
בְּכָל־לְבָבְךָ וּבְכָל־נַפְשֶׁךָ׃

13 לִשְׁמֹר אֶת־מִצְוֹת יְהוָה וְאֶת־חֻקֹּתָיו[12] אֲשֶׁר אָנֹכִי מְצַוְּךָ[12a] הַיּוֹם לְטוֹב
לָךְ׃

14 הֵן לַיהוָה אֱלֹהֶיךָ הַשָּׁמַיִם וּשְׁמֵי הַשָּׁמָיִם הָאָרֶץ וְכָל־אֲשֶׁר־בָּהּ׃

15 רַק[13] בַּאֲבֹתֶיךָ חָשַׁק[13a] יְהוָה לְאַהֲבָה• אוֹתָם וַיִּבְחַר בְּזַרְעָם[13b] אַחֲרֵיהֶם
בָּכֶם מִכָּל־הָעַמִּים כַּיּוֹם הַזֶּה׃

---

[8] (is) to be born; [8a] בָּמָה - high place; [8b] עֶצֶם - bone.
[9] then (he) struck/killed; [9a] survivor.
[10] קוּם לֵךְ - arise, go; [10a] מַסַּע - journey; [10b] that they may enter; [10c] תֵּת - 'to give'.
[11] כִּי אִם - except; [11a] לֶכֶת - 'to go' (*Qal inf cons*, הָלַךְ).
[12] חֻקָּה - decree; [12a] מְצַוֶּה - commanding (*ms Piel ptc*, צוה).
[13] but; [13a] חָשַׁק בְּ - to be attached/devoted to; [13b] זֶרַע - seed.

16 וּמַלְתֶּם[14] אֵת עָרְלַת[14a] לְבַבְכֶם וְעָרְפְּכֶם[14b] לֹא תַקְשׁוּ[14c] עוֹד׃

17 כִּי יְהוָה אֱלֹהֵיכֶם הוּא אֱלֹהֵי הָאֱלֹהִים וַאֲדֹנֵי הָאֲדֹנִים הָאֵל הַגָּדֹל הַגִּבֹּר
וְהַנּוֹרָא[15] אֲשֶׁר לֹא־יִשָּׂא[15a] פָנִים וְלֹא יִקַּח[15b] שֹׁחַד[15c]׃

18 עֹשֶׂה[16] מִשְׁפַּט יָתוֹם[16a] וְאַלְמָנָה[16b] וְאֹהֵב[16c] גֵּר[16d] לָתֶת[16e] לוֹ לֶחֶם
וְשִׂמְלָה[16f]׃

19 וַאֲהַבְתֶּם[16c] אֶת־הַגֵּר[16d] כִּי־גֵרִים הֱיִיתֶם[17] בְּאֶרֶץ מִצְרָיִם׃

20 אֶת־יְהוָה אֱלֹהֶיךָ תִּירָא אֹתוֹ תַעֲבֹד[18] וּבוֹ תִדְבָּק[18a] וּבִשְׁמוֹ תִּשָּׁבֵעַ׃

21 הוּא תְהִלָּתְךָ[19] וְהוּא אֱלֹהֶיךָ אֲשֶׁר־עָשָׂה[19a] אִתְּךָ אֶת־הַגְּדֹלֹת
וְאֶת־הַנּוֹרָאֹת[15] הָאֵלֶּה אֲשֶׁר רָאוּ[19b] עֵינֶיךָ׃

22 בְּשִׁבְעִים נֶפֶשׁ יָרְדוּ אֲבֹתֶיךָ מִצְרָיְמָה וְעַתָּה שָׂמְךָ[20] יְהוָה אֱלֹהֶיךָ כְּכוֹכְבֵי
הַשָּׁמַיִם לָרֹב׃

30.6. Psalm 113:5-9

5 מִי כַּיהוָה אֱלֹהֵינוּ הַמַּגְבִּיהִי[21] לָשָׁבֶת[21a]׃

6 הַמַּשְׁפִּילִי[22] לִרְאוֹת[22a] בַּשָּׁמַיִם וּבָאָרֶץ׃

---

[14] so you must circumcize (*2mp Qal wc + pf*, מוּל); [14a] עָרְלָה - uncircumcized state; [14b] עֹרֶף - neck; [14c] you must harden (*2mp Hiph impf*, קָשָׁה).

[15] נוֹרָא - to be feared; [15a] יִשָּׂא - he lifts up; [15b] he receives; [15c] a bribe.

[16] one who accomplishes; [16a] orphan; [16b] אַלְמָנָה - widow; [16c] אָהַב - to love; [16d] גֵּר - temporary resident; [16e] תֵּת - 'to give' (*Qal inf cons*, נָתַן); [16f] שִׂמְלָה - garment.

[17] you were (*2mp Qal pf*, הָיָה).

[18] עָבַד (*2ms Qal impf*); [18a] דָּבַק - to adhere.

[19] תְּהִלָּה - praise; [19a] (he) has performed; [19b] (they) have seen (*3cp Qal pf*, רָאָה).

[20] שָׂם - (he) has made (*3ms Qal pf*, שִׂים).

[21] גָּבַהּ - to be high; [21a] שֶׁבֶת - 'to sit, reign'.

[22] שָׁפֵל - to be low; [22a] רְאוֹת - 'to see'.

7 מְקִימִי[23] מֵעָפָר[23a] דָּ֑ל[23b] מֵאַשְׁפֹּת[23c] יָרִים[23d] אֶבְיוֹן[23e]׃

8 לְהוֹשִׁיבִי[24] עִם־נְדִיבִ֑ים[24a] עִם נְדִיבֵי עַמּוֹ׃

9 מוֹשִׁיבִי[25] עֲקֶ֫רֶת[25a] הַבַּ֫יִת אֵם־הַבָּנִים שְׂמֵחָה הַלְלוּ־יָהּ׃

----

[23] the one raising up; [23a] עָפָר - dust; [23b] דַּל - poor, weak; [23c] אַשְׁפֹּת - ash-heap; [23d] he exalts; [23e] destitute, poor.

[24] to seat (them); [24a] נָדִיב - noble.

[25] the one causing to dwell; [25a] עָקָר - barren.

Chapter 31

31.1. Parse and Translate

1. הִלְבִּ֫ישָׁה	2. יִשָּׁמְדוּ	3. נַסְתִּ֫ירֶהוּ
4. וְהָשְׁלַכְתָּ	5. אַגְדִּ֫ילָה	6. וַיַּשְׁבַּע
7. מַשְׁחִיתִים	8. לֻבְּשׁוּ	9. תַּקְדִּ֫ישִׁי
10. הִשָּׁמְעָה	11. הָפְקַ֫דְנוּ	12. מַרְכִּיבִים
13. הַקְרִ֫בוּ	14. מָשְׁלוּ	15. יָשְׁחַת
16. הַשְׁמִ֫ידוּ	17. נִסְתַּר	18. הִשְׁאַרְתֶּם
19. נַקְטִ֫ירָה	20. מֻשְׁלֶ֫כֶת	21. הִשָּׁמְדוֹ
22. נִמְשֹׁל	23. הַלְבִּישָׁם	24. הָפְקְדָן
25. תַּשְׁחֵ֫תְנָה	26. תִּשָּׁבְעוּ	27. נַכְבִּיד
28. יַקְרֵב	29. מְקַדֶּ֫שֶׁת	30. הָשְׁבְּרוּ

31.2. Translate

1. הַמְשֵׁל לֹא תַמְשִׁ֫ילוּהוּ עֲלֵיכֶם
2. אַל־תִּתְפַּלֵּל בְּעַד זֶ֫רַע הָרְשָׁעִים
3. וַיִּשָּׁמֵד הַמֶּ֫לֶךְ וַיָּמְלַךְ בְּנוֹ תַחְתָּיו
4. וְעַתָּה שִׁלְחוּ אֵלֵ֫ינוּ מִצָּפוֹן וּמִנֶּ֫גֶב
5. יֻשְׁלַךְ הַחֹטֵא לָכֶם מֵעַל הַחוֹמָה
6. מָשְׁחֲתָה הָעִיר כִּי הִשְׁחִית֫וּהָ הַכֹּהֲנִים

7. אַל־יָקְטַר הַזֶּבַח הַתָּמִיד עַל־הַמִּזְבֵּחַ הַזֶּה

8. וְהָיָה בְּהִתְנַשְּׂאוֹ וְנָתַן יהוה אֹתוֹת גְּדוֹלִים

9. וַיִּשָּׁמַע בְּכָל־רֹחַב הָאָרֶץ קוֹל שִׁירֵי הָעָם

10. קִבְצוּ אֵלַי אֵת כָּל־הַמָּפְקָדִים עַל־הַקֹּצְרִים

11. וְהָיָה בְּיוֹם הַמִּשְׁפָּט וְהָשְׁכְּבוּ רַבִּים בָּאֲדָמָה

12. הָכְרְתוּ מִנְחֹתֵינוּ מִבֵּית יהוה וַתָּשְׁחַת הָאָרֶץ

31.3. Translate

1. וְהָיָה בְּהָפְקַד הַשָּׂר עַל־צִבְאוֹת הַמֶּלֶךְ וְהִשְׁבִּית אֶת־אַרְצוֹ מִמִּלְחֲמוֹתֶיהָ כִּי
אִישׁ חָכָם הוּא וּמִלְּטָהּ מִצָּרוֹתֶיהָ

2. הַשְׁמֶד־נָא אֶת־הָעִיר הַמַּשְׁחִיתָה הַזֹּאת כִּי עֲזָבַתְנִי וַתַּשְׁלִיכֵנִי אַחֲרֶיהָ
וַתַּקְטֵר אֶת־זְבָחֶיהָ לֵאלֹהִים אֲחֵרִים

3. אֶשְׂמְחָה בַּיהוה כִּי הִלְבִּישָׁנוּ כְבוֹדוֹ וַיַּקְרִיבֵנוּ לְאֹהֶל מִשְׁכָּנוֹ לְהַגְדִּיל
אֶת־יְשׁוּעָתוֹ אֵלֵינוּ וּלְהַרְכִּיבֵנוּ עַל־הַבָּמוֹת בָּאָרֶץ

4. לֹא יָכֹל הַנָּבִיא לְהַשְׁלִיךְ אַרְצָה אֵת אַבְנֵי הַבָּמָה אֲשֶׁר הִטַּמְּאוּ שָׁם יֹשְׁבֵי
הָאָרֶץ עַד אֲשֶׁר נִקְבְּצוּ אֶחָיו וַיַּקְרִיבוּ לְשַׁבְּרָן אִתּוֹ

5. הִקְדִּישׁוּ לַיהוה אֵת זֶרַע מִשְׁפְּחוֹת הַכֹּהֲנִים תַּחַת בְּכוֹרֵי יִשְׂרָאֵל וַיַּקְרִיבוּ
לוֹ אֵת בְּשַׂר זְבָחָיו אֶת־הָאֵילִים וְאֶת־הַפָּרִים עַל־מִזְבְּחוֹ

6. וַיְהִי אַחֲרֵי הַפְקִיד יהוה אֵת עַבְדּוֹ דָוִיד° עַל־מַמְלַכְתּוֹ לְהַגְדִּילוֹ וּלְהַמְלִיכוֹ
בְּיִשְׂרָאֵל וַיְהַלְלֻנוּ הַמֶּלֶךְ וַיְגַדְּלֵהוּ יַעַן הָכְרְתוּ כָּל־אֹיְבָיו מִלְּפָנָיו

7. הַשְׁמִיעֵנִי אֶת־דִּבְרֵי אֱלֹהֶיךָ וְלַמְּדֵנִי אֶת־דַּרְכֵי בְרִיתוֹ לְהִתְקַדְּשִׁי לוֹ
וּלְבִלְתִּי הִטַּמְּאִי כִּי אֵל קָדוֹשׁ הוּא אֲשֶׁר לֹא יֻכְלוּ הָרְשָׁעִים הִסְתַּתֵּר לְפָנָיו

8. וַיְהִי גַם כִּי חָטָאנוּ לַיהוה לְהַשְׁחִיתֵנוּ אֶת־דְּרָכֵינוּ וַיִּפְקֹד אֵת חַטֹּאתֵינוּ
עָלֵינוּ וַיַּשְׁאֵר לָנוּ שְׁבָטִים שְׁנַיִם לְמַעַן כְּבוֹד שְׁמוֹ וּלְמַלֵּא אֶת־עֲצָתוֹ אֲשֶׁר
הִשְׁמִיעָהּ בְּיַד נְבִיאוֹ

9. וַיַּרְכֵּב הַמֶּלֶךְ אֶת־בְּנוֹ הַקָּטֹן עַל־סוּסוֹ הַשֵּׁנִי אֶל־הָעַיִן לְהָמְלִכוֹ תַּחְתָּיו
וַיִּמָּשַׁח שָׁם וַיְהִי בְּהַשְׁמִיעַ אֵת הַדָּבָר וַיְכַבְּדוּהוּ כָּל־עַמּוֹ כִּי לֹא נִמְצָא נַעַר
כָּמֹהוּ בְּכָל־הָאָרֶץ

10. הַזְכִּירֵנִי יהוה אֵת יְמֵי טוֹבָתִי וְהִשְׁמַחְתַּנִי נֶגְדְּךָ עוֹד כִּי הָשְׁלַכְתִּי בַּחֹשֶׁךְ
וָאֶשְׁכַּב בַּמָּוֶת תַּשְׁמִיעֵנִי קָשׁוֹת וְהִמְצֵאתַנִי צָרוֹת בְּאַף מְבַקְשֵׁי לְהַשְׁמִידִי
וּבַחֶרֶב רֹדְפַי לְהַשְׁחִיתֵנִי

11. וַיִּשָּׁבַע יהוה לֵאמֹר אִם תְּדַבְּרוּ בֶאֱמֶת אֵת הַיָּשָׁר בְּעֵינַי וְהִכְבַּדְתִּי אֵת
אַרְצְכֶם מִכָּל־הָאֲרָצוֹת וְשִׁלַּחְתִּי אֲלֵיכֶם אֶת־בִּרְכָתִי וְיָרְדוּ לָכֶם מֵי
הַשָּׁמַיִם וַאֲכַלְתֶּם אֵת פְּרִי שְׂדוֹתֵיכֶם וּשְׂמַחְתֶּם שִׂמְחָה

12. לֹא נִשְׁמַע קוֹל הַשִּׂמְחָה בְּעָרֵינוּ הַנִּלְכָּדוֹת וּבְאַדְמָתֵנוּ הַמָּשְׁחָתָה בַּשָּׁנָה
הַזֹּאת כִּי הִלְבִּישָׁנוּ הָאֹיֵב בֹּשֶׁת וַיַּשְׁלֵךְ אֵת חוֹמוֹתֵינוּ לָאָרֶץ וְעַתָּה הִנֵּנוּ
מִתְפַּלְלִים אֶל־יהוה בְּעַד אַרְצֵנוּ עַד שָׁמְעוֹ אֵת תְּפִלָּתֵנוּ לְהִמָּלְטֵנוּ

31.4. OT Texts

1. אוּלַי[1] יַחְסְרוּן[1a] חֲמִשִּׁים הַצַּדִּיקִם חֲמִשָּׁה הֲתַשְׁחִית בַּחֲמִשָּׁה
אֶת־כָּל־הָעִיר וַיֹּאמֶר לֹא אַשְׁחִית אִם־אֶמְצָא שָׁם אַרְבָּעִים וַחֲמִשָּׁה: . . . :
וַיֹּאמֶר אַל־נָא יִחַר[1b] לַאדֹנָי וַאֲדַבֵּרָה אוּלַי יִמָּצְאוּן שָׁם שְׁלֹשִׁים וַיֹּאמֶר
לֹא אֶעֱשֶׂה[1c] אִם־אֶמְצָא שָׁם שְׁלֹשִׁים: Gen 18:28,30

2. וְגַם אֲנִי שָׁמַעְתִּי אֶת־נַאֲקַת[2] בְּנֵי יִשְׂרָאֵל אֲשֶׁר מִצְרַיִם מַעֲבִדִים אֹתָם
וָאֶזְכֹּר אֶת־בְּרִיתִי: Ex 6:5

----

[1] perhaps; [1a] חָסֵר - to lack/be lacking (*Qal imperfect*); [1b] let it burn (in anger); [1c] I will do (so).

[2] נְאָקָה - groaning.

3. וַיְדַבֵּר יְהוָה אֶל־מֹשֶׁה לֵּאמֹר׃ זֶה קָרְבַּן[3] אַהֲרֹן וּבָנָיו אֲשֶׁר־יַקְרִיבוּ
לַיהוָה בְּיוֹם הִמָּשַׁח אֹתוֹ . . . . ׃ וְהַכֹּהֵן הַמָּשִׁיחַ תַּחְתָּיו מִבָּנָיו יַעֲשֶׂה[3a]
אֹתָהּ חָק־עוֹלָם לַיהוָה כָּלִיל[3b] תָּקְטָר׃ Lev 6:12-13,15

4. וְקִדַּשְׁתּוֹ כִּי־אֶת־לֶחֶם אֱלֹהֶיךָ הוּא מַקְרִיב קָדֹשׁ יִהְיֶה[4]־לָּךְ כִּי קָדוֹשׁ אֲנִי
יְהוָה מְקַדִּשְׁכֶם׃ Lev 21:8

5. כִּי־יַכְרִית יְהוָה אֱלֹהֶיךָ אֶת־הַגּוֹיִם אֲשֶׁר יְהוָה אֱלֹהֶיךָ נֹתֵן לְךָ אֶת־אַרְצָם
וִירִשְׁתָּם[5] וְיָשַׁבְתָּ בְעָרֵיהֶם וּבְבָתֵּיהֶם׃ שָׁלוֹשׁ עָרִים תַּבְדִּיל[5a] לָךְ בְּתוֹךְ
אַרְצְךָ אֲשֶׁר יְהוָה אֱלֹהֶיךָ נֹתֵן לְךָ Deut 19:1-2

6. וַיֹּאמְרוּ אִישׁ־יִשְׂרָאֵל אֶל־גִּדְעוֹן° מְשָׁל־בָּנוּ גַּם־אַתָּה גַּם־בִּנְךָ גַּם בֶּן־בְּנֶךָ
כִּי הוֹשַׁעְתָּנוּ[6] מִיַּד מִדְיָן°׃ וַיֹּאמֶר אֲלֵהֶם גִּדְעוֹן לֹא־אֶמְשֹׁל אֲנִי בָּכֶם
וְלֹא־יִמְשֹׁל בְּנִי בָּכֶם יְהוָה יִמְשֹׁל בָּכֶם׃ Jg 8:22-23

7. וַיֹּאמֶר שְׁמוּאֵל אֶל־כָּל־יִשְׂרָאֵל הִנֵּה שָׁמַעְתִּי בְקֹלְכֶם לְכֹל אֲשֶׁר־אֲמַרְתֶּם
לִי וָאַמְלִיךְ עֲלֵיכֶם מֶלֶךְ׃ 1 Sam 12:1

8. וְהָאֲנָשִׁים טֹבִים לָנוּ מְאֹד וְלֹא הָכְלַמְנוּ[7] וְלֹא־פָקַדְנוּ מְאוּמָה[7a] כָּל־יְמֵי
הִתְהַלַּכְנוּ אִתָּם בִּהְיוֹתֵנוּ[7b] בַּשָּׂדֶה׃ 1 Sam 25:15

9. לֹא־כֵן הַדָּבָר כִּי אִישׁ מֵהַר אֶפְרַיִם° שֶׁבַע° בֶּן־בִּכְרִי שְׁמוֹ נָשָׂא יָדוֹ בַּמֶּלֶךְ
בְּדָוִד תְּנוּ[8]־אֹתוֹ לְבַדּוֹ[8a] וְאֵלְכָה[8b] מֵעַל הָעִיר וַתֹּאמֶר הָאִשָּׁה אֶל־יוֹאָב°
הִנֵּה רֹאשׁוֹ מֻשְׁלָךְ אֵלֶיךָ בְּעַד הַחוֹמָה׃ 2 Sam 20:21

----

[3] קָרְבָּן - gift/offering; [3a] (he) will prepare/present; [3b] entirety/whole-offering.
[4] he is to be.
[5] יָרַשׁ - to dispossess; [5a] בדל (*Hiph*) - to separate.
[6] הוֹשַׁעְתָּ - you have saved.
[7] כלם (*Hiph*) - to humiliate/abuse; [7a] anything; [7b] הֱיוֹת - ‘to be’.
[8] give/hand over; [8a] לְבַד - alone; [8b] and I will go.

10. וַיָּבֹא[9] אֱלִישָׁע הַבָּיְתָה וְהִנֵּה הַנַּעַר מֵת[9a] מֻשְׁכָּב עַל־מִטָּתוֹ[9b]׃ וַיָּבֹא
וַיִּסְגֹּר הַדֶּלֶת[9c] בְּעַד שְׁנֵיהֶם וַיִּתְפַּלֵּל אֶל־יְהוָה׃ וַיַּעַל[9d] וַיִּשְׁכַּב עַל־הַיֶּלֶד
וַיָּשֶׂם[9e] פִּיו עַל־פִּיו וְעֵינָיו עַל־עֵינָיו וְכַפָּיו עַל־כַּפָּו 2 Kings 4:32-34

11. וַיָּבֹא[9] שָׁפָן הַסֹּפֵר אֶל־הַמֶּלֶךְ וַיָּשֶׁב[10] אֶת־הַמֶּלֶךְ דָּבָר וַיֹּאמֶר הִתִּיכוּ[10a]
עֲבָדֶיךָ אֶת־הַכֶּסֶף הַנִּמְצָא בַבַּיִת וַיִּתְּנֻהוּ[10b] עַל־יַד עֹשֵׂי[10c] הַמְּלָאכָה
הַמֻּפְקָדִים בֵּית יְהוָה׃ 2 Kings 22:9

12. וְהָעָם אֲשֶׁר־הֵמָּה נִבְּאִים לָהֶם יִהְיוּ[11] מֻשְׁלָכִים בְּחֻצוֹת יְרוּשָׁלַםִ מִפְּנֵי
הָרָעָב וְהַחֶרֶב וְאֵין מְקַבֵּר לָהֵמָּה הֵמָּה נְשֵׁיהֶם וּבְנֵיהֶם וּבְנֹתֵיהֶם וְשָׁפַכְתִּי
עֲלֵיהֶם אֶת־רָעָתָם׃ Jer 14:16

Cf.: Ex 22:19, 32:30; Lev 5:23, 27:28-29; Jg 9:2; 1 Sam 7:5; 1 Kings 13:24-25,28, 22:35; 2 Kings 3:23; Ps 22:11.

31.5. Deuteronomy 11:1-10

1 וְאָהַבְתָּ אֵת יְהוָה אֱלֹהֶיךָ וְשָׁמַרְתָּ מִשְׁמַרְתּוֹ[12] וְחֻקֹּתָיו וּמִשְׁפָּטָיו וּמִצְוֹתָיו
כָּל־הַיָּמִים׃

2 וִידַעְתֶּם הַיּוֹם כִּי לֹא אֶת־בְּנֵיכֶם אֲשֶׁר לֹא־יָדְעוּ וַאֲשֶׁר לֹא־רָאוּ[13]
אֶת־מוּסַר[13a] יְהוָה אֱלֹהֵיכֶם אֶת־גָּדְלוֹ[13b] אֶת־יָדוֹ הַחֲזָקָה וּזְרֹעוֹ[13c]
הַנְּטוּיָה[13d]׃

----

[9] then (he) entered/went in; [9a] dead; [9b] מִטָּה - bed; [9c] the door; [9d] then he went up; [9e] and he placed.

[10] and he brought/reported back; [10a] נתך (*Hiph*) - to pour/pay out; [10b] וַיִּתְּנוּ - and they have given; [10c] עֹשֶׂה - one doing (*participle*).

[11] (they) will be.

[12] מִשְׁמֶרֶת - commission/duty.

[13] (they) have seen (*3cp Qal pf*, רָאָה); [13a] מוּסָר - discipline; [13b] גֹּדֶל - greatness; [13c] זְרוֹעַ - arm; [13d] נָטוּי - outstretched (*Qal pass ptc*, נָטָה).

3 וְאֶת־אֹתֹתָיו וְאֶת־מַעֲשָׂיו[14] אֲשֶׁר עָשָׂה בְּתוֹךְ מִצְרָיִם לְפַרְעֹה°
מֶלֶךְ־מִצְרַיִם וּלְכָל־אַרְצוֹ׃

4 וַאֲשֶׁר עָשָׂה לְחֵיל מִצְרַיִם לְסוּסָיו וּלְרִכְבּוֹ[15] אֲשֶׁר הֵצִיף[15a] אֶת־מֵי
יַם־סוּף[15b] עַל־פְּנֵיהֶם בְּרָדְפָם אַחֲרֵיכֶם וַיְאַבְּדֵם[15c] יְהוָה עַד הַיּוֹם הַזֶּה׃

5 וַאֲשֶׁר עָשָׂה לָכֶם בַּמִּדְבָּר עַד־בֹּאֲכֶם[16] עַד־הַמָּקוֹם הַזֶּה׃

6 וַאֲשֶׁר עָשָׂה לְדָתָן° וְלַאֲבִירָם° בְּנֵי אֱלִיאָב° בֶּן־רְאוּבֵן אֲשֶׁר פָּצְתָה[17]
הָאָרֶץ אֶת־פִּיהָ וַתִּבְלָעֵם[17a] וְאֶת־בָּתֵּיהֶם וְאֶת־אָהֳלֵיהֶם וְאֵת
כָּל־הַיְקוּם[17b] אֲשֶׁר בְּרַגְלֵיהֶם[17c] בְּקֶרֶב[17d] כָּל־יִשְׂרָאֵל׃

7 כִּי עֵינֵיכֶם הָרֹאֹת[18] אֶת־כָּל־מַעֲשֵׂה[14] יְהוָה הַגָּדֹל אֲשֶׁר עָשָׂה׃

8 וּשְׁמַרְתֶּם אֶת־כָּל־הַמִּצְוָה אֲשֶׁר אָנֹכִי מְצַוְּךָ[19] הַיּוֹם לְמַעַן תֶּחֶזְקוּ[19a]
וּבָאתֶם[19b] וִירִשְׁתֶּם אֶת־הָאָרֶץ אֲשֶׁר אַתֶּם עֹבְרִים[19c] שָׁמָּה לְרִשְׁתָּהּ[19d]׃

9 וּלְמַעַן תַּאֲרִיכוּ[20] יָמִים עַל־הָאֲדָמָה אֲשֶׁר נִשְׁבַּע יְהוָה לַאֲבֹתֵיכֶם לָתֵת[20a]
לָהֶם וּלְזַרְעָם[20b] אֶרֶץ זָבַת[20c] חָלָב וּדְבָשׁ[20d]׃

10 כִּי הָאָרֶץ אֲשֶׁר אַתָּה בָא[21]־שָׁמָּה לְרִשְׁתָּהּ[19d] לֹא כְאֶרֶץ מִצְרַיִם הִוא אֲשֶׁר
יְצָאתֶם מִשָּׁם אֲשֶׁר תִּזְרַע[21a] אֶת־זַרְעֲךָ[20b] וְהִשְׁקִיתָ[21b] בְרַגְלְךָ[17c] כְּגַן[21c]
הַיָּרָק׃

-----

[14] מַעֲשֶׂה - deed.

[15] רֶכֶב - chariotry; [15a] he caused to flow; [15b] סוּף - reed(s); [15c] אָבַד - to perish.

[16] בֹּא - 'to come' (*Qal inf cons*, בּוֹא).

[17] (it) opened up (*3fs Qal pf*, פָּצָה); [17a] בָּלַע - to swallow; [17b] יְקוּם - creatures/living beings; [17c] רֶגֶל - foot; [17d] קֶרֶב - midst.

[18] רֹאֹת - seeing (*fp Qal act ptc*, רָאָה).

[19] מְצַוֶּה - commanding; [19a] חָזַק - to be strong (*2mp Qal impf*); [19b] and you may enter; [19c] עָבַר - to cross over; [19d] רֶשֶׁת - 'to possess' (*Qal inf cons*, יָרַשׁ).

[20] אָרַךְ - to be long; [20a] תֵּת - 'to give' (*Qal inf cons*, נָתַן); [20b] זֶרַע - seed/offspring; [20c] זָבַת חָלָב - flowing with milk; [20d] דְּבַשׁ - honey.

[21] going (*ms Qal act ptc*, בּוֹא); [21a] זָרַע - to sow; [21b] and you would water (it) (*2ms Hiph wc + pf*, שׁקה); [21c] גַּן הַיָּרָק - garden for vegetables.

31.6. Psalm 27:1-4

1 לְדָוִד יְהוָה אוֹרִי וְיִשְׁעִי[22] מִמִּי אִירָא יְהוָה מָעוֹז[22a]-חַיַּי מִמִּי אֶפְחָד[22b]׃

2 בִּקְרֹב עָלַי מְרֵעִים[23] לֶאֱכֹל אֶת־בְּשָׂרִי[23a] צָרַי[23b] וְאֹיְבַי לִי הֵמָּה
כָּשְׁלוּ[23c] וְנָפָלוּ׃

3 אִם־תַּחֲנֶה[24] עָלַי מַחֲנֶה לֹא־יִירָא לִבִּי אִם־תָּקוּם[24a] עָלַי מִלְחָמָה בְּזֹאת
אֲנִי בוֹטֵחַ׃

4 אַחַת שָׁאַלְתִּי מֵאֵת־יְהוָה אוֹתָהּ אֲבַקֵּשׁ שִׁבְתִּי[25] בְּבֵית־יְהוָה כָּל־יְמֵי חַיַּי
לַחֲזוֹת[25a] בְּנֹעַם[25b]-יְהוָה וּלְבַקֵּר[25c] בְּהֵיכָלוֹ׃

----

[22] יֵשַׁע - salvation; [22a] stronghold, refuge; [22b] פָּחַד - to dread.
[23] מֵרַע - evildoer; [23a] בָּשָׂר - flesh; [23b] צַר - adversary; [23c] כָּשַׁל - to stumble.
[24] תַּחֲנֶה - (it) encamps; [24a] (it) arises.
[25] שֶׁבֶת - ‘to dwell’; [25a] חֲזוֹת - ‘to look’; [25b] נֹעַם - goodness, beauty; [25c] בקר (*Piel*) - to inquire.

Chapter 32

32.1. Parse and Translate

1. יֹאבְדוּ	2. לְחָזְקָהּ	3. תַּעַמְדוּ
4. וָאֶאֱסֹר	5. אֱסֹ֫פְנָה	6. פֹּתַ֫חַת
7. עִמְדִי	8. יַעַבְדוּ	9. נֶחֶזְקָה
10. תֶּאֱהָֽבוּ	11. שָׂנֵ֫אתִי	12. אַחַרְגָה
13. אָסְפְּךָ	14. חֲשֹׁ֫בְנָה	15. פִּתְחוּ
16. שַׁחֲתוּ	17. נַהֲרֹג	18. יַאַסְפֵ֫נִי
19. אָֽבְדוּ	20. וַתְּחַזְּקִי	21. מְשַׂנְאֵ֫ינוּ
22. עִבְדוּ	23. יַאַסְרֵ֫נִי	24. עָמְדֵךְ
25. וַנַּחְשֹׁב	26. אִבַּ֫דְתָּ	27. אֱהַב
28. תִּשְׂנֶ֫אנָה	29. אִסְרוּם	30. אָסֹף

32.2. Translate

1. לֹא יֹאבְדוּ כֵן כָּל־שֹׂנְאֵי הָרַע
2. בָּחַר בְּךָ יהוה וַיֶּאֱהָבֶ֫ךָ מֵאַחֶ֫יךָ
3. לֹא יַחְפֹּץ מַלְטֵ֫נוּ אִם מְשַׂנְאָיו אֲנַ֫חְנוּ
4. וַיֶּחֶזְקוּ הַגִּבּוֹרִים כִּי חִזְּקָם אֱלֹהֵיהֶם
5. וַיַּעַבְדוּ אֶת־אֲדֹנָם הַמְאַבֵּד אֵת אֹיְבָם
6. וַיֹּ֫אמֶר הַשֹּׁפֵט לֵאמֹר נַעַזְבָה אֵת דְּרָכֵ֫ינוּ

7. תַּאַסְפוּ אֶת זְקֵנֵיכֶם וְאֹמַר לָהֶם אֶת דְּבָרַי
8. לֹא יָכֹ֫לְתִּי לִפְתֹּחַ אֶת הַשַּׁ֫עַר כִּי כָבֵד מִמֶּ֫נִּי
9. אֱסֹר אֶת נִלְכְּדֵי הַמִּלְחָמָה וְעָמַדְתָּ עֲלֵיהֶם
10. לֹא תַהַרְגוּ אֶת הָאֲנָשִׁים הָאֵ֫לֶּה כִּי אֲהֵבוּ֫נוּ
11. וְהָיָה בָעֵת הַהִיא וּבִקְשׁ֫וּהוּ וְלֹא יֶחֶטְאוּ עוֹד
12. אַל־תֹּאכַל לֶ֫חֶם אִתָּם לִכְרֹת בְּרִית כִּי יַחְשְׁבוּ רָעָה

32.3. Translate

1. נַאַסְרָה־נָּא אֶת סוּסֵ֫ינוּ לָעֵצִים הָאֵ֫לֶּה וְיָשַׁ֫בְנוּ לֶאֱכֹל לֶ֫חֶם לִפְנֵי אָסְפֵ֫נוּ אֶת הַצֹּאן
2. וַיְהִי בָעֵת הַהִיא בְּעָמְדֵ֫נוּ בְּשַׁ֫עַר עִירָם וַנֹּ֫אמֶר אֲלֵיהֶם כִּי אַנְשֵׁי שָׁלוֹם אֲנַ֫חְנוּ וּבִקַּ֫שְׁנוּ לְחַזְּקָם
3. חִזְקוּ גִּבּוֹרֵי הַמַּמְלָכָה לְמַ֫עַן עֲמָדְכֶם עַל־אֹיְבֵיכֶם הַמַּשְׁחִיתִים אֶת אַרְצְכֶם וְהִלָּֽחֲמוּ עֲלֵיהֶם וְהַשְׁמִידוּם
4. וְהָיָה בַיָּמִים הָהֵם וּפָקַדְתִּי אֶת חֹשְׁבֵי הָרָעָה עַל־נְבִיאַי לְמַ֫עַן יֹאבְדוּ מִלְּפָנַי וַעֲבָדַי הַנְּבִיאִים יֶחֶזְקוּ וְיַעַבְד֫וּנִי
5. הִנֵּה יֶאֱהַב אֶת־אֹהֲבָיו וְשֹׂנְאָיו יִשָּׂנְאוּ לְבִלְתִּי הַמְלִיטוֹ אֹתָם מִיַּד מְשַׂנְאֵיהֶם וְאָבְדוּ מֵעַל אַדְמָתָם אֲשֶׁר נְתָנָהּ לָהֶם
6. וַיְלַמְּדוּ הַכֹּהֲנִים אֶת בְּנֵיהֶם אֶת־תּוֹרוֹת יהוה אֲשֶׁר הִפְקִידָם לְמָשְׁלָם עַל־מִשְׁכָּנוֹ וּלְמַ֫עַן יֹאכְלוּ אֶת־בְּשַׂר זְבָחָיו הַמְקֻדָּשׁ
7. בַּחֲרִי בַיָּשָׁר בְּעֵינָיו וְיִשְׁמְרֵךְ מִכָּל־רַע עִבְדִ֫יהוּ וְאַל תַּעַזְבִ֫יהוּ לְמַ֫עַן תֶּחֶזְקִי בַּקְשִׁ֫יהוּ תָמִיד וְתֹאכְלִי אֶת־טוּב הָאָ֫רֶץ כַּאֲשֶׁר נִשְׁבַּע לְאַבְרָהָם° אֹהֲבוֹ
8. פְּתַח אֶת־פִּ֫יךָ לְהַשְׁמִיעַ אֶת־יֹשְׁבֵי אַרְצְךָ אֶת דִּבְרֵי הִנֵּה מִלֶּטְךָ יהוה מֵרַע וַיְמַלֵּא לָכֶם אֶת דִּבְרֵי בְרִיתוֹ אֲשֶׁר כְּרָתָהּ אֶת אֲבוֹתֵיכֶם וְלֹא תַחְפְּצוּ עָבְדוֹ

9. לֹא תַעַמְדוּ עוֹד לְעָבְדִי וְגַם לֹא תִנָּבְאוּ בַמָּקוֹם הַזֶּה יַעַן אֲשֶׁר לֹא הִזַּקְתֶּם
אֵת עַמִּי וְלֹא הֲשַׁכְתּוּם מֵרַע וַתַּבְטִיחוּם בְּתוֹעֵבוֹת לְאַבְּדָם בָּרָעָב וּבַחֶרֶב

10. הִנֵּה הִקָּרוֹא תִקָּרֵא בְשֵׁם אַחֵר וְלֹא תַעַזְבֵנִי עוֹד כִּי אֹסְפֵךְ לִי לִגְאָלְךְ
מֵאַרְצוֹת הַגּוֹיִם אֲשֶׁר יַאַסְרֻךְ וְלֵב חָדָשׁ יִנָּתֶן לָךְ וְנִשְׁכְּחוּ יְמֵי צָרָתֵךְ אֲשֶׁר
יָדַעְתָּה שָּׁם

11. לָמוֹד יִלְמְדוּ בְנֵי עַמִּי הַנִּשְׁאָרִים אֶת־הַשִּׁיר הַזֶּה בְּהַלְבִּישִׁי אֹתָם יְשׁוּעָה
אָז יֹאמְרוּ נְהַלֶּלְךָ יהוה אֱלֹהֵינוּ נְסַפֵּר אֵת גְּדוֹלוֹתֶיךָ כִּי גָאוֹל גְּאַלְתָּנוּ
וַתַּגְדֵּל אֵת חַסְדְּךָ אֵלֵינוּ

12. וַתֹּאמֶר הַנְּבִיאָה לֵאמֹר וְהָיָה אִם שָׁמוֹעַ תִּשְׁמַעְנָה לְקוֹל יהוה לְאֶהֹב אֹתוֹ
וַהֲלַכְתֶּן בְּמִצְוֹתָיו וְדִבַּרְתֶּן אֱמֶת אִשָּׁה אֶל־אֲחוֹתָהּ וְעָמוֹד תַּעֲמֹדְנָה כֹּל
עֲצוֹתֵיכֶן אֲשֶׁר תַּחְשֹׁבְנָה וְתֶחֱזַקְנָה בְכָל־אֲשֶׁר תִּשְׁלַחְנָה אֶת־יְדֵיכֶן אֵלָיו

32.4. OT Texts

1. וַיֹּאמֶר יְהוּדָה מַה־נֹּאמַר לַאדֹנִי מַה־נְּדַבֵּר וּמַה־נִּצְטַדָּק הָאֱלֹהִים מָצָא
אֶת־עֲוֹן עֲבָדֶיךָ הִנֶּנּוּ עֲבָדִים לַאדֹנִי גַּם־אֲנַחְנוּ גַּם אֲשֶׁר־נִמְצָא הַגָּבִיעַ[1]
בְּיָדוֹ׃ Gen 44:16

2. וַיֹּאמֶר יְהוָה אֶל־מֹשֶׁה אֶסְפָה־לִּי שִׁבְעִים אִישׁ מִזִּקְנֵי יִשְׂרָאֵל אֲשֶׁר יָדַעְתָּ
כִּי־הֵם זִקְנֵי הָעָם וְשֹׁטְרָיו[2] וְלָקַחְתָּ אֹתָם אֶל־אֹהֶל מוֹעֵד וְהִתְיַצְּבוּ[2a] שָׁם
עִמָּךְ׃ וְיָרַדְתִּי וְדִבַּרְתִּי עִמְּךָ שָׁם וְאָצַלְתִּי[2b] מִן־הָרוּחַ אֲשֶׁר עָלֶיךָ
וְשַׂמְתִּי[2c] עֲלֵיהֶם וְנָשְׂאוּ אִתְּךָ בְּמַשָּׂא[2d] הָעָם Num 11:16-17

----

[1] גָּבִיעַ - goblet.
[2] שֹׁטֵר - an official; [2a] יצב (*Hith*) - to stand/take up a position; [2b] אָצַל - to separate/remove; [2c] and I will place; [2d] מַשָּׂא - burden/responsibility.

3. וַתִּפְתַּח הָאָרֶץ אֶת־פִּיהָ וַתִּבְלַע[3] אֹתָם וְאֶת־בָּתֵּיהֶם וְאֵת כָּל־הָאָדָם אֲשֶׁר
לְקֹרַח° וְאֵת כָּל־הָרְכוּשׁ[3a]׃ וַיֵּרְדוּ[3b] הֵם וְכָל־אֲשֶׁר לָהֶם חַיִּים שְׁאֹלָה°
וַתְּכַס[3c] עֲלֵיהֶם הָאָרֶץ וַיֹּאבְדוּ מִתּוֹךְ הַקָּהָל׃ וְכָל־יִשְׂרָאֵל אֲשֶׁר
סְבִיבֹתֵיהֶם[3d] נָסוּ[3e] לְקֹלָם כִּי אָמְרוּ פֶּן־תִּבְלָעֵנוּ[3] הָאָרֶץ׃ Num 16:32-34

4. וְאַתָּה פֹּה עֲמֹד עִמָּדִי וַאֲדַבְּרָה אֵלֶיךָ אֵת כָּל־הַמִּצְוָה וְהַחֻקִּים וְהַמִּשְׁפָּטִים
אֲשֶׁר תְּלַמְּדֵם וְעָשׂוּ[4] בָאָרֶץ אֲשֶׁר אָנֹכִי נֹתֵן לָהֶם לְרִשְׁתָּהּ[4a]׃ Deut 5:31

5. הִשָּׁמֶר לְךָ פֶּן־תִּנָּקֵשׁ[5] אַחֲרֵיהֶם אַחֲרֵי הִשָּׁמְדָם מִפָּנֶיךָ וּפֶן־תִּדְרֹשׁ
לֵאלֹהֵיהֶם לֵאמֹר אֵיכָה[5a] יַעַבְדוּ הַגּוֹיִם הָאֵלֶּה אֶת־אֱלֹהֵיהֶם וְאֶעֱשֶׂה[5b]־כֵּן
גַּם־אָנִי׃ לֹא־תַעֲשֶׂה[5c] כֵן לַיהוָה אֱלֹהֶיךָ כִּי כָל־תּוֹעֲבַת יְהוָה אֲשֶׁר שָׂנֵא
עָשׂוּ[5d] לֵאלֹהֵיהֶם כִּי גַם אֶת־בְּנֵיהֶם וְאֶת־בְּנֹתֵיהֶם יִשְׂרְפוּ בָאֵשׁ
לֵאלֹהֵיהֶם׃

Deut 12:30-31

6. וְאִם רַע בְּעֵינֵיכֶם לַעֲבֹד אֶת־יְהוָה בַּחֲרוּ לָכֶם הַיּוֹם אֶת־מִי תַעֲבֹדוּן אִם
אֶת־אֱלֹהִים אֲשֶׁר־עָבְדוּ אֲבוֹתֵיכֶם אֲשֶׁר בְּעֵבֶר[6] הַנָּהָר וְאִם אֶת־אֱלֹהֵי
הָאֱמֹרִי° אֲשֶׁר אַתֶּם יֹשְׁבִים בְּאַרְצָם וְאָנֹכִי וּבֵיתִי נַעֲבֹד אֶת־יְהוָה׃

Josh 24:15

7. וַיַּעֲבֹד יִשְׂרָאֵל אֶת־יְהוָה כֹּל יְמֵי יְהוֹשֻׁעַ וְכֹל יְמֵי הַזְּקֵנִים אֲשֶׁר הֶאֱרִיכוּ[7]
יָמִים אַחֲרֵי יְהוֹשֻׁעַ וַאֲשֶׁר יָדְעוּ אֵת כָּל־מַעֲשֵׂה[7a] יְהוָה אֲשֶׁר עָשָׂה
לְיִשְׂרָאֵל׃ Josh 24:31

----

[3] בָּלַע - to swallow/engulf; [3a] רְכוּשׁ - property; [3b] so they descended; [3c] (it) covered; [3d] סְבִיבוֹת - around; [3e] (they) fled.

[4] and they are to do; [4a] רֶשֶׁת - ‘to possess’ (ירשׁ).

[5] נָקַשׁ - to ensnare; [5a] how?; [5b] so that I may do; [5c] you may/must do; [5d] they have done.

[6] עֵבֶר - other side.

[7] אָרֵךְ - to be long; [7a] מַעֲשֶׂה - deed/activity.

8. וַיָּבֹא[8] דָוִד אֶל־שָׁאוּל וַיַּעֲמֹד לְפָנָיו וַיֶּאֱהָבֵהוּ מְאֹד וַיְהִי[8a]־לוֹ נֹשֵׂא כֵלִים׃
וַיִּשְׁלַח שָׁאוּל אֶל־יִשַׁי° לֵאמֹר יַעֲמָד־נָא דָוִד לְפָנַי כִּי־מָצָא חֵן בְּעֵינָי׃
1 Sam 16:21-22

9. וַיְדַבֵּר יְהוֹנָתָן° בְּדָוִד טוֹב אֶל־שָׁאוּל אָבִיו וַיֹּאמֶר אֵלָיו אַל־יֶחֱטָא הַמֶּלֶךְ
בְּעַבְדּוֹ בְדָוִד כִּי לוֹא חָטָא לָךְ וְכִי מַעֲשָׂיו[7a] טוֹב־לְךָ מְאֹד׃ 1 Sam 19:4

10. וְעַתָּה אֱסֹף אֶת־יֶתֶר[9] הָעָם וַחֲנֵה[9a] עַל־הָעִיר וְלָכְדָהּ פֶּן־אֶלְכֹּד אֲנִי
אֶת־הָעִיר וְנִקְרָא שְׁמִי עָלֶיהָ׃ וַיֶּאֱסֹף דָּוִד אֶת־כָּל־הָעָם וַיֵּלֶךְ[9b] רַבָּתָה°
וַיִּלָּחֶם בָּהּ וַיִּלְכְּדָהּ׃ 2 Sam 12:28-29

11. וַיֹּאמֶר מֶלֶךְ־יִשְׂרָאֵל אֶל־יְהוֹשָׁפָט° עוֹד אִישׁ־אֶחָד לִדְרֹשׁ אֶת־יְהוָה
מֵאֹתוֹ[10] וַאֲנִי שְׂנֵאתִיו כִּי לֹא־יִתְנַבֵּא עָלַי טוֹב כִּי אִם־רָע מִיכָיְהוּ°
בֶּן־יִמְלָה וַיֹּאמֶר יְהוֹשָׁפָט אַל־יֹאמַר הַמֶּלֶךְ כֵּן׃ 1 Kings 22:8

12. וַיַּעַמְדוּ עַל־עֻזִּיָּהוּ° הַמֶּלֶךְ וַיֹּאמְרוּ לוֹ לֹא־לְךָ עֻזִּיָּהוּ לְהַקְטִיר לַיהוָה כִּי
לַכֹּהֲנִים בְּנֵי־אַהֲרֹן הַמְקֻדָּשִׁים לְהַקְטִיר צֵא[11] מִן־הַמִּקְדָּשׁ[11a] כִּי מָעַלְתָּ[11b]
וְלֹא־לְךָ לְכָבוֹד מֵיְהוָה אֱלֹהִים׃ 2 Chr 26:18

Cf.: Gen 3:1-3,17, 25:28, 26:27, 29:18,20,22, 30:18,22, 31:54, 34:3, 41:56, 42:22; Ex 2:20, 3:15, 7:12-13,16,26, 9:12,35, 10:7, 16:9,12; Lev 7:27; Num 11:15; Josh 1:6-7, 6:10, 9:38, 10:8,10; 2 Sam 17:5; 2 Kings 1:13-15.

32.5. Deuteronomy 11:11-21

11 וְהָאָרֶץ אֲשֶׁר אַתֶּם עֹבְרִים[12] שָׁמָּה לְרִשְׁתָּהּ אֶרֶץ הָרִים וּבְקָעֹת[12a]
לִמְטַר[12b] הַשָּׁמַיִם תִּשְׁתֶּה[12c]־מָּיִם׃

----

[8] then (he) came/went in; [8a] so he became.

[9] rest/remainder; [9a] encamp (*2ms imperative*); [9b] and he went.

[10] = מֵאִתּוֹ.

[11] go out; [11a] מִקְדָּשׁ - sanctuary; [11b] מָעַל - to do wrong/violate an obligation.

[12] עָבַר - to cross over; [12a] בִּקְעָה - valley; [12b] מָטָר - rain; [12c] it drinks (*3fs Qal impf*).

12 אֶרֶץ אֲשֶׁר־יְהוָה אֱלֹהֶיךָ דֹּרֵשׁ אֹתָהּ תָּמִיד עֵינֵי יְהוָה אֱלֹהֶיךָ בָּהּ
מֵרֵשִׁית[13] הַשָּׁנָה וְעַד אַחֲרִית[13a] שָׁנָה׃

13 וְהָיָה אִם־שָׁמֹעַ תִּשְׁמְעוּ אֶל־מִצְוֺתַי אֲשֶׁר אָנֹכִי מְצַוֶּה[14] אֶתְכֶם הַיּוֹם
לְאַהֲבָה אֶת־יְהוָה אֱלֹהֵיכֶם וּלְעָבְדוֹ בְּכָל־לְבַבְכֶם וּבְכָל־נַפְשְׁכֶם׃

14 וְנָתַתִּי מְטַר[12b]־אַרְצְכֶם בְּעִתּוֹ יוֹרֶה[15] וּמַלְקוֹשׁ וְאָסַפְתָּ דְגָנֶךָ[15a]
וְתִירֹשְׁךָ[15b] וְיִצְהָרֶךָ[15c]׃

15 וְנָתַתִּי עֵשֶׂב[16] בְּשָׂדְךָ לִבְהֶמְתֶּךָ[16a] וְאָכַלְתָּ וְשָׂבָעְתָּ[16b]׃

16 הִשָּׁמְרוּ לָכֶם פֶּן יִפְתֶּה[17] לְבַבְכֶם וְסַרְתֶּם[17a] וַעֲבַדְתֶּם אֱלֹהִים אֲחֵרִים
וְהִשְׁתַּחֲוִיתֶם[17b] לָהֶם׃

17 וְחָרָה[18] אַף־יְהוָה בָּכֶם וְעָצַר[18a] אֶת־הַשָּׁמַיִם וְלֹא־יִהְיֶה[18b] מָטָר[12b]
וְהָאֲדָמָה לֹא תִתֵּן[18c] אֶת־יְבוּלָהּ[18d] וַאֲבַדְתֶּם מְהֵרָה[18e] מֵעַל הָאָרֶץ הַטֹּבָה
אֲשֶׁר יְהוָה נֹתֵן לָכֶם׃

18 וְשַׂמְתֶּם[19] אֶת־דְּבָרַי אֵלֶּה עַל־לְבַבְכֶם וְעַל־נַפְשְׁכֶם וּקְשַׁרְתֶּם[19a] אֹתָם
לְאוֹת עַל־יֶדְכֶם וְהָיוּ[19b] לְטוֹטָפֹת בֵּין עֵינֵיכֶם׃

19 וְלִמַּדְתֶּם אֹתָם אֶת־בְּנֵיכֶם לְדַבֵּר בָּם בְּשִׁבְתְּךָ[20] בְּבֵיתֶךָ וּבְלֶכְתְּךָ[20a] בַדֶּרֶךְ
וּבְשָׁכְבְּךָ וּבְקוּמֶךָ[20b]׃

----

[13] רֵשִׁית - beginning; [13a] later part/end.

[14] commanding (*ms Piel ptc*, צוה).

[15] יוֹרֶה וּמַלְקוֹשׁ - early rain and late rain; [15a] דָּגָן - grain; [15b] תִּירוֹשׁ - new wine; [15c] יִצְהָר - oil.

[16] vegetation; [16a] בְּהֵמָה - livestock/cattle; [16b] שָׂבַע - to be satisfied.

[17] (it) is deceived/enticed (*3ms Qal impf*); [17a] and you turn away; [17b] and you worship.

[18] and (it) burns (*3ms Qal wc + pf*, חָרָה); [18a] עָצַר - to restrain; [18b] there is (*3ms Qal impf*, הָיָה); [18c] (it) gives (*3fs Qal impf*, נָתַן); [18d] יְבוּל - produce; [18e] quickly.

[19] so you must place (*2mp Qal wc + pf*, שִׂים); [19a] קָשַׁר - to bind; [19b] וְהָיוּ לְטוֹטָפֹת - and they will serve as (protective) bands.

[20] שֶׁבֶת - 'to sit' (*Qal inf cons*, יָשַׁב); [20a] לֶכֶת - 'to go'; [20b] קוּם - 'to arise'.

20 וּכְתַבְתָּם עַל־מְזוּזוֹת[21] בֵּיתֶךָ וּבִשְׁעָרֶיךָ׃

21 לְמַעַן יִרְבּוּ[22] יְמֵיכֶם וִימֵי בְנֵיכֶם עַל הָאֲדָמָה אֲשֶׁר נִשְׁבַּע יְהוָה לַאֲבֹתֵיכֶם
לָתֵת[22a] לָהֶם כִּימֵי הַשָּׁמַיִם עַל־הָאָרֶץ׃

32.6. Psalm 27:5-9

5 כִּי יִצְפְּנֵנִי[23] בְּסֻכֹּה[23a] בְּיוֹם רָעָה יַסְתִּרֵנִי בְּסֵתֶר[23b] אָהֳלוֹ בְּצוּר
יְרוֹמְמֵנִי[23c]׃

6 וְעַתָּה יָרוּם[24] רֹאשִׁי[24a] עַל אֹיְבַי סְבִיבוֹתַי[24b] וְאֶזְבְּחָה בְאָהֳלוֹ זִבְחֵי
תְרוּעָה[24c] אָשִׁירָה[24d] וַאֲזַמְּרָה[24e] לַיהוָה׃

7 שְׁמַע־יְהוָה קוֹלִי אֶקְרָא וְחָנֵּנִי[25] וַעֲנֵנִי[25a]׃

8 לְךָ אָמַר לִבִּי בַּקְּשׁוּ פָנָי אֶת־פָּנֶיךָ יְהוָה אֲבַקֵּשׁ׃

9 אַל־תַּסְתֵּר פָּנֶיךָ מִמֶּנִּי אַל־תַּט[26]־בְּאַף עַבְדֶּךָ עֶזְרָתִי[26a] הָיִיתָ[26b]
אַל־תִּטְּשֵׁנִי[26c] וְאַל־תַּעַזְבֵנִי אֱלֹהֵי יִשְׁעִי[26d]׃

---

[21] מְזוּזָה - door-post.

[22] (they) may be numerous (*3mp Qal impf*, רָבָה); [22a] תֵּת - 'to give' (*Qal inf cons*, נָתַן).

[23] צָפַן - to hide; [23a] סֹךְ - refuge; [23b] סֵתֶר - hiding-place; [23c] יְרוֹמֵם - he will exalt.

[24] (it) will be exalted; [24a] רֹאשׁ - head; [24b] סְבִיבוֹת - around; [24c] shout (of joy); [24d] I will sing; [24e] זמר (*Piel*) - to play (music), praise.

[25] be gracious to me; [25a] and answer me.

[26] אַל־תַּט - do not turn away (*transitive*); [26a] עֶזְרָה - help; [26b] you have been; [26c] תִּטֹּשׁ - you abandon; [26d] יֶשַׁע.

Chapter 33

33.1. Parse and Translate

1. הֶעֱמִ֫ידָה	2. יַאַסְרֻ֫נוּ	3. בֵּ֫רַכְנוּ
4. חַזְּקִ֫יהָ	5. תֹּאבְדוּ	6. נֶחְשָׁב
7. נִפְתַּח	8. וַיַּאֲמֵן	9. מְאַהֲבֶ֫יהָ
10. שֵׁרְתוֹ	11. תָּעֳמַד	12. אַבְּדֵהוּ
13. בִּעֲרוּ	14. תֵּאָסְפוּ	15. וַיִּתְחַזְּקוּ
16. הֵאָסְרוּ	17. תֹּאחֵז	18. יַאַסְפֵ֫נִי
19. נֶאֱמָנִים	20. עָמְדָה	21. יְבָרֶכְךָ
22. אֲהֵבָ֫נוּ	23. שְׂנֵ֫אתָ	24. הֶחֱזַ֫קְנוּ
25. תַּחְשְׁבוּ	26. יֵאָמְנוּ	27. הַעֲבִ֫ירֻנוּ
28. אִסְרוּ	29. הִפָּתְחִי	30. אָבְדוּ

33.2. Translate

1. הֲלֹא יֵאָמֵר כִּי נִמְלְאָה הָאָ֫רֶץ כְּבוֹדוֹ
2. וַיְבָרְכֵם וַיַּעֲבֵר אֹתָם אֶל־הָאָ֫רֶץ הַזֹּאת
3. וַיְהִי בְּהַאֲמִינֵ֫נוּ בוֹ וַיַּפְלֵא אֵת כֹּחוֹ וַיְגָרְשֵׁם
4. בַּעֲרוּ אֶת הָרַע מִתּוֹכְכֶם וְשֵׁרַתֶּם אֶת־יהוה
5. קָרְבוּ אֵלַי אֶת הַמַּלְאָכִים הַנֶּאֱסָפִים בַּהֵיכָל
6. הַעֲמִידוּם לְפָנַי וְהַאֲבַדְתּוּם כִּי מֵאֲנוּ לְשָׁרְתִי

7. וְהָיָה בְּהִמָּשַׁחֲךָ לְמֶ֫לֶךְ וְקֹרָא לְךָ שֵׁם חָדָשׁ

8. הָעֶבֶד לֹא תַעֲבִידֵ֫יהוּ לְפָנֶ֫יךָ כִּי אֵינֶ֫נּוּ נֶאֱמָן

9. מִהַ֫רְתִּי לְבָרֵךְ אֶת־רֵעַי וּלְהַאֲכִילָם לֶ֫חֶם וָאֲחַזְּקֵם

10. הִסָּתוֹר תִּסָּתַ֫רְנָה הַנָּשִׁים וְנֶחְבְּאוּ פֶּן־יֹאחֲזוּן שׂוֹנְאֵיהֶן

11. וַיְהִי אַחֲרֵי הַקְרִיבָם לְשַׁחֵת אֶת־הָעִיר וַיַּעַזְבֶ֫נָּה וַיִּבְרַח

12. בֹּרַ֫כְתָּ לַיהוה אֲשֶׁר קָרַע מֵהֶם אֵת מַמְלַכְתָּם וַיַּמְשִׁילְךָ

33.3. Translate

1. אַל־תִּפְתְּחוּ אֶת־הַשְּׁעָרִים וְאַל־תְּדַבְּרוּ אֲלֵיהֶם כִּי הֵם מְבַקְשִׁים לְאַבְּדֵ֫נוּ
וּבִעֲרוּ בָעוֹר אֵשׁ בִּמְקוֹמֵ֫נוּ

2. אִסְפוּ אֶת־הָעָם וַאֲלַמְּדֵם אֶת־חֻקֵּי יהוה וְאֶת־מִשְׁפָּטָיו לְמַ֫עַן יַאֲמִ֫ינוּ בוֹ
בְּכָל־לִבָּם וְיֶאֱהָב֫וּהוּ בְּכָל־נַפְשָׁם

3. וְהָיָה אַחֲרֵי הַדְּבָרִים הָהֵם וְנֶאֶסְפוּ כָל־הַגּוֹיִם עַל־הַמָּקוֹם הַזֶּה וְעַל־יֹשְׁבָיו
בַּחַטָּאת אֲשֶׁר הֶחֱטִיאָם מַלְכָּם

4. נֶאֱמָנִים כֹּל דְּבָרָיו וּבֶאֱמֶת יְמַלֵּא אֶת־אֲשֶׁר נִשְׁבַּע וְהוּא יְשַׁלֵּם אֶת־כֹּל
מְלַאכְתְּךָ וְהִמְצִיאֲךָ טוֹב כִּי כַאֲשֶׁר דִּבֶּר כֵּן יַעֲמִידֶ֫הוּ

5. וְהָיָה בְּיוֹם הַמִּלְחָמָה וְהֶעֱמִ֫ידוּ אֶת־אַנְשֵׁיהֶם לִפְנֵי שַׁעֲרֵי הֶעָרִים
וְעַל־חוֹמֹתֵיהֶן וְנִלְחֲמוּ בְּעַד מִשְׁפְּחוֹתֵיהֶם פֶּן־יַאֲבִידוּן הַגּוֹיִם

6. חֲזַק בַּיהוה וּבְטַח בִּשְׁמוֹ הַאֲמֵן לוֹ וְשָׁרְתֵ֫הוּ כִּי לֹא יַעַזְבֶ֫ךָ וְלֹא יִשְׁכָּחֶ֫ךָ
לְעוֹלָם הִנֵּה כַּאֲשֶׁר הֶחֱזִיק אֵת עַבְדּוֹ מֹשֶׁה° כֵּן יְחַזֶּקְךָ גַּם אַתָּה

7. וַיַּפְלֵא יהוה אֵת אוֹתֹתָיו בְּכָל־רֹ֫חַב אֶ֫רֶץ מִצְרַ֫יִם° וַיְגַדֵּל אֵת עַבְדּוֹ מֹשֶׁה°
בְּכֹל הַמַּמְלָכָה הַהִיא וַיְגַדֵּל אֶת־יְשׁוּעָתוֹ לִבְנֵי יִשְׂרָאֵל מְשָׁרְתָיו וְלֹא עֲזָבָם

8. וַיֹּ֫אמֶר הַנָּבִיא לֵאמֹר הִנֵּה יְשֻׁבְּרוּ־נָא הַכֵּלִים הָאֵ֫לֶּה וְהֻשְׁלְכוּ חוּץ לַבַּ֫יִת כִּי
הִטָּמוֹא נִטְמְאוּ אָז הִקְרִ֫יבוּ מְשָׁרְתֵי הַמִּזְבֵּחַ לְהַעֲבִירָם מֵהֵיכָל כִּדְבָרָיו

9. מַהֲרוּ הַכֹּהֲנִים וַיַּקְרִיבוּ אֵת מִנְחַת אֱלֹהִים וַיִּזְבְּחוּ אֵת שְׁלֹשֶׁת הַפָּרִים בְּמִזְבְּחוֹ כִּי יָרְאוּ מִפְּנֵי אַפּוֹ הַבֹּעֵר עַל־מֶלֶךְ יִשְׂרָאֵל הַמַּחֲטִיא אֵת הָעָם בְּתוֹעֲבוֹתָיו

10. בָּרְכוּ אֵת אֲדֹנֵינוּ כָּל־כֹּהֲנָיו אֲשֶׁר יְשָׁרְתוּהוּ וְיֹאמְרוּ בְּנֵי יִשְׂרָאֵל עַבְדוֹ לֵאמֹר יְבֹרַךְ שֵׁם־יהוה לְעוֹלָם הִנֵּה בָרוּךְ אַתָּה יהוה מַלְכֵּנוּ הַמֶּלֶךְ הַגָּדוֹל עַל־כָּל־הָאָרֶץ מְבָרְכֵנוּ

11. וַיְהִי יַעַן שְׂנֹאָם אֹתָנוּ וַיְבַעֲרוּ אֵשׁ בְּכָל־חוֹמוֹת הָעִיר וַיַּשְׁמִידוּ כָּל־בַּיִת בְּתוֹכָהּ וַיֹּאחֲזוּ בְּכָל־כְּלִי יָקָר וַיַּחֲזִיקוּ בַּבָּקָר וּבַצֹּאן וַיַּאַסְרוּ אֵת יוֹשְׁבֵי הַמָּקוֹם וַיַּעֲבִירוּם מֵאַרְצָם לְהַעֲבִידָם

12. כֹּה יֹאמַר אֱלֹהֵי יִשְׂרָאֵל הֲתַעַמְדוּ לְפָנַי וְהִתְפַּלַּלְתֶּם לִי וְהִתְחַנַּנְתֶּם אֵלַי וִידֵיכֶם מָלְאוּ דָם וַתִּטַּמְּאוּ בְּתוֹעֲבוֹתֵיכֶם וְעַתָּה כֹּה אָמַר יהוה צְבָאוֹת לֵאמֹר הַעֲבֵר מִמְּךָ אֵת חַטֹּאתֶיךָ וְהִתְקַדֵּשׁ לִי עוֹד וְאָהַבְתָּ אֶת־הַטּוֹב וְשָׂנֵאתָ אֶת־הָרָע וְגַם אָנֹכִי אֹהֲבֶךָ לְכַפֵּר עַל־עֲוֹנֶךָ

33.4. OT Texts

1. וַיִּמְצָא יוֹסֵף חֵן בְּעֵינָיו וַיְשָׁרֶת אֹתוֹ וַיַּפְקִדֵהוּ עַל־בֵּיתוֹ וְכָל־יֶשׁ־לוֹ נָתַן בְּיָדוֹ׃ וַיְהִי מֵאָז הִפְקִיד אֹתוֹ בְּבֵיתוֹ וְעַל כָּל־אֲשֶׁר יֶשׁ־לוֹ וַיְבָרֶךְ יְהוָה אֶת־בֵּית הַמִּצְרִי° בִּגְלַל[1] יוֹסֵף וַיְהִי[1a] בִּרְכַּת יְהוָה בְּכָל־אֲשֶׁר יֶשׁ־לוֹ בַּבַּיִת וּבַשָּׂדֶה׃ Gen 39:4-5

2. וַיַּעַבְרוּ יְמֵי בְכִיתוֹ[2] וַיְדַבֵּר יוֹסֵף אֶל־בֵּית פַּרְעֹה לֵאמֹר אִם־נָא מָצָאתִי חֵן בְּעֵינֵיכֶם דַּבְּרוּ־נָא בְּאָזְנֵי• פַרְעֹה לֵאמֹר׃ אָבִי הִשְׁבִּיעַנִי לֵאמֹר הִנֵּה אָנֹכִי מֵת[2a] בְּקִבְרִי אֲשֶׁר כָּרִיתִי[2b] לִי בְּאֶרֶץ כְּנַעַן° שָׁמָּה תִּקְבְּרֵנִי Gen 50:4-5

----

[1] on account of; [1a] and so it happened that.
[2] בְּכִית - weeping/mourning; [2a] about to die; [2b] I dug (out).

3. וַיֹּאמֶר יְהוָה אֶל־מֹשֶׁה שְׁלַח יָדְךָ וֶאֱחֹז בִּזְנָבוֹ[3] וַיִּשְׁלַח יָדוֹ וַיַּחֲזֶק בּוֹ וַיְהִי[3a]
לְמַטֶּה בְּכַפּוֹ׃ לְמַעַן יַאֲמִינוּ כִּי־נִרְאָה[3b] אֵלֶיךָ יְהוָה אֱלֹהֵי אֲבֹתָם אֱלֹהֵי
אַבְרָהָם אֱלֹהֵי יִצְחָק וֵאלֹהֵי יַעֲקֹב׃ Ex 4:4-5

4. וַאֲנִי אֲחַזֵּק אֶת־לִבּוֹ וְלֹא יְשַׁלַּח אֶת־הָעָם׃ וְאָמַרְתָּ אֶל־פַּרְעֹה כֹּה אָמַר
יְהוָה בְּנִי בְכֹרִי יִשְׂרָאֵל׃ וָאֹמַר אֵלֶיךָ שַׁלַּח אֶת־בְּנִי וְיַעַבְדֵנִי וַתְּמָאֵן
לְשַׁלְּחוֹ הִנֵּה אָנֹכִי הֹרֵג אֶת־בִּנְךָ בְּכֹרֶךָ׃ Ex 4:21-23

5. וְנָתַתִּי שָׁלוֹם בָּאָרֶץ וּשְׁכַבְתֶּם וְאֵין מַחֲרִיד[4] וְהִשְׁבַּתִּי חַיָּה רָעָה מִן־הָאָרֶץ
וְחֶרֶב לֹא־תַעֲבֹר בְּאַרְצְכֶם׃ וּרְדַפְתֶּם אֶת־אֹיְבֵיכֶם וְנָפְלוּ לִפְנֵיכֶם לֶחָרֶב׃
וְרָדְפוּ מִכֶּם חֲמִשָּׁה מֵאָה וּמֵאָה מִכֶּם רְבָבָה יִרְדֹּפוּ וְנָפְלוּ אֹיְבֵיכֶם לִפְנֵיכֶם
לֶחָרֶב׃ Lev 26:6-8

6. וַיֵּצֵא[5] מֹשֶׁה וַיְדַבֵּר אֶל־הָעָם אֵת דִּבְרֵי יְהוָה וַיֶּאֱסֹף שִׁבְעִים אִישׁ מִזִּקְנֵי
הָעָם וַיַּעֲמֵד אֹתָם סְבִיבֹת[5a] הָאֹהֶל׃ Num 11:24

7. וַיֹּאמֶר יְהוָה אֶל־מֹשֶׁה וְאֶל־אַהֲרֹן יַעַן לֹא־הֶאֱמַנְתֶּם בִּי לְהַקְדִּישֵׁנִי לְעֵינֵי
בְּנֵי יִשְׂרָאֵל לָכֵן לֹא תָבִיאוּ[6] אֶת־הַקָּהָל הַזֶּה אֶל־הָאָרֶץ אֲשֶׁר־נָתַתִּי לָהֶם׃
הֵמָּה מֵי מְרִיבָה° אֲשֶׁר־רָבוּ[6a] בְנֵי־יִשְׂרָאֵל אֶת־יְהוָה וַיִּקָּדֵשׁ בָּם׃
Num 20:12-13

8. וְהָיָה כְּנוֹחַ[7] כַּפּוֹת רַגְלֵי[7a] הַכֹּהֲנִים נֹשְׂאֵי אֲרוֹן• יְהוָה אֲדוֹן כָּל־הָאָרֶץ בְּמֵי
הַיַּרְדֵּן מֵי הַיַּרְדֵּן יִכָּרֵתוּן הַמַּיִם הַיֹּרְדִים מִלְמָעְלָה[7b] וְיַעַמְדוּ נֵד[7c] אֶחָד׃
. . . כִּי־יִשְׁאָלוּן בְּנֵיכֶם מָחָר[7d] לֵאמֹר מָה הָאֲבָנִים הָאֵלֶּה לָכֶם׃
וַאֲמַרְתֶּם לָהֶם אֲשֶׁר נִכְרְתוּ מֵימֵי הַיַּרְדֵּן מִפְּנֵי אֲרוֹן בְּרִית־יְהוָה בְּעָבְרוֹ
בַּיַּרְדֵּן נִכְרְתוּ מֵי הַיַּרְדֵּן Josh 3:13, 4:6-7

----

[3] זָנָב - tail; [3a] and it became; [3b] (he) has appeared.
[4] חָרַד - to tremble/be frightened.
[5] then (he) went out; [5a] around.
[6] you shall not bring in; [6a] (they) contended (cf. מְרִיבָה - contention).
[7] נוֹחַ - 'to rest'; [7a] רֶגֶל - foot; [7b] מַעְלָה - above/up-stream; [7c] heap/solid mass;
[7d] tomorrow/in the future.

9. הֵ֫מָּה יוֹרְדִים בִּקְצֵה הָעִיר וּשְׁמוּאֵל אָמַר אֶל־שָׁאוּל אֱמֹר לַנַּ֫עַר וְיַעֲבֹר
לְפָנֵ֫ינוּ וַיַּעֲבֹר וְאַתָּה עֲמֹד כַּיּוֹם וְאַשְׁמִיעֲךָ אֶת־דְּבַר אֱלֹהִים׃ 1 Sam 9:27

10. וַיֹּ֫אמֶר דָּוִד לַאֲנָשָׁיו חִגְרוּ[8] אִישׁ אֶת־חַרְבּוֹ וַיַּחְגְּרוּ אִישׁ אֶת־חַרְבּוֹ וַיַּחְגֹּר
גַּם־דָּוִד אֶת־חַרְבּוֹ וַיַּעֲלוּ[8a] אַחֲרֵי דָוִד כְּאַרְבַּע מֵאוֹת אִישׁ וּמָאתַ֫יִם יָשְׁבוּ
עַל־הַכֵּלִים׃ 1 Sam 25:13

11. וַיִּשְׁלַח אֲשֶׁר־עַל־הַבַּ֫יִת וַאֲשֶׁר עַל־הָעִיר וְהַזְּקֵנִים וְהָאֹמְנִים אֶל־יֵהוּא
לֵאמֹר עֲבָדֶ֫יךָ אֲנַ֫חְנוּ וְכֹל אֲשֶׁר־תֹּאמַר אֵלֵ֫ינוּ נַעֲשֶׂה[9] לֹא־נַמְלִיךְ אִישׁ
הַטּוֹב בְּעֵינֶ֫יךָ עֲשֵׂה[9a]׃ 2 Kings 10:5

12. וַיִּשְׁכַּב עֻזִּיָּ֫הוּ עִם־אֲבֹתָיו וַיִּקְבְּרוּ אֹתוֹ עִם־אֲבֹתָיו בִּשְׂדֵה הַקְּבוּרָה אֲשֶׁר
לַמְּלָכִים כִּי אָמְרוּ מְצוֹרָע[10] הוּא וַיִּמְלֹךְ יוֹתָם בְּנוֹ תַּחְתָּיו׃ 2 Chr 26:23

Cf.: Gen 2:3, 6:12,21, 15:6, 17:16, 21:10, 24:60, 27:34, 40:4, 42:16, 48:16; Ex 4:8-9, 9:19, 10:16, 12:33, 14:4; Deut 3:25, 12:2, 22:22; Josh 10:5; Jg 11:17,19, 12:1; 1 Sam 9:4; 2 Sam 4:11, 12:13, 13:17; 2 Kings 5:1; Jer 22:8; Joel 1:9.

33.5. Deuteronomy 11:22-32

22 כִּי אִם־שָׁמֹר תִּשְׁמְרוּן אֶת־כָּל־הַמִּצְוָה הַזֹּאת אֲשֶׁר אָנֹכִי מְצַוֶּה[11] אֶתְכֶם
לַעֲשֹׂתָהּ[11a] לְאַהֲבָה• אֶת־יְהוָה אֱלֹהֵיכֶם לָלֶ֫כֶת[11b] בְּכָל־דְּרָכָיו
וּלְדָבְקָה[11c]־בוֹ׃

23 וְהוֹרִישׁ[12] יְהוָה אֶת־כָּל־הַגּוֹיִם הָאֵ֫לֶּה מִלִּפְנֵיכֶם וִירִשְׁתֶּם• גּוֹיִם גְּדֹלִים
וַעֲצֻמִים[12a] מִכֶּם׃

----

[8] חָגַר - to put/fasten on; [8a] and they went up.
[9] we will do; [9a] do (*2ms imperative*).
[10] צָרַע - to have leprosy/a skin disease.
[11] commanding; [11a] עֲשׂוֹת - 'to do'; [11b] לֶ֫כֶת - 'to go'; [11c] דָּבַק - to adhere.
[12] then (he) will dispossess (*3ms Hiph wc + pf*, יָרַשׁ); [12a] עָצוּם - powerful.

24 כָּל־הַמָּקוֹם אֲשֶׁר תִּדְרֹךְ[13] כַּף־רַגְלְכֶם בּוֹ לָכֶם יִהְיֶה[13a] מִן־הַמִּדְבָּר
וְהַלְּבָנוֹן° מִן־הַנָּהָר נְהַר־פְּרָת[13b] וְעַד הַיָּם הָאַחֲרוֹן[13c] יִהְיֶה[13a]
גְּבֻלְכֶם[13d]׃

25 לֹא־יִתְיַצֵּב[14] אִישׁ בִּפְנֵיכֶם פַּחְדְּכֶם[14a] וּמוֹרַאֲכֶם[14b] יִתֵּן[14c] יְהוָה אֱלֹהֵיכֶם
עַל־פְּנֵי כָל־הָאָרֶץ אֲשֶׁר תִּדְרְכוּ[13]־בָהּ כַּאֲשֶׁר דִּבֶּר לָכֶם׃

26 רְאֵה[15] אָנֹכִי נֹתֵן לִפְנֵיכֶם הַיּוֹם בְּרָכָה וּקְלָלָה[15a]׃

27 אֶת־הַבְּרָכָה אֲשֶׁר תִּשְׁמְעוּ אֶל־מִצְוֺת יְהוָה אֱלֹהֵיכֶם אֲשֶׁר אָנֹכִי מְצַוֶּה[16]
אֶתְכֶם הַיּוֹם׃

28 וְהַקְּלָלָה[15a] אִם־לֹא תִשְׁמְעוּ אֶל־מִצְוֺת יְהוָה אֱלֹהֵיכֶם וְסַרְתֶּם[17] מִן־הַדֶּרֶךְ
אֲשֶׁר אָנֹכִי מְצַוֶּה[16] אֶתְכֶם הַיּוֹם לָלֶכֶת[11b] אַחֲרֵי אֱלֹהִים אֲחֵרִים אֲשֶׁר
לֹא־יְדַעְתֶּם׃

29 וְהָיָה כִּי יְבִיאֲךָ[18] יְהוָה אֱלֹהֶיךָ אֶל־הָאָרֶץ אֲשֶׁר־אַתָּה בָא[18a]־שָׁמָּה
לְרִשְׁתָּהּ[18b] וְנָתַתָּה אֶת־הַבְּרָכָה עַל־הַר גְּרִזִים° וְאֶת־הַקְּלָלָה[15a] עַל־הַר
עֵיבָל°׃

30 הֲלֹא־הֵמָּה בְּעֵבֶר[19] הַיַּרְדֵּן° אַחֲרֵי דֶּרֶךְ מְבוֹא[19a] הַשֶּׁמֶשׁ[19b] בְּאֶרֶץ
הַכְּנַעֲנִי° הַיֹּשֵׁב בָּעֲרָבָה[19c] מוּל[19d] הַגִּלְגָּל° אֵצֶל[19e] אֵלוֹנֵי[19f] מֹרֶה[19g]׃

----

[13] דָּרַךְ - to tread; [13a] (it) will be (*3ms Qal impf*, הָיָה); [13b] פְּרָת - Euphrates; [13c] אַחֲרוֹן - rearward/western; [13d] גְּבוּל - territory.

[14] יצב (*Hith*) - to stand; [14a] פַּחַד - dread; [14b] מוֹרָא - fear; [14c] (he) will impose.

[15] see (*2ms Qal impv*, רָאָה); [15a] קְלָלָה - curse.

[16] commanding (*ms Piel ptc*, צוה).

[17] and you turn away (*2mp Qal wc + pf*, שׂים).

[18] יָבִיא - (he) brings (*3ms Hiph impf*, בּוֹא); [18a] entering (*ms Hiph ptc*, בּוֹא); [18b] רֶשֶׁת - 'to possess' (*Qal inf cons*, יָרַשׁ).

[19] עֵבֶר - other side; [19a] מָבוֹא - place of entry/setting; [19b] שֶׁמֶשׁ - sun; [19c] עֲרָבָה - arid steppe/Arabah; [19d] opposite; [19e] beside/near; [19f] אֵלוֹן - terebinth?; [19g] Moreh (*personal or place name*; *or*, teacher [*ms Hiph ptc*, יָרָה]).

31 כִּי אַתֶּם עֹבְרִים אֶת־הַיַּרְדֵּן לָבֹא[20] לָרֶשֶׁת[18b] אֶת־הָאָרֶץ אֲשֶׁר־יְהוָה
אֱלֹהֵיכֶם נֹתֵן לָכֶם וִירִשְׁתֶּם אֹתָהּ וִישַׁבְתֶּם־בָּהּ׃

32 וּשְׁמַרְתֶּם לַעֲשׂוֹת[11a] אֵת כָּל־הַחֻקִּים וְאֶת־הַמִּשְׁפָּטִים אֲשֶׁר אָנֹכִי נֹתֵן
לִפְנֵיכֶם הַיּוֹם׃

33.6. Psalm 27:10-14

10 כִּי־אָבִי וְאִמִּי עֲזָבוּנִי וַיהוָה יַאַסְפֵנִי׃

11 הוֹרֵנִי[21] יְהוָה דַּרְכֶּךָ וּנְחֵנִי[21a] בְּאֹרַח[21b] מִישׁוֹר[21c] לְמַעַן שׁוֹרְרָי[21d]׃

12 אַל־תִּתְּנֵנִי[22] בְּנֶפֶשׁ צָרָי[22a] כִּי קָמוּ[22b]־בִי עֵדֵי[22c]־שֶׁקֶר[22d] וִיפֵחַ[22e]
חָמָס[22f]׃

13 לוּלֵא[23] הֶאֱמַנְתִּי לִרְאוֹת[23a] בְּטוּב־יְהוָה בְּאֶרֶץ חַיִּים׃

14 קַוֵּה[24] אֶל־יְהוָה חֲזַק וְיַאֲמֵץ[24a] לִבֶּךָ וְקַוֵּה[24] אֶל־יְהוָה׃

----

[20] בֹּא - 'to enter' (*Qal inf cons*, בּוֹא).

[21] teach me; [21a] and lead me; [21b] אֹרַח - path; [21c] integrity, rectitude; [21d] שׁוֹרֵר - enemy.

[22] תִּתֵּן - you give; [22a] צַר - adversary; [22b] (they) have risen up; [22c] עֵד - witness; [22d] falsehood; [22e] יָפֵחַ - guarantor, witness; [22f] violence.

[23] unless (?); [23a] to see.

[24] קָוָה - wait; [24a] אָמֵץ - to be bold, strong.

Chapter 34

34.1. Parse and Translate

1. הַבֵּט	2. נִבְאוּ	3. הַגִּישֻׁ֫ונִי
4. הֻגְּדָה	5. סְעוּ	6. יַגַּע
7. תֵּ֫נָּה	8. נֶחַ֫מְנוּ	9. גְּשׁוּ
10. הִתְנַחֵם	11. תִּקְחוּ	12. מַבִּיטֵי
13. שְׂאָה	14. נִחַ֫מְתָּ	15. הַגִּי֫דֵהוּ
16. תִּנָּצְלִי	17. וַיֻּגַּד	18. קַחְתָּן
19. נֹ֫סַעַת	20. גִּשְׁתֵּךְ	21. אֶתֵּן
22. הִבַּטְתְּ	23. נָפְלָם	24. הַצִּילוּם
25. תִּתּוֹ	26. תִּגְּעוּ	27. סַעְתָּה
28. נַחֲמ֫וּהָ	29. נִגַּ֫שְׁנוּ	30. שֵׂאתְךָ

34.2. Translate

1. יֻגַּד הַדָּבָר הַזֶּה בְּאָזְנֵי כָל־יִשְׂרָאֵל
2. יָרֵ֫אנוּ לְהַבִּיט אֶל־רֹאשׁ הַר אֱלֹהִים
3. נִקְחָה אֵת הַכֵּלִים אַחֲרֵי שֵׂאתָם ח֫וּצָה
4. וַיִּגַּע בִּלְשׁוֹנוֹ וַיֹּאמַר הֶעֱבַ֫רְתִּי אֵת עֲוֹנְךָ
5. הֲלֹא יַגִּ֫ידוּ אֵת כָּל־חַטֹּאתְךָ וְנִבְאוּ עָלֶ֫יךָ
6. שְׂאוּ אֵת עֵינֵיכֶם וְהִבַּטְתֶּם אֶל־הַשָּׁמָ֫יִם

7. הַעֲמִידֻהוּ עַל־רֹאשׁ הַחוֹמָה וְיִפֹּל מִמֶּנָּה

8. רַק הַצֶּל־נָא אֵת עַמְּךָ מֵאַנְשֵׁי שֶׁקֶר וְנַחֲמֵהוּ

9. תִּסַּע וְהִגַּדְתָּ לַמֶּלֶךְ לֵאמֹר נִצּוֹל נִצַּל הַצָּבָא

10. וַיְהִי בְתִתָּם לָנוּ זָהָב וַנִּשְׂמַח שָׂמוֹחַ וַנִּשָּׂאֶנּוּ הַבַּיְתָה

11. נִחַמְתִּי כִּי הִמְלַכְתִּיהוּ עַל־הַמַּטֶּה הַזֶּה וָאֶתְּנֵהוּ בְיָדוֹ

12. וַתִּגַּשְׁנָה אֶל־הַמִּזְבֵּחַ לְשַׁלֵּם אֶת־נִדְרָן וַתִּפֹּלְנָה אַרְצָה

34.3. Translate

1. יִתֶּן־נָא אֶת־הַכֶּסֶף לַעֲבָדַי וְאֶקַּח בּוֹ אֵת הַכֶּרֶם הַזֶּה כִּי טוֹב מְאֹד הוּא וְהָיָה
אִם נָתוֹן יִתֵּן לִי אֵת הַכֶּסֶף הַהוּא וְנָתַתִּי לוֹ אֶת־חֲצִי פִּרְיוֹ

2. שְׂאוּ אֵת עֵינֵיכֶם הַשָּׁמַיְמָה וְהַבִּיטוּ־נָא אֶל־יהוה אֱלֹהֵיכֶם וִינַחֲמֵנוּ וְיַצִּילֵנוּ
מֵאֹיְבֵינוּ כִּי רַב חֶסֶד יהוה וְהוּא יִשָּׂא לָנוּ אֶת־עֲוֹנוֹתֵינוּ

3. תְּנוּ לִי לֶחֶם וְאֹכַל וְלֹא אֹבַד לְמַעַן אֶנָּצֵל מִמָּוֶת כִּי הִכְבִּיד יהוה אֶת־הָרָעָב
בְּאַרְצֵנוּ שֵׁשׁ שָׁנִים וְלֹא הִשְׁאִיר לָנוּ לֶחֶם וְאֵין מְנַחֵם אֹתָנוּ

4. וַיִּשְׂאוּ אֶת־קוֹלָם וַיִּשָּׁבְעוּ לֵאמֹר לֹא נִתֵּן אֵת בְּנוֹתֵינוּ לָהֶם לְאִשָּׁה וְגַם לֹא
נִקַּח אֵת נְשֵׁיהֶם לָנוּ פֶּן־נֹאבַד בְּעָבְרֵנוּ אֵת בְּרִית אֱלֹהֵינוּ

5. הִנֵּה הֻגֵּד הֻגַּד לָנוּ כִּי אִישׁ חָכָם אַתָּה וְיָדַעְתָּ אֶת־עֲצוֹת אֱלֹהִים וּדְרָכָיו
לָכֵן תֵּן אֵלֵינוּ בִינָה וְלַמְּדֵנוּ אֵת אֲשֶׁר הוּא מַגִּיד לְךָ בָעֵת הַזֹּאת

6. וַתִּגַּשׁ אֵם שְׁלֹמֹה° אֶל־הַמֶּלֶךְ וַתֹּאמֶר לוֹ הַהִגִּידוּ לְךָ הַמֶּלֶךְ כִּי הִמְלִיכוּ
הַכֹּהֵן הַגָּדוֹל וּמְשָׂרֵי צְבָאֲךָ אֵת בִּנְךָ אֲדֹנִיָּהוּ° וַאֲנִי אִשְׁתְּךָ וּבְנִי שְׁלֹמֹה לֹא
קְרָאוּנוּ לַזָּבַח

7. וַיְהִי אַחֲרֵי גִשְׁתָּהּ אֶל־דָּוִד° הַמֶּלֶךְ וַיֹּאמְרוּ עֲבָדָיו לֵאמֹר הִנֵּה נָתָן° הַנָּבִיא
עֹמֵד בַּהֵיכָל וְחָפֵץ לְהַשְׁמִיעֲךָ אֶת־אֲשֶׁר הֻגַּד־לוֹ

8. וְהָיָה בְנַחֵם יהוה אֵת עַמּוֹ וְנִמְצָא דֶּרֶךְ בַּמִּדְבָּר אֲשֶׁר דֶּרֶךְ הַקֹּדֶשׁ יִקָּרֵא לוֹ
וְהָלְכוּ שָׁם גְּאוּלֵי יהוה לֹא יִפְּלוּ וְלֹא יֶחֶטְאוּ בוֹ וְלֹא יִמָּֽצְאוּ נִטְמָאִים שָׁם
כִּי יַעֲבִירֵם מַצִּילָם עָלָיו

9. תִּפָּתַחְנָה אָזְנַיִם מְסֻגָּרוֹת וְהַבֵּט תַּבֵּטְנָה עֵינֵי חֹשֶׁךְ תֵּרָפֶאנָה כַּפַּיִם נִשְׁבָּרוֹת
וְדַבֵּר תְּדַבֵּר לָשׁוֹן אֲסוּרָה וְהִלְכוּ גְּאֻלִים יְרוּשָׁלַיְמָה וְשִׂמְחַת עוֹלָם
עַל־רֹאשָׁם בְּפִיהֶם שִׁירֵי שִׂמְחָה

10. הִנָּבֵא בֶן־אָדָם עַל־הַמְּקֹמוֹת הָאֵלֶּה וְהַגֵּד לָהֶם כֹּה אָמַר יהוה צְבָאוֹת
אֱלֹהֵי יִשְׂרָאֵל אַל־תִּתְהַלְּכוּ בְּדַרְכֵי הַגּוֹיִם לְגִשְׁתְּכֶם אֶל־מִזְבְּחוֹתֵיהֶם
לְהַבִּיט אֵת תּוֹעֲבוֹתֵיהֶם וְלָשֵׂאת אֵת עֲוֹנָם

11. וְהָיָה בְרֹאשׁ הַשָּׁנָה וְנִגַּשְׁתָּ לְמִזְבְּחִי וְהִקְרַבְתָּ־לִּי עָלָיו פַּר וָאַיִל לְמַעַן מְצֹא
חֵן לְפָנַי וּבֵרַכְתִּיךָ בְּכָל־מְלַאכְתְּךָ תְּבֹרַךְ בְּסַעְתְּךָ חוּצָה וּבַעֲמָדְךָ בַּבָּיִת
בְּקַחְתְּךָ מֵרֵעֲךָ וּבְתִתְּךָ לוֹ בְעָבְדְךָ בַּשָּׂדֶה וּבְשָׁכְבְּךָ עִם אִשְׁתְּךָ

12. וַיֹּאמֶר נְשִׂיאֵנוּ לֵאמֹר הַגִּישׁוּ אֶת־הַגִּבּוֹרִים אֵלַי וְהַעֲמִידוּם לְפָנַי וְהִגִּידוּ לִי
אֵת הַמְּקוֹמוֹת אֲשֶׁר יִסְעוּ שָׁמָּה וַיְהִי אַחֲרֵי כֵן וַיִּקְחוּ אֵת חַרְבוֹתֵיהֶם
וַיִּשְׂאוּ אֵת כָּל־כְּלֵיהֶם וַיִּסְעוּ לְהִלָּחֵם בָּאֹיְבִים הַנִּגָּשִׁים עָלֵינוּ וּלְהַצִּילֵנוּ
מֵהֶם

34.4. OT Texts

1. וְאַבְרָהָם זָקֵן בָּא[1] בַּיָּמִים וַיהוָה בֵּרַךְ אֶת־אַבְרָהָם בַּכֹּל׃ וַיֹּאמֶר אַבְרָהָם
אֶל־עַבְדּוֹ זְקַן בֵּיתוֹ הַמֹּשֵׁל בְּכָל־אֲשֶׁר־לוֹ שִׂים[1a]־נָא יָדְךָ תַּחַת יְרֵכִי[1b]׃
וְאַשְׁבִּיעֲךָ בַּיהוָה אֱלֹהֵי הַשָּׁמַיִם וֵאלֹהֵי הָאָרֶץ אֲשֶׁר לֹא־תִקַּח אִשָּׁה לִבְנִי
מִבְּנוֹת הַכְּנַעֲנִי° אֲשֶׁר אָנֹכִי יוֹשֵׁב בְּקִרְבּוֹ׃ Gen 24:1-3

----

[1] advanced; [1a] place (*2ms imperative*); [1b] יָרֵךְ - thigh.

2. וַיִּשְׂטֹם[2] עֵשָׂו אֶת־יַעֲקֹב עַל־הַבְּרָכָה אֲשֶׁר בֵּרְכוֹ אָבִיו וַיֹּאמֶר עֵשָׂו בְּלִבּוֹ
יִקְרְבוּ יְמֵי אֵבֶל[2a] אָבִי וְאַהַרְגָה אֶת־יַעֲקֹב אָחִי׃ וַיֻּגַּד לְרִבְקָה אֶת־דִּבְרֵי
עֵשָׂו בְּנָהּ הַגָּדֹל וַתִּשְׁלַח וַתִּקְרָא לְיַעֲקֹב בְּנָהּ הַקָּטָן וַתֹּאמֶר אֵלָיו הִנֵּה עֵשָׂו
אָחִיךָ מִתְנַחֵם לְךָ לְהָרְגֶךָ׃ Gen 27:41-42

3. וַיְהִי אַחַר הַדְּבָרִים הָאֵלֶּה וַתִּשָּׂא אֵשֶׁת־אֲדֹנָיו אֶת־עֵינֶיהָ אֶל־יוֹסֵף וַתֹּאמֶר
שִׁכְבָה עִמִּי׃ וַיְמָאֵן וַיֹּאמֶר אֶל־אֵשֶׁת אֲדֹנָיו הֵן אֲדֹנִי לֹא־יָדַע אִתִּי
מַה־בַּבָּיִת וְכֹל אֲשֶׁר־יֶשׁ־לוֹ נָתַן בְּיָדִי׃ אֵינֶנּוּ גָדוֹל בַּבַּיִת הַזֶּה מִמֶּנִּי
וְלֹא־חָשַׂךְ מִמֶּנִּי מְאוּמָה[3] כִּי אִם־אוֹתָךְ בַּאֲשֶׁר אַתְּ־אִשְׁתּוֹ Gen 39:7-9

4. וַיֹּאמֶר יוֹסֵף אֶל־אֶחָיו גְּשׁוּ־נָא אֵלַי וַיִּגָּשׁוּ וַיֹּאמֶר אֲנִי יוֹסֵף אֲחִיכֶם
אֲשֶׁר־מְכַרְתֶּם אֹתִי מִצְרָיְמָה׃ . . . . וַיַּעֲלוּ[4] מִמִּצְרָיִם וַיָּבֹאוּ[4a] אֶרֶץ
כְּנַעַן אֶל־יַעֲקֹב אֲבִיהֶם׃ וַיַּגִּדוּ לוֹ לֵאמֹר עוֹד יוֹסֵף חַי וְכִי־הוּא מֹשֵׁל
בְּכָל־אֶרֶץ מִצְרָיִם וַיָּפָג[4b] לִבּוֹ כִּי לֹא־הֶאֱמִין לָהֶם׃ Gen 45:4,25-26

5. וַיִּרְדְּפוּ מִצְרַיִם אַחֲרֵיהֶם ... : וּפַרְעֹה הִקְרִיב וַיִּשְׂאוּ בְנֵי־יִשְׂרָאֵל
אֶת־עֵינֵיהֶם וְהִנֵּה מִצְרַיִם נֹסֵעַ אַחֲרֵיהֶם וַיִּירְאוּ מְאֹד וַיִּצְעֲקוּ בְנֵי־יִשְׂרָאֵל
אֶל־יְהוָה׃ וַיֹּאמְרוּ אֶל־מֹשֶׁה הֲמִבְּלִי[5] אֵין־קְבָרִים בְּמִצְרַיִם לְקַחְתָּנוּ
לָמוּת[5a] בַּמִּדְבָּר Ex 14:9-11

6. וַיְסַפֵּר מֹשֶׁה לְחֹתְנוֹ[6] אֵת כָּל־אֲשֶׁר עָשָׂה יְהוָה לְפַרְעֹה וּלְמִצְרַיִם עַל
אוֹדֹת[6a] יִשְׂרָאֵל אֵת כָּל־הַתְּלָאָה[6b] אֲשֶׁר מְצָאָתַם בַּדֶּרֶךְ וַיַּצִּלֵם יְהוָה׃ .
. . : וַיֹּאמֶר יִתְרוֹ° בָּרוּךְ יְהוָה אֲשֶׁר הִצִּיל אֶתְכֶם מִיַּד מִצְרַיִם וּמִיַּד
פַּרְעֹה אֲשֶׁר הִצִּיל אֶת־הָעָם מִתַּחַת יַד־מִצְרָיִם׃ Ex 18:8,10

7. וָאֶקַּח אֶת־הַלְוִיִּם° תַּחַת כָּל־בְּכוֹר בִּבְנֵי יִשְׂרָאֵל׃ וָאֶתְּנָה אֶת־הַלְוִיִּם
נְתֻנִים לְאַהֲרֹן וּלְבָנָיו מִתּוֹךְ בְּנֵי יִשְׂרָאֵל לַעֲבֹד אֶת־עֲבֹדַת בְּנֵי־יִשְׂרָאֵל

---

[2] שָׂטַם - to be hostile to; [2a] mourning.

[3] anything.

[4] they went up; [4a] and they came to; [4b] (it) fainted.

[5] מִבְּלִי אֵין - for lack of; [5a] to die.

[6] חֹתֵן - father-in-law; [6a] עַל אוֹדֹת - on account of; [6b] hardship/distress.

בְּאֹהֶל מוֹעֵד וּלְכַפֵּר עַל־בְּנֵי יִשְׂרָאֵל וְלֹא יִהְיֶה[7] בִּבְנֵי יִשְׂרָאֵל נֶגֶף[7a] בְּגֶשֶׁת
בְּנֵי־יִשְׂרָאֵל אֶל־הַקֹּדֶשׁ[7b]: Num 8:18-19

8. לֹא אֶת־אֲבֹתֵינוּ כָּרַת יְהוָה אֶת־הַבְּרִית הַזֹּאת כִּי• אִתָּנוּ . . . : פָּנִים
בְּפָנִים דִּבֶּר יְהוָה עִמָּכֶם בָּהָר מִתּוֹךְ הָאֵשׁ: אָנֹכִי עֹמֵד בֵּין־יְהוָה
וּבֵינֵיכֶם בָּעֵת הַהִוא לְהַגִּיד לָכֶם אֶת־דְּבַר יְהוָה כִּי יְרֵאתֶם מִפְּנֵי הָאֵשׁ
וְלֹא־עֲלִיתֶם[8] בָּהָר Deut 5:3-5

9. וַיֹּאמֶר יְהוָה אֵלָיו זֹאת הָאָרֶץ אֲשֶׁר נִשְׁבַּעְתִּי לְאַבְרָהָם לְיִצְחָק וּלְיַעֲקֹב
לֵאמֹר לְזַרְעֲךָ אֶתְּנֶנָּה הֶרְאִיתִיךָ[9] בְעֵינֶיךָ וְשָׁמָּה לֹא תַעֲבֹר: וַיָּמָת[9a] שָׁם
מֹשֶׁה עֶבֶד־יְהוָה בְּאֶרֶץ מוֹאָב עַל־פִּי יְהוָה: Deut 34:4-5

10. וּבְנֵי יִשְׂרָאֵל יָשְׁבוּ בְּקֶרֶב• הַכְּנַעֲנִי הַחִתִּי° וְהָאֱמֹרִי וְהַפְּרִזִּי° וְהַחִוִּי°
וְהַיְבוּסִי°: וַיִּקְחוּ אֶת־בְּנוֹתֵיהֶם לָהֶם לְנָשִׁים וְאֶת־בְּנוֹתֵיהֶם נָתְנוּ
לִבְנֵיהֶם וַיַּעַבְדוּ אֶת־אֱלֹהֵיהֶם: Jg 3:5-6

11. וַיֹּאמֶר דָּוִד אֶל־גָּד° צַר[10]־לִי מְאֹד נִפְּלָה־נָּא בְיַד־יְהוָה כִּי־רַבִּים רַחֲמָיו[10a]
וּבְיַד־אָדָם אַל־אֶפֹּלָה: וַיִּתֵּן יְהוָה דֶּבֶר[10b] בְּיִשְׂרָאֵל מֵהַבֹּקֶר וְעַד־עֵת
מוֹעֵד וַיָּמָת[10c] מִן־הָעָם מִדָּן° וְעַד־בְּאֵר שֶׁבַע° שִׁבְעִים אֶלֶף אִישׁ:
וַיִּשְׁלַח יָדוֹ הַמַּלְאָךְ יְרוּשָׁלַםִ לְשַׁחֲתָהּ וַיִּנָּחֶם יְהוָה אֶל־הָרָעָה 2 Sam 24:14-16

12. בְּגִבְעוֹן° נִרְאָה[11] יְהוָה אֶל־שְׁלֹמֹה בַּחֲלוֹם[11a] הַלָּיְלָה וַיֹּאמֶר אֱלֹהִים שְׁאַל
מָה אֶתֶּן־לָךְ: וַיֹּאמֶר שְׁלֹמֹה אַתָּה עָשִׂיתָ[11b] עִם־עַבְדְּךָ דָוִד אָבִי חֶסֶד
גָּדוֹל כַּאֲשֶׁר הָלַךְ לְפָנֶיךָ בֶּאֱמֶת וּבִצְדָקָה וּבְיִשְׁרַת לֵבָב עִמָּךְ וַתִּשְׁמָר־לוֹ
אֶת־הַחֶסֶד הַגָּדוֹל הַזֶּה וַתִּתֶּן־לוֹ בֵן יֹשֵׁב עַל־כִּסְאוֹ כַּיּוֹם הַזֶּה: 1 Kings 3:5-6

----

[7] there will be; [7a] plague/disaster; [7b] what is holy/holy place.

[8] you went up.

[9] I have allowed you to see (it); [9a] so (he) died.

[10] it is difficult/distressing; [10a] רַחֲמִים - compassion; [10b] plague; [10c] so there died.

[11] (he) appeared; [11a] חֲלוֹם - dream; [11b] you have done/performed.

Cf.: Gen 2:21, 12:17-19, 13:14, 22:20, 24:23,27, 25:20, 32:30, 34:16, 41:48, 43:19; Ex 12:36; Lev 8:15, 10:17, 20:3; Deut 23:22; 1 Sam 3:15, 12:10,18, 22:7,21; 1 Kings 2:41, 5:1, 22:3; 2 Kings 5:26.

34.5. Ruth 1:1-10

1 וַיְהִי בִּימֵי שְׁפֹט הַשֹּׁפְטִים וַיְהִי[12] רָעָב בָּאָרֶץ וַיֵּלֶךְ[12a] אִישׁ מִבֵּית לֶחֶם°
יְהוּדָה לָגוּר[12b] בִּשְׂדֵי מוֹאָב° הוּא וְאִשְׁתּוֹ וּשְׁנֵי בָנָיו׃

2 וְשֵׁם הָאִישׁ אֱלִימֶלֶךְ° וְשֵׁם אִשְׁתּוֹ נָעֳמִי° וְשֵׁם שְׁנֵי־בָנָיו מַחְלוֹן° וְכִלְיוֹן°
אֶפְרָתִים° מִבֵּית לֶחֶם יְהוּדָה וַיָּבֹאוּ[13] שְׂדֵי־מוֹאָב וַיִּהְיוּ[13a]־שָׁם׃

3 וַיָּמָת[14] אֱלִימֶלֶךְ אִישׁ נָעֳמִי וַתִּשָּׁאֵר הִיא וּשְׁנֵי בָנֶיהָ׃

4 וַיִּשְׂאוּ לָהֶם נָשִׁים מֹאֲבִיּוֹת° שֵׁם הָאַחַת עָרְפָּה° וְשֵׁם הַשֵּׁנִית רוּת°
וַיֵּשְׁבוּ[15] שָׁם כְּעֶשֶׂר שָׁנִים׃

5 וַיָּמוּתוּ[16] גַם־שְׁנֵיהֶם מַחְלוֹן וְכִלְיוֹן וַתִּשָּׁאֵר הָאִשָּׁה מִשְּׁנֵי יְלָדֶיהָ
וּמֵאִישָׁהּ׃

6 וַתָּקָם[17] הִיא וְכַלֹּתֶיהָ[17a] וַתָּשָׁב[17b] מִשְּׂדֵי מוֹאָב כִּי שָׁמְעָה בִּשְׂדֵה מוֹאָב
כִּי־פָקַד יְהוָה אֶת־עַמּוֹ לָתֵת לָהֶם לָחֶם׃

7 וַתֵּצֵא[18] מִן־הַמָּקוֹם אֲשֶׁר הָיְתָה[18a]־שָׁמָּה וּשְׁתֵּי כַלֹּתֶיהָ[17a] עִמָּהּ
וַתֵּלַכְנָה[18b] בַדֶּרֶךְ לָשׁוּב[18c] אֶל־אֶרֶץ יְהוּדָה׃

8 וַתֹּאמֶר נָעֳמִי לִשְׁתֵּי כַלֹּתֶיהָ לֵכְנָה[19] שֹׁבְנָה אִשָּׁה לְבֵית אִמָּהּ יַעַשׂ[19a]
יְהוָה עִמָּכֶם חֶסֶד כַּאֲשֶׁר עֲשִׂיתֶם[19b] עִם־הַמֵּתִים[19c] וְעִמָּדִי׃

----

[12] there was; [12a] (he) went; [12b] גור - 'to reside' (*Qal inf cons*, גּוּר).
[13] so they entered (*3mp Qal pret*, בּוֹא); [13a] and they remained (*3mp Qal pret*, הָיָה).
[14] (he) died (*3ms Qal pret*, מוּת).
[15] and they stayed (*3mp Qal pret*, יָשַׁב).
[16] (they) died (*3mp Qal pret*, מוּת).
[17] then she arose (*3fs Qal pret*, קוּם); [17a] כַּלָּה - daughter-in-law; [17b] and she returned.
[18] she went out; [18a] she had been/gone; [18b] and they went; [18c] שׁוּב - 'to return'.
[19] לֵכְנָה שֹׁבְנָה - go, return; [19a] may (he) do; [19b] you have done; [19c] מֵת - dead.

9 יִתֵּן יְהוָה לָכֶם וּמְצֶאןָ מְנוּחָה[20] אִשָּׁה בֵּית אִישָׁהּ וַתִּשַּׁק[20a] לָהֶן וַתִּשֶּׂאנָה
קוֹלָן וַתִּבְכֶּינָה[20b]׃

10 וַתֹּאמַרְנָה־לָּהּ כִּי־אִתָּךְ נָשׁוּב[21] לְעַמֵּךְ׃

34.6. Psalm 91:1-4

1 יֹשֵׁב בְּסֵתֶר[22] עֶלְיוֹן[22a] בְּצֵל[22b] שַׁדַּי[22c] יִתְלוֹנָן[22d]׃

2 אֹמַר לַיהוָה מַחְסִי[23] וּמְצוּדָתִי[23a] אֱלֹהַי אֶבְטַח־בּוֹ׃

3 כִּי הוּא יַצִּילְךָ מִפַּח[24] יָקוּשׁ[24a] מִדֶּבֶר[24b] הַוּוֹת[24c]׃

4 בְּאֶבְרָתוֹ[25] יָסֶךְ[25a] לָךְ וְתַחַת־כְּנָפָיו[25b] תֶּחְסֶה[25c] צִנָּה[25d] וְסֹחֵרָה[25e]
אֲמִתּוֹ׃

----

[20] a place of rest; [20a] נָשַׁק - to kiss; [20b] and they wept (*3fp Qal pret*, בָּכָה).

[21] we will return (*1cp Qal impf*, שׁוּב).

[22] סֵתֶר - hiding-place, protection; [22a] exalted; [22b] צֵל - shadow; [22c] Almighty; [22d] (he) will make his dwelling.

[23] מַחְסֶה - place of refuge; [23a] מְצוּדָה - stronghold.

[24] פַּח - snare, trap; [24a] trapper; [24b] דֶּבֶר - plague; [24c] הַוָּה - destruction.

[25] אֶבְרָה - pinion, wing; [25a] he will overshadow; [25b] כָּנָף - wing; [25c] you will take refuge; [25d] shield; [25e] סֹחֵרָה - shield (?), protective wall (?).

Chapter 35

35.1. Parse and Translate

1. הֵיטִיבָה	2. הוֹתַרְתֶּן	3. נוֹסָפוֹת
4. מוּדָע	5. רִשְׁתִּי	6. תִּוָּשַׁעְנָה
7. הוֹצֵא	8. וַיֵּלֶךְ	9. תִּוָּרֵא
10. הוֹסִיפוּ	11. הוֹרִידָם	12. הוֹרַשְׁנוּ
13. הוֹדַע	14. נוֹתְרוּ	15. נוּכַל
16. הוֹלַכְתְּ	17. וַתּוּצָא	18. הוֹתֵר
19. יְכָלְתֶּם	20. וַתּוֹסֶף	21. הוּרַדְתָּ
22. תִּוָּרֵשׁ	23. נוֹדְעוּ	24. וַנּוּשַׁע
25. נוֹרֵאתִי	26. תּוֹלִיכֵנוּ	27. צֵאתְךָ
28. מֵיטִב	29. לֵכְנָה	30. הוֹשִׁיעָה

35.2. Translate

1. מִי יוּכַל הִוָּשַׁע בַּיּוֹם הַנּוֹרָא הַהוּא
2. וַתֵּלַכְנָה שְׁתֵּי הַנָּשִׁים לָצֵאת מֵאַרְצָן
3. רַק לָהֶם הוֹדַעְתִּי אֵת דְּרָכַי וָאוֹשִׁיעֵם
4. הֲיִיטַב לְךָ בְּלֶכְתְּךָ אַחֲרֵי אֱלֹהֵי הַגּוֹיִם
5. נוֹסִיפָה לָרֶדֶת אֶל־הַמַּחֲנֶה וְנֵשֵׁב שָׁם
6. וַתּוֹלֶךְ אֵת בִּתָּהּ בְּחָכְמָה לְהוֹרִישָׁהּ טוֹב

7. וְהָיָה בְהוֹלִידְךָ בָנִים בָּאָרֶץ וְהִלַּלְתָּהוּ

8. וְעַתָּה יֵצְאוּ לְהִלָּחֵם בְּשֹׂנְאֵיהֶם וְהִשְׁמִידוּם

9. וַיִּשְׁלַח אֶת־יְמִינוֹ לָגַעַת בָּעֵץ וַיִּקַּח מִפִּרְיוֹ

10. הֵמָּה רְחוֹקִים מִמֵּךְ וַאֲנִי לְבַדִּי קָרוֹב לָךְ לְרָפְאֵךְ

11. לֹא יִוָּתֵר אִישׁ אֶחָד מֵהַדּוֹר הַהוּא הַמּוֹסִף לַחֲטֹא

12. הוֹדַע אֵת תּוֹרָתוֹ עַל־הָרֵי יְהוּדָה וְהוֹצֵאתָהּ לַגּוֹיִם

35.3. Translate

1. וַיְהִי בְּהִוָּדַע לוֹ צָרָתָן וַיּוֹשַׁע אֵת נְשֵׁי הַמָּקוֹם וַיּוֹלִיכֵן אֶל־אֶרֶץ שָׁלוֹם
וַיּוֹשִׁיבֵן בָּהּ וַיֵּיטֶב לָהֶן

2. וַיֵּצֵא הַנָּבִיא וַיֹּאמֶר לָהֶם הַעֵת לְשִׁבְתְּכֶם בְּבָתֵּיכֶם הַטּוֹבִים וְהַבַּיִת הַזֶּה
נִשְׁמוֹד נִשְׁמַד וַתִּפֹּלְנָה חוֹמֹתָיו אַרְצָה

3. הַטּוֹב יִירַשׁ טוֹבָה וְיֹאכַל אֵת פְּרִי דְרָכָיו וְאִישׁ רַע בַּחֹשֶׁךְ יוּצָא וּבַחֹשֶׁךְ
יוּשַׁב לֹא יַבִּיט אֵת יְשׁוּעַת עַמּוֹ וְלֹא יֵדַע אֵת טוֹבַת אַרְצוֹ

4. אִשָּׁה חֲכָמָה הִיא וְהָיָה בְרִדְתָּהּ אֵלֵינוּ וְהוֹדִיעַתְנוּ אֵת אֲשֶׁר יִוָּדַע לָהּ מִפִּי
הַכֹּהֵן וְלִמְּדָה אֹתָנוּ אֶת־דַּרְכֵי הָאָרֶץ הַזֹּאת אֲשֶׁר נֵלֵךְ בָּהּ

5. לֹא אוּכַל הוֹשִׁיב אֶת־הַמִּשְׁפָּחוֹת הָאֵלֶּה עַל־אַדְמָתִי כִּי רַבּוֹת הֵנָּה וְלֹא
אַשְׁכִּינֵן עִמִּי וְעַתָּה הַגֶּד־לִי וְאֵדְעָה מַה תַּחְפְּצוּ קַחַת מִמֶּנִּי וְאֶתְּנֶנּוּ לָךְ

6. הוֹדִיעָה־נָּא אֵת הַזָּקֵן בַּעֲדִי לֵאמֹר אִם יִיטַב בְּעֵינֶיךָ הוֹשִׁיבֵנִי בָעִיר הַזֹּאת
וְהוֹצֵא אַל תּוֹצִיאֵנִי מִתּוֹכְכֶם כִּי אִירָא לָלֶכֶת בַּמִּדְבָּר הַנּוֹרָא הַהוּא

7. וַיֵּלְכוּ אֲנָשָׁיו הָעִירָה וַיִּמְצָאוּהָ שְׂרוּפַת אֵשׁ וְיֹשְׁבֶיהָ גֹּרְשׁוּ וַיְהִי בְדַעְתָּם כִּי
לֹא נוֹתְרוּ שָׁם נְשֵׁיהֶם וְיַלְדֵיהֶם וַיֵּשְׁבוּ עַל־הָאֲדָמָה וַיִּתְּנוּ אֵת קוֹלָם
וַיִּצְעָקוּ

8. וְהָיָה אַחֲרֵי כֵן וְהוֹתַרְתִּי לִי רַק אַנְשֵׁי מִסְפָּר אֲשֶׁר יוֹסִיפוּ לָלֶכֶת בְּחֻקַּי
כַּאֲשֶׁר יִירְאוּנִי בְּרוּחַ נִשְׁבָּרָה וְהִתְקַדְּשׁוּ אֵלַי וְחֹשְׁבֵי רָעָה אָבוֹד יֹאבְדוּ
וְלֹא יִוָּתֵר מֵהֶם גַּם אֶחָד

9. וַיֵּרֶד הַמּוֹשִׁיעַ אֲשֶׁר הוֹלִיכָהוּ אֱלֹהִים לְהַצִּיל אֶת־עַמּוֹ הַמִּתְחַנֵּן אֵלָיו
וַיּוֹצִיאֵם מִצָּרָתָם לְהוֹשִׁיעָם מֵחֵיל רֹדְפֵיהֶם וַיּוֹלִיכֵם בַּמִּדְבָּר אַרְבָּעִים שָׁנָה
בְּאוֹתֹת גְּדוֹלוֹת וּבְמִשְׁפָּטִים קָשִׁים

10. וַיֹּוסֶף עוֹד הַשַּׂר וַיִּשְׁלַח אֵת מַלְאָכוֹ אֶל־הַמֶּלֶךְ לֵאמֹר הוֹרֵד לִי אֶת־
הַגִּבּוֹרִים הַנּוֹתָרִים בְּאַרְצְךָ לְמַעַן אוֹצִיאֵם עַל־שֹׂנְאֵינוּ כִּי לֹא אוּכַל צֵאת
לְהוֹשִׁיעֲךָ אִם לֹא תוֹרִידֵם אֵלַי

11. וַיִּשָּׁבַע יהוה לֵאמֹר אוֹצִיאֵם מִבֵּית עֲבָדִים אֲשֶׁר הֵמָּה נֶאֱסְרוּ שָׁם
וְהוֹלַכְתִּים אֶל־אֶרֶץ אַחֶרֶת וְהוֹרַשְׁתִּים אֹתָהּ וּבָהּ אוֹשִׁיבֵם בְּשָׁלוֹם אָז
יֵדְעוּ כִּי אָנֹכִי יהוה מוֹשִׁיעָם וְהָלוֹךְ יֵלְכוּ בִּדְרָכַי וְיִרְאוּנִי וְהִלְלוּ אֶת־שְׁמִי

12. אַתָּה הוֹרֵשׁ תּוֹרִישׁ אֶת־הָעָם הַזֶּה אֵת הָאָרֶץ וְיֵשְׁבוּ שָׁם הִנֵּה אֶתֵּן אֵת
יִרְאָתְךָ עַל־יוֹשְׁבֶיהָ וְלֹא יוּכְלוּ עֲמֹד לְפָנֶיךָ וְהָיָה בְּהִכָּרֶתָם מֵהָאָרֶץ
וְהַשְׁחֵת תַּשְׁחִיתוּ אֶת־מִזְבְּחֹתֵיהֶם לְהַשְׁלִיכָם אַרְצָה לְבִלְתִּי הַחֲטִיאֲכֶם
בְּדַרְכֵיהֶם

35.4. OT Texts

1. וַיִּתְהַלֵּךְ חֲנוֹךְ אֶת־הָאֱלֹהִים אַחֲרֵי הוֹלִידוֹ אֶת־מְתוּשֶׁלַח שְׁלֹשׁ מֵאוֹת
שָׁנָה וַיּוֹלֶד בָּנִים וּבָנוֹת׃ . . . . וַיִּתְהַלֵּךְ חֲנוֹךְ אֶת־הָאֱלֹהִים וְאֵינֶנּוּ
כִּי־לָקַח אֹתוֹ אֱלֹהִים׃ Gen 5:22,24

2. וַנֹּאמֶר אֶל־אֲדֹנִי יֶשׁ־לָנוּ אָב זָקֵן וְיֶלֶד זְקֻנִים[1] קָטָן וְאָחִיו מֵת[1a] וַיִּוָּתֵר הוּא
לְבַדּוֹ לְאִמּוֹ וְאָבִיו אֲהֵבוֹ׃ וַתֹּאמֶר אֶל־עֲבָדֶיךָ הוֹרִדֻהוּ אֵלָי וְאָשִׂימָה[1b]
עֵינִי עָלָיו׃ וַנֹּאמֶר אֶל־אֲדֹנִי לֹא־יוּכַל הַנַּעַר לַעֲזֹב אֶת־אָבִיו וְעָזַב

----

[1] old age; [1a] (he) has died; [1b] that I may set; [1c] then he will die; [1d] to see.

אֶת־אָבִיו וָמֵת[1c]׃ וַתֹּאמֶר אֶל־עֲבָדֶיךָ אִם־לֹא יֵרֵד אֲחִיכֶם הַקָּטֹן אִתְּכֶם
לֹא תֹסִפוּן לִרְאוֹת[1d] פָּנָי׃ Gen 44:20-24

3. וְלֹא־יָכֹל יוֹסֵף לְהִתְאַפֵּק[2] לְכֹל הַנִּצָּבִים[2a] עָלָיו וַיִּקְרָא הוֹצִיאוּ כָל־אִישׁ
מֵעָלָי וְלֹא־עָמַד אִישׁ אִתּוֹ בְּהִתְוַדַּע יוֹסֵף אֶל־אֶחָיו׃ וַיִּתֵּן אֶת־קֹלוֹ
בִּבְכִי[2b] וַיִּשְׁמְעוּ מִצְרַיִם וַיִּשְׁמַע בֵּית פַּרְעֹה׃ וַיֹּאמֶר יוֹסֵף אֶל־אֶחָיו אֲנִי
יוֹסֵף הַעוֹד אָבִי חָי וְלֹא־יָכְלוּ אֶחָיו לַעֲנוֹת[2c] אֹתוֹ כִּי נִבְהֲלוּ[2d] מִפָּנָיו׃
Gen 45:1-3

4. וְהִגַּדְתֶּם לְאָבִי אֶת־כָּל־כְּבוֹדִי בְּמִצְרַיִם וְאֵת כָּל־אֲשֶׁר רְאִיתֶם[3] וּמִהַרְתֶּם
וְהוֹרַדְתֶּם אֶת־אָבִי הֵנָּה[3a]׃ . . . . וְהַקֹּל נִשְׁמַע בֵּית פַּרְעֹה לֵאמֹר בָּאוּ[3b]
אֲחֵי יוֹסֵף וַיִּיטַב בְּעֵינֵי פַרְעֹה וּבְעֵינֵי עֲבָדָיו׃ Gen 45:13,16

5. וְעַתָּה לְכָה וְאֶשְׁלָחֲךָ אֶל־פַּרְעֹה וְהוֹצֵא אֶת־עַמִּי בְנֵי־יִשְׂרָאֵל מִמִּצְרָיִם׃
וַיֹּאמֶר מֹשֶׁה אֶל־הָאֱלֹהִים מִי אָנֹכִי כִּי אֵלֵךְ אֶל־פַּרְעֹה וְכִי אוֹצִיא אֶת־בְּנֵי
יִשְׂרָאֵל מִמִּצְרָיִם׃ Ex 3:10-11

6. לָכֵן אֱמֹר לִבְנֵי־יִשְׂרָאֵל אֲנִי יְהוָה וְהוֹצֵאתִי אֶתְכֶם מִתַּחַת סִבְלֹת[4] מִצְרַיִם
וְהִצַּלְתִּי אֶתְכֶם מֵעֲבֹדָתָם וְגָאַלְתִּי אֶתְכֶם . . . . ׃ וְלָקַחְתִּי אֶתְכֶם לִי לְעָם
וְהָיִיתִי[4a] לָכֶם לֵאלֹהִים וִידַעְתֶּם כִּי אֲנִי יְהוָה אֱלֹהֵיכֶם הַמּוֹצִיא אֶתְכֶם
מִתַּחַת סִבְלוֹת[4] מִצְרָיִם׃ Ex 6:6-7

7. וְעַתָּה אִם־נָא מָצָאתִי חֵן בְּעֵינֶיךָ הוֹדִעֵנִי נָא אֶת־דְּרָכֶךָ וְאֵדָעֲךָ לְמַעַן
אֶמְצָא־חֵן בְּעֵינֶיךָ וּרְאֵה[5] כִּי עַמְּךָ הַגּוֹי הַזֶּה׃ . . . . וּבַמֶּה יִוָּדַע אֵפוֹא[5a]
כִּי־מָצָאתִי חֵן בְּעֵינֶיךָ אֲנִי וְעַמֶּךָ הֲלוֹא בְּלֶכְתְּךָ עִמָּנוּ וְנִפְלֵינוּ[5b] אֲנִי וְעַמְּךָ
מִכָּל־הָעָם אֲשֶׁר עַל־פְּנֵי הָאֲדָמָה׃ Ex 33:13,16

----

[2] אפק - to hold/contain; [2a] נצב (*Niphal*) - to stand; [2b] בְּכִי - weeping (*noun*); [2c] to answer; [2d] בהל (*Niphal*) - to be disconcerted/troubled.

[3] you have seen; [3a] here/hither; [3b] (they) have come.

[4] סִבְלָה - burden/forced labour; [4a] and I shall be.

[5] see/consider (*2ms imperative*); [5a] then; [5b] = נִפְלֵאנוּ.

8. שְׁמֹר וְשָׁמַעְתָּ אֵת כָּל־הַדְּבָרִים הָאֵלֶּה אֲשֶׁר אָנֹכִי מְצַוֶּךָּ[6] לְמַעַן יִיטַב לְךָ
וּלְבָנֶיךָ אַחֲרֶיךָ עַד־עוֹלָם כִּי תַעֲשֶׂה[6a] הַטּוֹב וְהַיָּשָׁר בְּעֵינֵי יְהוָה אֱלֹהֶיךָ:
כִּי־יַכְרִית יְהוָה אֱלֹהֶיךָ אֶת־הַגּוֹיִם אֲשֶׁר אַתָּה בָא[6b]־שָׁמָּה לָרֶשֶׁת אוֹתָם
מִפָּנֶיךָ וְיָרַשְׁתָּ אֹתָם וְיָשַׁבְתָּ בְּאַרְצָם: הִשָּׁמֶר לְךָ . . .

Deut 12:28-30

9. וַיֹּאמֶר אֲלֵהֶם בֶּן־מֵאָה וְעֶשְׂרִים שָׁנָה אָנֹכִי הַיּוֹם לֹא־אוּכַל עוֹד לָצֵאת
וְלָבוֹא[7] וַיהוָה אָמַר אֵלַי לֹא תַעֲבֹר אֶת־הַיַּרְדֵּן הַזֶּה: יְהוָה אֱלֹהֶיךָ הוּא
עֹבֵר לְפָנֶיךָ הוּא־יַשְׁמִיד אֶת־הַגּוֹיִם הָאֵלֶּה מִלְּפָנֶיךָ וִירִשְׁתָּם יְהוֹשֻׁעַ הוּא
עֹבֵר לְפָנֶיךָ כַּאֲשֶׁר דִּבֶּר יְהוָה:

Deut 31:2-3

10. וַיֹּאמֶר יְהוֹשֻׁעַ אֶל־בְּנֵי יִשְׂרָאֵל גֹּשׁוּ הֵנָּה[8] וְשִׁמְעוּ אֶת־דִּבְרֵי יְהוָה
אֱלֹהֵיכֶם: וַיֹּאמֶר יְהוֹשֻׁעַ בְּזֹאת תֵּדְעוּן כִּי אֵל חַי בְּקִרְבְּכֶם וְהוֹרֵשׁ
יוֹרִישׁ מִפְּנֵיכֶם אֶת־הַכְּנַעֲנִי וְאֶת־הַחִתִּי וְאֶת־הַחִוִּי וְאֶת־הַפְּרִזִּי . . . .

Josh 3:9-10

11. וְעַתָּה יְהוָה אֱלֹהָי אַתָּה הִמְלַכְתָּ אֶת־עַבְדְּךָ תַּחַת דָּוִד אָבִי וְאָנֹכִי נַעַר קָטֹן
לֹא אֵדַע צֵאת וָבֹא[9]: . . . .   וְנָתַתָּ לְעַבְדְּךָ לֵב שֹׁמֵעַ לִשְׁפֹּט אֶת־עַמְּךָ
לְהָבִין[9a] בֵּין־טוֹב לְרָע כִּי מִי יוּכַל לִשְׁפֹּט אֶת־עַמְּךָ הַכָּבֵד הַזֶּה: וַיִּיטַב
הַדָּבָר בְּעֵינֵי אֲדֹנָי כִּי שָׁאַל שְׁלֹמֹה אֶת־הַדָּבָר הַזֶּה:

1 Kings 3:7,9-10

12. וַיֹּאמֶר תֵּן לָעָם וְיֹאכֵלוּ:   וַיֹּאמֶר מְשָׁרְתוֹ מָה אֶתֵּן זֶה לִפְנֵי מֵאָה אִישׁ
וַיֹּאמֶר תֵּן לָעָם וְיֹאכֵלוּ כִּי כֹה אָמַר יְהוָה אָכֹל וְהוֹתֵר: וַיִּתֵּן לִפְנֵיהֶם
וַיֹּאכְלוּ וַיּוֹתִרוּ כִּדְבַר יְהוָה:

2 Kings 4:42-44

Cf.: Gen 21:3,5,7, 24:50,53, 26:13, 28:4,17, 29:19, 36:7, 37:17, 43:5,23, 44:25-26, 46:18; Ex 2:7, 5:10,
7:5, 12:46, 15:22, 32:34; Num 10:29, 11:14,25, 21:23, 22:15,37, 33:53; Deut 2:7,12, 3:12,
5:16,22,28, 6:13, 13:5,12, 19:20, 24:9; Josh 2:10, 9:19, 15:63, 22:33, 23:13, 24:19; Jg 1:21, 4:24,
10:14; 1 Sam 10:26, 11:3, 23:11-12, 27:5; 2 Sam 15:7; 1 Kings 3:14, 19:10-11, 21:18; 2 Kings 1:10,
2:16.

----

[6] מְצַוֶּה - commanding;   [6a] you do;   [6b] entering.
[7] to go in.
[8] here.
[9] or to come in;   [9a] to discern.

184

35.5. Ruth 1:11-22

11 וַתֹּאמֶר נָעֳמִי שֹׁבְנָה[10] בְנֹתַי לָמָּה תֵלַכְנָה עִמִּי הַעוֹד־לִי בָנִים בְּמֵעַי[10a]
וְהָיוּ[10b] לָכֶם לַאֲנָשִׁים׃

12 שֹׁבְנָה[10] בְנֹתַי לֵכְןָ כִּי זָקַנְתִּי מִהְיוֹת[11] לְאִישׁ כִּי אָמַרְתִּי יֶשׁ־לִי תִקְוָה[11a]
גַּם הָיִיתִי[11b] הַלַּיְלָה לְאִישׁ וְגַם יָלַדְתִּי בָנִים׃

13 הֲלָהֵן[12] תְּשַׂבֵּרְנָה[12a] עַד אֲשֶׁר יִגְדָּלוּ הֲלָהֵן תֵּעָגֵנָה[12b] לְבִלְתִּי הֱיוֹת[11]
לְאִישׁ אַל בְּנֹתַי כִּי־מַר[12c]־לִי מְאֹד מִכֶּם כִּי־יָצְאָה בִי יַד־יְהוָה׃

14 וַתִּשֶּׂנָה קוֹלָן וַתִּבְכֶּינָה[13] עוֹד וַתִּשַּׁק[13a] עָרְפָּה° לַחֲמוֹתָהּ[13b] וְרוּת
דָּבְקָה[13c] בָּהּ׃

15 וַתֹּאמֶר הִנֵּה שָׁבָה[14] יְבִמְתֵּךְ[14a] אֶל־עַמָּהּ וְאֶל־אֱלֹהֶיהָ שׁוּבִי[14b] אַחֲרֵי
יְבִמְתֵּךְ׃

16 וַתֹּאמֶר רוּת אַל־תִּפְגְּעִי[15]־בִי לְעָזְבֵךְ לָשׁוּב[15a] מֵאַחֲרָיִךְ כִּי אֶל־אֲשֶׁר
תֵּלְכִי אֵלֵךְ וּבַאֲשֶׁר תָּלִינִי[15b] אָלִין[15c] עַמֵּךְ עַמִּי וֵאלֹהַיִךְ אֱלֹהָי׃

17 בַּאֲשֶׁר תָּמוּתִי[16] אָמוּת[16a] וְשָׁם אֶקָּבֵר כֹּה יַעֲשֶׂה[16b] יְהוָה לִי וְכֹה יֹסִיף
כִּי הַמָּוֶת יַפְרִיד[16c] בֵּינִי וּבֵינֵךְ׃

---

[10] return (*2fp Qal impv*, שׁוב); [10a] מֵעִים - insides/belly; [10b] that they should be.

[11] הֱיוֹת - 'to be' (*Qal inf cons*, הָיָה); [11a] hope; [11b] (if) I should be (*1cs Qal pf*, הָיָה).

[12] לָהֵן - therefore; [12a] שׂבר (*Piel*) - to wait/hope; [12b] עגן - to deprive/hinder; [12c] מַר - it is bitter (*3ms Qal pf*, מרר).

[13] and they wept; [13a] נָשַׁק - to kiss; [13b] חָמוֹת - mother-in-law; [13c] דָּבַק - to adhere.

[14] (she) has returned (*3fs Qal pf*, שׁוב); [14a] יְבֶמֶת - sister-in-law; [14b] return (*2fs Qal impv*).

[15] פָּגַע - to confront/entreat; [15a] שׁוּב - 'to return'; [15b] you lodge; [15a] I will lodge.

[16] you die (*2fs Qal impf*, מוּת); [16a] I will die; [16b] may (he) do (*3ms Qal impf*, עָשָׂה); [16c] פָּרַד - to separate.

18 וַתֵּ֫רֶא[17] כִּי־מִתְאַמֶּ֫צֶת[17a] הִיא לָלֶ֫כֶת אִתָּ֫הּ וַתֶּחְדַּל לְדַבֵּר אֵלֶֽיהָ:

19 וַתֵּלַ֫כְנָה שְׁתֵּיהֶם עַד־בֹּאָ֫נָה[18] בֵּית לָ֫חֶם˚ וַיְהִי כְּבֹאָ֫נָה[18] בֵּית לֶ֫חֶם
וַתֵּהֹם[18a] כָּל־הָעִיר עֲלֵיהֶן וַתֹּאמַ֫רְנָה הֲזֹאת נָעֳמִֽי:

20 וַתֹּ֫אמֶר אֲלֵיהֶן אַל־תִּקְרֶ֫אנָה לִי נָעֳמִי קְרֶ֫אןָ לִי מָרָא[19] כִּי־הֵמַ֫ר[19a]
שַׁדַּ֫י[19b] לִי מְאֹֽד:

21 אֲנִי מְלֵאָה הָלַ֫כְתִּי וְרֵיקָם[20] הֱשִׁיבַ֫נִי[20a] יְהוָה לָ֫מָּה תִקְרֶ֫אנָה לִי נָעֳמִי
וַיהוָה עָ֫נָה[20b] בִי וְשַׁדַּ֫י[19b] הֵרַע[20c] לִֽי:

22 וַתָּ֫שָׁב[21] נָעֳמִי וְר֣וּת הַמּוֹאֲבִיָּה֮ כַלָּתָהּ[21a] עִמָּהּ הַשָּׁ֫בָה[21b] מִשְּׂדֵי מוֹאָב
וְהֵ֫מָּה בָּ֫אוּ[21c] בֵּית לֶ֫חֶם בִּתְחִלַּת[21d] קְצִיר[21e] שְׂעֹרִֽים[21f]:

35.6. Psalm 91:5-10

5 לֹא־תִירָא מִפַּ֫חַד[22] לָ֫יְלָה מֵחֵץ[22a] יָעוּף[22b] יוֹמָֽם:

6 מִדֶּ֫בֶר[23] בָּאֹ֫פֶל[23a] יַהֲלֹךְ[23b] מִקֶּ֫טֶב[23c] יָשׁוּד[23d] צָהֳרָֽיִם[23e]:

----

[17] then she saw (*3fs Qal pret*, רָאָה);   [17a] אָמֵץ - to be strong.

[18] בֹּאָנָה - their coming;   [18a] (it) was stirred up (*3fs Niphal pret*, הום).

[19] מַר - bitter;   [19a] (he) has made (it) bitter (*3ms Hiph pf*, מרר);   [19b] Exalted/Almighty.

[20] empty;   [20a] הֵשִׁיב - (he) has brought back (*3ms Hiph pf*, שׁוב);   [20b] (he) has
answered/testified (*3ms Qal pf*, עָנָה);   [20c] (he) has caused calamity (*3ms Hiph pf*, רעע).

[21] thus (she) returned;   [21a] כַּלָּה - daughter-in-law;   [21b] who had returned (*3fs Qal pf*,
שׁוב);   [21c] they came;   [21d] תְּחִלָּה - beginning;   [21e] קָצִיר - harvest;   [21f] barley.

[22] פַּחַד - dread, fear;   [22a] חֵץ - arrow;   [22b] (which) flies.

[23] דֶּבֶר - plague;   [23a] אֹפֶל - darkness;   [23b] = יֵלֵךְ;   [23c] קֶטֶב - destruction;   [23d]
(which) devastates;   [23e] (at) noon.

7   יִפֹּל מִצִּדְּךָ[24] אֶלֶף וּרְבָבָה מִימִינֶךָ   אֵלֶיךָ לֹא יִגָּשׁ:

8   רַק בְּעֵינֶיךָ תַבִּיט   וְשִׁלֻּמַת[25] רְשָׁעִים תִּרְאֶה[25a]:

9   כִּי־אַתָּה יְהוָה מַחְסִי[26]   עֶלְיוֹן[26a] שַׂמְתָּ[26b] מְעוֹנֶךָ[26c]:

10   לֹא־תְאֻנֶּה[27] אֵלֶיךָ רָעָה   וְנֶגַע[27a] לֹא־יִקְרַב בְּאָהֳלֶךָ:

----

[24] צַד - side.
[25] שִׁלּוּמָה - requital, punishment;   [25a] you will see.
[26] מַחְסֶה - refuge;   [26a] exalted;   [26b] you have made;   [26c] מָעוֹן - dwelling.
[27] (it) will befall;   [27a] נֶגַע - blow, misfortune.

Chapter 36

36.1. Parse and Translate

1. יֵבְךְ	2. קֹנָיו	3. בָּנֹה
4. הִתְכַּסּוֹתוֹ	5. יֵרָאוּ	6. וַיְכֵל
7. תִּרְאֶ֫ינָה	8. נַשְׁקֶה	9. יֶ֫רֶב
10. בֹּכִים	11. הוֹרוֹתוֹ	12. וַיִּ֫גֶל
13. מְכֻסֵּה	14. תֵּ֫רֶא	15. רְבִי
16. צֻוֵּ֫יתִי	17. גִּלּוּ	18. הַפְנוּ
19. הוֹדִיתֶן	20. רְעוֹתֵ֫נוּ	21. הָרְאֵ֫יתָ
22. הִבָּנוֹתָהּ	23. וַתֵּשְׁתְּ	24. הַרְבֵּה
25. כַּלּוּ	26. יַרְבּוּ	27. הִרְאַ֫נִי
28. וַיְצַו	29. מַרְאוֹת	30. קְנוּ

36.2. Translate

1. לְכוּ הַשְׁקוּ אֵת פָּרֵ֫ינוּ לְמַ֫עַן יִשְׁתּוּ
2. הוֹדוּ יהוה מַצִּילֵ֫נוּ בָּרְכוּ שֵׁם־רֹעֵ֫נוּ
3. הוֹלֵךְ יוֹלִיכֵם מֵהָעִיר הַזֹּאת וְהֶגְלָם
4. וַיְצַו הַמַּלְאָךְ יִבֶּן לְמַלְכֵּ֫נוּ הֵיכָל גָּדוֹל
5. אַל־תִּבְכּוּ כִּי יִגָּלֶה אֲלֵיכֶם מוֹשִׁיעֲכֶם
6. הוֹרֵ֫נִי אֵת מִצְוֹתֶ֫יךָ וְאֶרְאֶה אֶת־כְּבוֹדְךָ

7. וַיִּ֫פֶן מֵעִמָּם וַיֵּ֫רֶד לִרְאוֹת אֵת הַנּוֹתָרִים

8. הִנֵּה הֶעֱבִיר אֵת הַמַּ֫יִם עַל־רֹאשֵׁ֫נוּ וַיְכַסּ֫וּנוּ

9. וַיִּ֫רֶב מִקְנֵ֫הוּ הַרְבֵּה מְאֹד אֲשֶׁר קָנ֫וּהוּ לוֹ בָנָיו

10. תְּכַלֶּ֫ינָה הַשְׁקוֹת אֵת הַצֹּאן וּמִהַרְתֶּן וּפְנִיתֶן הַבַּ֫יְתָה

11. צִוֻּ֫הוּ לֵאמֹר לֹא תַרְבֶּה כֶּ֫סֶף פֶּן־תִּנָּשֶׂ֫אנָה עֵינֵי לִבְּךָ

12. וַיֵּרָא מַרְאֵה כְבוֹדוֹ כְּאֵשׁ אֹכֶ֫לֶת אֲשֶׁר כִּסְּתָה אֶת־הָרוֹ

36.3. Translate

1. אֵין אִישׁ בַּמָּקוֹם הַזֶּה לִרְעוֹת אֵת מִקְנֵ֫נוּ כִּי יִשְׂנְאוּ עַם הָאָ֫רֶץ כָּל־רֹעֵי צֹאן וַיְצַוּוּ לְהוֹצִיאָם מִתּוֹכָם

2. וַיְהִי בְּכַלּוֹתוֹ דַּבֵּר וַנֹּאמַר נוֹסִ֫יפָה צֵאת מֵאַרְצֵ֫נוּ וְנִקְנֶה לֶ֫חֶם לִילָדֵ֫ינוּ הַנּוֹתָרִים פֶּן־נֵרָאֶה בְּמוֹתָם בָּרָעָב

3. וַיְכַסּוּ אֵת רָאשֵׁיהֶם לְבִלְתִּי רְאוֹת אֵת כְּבוֹד פְּנֵי אֱלֹהִים פֶּן־יֹאבְדוּ וַיִּירְאוּ מִמֶּ֫נּוּ מְאֹד וְגַם לֹא יִתְרָאוּ מִיִּרְאָתָם

4. וַיַּבִּ֫יטוּ וַיִּרְאוּ וְהִנֵּה אִישׁ נֹפֵל בַּמִּדְבָּר אֲשֶׁר עֲזָב֫וּהוּ רֵעָיו שָׁם וַיַּשְׁק֫וּהוּ מַ֫יִם מִכְּלֵיהֶם וַיֵּשְׁתְּ וַתֹּ֫סֶף רוּחוֹ לְהִתְחַזֵּק

5. וַיְכַל הַמֶּ֫לֶךְ לִבְנוֹת שָׁלֹשׁ עָרִים לְהוֹשִׁיב בָּהֶן אֶת־אַנְשֵׁי מַטֵּ֫הוּ וַיְהִי בְּהִבָּנוֹתָן וַיִּתֵּן לְאֶחָיו בָּתִּים בְּתוֹכָן וַיִּרְבּוּ שָׁם

6. בָּעֵת הַהִיא תִּקַּח אֲבָנִים גְּדוֹלוֹת וְהֶעֱמַדְתָּן עַל־שְׁנֵי הָרֵי הָאָ֫רֶץ וְכָתַבְתָּ עֲלֵיהֶן אֶת־כָּל־דִּבְרֵי הַתּוֹרָה הַזֹּאת אֲשֶׁר אֲנִי מְצַוְּךָ לְמַ֫עַן תִּרְבֶּה שָׁם

7. וַיֹּ֫אמֶר הָרֹעֶה אֶפְנֶה־נָּא לִרְאוֹת אֶת־הַמַּרְאֶה הַגָּדוֹל הַזֶּה וַיְהִי בִּפְנוֹתוֹ אֵלָיו וַיֵּרָא לוֹ מַלְאַךְ יהוה לֵאמֹר הִנֵּה קְדוֹשָׁה הָאֲדָמָה אֲשֶׁר אַתָּה עֹמֵד עָלֶ֫יהָ

8. וְהָיָה אִם שָׁמוֹעַ תִּשְׁמַע בְּקוֹלוֹ וְהֶאֱמַנְתָּ בִדְבָרָיו לָלֶכֶת בְּמִצְוֹתָיו כַּאֲשֶׁר
צִוִּיתָ וְהַרְבֵּה יַרְבְּךָ כְּמֵי הַיַּמִּים וּכְכוֹכְבֵי הַשָּׁמַיִם וְלֹא יִסָּפֵר זַרְעֲךָ מֵרֹב

9. פְּנוּ אֶל־אֱלֹהֵיכֶם וְתִנָּצְלוּ גֹּשׁוּ אֵלָיו וְהַבִּיטוּהוּ בַּהֵיכָל וְתִוָּשְׁעוּ הַקְרִיבוּ
לְפָנָיו מִנְחֹת צֶדֶק וְתִרְאוּ טוֹבָה כָּל־יְמֵיכֶם תְּנוּ לוֹ זִבְחֵי אֱמֶת וּבִטְחוּ בוֹ
וְיַרְאֲךָ שָׁלוֹם כֹּל חַיֶּיךָ

10. צַוֵּה אֵת הָעָם וְיֵלְכוּ אַחֲרֶיךָ אֶל־הָעִיר הַהִיא לְלָכְדָהּ וְהָיָה בְּהַפִּיל יהוה
אֵת הַחוֹמָה וּלְכַדְתּוּהָ וְלָקוֹחַ לֹא תִקְחוּ מִמֶּנָּה מִקְנֶה וָכֶסֶף וְזָהָב כִּי צִוָּה
יהוה לְהַשְׁמִידָהּ כֻּלָּהּ

11. וַיַּגֵּד הַנָּבִיא לֵאמֹר הִנֵּה נִגְלָה יהוה לְהֵרָאוֹת אֵלַי וְעַתָּה אֵלֶּה הַחֻקִּים
וְהַמִּצְוֹת אֲשֶׁר צִוַּנִי יהוה אֱלֹהֶיךָ לְלַמֶּדְךָ לְמַעַן תִּשְׁמְרֵם וּלְמַעַן יִיטַב לְךָ
בָּאָרֶץ אֲשֶׁר אַתֶּם עֹבְרִים שָׁמָּה לְרִשְׁתָּהּ

12. בָּכֹה לֹא תִבְכֶּינָה עוֹד בְּנוֹת יְרוּשָׁלַיִם אָמַר יהוה מוֹשִׁיעָן וּנְשֵׁי יְהוּדָה לֹא
תוֹסֵפְנָה לְהָגְלוֹת מֵעַל אַדְמָתָן יֹאמַר אֱלֹהִים מוֹרָן כִּי הִנֵּה הַרְאֵה אַרְאֵן
אֵת יְשׁוּעָתִי אוֹרִישֵׁן אֵת אַרְצָן לְעוֹלָם וְהוֹשַׁבְתִּין עָלֶיהָ בְּכָל־עֵת

36.4. OT Texts

1. וַיִּגְבְּרוּ[1] הַמַּיִם וַיִּרְבּוּ מְאֹד עַל־הָאָרֶץ וַתֵּלֶךְ הַתֵּבָה[1a] עַל־פְּנֵי הַמָּיִם׃
וְהַמַּיִם גָּבְרוּ מְאֹד מְאֹד עַל־הָאָרֶץ וַיְכֻסּוּ כָּל־הֶהָרִים הַגְּבֹהִים[1b]
אֲשֶׁר־תַּחַת כָּל־הַשָּׁמָיִם׃ Gen 7:18-19

2. וּלְיִשְׁמָעֵאל° שְׁמַעְתִּיךָ הִנֵּה בֵּרַכְתִּי אֹתוֹ וְהִפְרֵיתִי[2] אֹתוֹ וְהִרְבֵּיתִי אֹתוֹ
בִּמְאֹד מְאֹד שְׁנֵים־עָשָׂר נְשִׂיאִם יוֹלִיד וּנְתַתִּיו לְגוֹי גָּדוֹל׃ וְאֶת־בְּרִיתִי
אָקִים[2a] אֶת־יִצְחָק אֲשֶׁר תֵּלֵד לְךָ שָׂרָה לַמּוֹעֵד הַזֶּה בַּשָּׁנָה הָאַחֶרֶת׃
וַיְכַל לְדַבֵּר אִתּוֹ וַיַּעַל[2b] אֱלֹהִים מֵעַל אַבְרָהָם׃ Gen 17:20-22

---

[1] גָּבַר - to be strong/prevail; [1a] תֵּבָה - ark; [1b] גָּבֹהַּ - high/tall.
[2] פָּרָה - to be fruitful; [2a] I will establish; [2b] (he) went up (*3ms Qal preterite*, עָלָה).

3. וַיהוָה אָמָר הַמְכַסֶּה אֲנִי מֵאַבְרָהָם אֲשֶׁר אֲנִי עֹשֶׂה׃ וְאַבְרָהָם הָיוֹ
יִהְיֶה לְגוֹי גָּדוֹל וְעָצוּם[3] וְנִבְרְכוּ בוֹ כֹּל גּוֹיֵי הָאָרֶץ׃ כִּי יְדַעְתִּיו לְמַעַן
אֲשֶׁר יְצַוֶּה אֶת־בָּנָיו וְאֶת־בֵּיתוֹ אַחֲרָיו וְשָׁמְרוּ דֶּרֶךְ יְהוָה לַעֲשׂוֹת צְדָקָה
וּמִשְׁפָּט לְמַעַן הָבִיא[3a] יְהוָה עַל־אַבְרָהָם אֵת אֲשֶׁר־דִּבֶּר עָלָיו׃ Gen 18:17-
19

4. וַתֵּלֶךְ וַתֵּשֶׁב לָהּ מִנֶּגֶד . . . כִּי אָמְרָה אַל־אֶרְאֶה בְּמוֹת הַיָּלֶד וַתֵּשֶׁב מִנֶּגֶד
וַתִּשָּׂא אֶת־קֹלָהּ וַתֵּבְךְּ׃ . . . . וַיִּפְקַח[4] אֱלֹהִים אֶת־עֵינֶיהָ וַתֵּרֶא בְּאֵר[4a]
מָיִם וַתֵּלֶךְ וַתְּמַלֵּא אֶת־הַחֵמֶת[4b] מַיִם וַתַּשְׁקְ אֶת־הַנָּעַר׃ Gen 21:16,19

5. וַיְהִי־הוּא טֶרֶם[5] כִּלָּה לְדַבֵּר וְהִנֵּה רִבְקָה° יֹצֵאת אֲשֶׁר יֻלְּדָה לִבְתוּאֵל°. . .
: וַתֹּאמֶר שְׁתֵה אֲדֹנִי וַתְּמַהֵר וַתֹּרֶד כַּדָּהּ[5a] עַל־יָדָהּ וַתַּשְׁקֵהוּ׃ וַתְּכַל
לְהַשְׁקֹתוֹ וַתֹּאמֶר גַּם לִגְמַלֶּיךָ אֶשְׁאָב[5b] עַד אִם־כִּלּוּ לִשְׁתֹּת׃ Gen 24:15,18-
19

6. וַיֵּרָא אֵלָיו יְהוָה בַּלַּיְלָה הַהוּא וַיֹּאמֶר אָנֹכִי אֱלֹהֵי אַבְרָהָם אָבִיךָ אַל־תִּירָא
כִּי־אִתְּךָ אָנֹכִי וּבֵרַכְתִּיךָ וְהִרְבֵּיתִי אֶת־זַרְעֲךָ בַּעֲבוּר אַבְרָהָם עַבְדִּי׃ וַיִּבֶן
שָׁם מִזְבֵּחַ וַיִּקְרָא בְּשֵׁם יְהוָה Gen 26:24-25

7. וַיַּרְא עֵשָׂו כִּי־בֵרַךְ יִצְחָק אֶת־יַעֲקֹב וְשִׁלַּח אֹתוֹ פַּדֶּנָה° אֲרָם לָקַחַת־לוֹ
מִשָּׁם אִשָּׁה בְּבָרֲכוֹ אֹתוֹ וַיְצַו עָלָיו לֵאמֹר לֹא־תִקַּח אִשָּׁה מִבְּנוֹת כְּנָעַן׃
Gen 28:6

8. וַיְצַו אֶת־הָרִאשׁוֹן לֵאמֹר כִּי יִפְגָּשְׁךָ[6] עֵשָׂו אָחִי וּשְׁאֵלְךָ לֵאמֹר לְמִי־אַתָּה
וְאָנָה[6a] תֵלֵךְ וּלְמִי אֵלֶּה לְפָנֶיךָ׃ וְאָמַרְתָּ לְעַבְדְּךָ לְיַעֲקֹב מִנְחָה הִוא
שְׁלוּחָה לַאדֹנִי לְעֵשָׂו וְהִנֵּה גַם־הוּא אַחֲרֵינוּ׃ . . . . וַאֲמַרְתֶּם גַּם הִנֵּה
עַבְדְּךָ יַעֲקֹב אַחֲרֵינוּ כִּי־אָמַר אֲכַפְּרָה פָנָיו בַּמִּנְחָה הַהֹלֶכֶת לְפָנָי וְאַחֲרֵי־כֵן
אֶרְאֶה פָנָיו אוּלַי[6b] יִשָּׂא פָנָי׃ Gen 32:18,21

----

[3] עָצוּם - powerful; [3a] to bring.
[4] פָּקַח - to open; [4a] בְּאֵר - a well; [4b] the skin.
[5] not yet; [5a] כַּד - a jar; [5b] שָׁאַב - to draw.
[6] פָּגַשׁ - to meet; [6a] where?; [6b] perhaps.

9. וַיִּבֶן שָׁם מִזְבֵּחַ וַיִּקְרָא לַמָּקוֹם אֵל בֵּית־אֵל כִּי שָׁם נִגְלוּ אֵלָיו הָאֱלֹהִים
בְּבָרְחוֹ מִפְּנֵי אָחִיו׃ Gen 35:7

10. וַיִּקֶן יוֹסֵף אֶת־כָּל־אַדְמַת מִצְרַיִם לְפַרְעֹה כִּי־מָכְרוּ מִצְרַיִם אִישׁ שָׂדֵהוּ
כִּי־חָזַק עֲלֵהֶם הָרָעָב וַתְּהִי הָאָרֶץ לְפַרְעֹה׃ וְאֶת־הָעָם הֶעֱבִיר אֹתוֹ
לֶעָרִים מִקְצֵה גְבוּל[7]־מִצְרַיִם וְעַד־קָצֵהוּ׃ רַק אַדְמַת הַכֹּהֲנִים לֹא קָנָה
Gen 47:20-22

11. וַתֵּרֶד בַּת־פַּרְעֹה לִרְחֹץ[8] עַל־הַיְאֹר[8a] וְנַעֲרֹתֶיהָ הֹלְכֹת עַל־יַד הַיְאֹר וַתֵּרֶא
אֶת־הַתֵּבָה[8b] בְּתוֹךְ הַסּוּף[8c] וַתִּשְׁלַח אֶת־אֲמָתָהּ וַתִּקָּחֶהָ׃ וַתִּפְתַּח
וַתִּרְאֵהוּ אֶת־הַיֶּלֶד וְהִנֵּה־נַעַר בֹּכֶה וַתַּחְמֹל[8d] עָלָיו וַתֹּאמֶר מִיַּלְדֵי
הָעִבְרִים° זֶה׃ Ex 2:5-6

12. וַיֶּגֶל מֶלֶךְ־אַשּׁוּר° אֶת־יִשְׂרָאֵל אַשּׁוּרָה° . . . : עַל אֲשֶׁר לֹא־שָׁמְעוּ
בְּקוֹל יְהוָה אֱלֹהֵיהֶם וַיַּעַבְרוּ אֶת־בְּרִיתוֹ אֵת כָּל־אֲשֶׁר צִוָּה מֹשֶׁה עֶבֶד
יְהוָה וְלֹא שָׁמְעוּ וְלֹא עָשׂוּ׃ 2 Kings 18:11-12

Cf.: Gen 9:1, 11:5, 16:13, 18:22, 22:14, 24:45,64-65, 27:1-2,8,38, 28:8, 29:7,11,34, 30:9, 32:3,31, 33:5,10, 39:1, 44:28, 45:12,27; Ex 3:7, 5:21, 32:13, 34:30; Num 1:50; Deut 2:4, 5:24, 13:4; Josh 18:3; 2 Kings 9:16, 25:11.

36.5. Ruth 2:1-10

1 וּלְנָעֳמִי מְיֻדָּע לְאִישָׁהּ אִישׁ גִּבּוֹר חַיִל מִמִּשְׁפַּחַת אֱלִימֶלֶךְ° וּשְׁמוֹ בֹּעַז°׃

2 וַתֹּאמֶר רוּת הַמּוֹאֲבִיָּה° אֶל־נָעֳמִי אֵלְכָה־נָּא הַשָּׂדֶה וַאֲלַקֳטָה[9] בַשִּׁבֳּלִים[9a]
אַחַר אֲשֶׁר אֶמְצָא־חֵן בְּעֵינָיו וַתֹּאמֶר לָהּ לְכִי בִתִּי׃

----

[7] territory.
[8] רָחַץ - to wash; [8a] יְאֹר - river/Nile; [8b] תֵּבָה - ark/casket; [8c] סוּף - reeds; [8d] חָמַל - to feel pity.
[9] לָקַט - to gather/glean; [9a] שִׁבֹּלֶת - ear of grain.

3 וַתֵּלֶךְ וַתָּבוֹא[10] וַתְּלַקֵּט[9] בַּשָּׂדֶה אַחֲרֵי הַקֹּצְרִים וַיִּקֶר[10a] מִקְרֶהָ[10b]
חֶלְקַת[10c] הַשָּׂדֶה לְבֹעַז° אֲשֶׁר מִמִּשְׁפַּחַת אֱלִימֶלֶךְ°׃

4 וְהִנֵּה־בֹעַז בָּא[11] מִבֵּית לֶחֶם וַיֹּאמֶר לַקּוֹצְרִים יְהוָה עִמָּכֶם וַיֹּאמְרוּ לוֹ
יְבָרֶכְךָ יְהוָה׃

5 וַיֹּאמֶר בֹּעַז לְנַעֲרוֹ הַנִּצָּב[12] עַל־הַקּוֹצְרִים לְמִי הַנַּעֲרָה הַזֹּאת׃

6 וַיַּעַן[13] הַנַּעַר הַנִּצָּב[12] עַל־הַקּוֹצְרִים וַיֹּאמַר נַעֲרָה מוֹאֲבִיָּה הִיא
הַשָּׁבָה[13a] עִם־נָעֳמִי מִשְּׂדֵה מוֹאָב׃

7 וַתֹּאמֶר אֲלַקֳטָה[9]־נָּא וְאָסַפְתִּי בָעֳמָרִים[14] אַחֲרֵי הַקּוֹצְרִים וַתָּבוֹא[14a]
וַתַּעֲמוֹד מֵאָז הַבֹּקֶר וְעַד־עַתָּה זֶה שִׁבְתָּהּ הַבַּיִת מְעָט׃

8 וַיֹּאמֶר בֹּעַז אֶל־רוּת הֲלוֹא שָׁמַעַתְּ בִּתִּי אַל־תֵּלְכִי לִלְקֹט בְּשָׂדֶה אַחֵר וְגַם
לֹא תַעֲבוּרִי[15] מִזֶּה וְכֹה תִדְבָּקִין[15a] עִם־נַעֲרֹתָי׃

9 עֵינַיִךְ בַּשָּׂדֶה אֲשֶׁר־יִקְצֹרוּן וְהָלַכְתְּ אַחֲרֵיהֶן הֲלוֹא צִוִּיתִי אֶת־הַנְּעָרִים
לְבִלְתִּי נָגְעֵךְ וְצָמִת[16] וְהָלַכְתְּ אֶל־הַכֵּלִים וְשָׁתִית מֵאֲשֶׁר יִשְׁאֲבוּן[16a]
הַנְּעָרִים׃

10 וַתִּפֹּל עַל־פָּנֶיהָ וַתִּשְׁתַּחוּ[17] אָרְצָה וַתֹּאמֶר אֵלָיו מַדּוּעַ[17a] מָצָאתִי חֵן
בְּעֵינֶיךָ לְהַכִּירֵנִי[17b] וְאָנֹכִי נָכְרִיָּה[17c]׃

----

[10] and she came (*3fs Qal pret*, בּוֹא); [10a] קָרָה - to happen/encounter; [10b] מִקְרֶה - event/chance; [10c] חֶלְקָה - portion/section.

[11] (he) came (*3ms Qal pf*, בּוֹא).

[12] נצב (*Niphal*) - to stand.

[13] then (he) answered (*3ms Qal pret*, עָנָה); [13a] who has returned (*3fs Qal pf*, שׁוּב).

[14] עֹמֶר - sheaf; [14a] so she came (*3fs Qal pret*, בּוֹא).

[15] = תַּעַבְרִי; [15a] דָּבַק - to stay close.

[16] צָמֵא - to be thirsty; [16a] שָׁאַב - to draw.

[17] and she prostrated herself (*3fs Hishtaphel pret*, חוה); [17a] why; [17b] נכר (*Hiph*) - to recognize; [17c] נָכְרִי - foreigner.

11 כִּי מַלְאָכָיו יְצַוֶּה־לָּךְ לִשְׁמָרְךָ בְּכָל־דְּרָכֶיךָ׃

12 עַל־כַּפַּיִם יִשָּׂאוּנְךָ פֶּן־תִּגֹּף[18] בָּאֶבֶן רַגְלֶךָ[18a]׃

13 עַל־שַׁחַל[19] וָפֶתֶן[19a] תִּדְרֹךְ[19b] תִּרְמֹס[19c] כְּפִיר[19d] וְתַנִּין[19e]׃

14 כִּי בִי חָשַׁק[20] וַאֲפַלְּטֵהוּ[20a] אֲשַׂגְּבֵהוּ[20b] כִּי־יָדַע שְׁמִי׃

15 יִקְרָאֵנִי וְאֶעֱנֵהוּ[21] עִמּוֹ־אָנֹכִי בְצָרָה אֲחַלְּצֵהוּ[21a] וַאֲכַבְּדֵהוּ׃

16 אֹרֶךְ[22] יָמִים אַשְׂבִּיעֵהוּ[22a] וְאַרְאֵהוּ בִּישׁוּעָתִי׃

----

[18] נָגַף - to strike; [18a] רֶגֶל - foot.

[19] שַׁחַל - lion; [19a] פֶּתֶן - venomous snake, viper; [19b] דָּרַךְ - to tread; [19c] רָמַס - to trample; [19d] (juvenile) lion; [19e] תַּנִּין - serpent.

[20] חָשַׁק - to desire, be devoted; [20a] פָּלַט - to escape; [20b] שָׂגַב - to be high.

[21] עָנָה - to answer; [21a] חלץ (*Piel*) - to deliver.

[22] length; [22a] שָׂבַע - to be satisfied.

Chapter 37

37.1. Parse and Translate

1. הָ֫יִינוּ	2. וַתִּ֫חַר	3. נְטוּ
4. הִכּוּ	5. יַ֫עַל	6. נִהְיָה
7. עָשִׂית	8. יֵט	9. וַיְעַנּוּ
10. מוֹרִים	11. יֻכֶּה	12. תְּחִי
13. עֹלוֹת	14. הֵעָשׂוֹתִי	15. חֲרֹתָהּ
16. וָאֱהִי	17. הִטּוּ	18. וַתַּ֫עַן
19. הֱיִי	20. נִרְאֲתָה	21. עֲלֵה
22. נַעֲשֶׂה	23. חַיּוֹתְךָ	24. הוֹדוּ
25. יֵעָלֶה	26. עֲנוֹתָהּ	27. מְעַנִּים
28. וַתַּט	29. הַכּוֹתְכֶם	30. הֶחֱיִיתָ֫נוּ

37.2. Translate

1. לָ֫מָּה תַחְפֹּץ הַכּוֹת עִיר יְשָׁרָה מִמְּךָ
2. בַּחֲרוּ לָכֶם חַיִּם וִחְיוּ עֲשׂוּ טוֹב וּרְבוּ
3. עֲנֵ֫נִי יהוה עֲנֵ֫נִי כִּי עֻנֵּ֫יתִי הַרְבֵּה מְאֹד
4. וְהָיָה בְּגִשְׁתּוֹ אֵלַי וְהֶעֱלָה אֵת עֹלָתוֹ
5. וַיִּ֫חַר בָּם אַף הַשֹּׁפֵט וְלֹא עָנֻ֫הוּ דָּבָר
6. וְהָיָה בְּהֻכֹּתוֹ וְהִטָּה אֶת־לִבּוֹ אֶל־יהוה

7. וַיֵּט אֶת יָדוֹ וַיַּךְ כָּל־נֶ֫פֶשׁ חַיָּה בְמֵי הַיָּם
8. וַיִּבְרָא אֱלֹהִים אֵת הַשָּׁמַ֫יִם וַיַּ֫עַשׂ אֵת כֹּל הַנִּהְיֶה
9. הַעֲבִיר֫וּנוּ בְרַגְלֵ֫ינוּ וְאַל־תַּטּ֫וּנוּ וְעָלֵ֫ינוּ אֶל־אַרְצֵ֫נוּ
10. וַיַּעֲנוּ לֵאמֹר מִי יוּכַל הוֹדוֹת אֵת מַעֲשֵׂי אֵל הַנּוֹרָאִים
11. לֹא תִהְיִי כְסוּס אֲשֶׁר לֹא תִרְבֶּה בִינָתוֹ לְבִלְתִּי עֱנוֹתֵךְ
12. הָרְאֵ֫יתָ אֵת מַעֲשָׂיו לְחַיּוֹתְךָ וּלְהַעֲלֹתְךָ אֶל־אַרְצְךָ לְרִשְׁתָּהּ

37.3. Translate

1. עֹנֶה שֶׁ֫קֶר בְּרֵעֵ֫הוּ הוֹרֵשׁ לֹא יוֹרִישֶׁ֫נּוּ יהוה אֶת־הָאָ֫רֶץ עֹשֶׂה רַע בְּאָחִ֫יהוּ
הַחַיֶּה לֹא יַחֲיֶ֫הוּ אֵל בְּעֵת עֱנוֹתוֹ
2. וַיִּ֫חַר אַף רָאשֵׁי מַטּוֹתֵ֫ינוּ בָּרֹעִים וַיַּעֲנוּם וַיֹּאמְרוּ מַה־זֹּאת עֲשִׂיתֶם לָ֫מָּה
עֲזַבְתֶּם אֵת הָאֵילִים בַּמִּדְבָּר לְבִלְתִּי הַעֲלוֹתָם הָ֫עִירָה
3. וַיְהִי בְּעַנּוֹת הָעָם בְּיַד מַכָּיו וַיֵּצֵא מַלְכֵּ֫נוּ וַיּ֫וֹשַׁע אֶת־אַרְצוֹ וַיַּ֫עַשׂ יְשׁוּעָה
גְדוֹלָה בַעֲדָהּ וַיַּצֵּל אֵת עַמּוֹ וַיְחַי אֵת הֶעָרִים הַמֻּכּוֹת
4. הַרְאֵ֫נִי יהוה אֵת חִנְּךָ יְהִי חַסְדְּךָ עָלַי אֱלֹהַי נְטֵה אֵת יָדֶךָ וְהַצִּילֵ֫נִי שְׁלַח
יְמִינְךָ הוֹשִׁ֫יעָה נַפְשִׁי וְאוֹדְךָ בְּשִׁירֵי שִׂמְחָה הַרְבֵּה אַרְבֶּה הַלֶּלְךָ
5. וְהָיָה בְּתֵת יהוה לְךָ אֶת־הָאָ֫רֶץ הַזֹּאת לְרִשְׁתָּהּ וּבָנִ֫יתָ מִזְבַּח אֲבָנִים בְּרֹאשׁ
הָהָר וְהַעֲלִ֫יתָ עָלָיו עוֹלֹת לַיהוה אֱלֹהֶ֫יךָ אֲשֶׁר יַעֲשֶׂה נִפְלָאוֹת עִמְּךָ
6. הוֹרֵ֫נוּ אֶת־תּוֹרָתְךָ יהוה לַמְּדֵ֫נוּ אֶת־מִשְׁפָּטְךָ וְחַיֵּ֫נוּ הוֹלֶךְ־נָא אֶת־צַדִּיקֶ֫יךָ
בַּאֲמִתְּךָ וְאַל יַטּוּ אֶת־רַגְלֵיהֶם מִדַּרְכְּךָ אָז יוֹד֫וּךָ מְלַמְּדֶ֫יךָ נְהַלְלֶ֫ךָ נֶאֱמָנֶ֫יךָ
7. וַיַּ֫עַל לְהַכּוֹת אֶת־עֹשֵׂי הָרָעָה וַיַּכֵּם בְּפִי הַחֶ֫רֶב וַיֶּ֫גֶל אֵת הַנִּשְׁאָרִים כִּי פָּנֹה
פָּנוּ מֵעִם יהוה וַיִּבְנוּ לָהֶם בָּמוֹת עַל־רֹאשׁ הֶהָרִים וַיַּעֲלוּ עֲלֵיהֶן עֹלוֹת
לֵאלֹהֵי הַגּוֹיִם

8. וַיְהִי בְּהַאֲמִינוֹ בַּיהוה וּבְלֶכְתּוֹ כְּמִצְוֹתָיו אֲשֶׁר צִוָּהוּ אֹתָן לֵאמֹר אַל־תִּפֶן
אֶל־אֱלֹהֵי הַגּוֹיִם וְאַל־תַּט אֵת לִבְּךָ אֶל־דַּרְכֵיהֶם וַיְבָרֲכֵנוּ וַיֶּרֶב לוֹ אֵת
הַמִּקְנֶה אֲשֶׁר קָנָהוּ בָּאָרֶץ וַיְהִי לְאִישׁ נִכְבָּד שָׁם וַיִּירָאוּהוּ יֹשְׁבֶיהָ

9. וַיַּעַן הַגִּבּוֹר וַיֹּאמֶר לַזְּקֵנִים לָמָּה תְבַקְשֻׁנִי הֲלֹא עִנִּיתוּנִי וַתִּשְׂנָאוּנִי
וַתְּגָרְשׁוּ אֹתִי מֵעִמָּכֶם וַיַּעֲנוּהוּ וַיִּשָּׁבְעוּ אִם הַכֵּה תַכֶּה אֵת מַכֵּינוּ וְהִצַּלְתָּנוּ
וַעֲבָדֶךָ הַקָּהָל הַזֶּה וְהָיִיתָ לְרֹאשׁ עֲלֵיהֶם וַיַּעֲנֵם הֶעָשֹׂה תַעֲשׂוּנִי לְנָשִׂיא
עֲלֵיכֶם

10. וַיְהִי בִּרְאוֹת הַכֹּהֵן אֶת־מְשָׁרְתֵי הַהֵיכָל כִּי יְעַנּוּ אֵת הָעָם וַיִּחַר לוֹ מְאֹד
וַיְצַו לְהוֹצִיאָם חוּצָה לַמִּשְׁכָּן וּלְהַכּוֹתָם שָׁם בְּשְׁבָטִים וַיַּעֲשׂוּ כֵן שֹׁמְרֵי
הַבַּיִת וְהוּא מַעֲלֶה עֹלוֹת פָּרִים לְכַפֵּר עַל־הַמָּקוֹם הַקָּדוֹשׁ אֲשֶׁר נִטְמָא

11. מִי יִטֶּה אֵת הַשָּׁמַיִם כְּאֹהֶל לְשִׁבְתּוֹ וּמִי יַעֲלֶה אֶת־מֵי הַיָּם לְהַשְׁקוֹת הָאָרֶץ
הֲלֹא אָנֹכִי אֵל קֹנֵה שָׁמַיִם וָאָרֶץ מִי יַעֲשֶׂה לָאָדָם יָד וָרֶגֶל לְהַרְבּוֹת לוֹ כֹּחַ
וּמִי בָרָא לְאִישׁ אֹזֶן וְלָשׁוֹן לְהַרְאוֹתוֹ חָכְמָה הֲלֹא אֲנִי יהוה עֹשֶׂה כֹּל

12. וַיֹּאמְרוּ אִישׁ אֶל־רֵעֵהוּ נֵלְכָה לִרְאוֹת אֶת־הַמַּרְאֶה הַגָּדוֹל הַזֶּה אֲשֶׁר
הִגִּידוֹ לָנוּ הַמַּלְאָךְ וַיְמַהֲרוּ וַיֵּלְכוּ אֶל־הַמָּקוֹם אֲשֶׁר הוֹדִיעָם מַלְאַךְ יהוה
וַיִּמְצְאוּ אֵת הַיֶּלֶד וְאִמּוֹ וְאָבִיו עִמּוֹ וַיְהַלְלוּ הָרֹעִים אֵת יהוה אֲשֶׁר הֶרְאָם
אֵת הַדְּבָרִים הָאֵלֶּה וַיִּתְּנוּ לַנַּעַר הַנּוֹלָד אֶת־מִנְחָתָם

37.4. OT Texts

1. וַיְהִי אַבְרָם בֶּן־תִּשְׁעִים שָׁנָה וְתֵשַׁע שָׁנִים וַיֵּרָא יְהוָה אֶל־אַבְרָם וַיֹּאמֶר
אֵלָיו אֲנִי־אֵל שַׁדַּי[1] הִתְהַלֵּךְ לְפָנַי וֶהְיֵה תָמִים׃ וְאֶתְּנָה בְרִיתִי בֵּינִי
וּבֵינֶךָ וְאַרְבֶּה אוֹתְךָ בִּמְאֹד מְאֹד׃ וַיִּפֹּל אַבְרָם עַל־פָּנָיו וַיְדַבֵּר אִתּוֹ
אֱלֹהִים לֵאמֹר׃ אֲנִי הִנֵּה בְרִיתִי אִתָּךְ וְהָיִיתָ לְאַב הֲמוֹן[1a] גּוֹיִם׃

Gen 17:1-4

----

[1] exalted/almighty (?); [1a] הָמוֹן - crowd/multitude.

2. וַיֹּאמֶר קַח־נָא אֶת־בִּנְךָ אֶת־יְחִידְךָ[2] אֲשֶׁר־אָהַבְתָּ אֶת־יִצְחָק וְלֶךְ־לְךָ
אֶל־אֶרֶץ הַמֹּרִיָּה° וְהַעֲלֵהוּ שָׁם לְעֹלָה עַל אַחַד הֶהָרִים אֲשֶׁר אֹמַר אֵלֶיךָ:
. . . . : וַיִּשָּׂא אַבְרָהָם אֶת־עֵינָיו וַיַּרְא וְהִנֵּה־אַיִל אַחַר נֶאֱחַז בַּסְּבַךְ[2a]
בְּקַרְנָיו[2b] וַיֵּלֶךְ אַבְרָהָם וַיִּקַּח אֶת־הָאַיִל וַיַּעֲלֵהוּ לְעֹלָה תַּחַת בְּנוֹ:

Gen 22:2,13

3. וְהָיָה הַנַּעֲרָ• אֲשֶׁר אֹמַר אֵלֶיהָ הַטִּי־נָא כַדֵּךְ[3] וְאֶשְׁתֶּה וְאָמְרָה שְׁתֵה
וְגַם־גְּמַלֶּיךָ אַשְׁקֶה אֹתָהּ הֹכַחְתָּ[3a] לְעַבְדְּךָ לְיִצְחָק וּבָהּ אֵדַע כִּי־עָשִׂיתָ חֶסֶד
עִם־אֲדֹנִי: . . . . : וַתְּמַהֵר וַתּוֹרֶד כַּדָּהּ מֵעָלֶיהָ וַתֹּאמֶר שְׁתֵה וְגַם־גְּמַלֶּיךָ
אַשְׁקֶה וָאֵשְׁתְּ וְגַם הַגְּמַלִּים הִשְׁקָתָה:

Gen 24:14,46

4. וַיַּעַן לָבָן• וַיֹּאמֶר אֶל־יַעֲקֹב הַבָּנוֹת בְּנֹתַי וְהַבָּנִים בָּנַי וְהַצֹּאן צֹאנִי וְכֹל
אֲשֶׁר־אַתָּה רֹאֶה לִי־הוּא וְלִבְנֹתַי מָה־אֶעֱשֶׂה לָאֵלֶּה הַיּוֹם אוֹ• לִבְנֵיהֶן
אֲשֶׁר יָלָדוּ: . . . . : אִם־תְּעַנֶּה אֶת־בְּנֹתַי וְאִם־תִּקַּח נָשִׁים עַל־בְּנֹתַי אֵין
אִישׁ עִמָּנוּ רְאֵה אֱלֹהִים עֵד[4] בֵּינִי וּבֵינֶךָ:

Gen 31:43,50

5. וַיֹּאמֶר אֲלֵהֶם יוֹסֵף אַל־תִּירָאוּ כִּי הֲתַחַת אֱלֹהִים אָנִי: וְאַתֶּם חֲשַׁבְתֶּם
עָלַי רָעָה אֱלֹהִים חֲשָׁבָהּ לְטֹבָה לְמַעַן עֲשֹׂה כַּיּוֹם הַזֶּה לְהַחֲיֹת עַם־רָב:

Gen 50:19-20

6. וְעַתָּה לֵךְ וְאָנֹכִי אֶהְיֶה עִם־פִּיךָ וְהוֹרֵיתִיךָ אֲשֶׁר תְּדַבֵּר: וַיֹּאמֶר בִּי[5] אֲדֹנָי
שְׁלַח־נָא בְּיַד־תִּשְׁלָח: וַיִּחַר־אַף יְהוָה בְּמֹשֶׁה וַיֹּאמֶר הֲלֹא אַהֲרֹן אָחִיךָ
הַלֵּוִי יָדַעְתִּי כִּי־דַבֵּר יְדַבֵּר הוּא וְגַם הִנֵּה־הוּא יֹצֵא לִקְרָאתֶךָ[5a] וְרָאֲךָ
וְשָׂמַח בְּלִבּוֹ:

Ex 4:12-14

7. וַיֹּאמֶר יְהוָה אֶל־מֹשֶׁה עֲבֹר לִפְנֵי הָעָם וְקַח אִתְּךָ מִזִּקְנֵי יִשְׂרָאֵל וּמַטְּךָ
אֲשֶׁר הִכִּיתָ בּוֹ אֶת־הַיְאֹר[6] קַח בְּיָדְךָ וְהָלָכְתָּ: הִנְנִי עֹמֵד לְפָנֶיךָ שָּׁם

----

[2] יָחִיד - only;   [2a] סְבַךְ - thicket;   [2b] קֶרֶן - horn.

[3] כַּד - jar;   [3a] יכח (Hiph) to appoint/decide.

[4] witness.

[5] please/I pray;   [5a] לִקְרָאת - towards/to meet.

[6] יְאֹר - Nile.

198

עַל־הַצּוּר בְּחֹרֵב° וְהִכִּיתָ בַצּוּר וְיָצְאוּ מִמֶּנּוּ מַיִם וְשָׁתָה הָעָם וַיַּעַשׂ כֵּן
מֹשֶׁה לְעֵינֵי זִקְנֵי יִשְׂרָאֵל: Ex 17:5-6

8. וַיְדַבֵּר יְהוָה אֶל־מֹשֶׁה לֵךְ עֲלֵה מִזֶּה אַתָּה וְהָעָם אֲשֶׁר הֶעֱלִיתָ מֵאֶרֶץ
מִצְרָיִם אֶל־הָאָרֶץ אֲשֶׁר נִשְׁבַּעְתִּי לְאַבְרָהָם לְיִצְחָק וּלְיַעֲקֹב לֵאמֹר לְזַרְעֲךָ
אֶתְּנֶנָּה: Ex 33:1

9. וַיֹּאמֶר מֹשֶׁה אֶל־יְהוָה רְאֵה אַתָּה אֹמֵר אֵלַי הַעַל אֶת־הָעָם הַזֶּה וְאַתָּה לֹא
הוֹדַעְתַּנִי אֵת אֲשֶׁר־תִּשְׁלַח עִמִּי וְאַתָּה אָמַרְתָּ יְדַעְתִּיךָ בְשֵׁם וְגַם־מָצָאתָ חֵן
בְּעֵינָי: . . . : וַיֹּאמֶר יְהוָה אֶל־מֹשֶׁה גַּם אֶת־הַדָּבָר הַזֶּה אֲשֶׁר דִּבַּרְתָּ
אֶעֱשֶׂה כִּי־מָצָאתָ חֵן בְּעֵינַי וָאֵדָעֲךָ בְּשֵׁם: Ex 33:12,17

10. וַיַּעֲנוּ אֶת־יְהוֹשֻׁעַ וַיֹּאמְרוּ כִּי הֻגֵּד הֻגַּד לַעֲבָדֶיךָ אֵת אֲשֶׁר צִוָּה יְהוָה אֱלֹהֶיךָ
אֶת־מֹשֶׁה עַבְדּוֹ לָתֵת לָכֶם אֶת־כָּל־הָאָרֶץ וּלְהַשְׁמִיד אֶת־כָּל־יֹשְׁבֵי הָאָרֶץ
מִפְּנֵיכֶם וַנִּירָא מְאֹד לְנַפְשֹׁתֵינוּ מִפְּנֵיכֶם וַנַּעֲשֵׂה אֶת־הַדָּבָר הַזֶּה: וְעַתָּה
הִנְנוּ בְיָדֶךָ כַּטּוֹב וְכַיָּשָׁר בְּעֵינֶיךָ לַעֲשׂוֹת לָנוּ עֲשֵׂה: וַיַּעַשׂ לָהֶם כֵּן וַיַּצֵּל
אוֹתָם מִיַּד בְּנֵי־יִשְׂרָאֵל וְלֹא הֲרָגוּם: Josh 9:24-26

11. וַיַּךְ לֵב־דָּוִד אֹתוֹ אַחֲרֵי־כֵן סָפַר אֶת־הָעָם וַיֹּאמֶר דָּוִד אֶל־יְהוָה חָטָאתִי
מְאֹד אֲשֶׁר עָשִׂיתִי וְעַתָּה יְהוָה הַעֲבֶר־נָא אֶת־עֲוֺן עַבְדְּךָ כִּי נִסְכַּלְתִּי[7] מְאֹד:
. . . : וַיֹּאמֶר דָּוִד אֶל־יְהוָה בִּרְאֹתוֹ אֶת־הַמַּלְאָךְ הַמַּכֶּה בָעָם וַיֹּאמֶר
הִנֵּה אָנֹכִי חָטָאתִי וְאָנֹכִי הֶעֱוֵיתִי[7a] וְאֵלֶּה הַצֹּאן מֶה עָשׂוּ תְּהִי נָא יָדְךָ בִּי
וּבְבֵית אָבִי: 2 Sam 24:10,17

12. וּכְהִתְפַּלֵּל עֶזְרָא° וּכְהִתְוַדֹּתוֹ בֹּכֶה וּמִתְנַפֵּל לִפְנֵי בֵּית הָאֱלֹהִים נִקְבְּצוּ אֵלָיו
מִיִּשְׂרָאֵל קָהָל רַב־מְאֹד אֲנָשִׁים וְנָשִׁים וִילָדִים כִּי־בָכוּ הָעָם הַרְבֵּה־בֶכֶה[8]:
Ezra 10:1

Cf.: Gen 2:19, 9:6, 11:4, 12:7, 15:13, 17:5, 18:29, 19:30, 20:10, 22:1,15-18, 24:49, 26:1,4,28-29, 28:1, 29:26-28,32-33,35, 39:19-20, 40:14, 41:25,55, 44:33-34, 45:5, 46:28, 47:25, 50:21; Ex 3:8, 4:29-30,

----

[7] סכל (*Niphal*) - to act foolishly; עוה (*Hiph*) - to do wrong.
[8] בֶּכֶה - weeping (*noun*).

7:1, 9:23, 10:12-15, 14:5,15, 22:22, 24:12, 36:1; Lev 26:12; Num 13:31, 21:34, 22:18, 27:12; Deut 1:21,41, 3:27, 4:36, 6:25, 12:8,14, 13:1, 16:20, 20:1, 31:18; Josh 1:5,8, 2:13, 9:20, 10:6, 22:5; Jg 3:12, 20:23; 1 Sam 1:11, 9:8,11, 12:23, 14:10-11,37, 15:35, 16:24-25, 17:9, 29:9, 30:22; 2 Sam 5:17, 12:9; 1 Kings 3:4, 5:20, 14:8, 15:29, 19:21, 20:36; 2 Kings 2:11, 6:18-19, 10:18, 14:11; 1 Chr 16:4,7-8,34-35.

37.5. Ruth 2:11-23

11 וַיַּעַן בֹּעַז וַיֹּאמֶר לָהּ הֻגֵּד הֻגַּד לִי כֹּל אֲשֶׁר־עָשִׂית אֶת־חֲמוֹתֵךְ[9] אַחֲרֵי מוֹת
אִישֵׁךְ וַתַּעַזְבִי אָבִיךְ וְאִמֵּךְ וְאֶרֶץ מוֹלַדְתֵּךְ[9a] וַתֵּלְכִי אֶל־עַם אֲשֶׁר
לֹא־יָדַעַתְּ תְּמוֹל[9b] שִׁלְשׁוֹם׃

12 יְשַׁלֵּם יְהוָה פָּעֳלֵךְ[10] וּתְהִי מַשְׂכֻּרְתֵּךְ[10a] שְׁלֵמָה[10b] מֵעִם יְהוָה אֱלֹהֵי
יִשְׂרָאֵל אֲשֶׁר־בָּאת[10c] לַחֲסוֹת[10d] תַּחַת־כְּנָפָיו[10e]׃

13 וַתֹּאמֶר אֶמְצָא־חֵן בְּעֵינֶיךָ אֲדֹנִי כִּי נִחַמְתָּנִי וְכִי דִבַּרְתָּ עַל־לֵב שִׁפְחָתֶךָ[11]
וְאָנֹכִי לֹא אֶהְיֶה כְּאַחַת שִׁפְחֹתֶיךָ[11]׃

14 וַיֹּאמֶר לָה בֹעַז לְעֵת הָאֹכֶל[12] גֹּשִׁי הֲלֹם[12a] וְאָכַלְתְּ מִן־הַלֶּחֶם וְטָבַלְתְּ[12b]
פִּתֵּךְ[12c] בַּחֹמֶץ[12d] וַתֵּשֶׁב מִצַּד[12e] הַקּוֹצְרִים וַיִּצְבָּט[12f]-לָהּ קָלִי[12g] וַתֹּאכַל
וַתִּשְׂבַּע[12h] וַתֹּתַר׃

15 וַתָּקָם[13] לְלַקֵּט[13a] וַיְצַו בֹּעַז אֶת־נְעָרָיו לֵאמֹר גַּם בֵּין הָעֳמָרִים[13b] תְּלַקֵּט
וְלֹא תַכְלִימוּהָ[13c]׃

16 וְגַם שֹׁל[14]-תָּשֹׁלּוּ לָהּ מִן־הַצְּבָתִים[14a] וַעֲזַבְתֶּם וְלִקְּטָה וְלֹא
תִגְעֲרוּ[14b]-בָהּ׃

----

[9] חָמוֹת - mother-in-law; [9a] מוֹלֶדֶת - birth/relatives; [9b] תְּמוֹל שִׁלְשׁוֹם - in the past/previously.

[10] פֹּעַל - work/deed; [10a] מַשְׂכֹּרֶת - wage/reward; [10b] שָׁלֵם - complete; [10c] you have come (*2fs Qal pf*, בוא); [10d] חָסָה - to take refuge; [10e] כָּנָף -wing.

[11] שִׁפְחָה - female servant.

[12] אֹכֶל - food; [12a] hither; [12b] טָבַל - to dip; [12c] פַּת - piece (of bread); [12d] חֹמֶץ - vinegar; [12e] צַד - side; [12f] צָבַט - to offer; [12g] roasted grain; [12h] שָׂבַע - to be satisfied/have sufficient.

[13] then she arose; [13a] לָקַט - to glean; [13b] עֹמֶר - sheaf; [13c] כלם (*Hiph*) - to humiliate.

[14] שֹׁל־תָּשֹׁלּוּ - you must be sure to draw out; [14a] צֶבֶת - bundle; [14b] גָּעַר - to rebuke.

17 וַתְּלַקֵּט בַּשָּׂדֶה עַד־הָעָרֶב וַתַּחְבֹּט[15] אֵת אֲשֶׁר־לִקֵּטָה וַיְהִי כְּאֵיפָה[15a] שְׂעֹרִים[15b]:

18 וַתִּשָּׂא וַתָּבוֹא[16] הָעִיר וַתֵּרֶא חֲמוֹתָהּ[9] אֵת אֲשֶׁר־לִקֵּטָה וַתּוֹצֵא וַתִּתֶּן־לָהּ אֵת אֲשֶׁר־הוֹתִרָה מִשָּׂבְעָהּ[16a]:

19 וַתֹּאמֶר לָהּ חֲמוֹתָהּ אֵיפֹה[17] לִקַּטְתְּ הַיּוֹם וְאָנָה[17a] עָשִׂית יְהִי מַכִּירֵךְ[17b] בָּרוּךְ וַתַּגֵּד לַחֲמוֹתָהּ אֵת אֲשֶׁר־עָשְׂתָה עִמּוֹ וַתֹּאמֶר שֵׁם הָאִישׁ אֲשֶׁר עָשִׂיתִי עִמּוֹ הַיּוֹם בֹּעַז:

20 וַתֹּאמֶר נָעֳמִי לְכַלָּתָהּ[18] בָּרוּךְ הוּא לַיהוָה אֲשֶׁר לֹא־עָזַב חַסְדּוֹ אֶת־הַחַיִּים וְאֶת־הַמֵּתִים[18a] וַתֹּאמֶר לָהּ נָעֳמִי קָרוֹב לָנוּ הָאִישׁ מִגֹּאֲלֵנוּ הוּא:

21 וַתֹּאמֶר רוּת הַמּוֹאֲבִיָּה גַּם כִּי־אָמַר אֵלַי עִם־הַנְּעָרִים אֲשֶׁר־לִי תִּדְבָּקִין[19] עַד אִם־כִּלּוּ אֵת כָּל־הַקָּצִיר[19a] אֲשֶׁר־לִי:

22 וַתֹּאמֶר נָעֳמִי אֶל־רוּת כַּלָּתָהּ[18] טוֹב בִּתִּי כִּי תֵצְאִי עִם־נַעֲרוֹתָיו וְלֹא יִפְגְּעוּ[20]־בָךְ בְּשָׂדֶה אַחֵר:

23 וַתִּדְבַּק[19] בְּנַעֲרוֹת בֹּעַז לְלַקֵּט עַד־כְּלוֹת קְצִיר[19a]־הַשְּׂעֹרִים[15b] וּקְצִיר הַחִטִּים[21] וַתֵּשֶׁב אֶת־חֲמוֹתָהּ:

---

[15] חָבַט - to beat out; [15a] אֵיפָה - an Ephah; [15b] barley.

[16] and she entered; [16a] שֹׂבַע - sufficiency.

[17] where; [17a] (to) where; [17b] נכר (Hiphil) - to recognize.

[18] כַּלָּה - daughter-in-law; [18a] מֵת - dead.

[19] דָּבַק - to stay close; [19a] קָצִיר - harvest.

[20] פָּגַע - to encounter.

[21] חִטִּים - wheat.

37.6. Psalm 34:1-5

1 לְדָוִד בְּשַׁנּוֹתוֹ[22] אֶת־טַעְמוֹ[22a] לִפְנֵי אֲבִימֶלֶךְ° וַיְגָרְשֵׁהוּ וַיֵּלַךְ׃

2 אֲבָרֲכָה אֶת־יְהוָה בְּכָל־עֵת תָּמִיד תְּהִלָּתוֹ[23] בְּפִי׃

3 בַּיהוָה תִּתְהַלֵּל נַפְשִׁי יִשְׁמְעוּ עֲנָוִים[24] וְיִשְׂמָחוּ׃

4 גַּדְּלוּ לַיהוָה אִתִּי וּנְרוֹמְמָה[25] שְׁמוֹ יַחְדָּו׃

5 דָּרַשְׁתִּי אֶת־יְהוָה וְעָנָנִי וּמִכָּל־מְגוּרוֹתַי[26] הִצִּילָנִי׃

----

[22] שָׁנָה - to be different; [22a] טַעַם - perception.

[23] תְּהִלָּה - praise.

[24] עָנָו - poor, humble.

[25] and let us exalt.

[26] מְגוֹרָה - fear, terror.

Chapter 38

38.1. Parse and Translate

1. הֲכִ֫ינוּ	2. אָנוּחַ	3. נָב֫וֹנָה
4. נָסִ֫ירָה	5. בָּ֫אתִי	6. תְּשִׂימֶ֫נָּה
7. נוּסִי	8. וַיָּ֫מָת	9. הֲקִימ֫וֹנוּ
10. רוּצֵךְ	11. תִּכּ֫וֹנוּ	12. תְּבוֹאֶ֫ינָה
13. יָבִ֫ינוּ	14. וַיּוּמְתוּ	15. הֲבִישׁוֹתַ֫נִי
16. וַיָּ֫נָס	17. גּ֫וּרוּ	18. נוּבָא
19. תָּמֹת	20. הֲרִימ֫וֹנִי	21. אֵבוֹשׁ
22. מוּכָנִים	23. מְקִימוֹת	24. מֵ֫תוּ
25. הִנַּחְתָּ֫הוּ	26. נְבוֹנֵי	27. הֲשִׁיב֫וֹנוּ
28. גַּרְתֶּם	29. הֲכִינִי	30. יְבִיאֶ֫נּוּ

38.2. Translate

1. ק֫וּמוּ לְכוּ אֶל־אֲבִיכֶם וְשַׁבְתֶּם אֵלַי
2. הֲלֹא בָשְׁתֶּם בְּסוּרְכֶם מֵהַדֶּ֫רֶךְ הַיָּשָׁר
3. תֵּצֶ֫אנָה הַמִּשְׁפָּחוֹת וְגָ֫רוּ בְּעִיר אַחֶ֫רֶת
4. אִשָּׁה נְבוֹנָה אַתְּ כִּי תָבִ֫ינִי אֵת מַעֲשָׂיו
5. הָמֵת לֹא תָמִ֫יתוּ אֵת בָּאֵי שַׁעֲרֵי הַהֵיכָל
6. תָּרֹם יהוה בְּעַמְּךָ כִּי שַׂתָּם לְרֹאשׁ הַגּוֹיִם

7. וַיְהִי בְנוּסָם מִלִּפְנֵי הָאֹיֵב וַיָּרוּצוּ אֶל־עִירֵנוּ

8. הָכֵן יָכִין אֵת מַמְלַכְתְּךָ אִם שָׁרוֹת תְּשָׁרְתֶהוּ

9. וַיָּשָׁב הָעֶבֶד אֵת הַמַּלְאָךְ וַיְבִיאֵהוּ אֶל־הַהֵיכָל

10. וַתֹּוסֶף הָאָרֶץ וַתָּנַח בְּגוּר בָּהּ אֲנָשִׁים מְבִינֵי דַעַת

11. וַיָּקָם הַיֶּלֶד וַיָּסַר מֵהַדֶּרֶךְ לִרְאוֹת אֵת אֲשֶׁר נַעֲשָׂה

12. שִׂימוּ־נָא אֶת־הַכֵּלִים עַל־הַשֻּׁלְחָן אֲשֶׁר הֲכִינוֹתִיהוּ

38.3. Translate

1. תָּקוּם אִמָּם וּבָאָה בֵיתָהּ וְהֵכִינָה אֶת־כֵּלֶיהָ לְשֵׂאתָם לְאַרְצָהּ כִּי תִּסַּע לָלֶכֶת עִם יְלָדֶיהָ וַהֲשִׁיבָתַם אֶל־מִשְׁפַּחְתָּהּ

2. הַלְלוּ־יָהּ וְהוֹדוּ לִשְׁמוֹ כִּי צִוָּה וַיָּקֶם אֶת־הֶהָרִים דִּבֶּר וַיָּכֶן אֶת־הָאָרֶץ בְּתוֹךְ הַיַּמִּים הִשְׁמִיעַ אֶת־קוֹלוֹ וַיְהִי אוֹר וַיָּנָס הַחֹשֶׁךְ

3. הִנֵּה יָגוּרוּ בְשָׁלוֹם בַּמָּקוֹם הַזֶּה אֲשֶׁר הֲנִיחָם יהוה שָׁם וְגַם יֵשְׁבוּ בוֹ שְׁנָתַיִם וְלֹא יָסוּרוּ מִמֶּנּוּ אֶל־מָקוֹם אַחֵר יַעַן הֵיטִיב אַנְשֵׁי הָעִיר לָהֶם

4. וַיָּרֶם אֶת־יְמִינוֹ וַיִּשָּׁבַע וַיְדַבֶּר־לוֹ אַל־תִּירָא בְּנִי כִּי עִמְּךָ אֲנִי וָאָשִׂים אֵת יָדַי עָלֶיךָ וְאֵת אָזְנַי הַטֵּה אַטֶּה אֵלֶיךָ וְעָזֹב לֹא אֶעֱזָבְךָ וּבוֹשׁ לֹא יֵבוֹשׁוּ פָּנֶיךָ

5. מִי יוּכַל לְהָבִין אֵת דִּבְרֵי יהוה וּלְמִי הִגִּיד אֵת עֲצָתוֹ וְאֶת־מִי הֵכִין בְּדַרְכֵי דַעְתּוֹ הֲלֹא הֲרִימָנוּ לִהְיוֹת צֹאן חַסְדּוֹ וַיְסִירֵנוּ מִדַּרְכֵי חֹשֶׁךְ וַיּוֹדִיעֵנוּ אֵת חָכְמָתוֹ וַיָּגֶל אֶת־אָזְנֵינוּ לְבִינָתוֹ

6. וַיֹּאמְרוּ הָרֹעִים נָסוּרָה וְנִרְאֶה אֶת־הַמַּרְאֶה הַזֶּה וַיִּפְנוּ לָגֶשֶׁת אֵלָיו וַיְהִי כַּאֲשֶׁר סָרוּ לִרְאוֹת אֵת אֲשֶׁר יֵעָשֶׂה שָׁם וַיָּבֹואוּ וַיִּרְאוּ וְהִנֵּה אֵשׁ בֹּעֶרֶת בְּתוֹךְ הָעֵץ וַיְמַהֲרוּ וַיָּרוּצוּ לְהַבִּיטוֹ

7. וְהָיָה בַּהֲקִימִי אֵת בְּרִיתִי אִתְּךָ וַהֲרִימוֹתִיךָ וְרַמְתָּ עַל־כָּל־מַמְלְכוֹת הָאָרֶץ
וְהֶרְאִיתִין אֵת כְּבוֹדְךָ וְשֵׁרְתוּךָ וְגַם הָעָם אֲשֶׁר יְמָאֵן לְשָׁרֶתְךָ וְלֹא יַעַבְדְךָ
הָסֵר אֲסִירֵהוּ מִפָּנֶיךָ

8. הִנֵּה הֲרִימוֹתִיךָ לְהַמְלִיכְךָ עַל־עַמִּי וְאָכִין אֶת־כִּסֵּא מַמְלַכְתְּךָ לְהִכּוֹנָהּ לְפָנַי
לְעוֹלָם וְאַרְבֶּה לְךָ הַרְבֵּה חָכְמָה וְאַתָּה לֹא הֲבִינוֹתָ אֵת דְּרָכַי וַתָּסַר מֵאַחֲרַי
וַתֵּלֶךְ כַּעֲצוֹת הַגּוֹיִם אֲשֶׁר שׂוּם לֹא שַׂמְתִּין לְךָ

9. הִנֵּה יָמִים בָּאִים אָמַר יהוה וַהֲשִׁיבוֹתִי אֶתְכֶם מִכָּל־הָאֲרָצוֹת אֲשֶׁר בָּאתֶם
שָׁמָּה וְהֵבֵאתִי אֶתְכֶם אֶל־אַדְמַתְכֶם וְנָתַתִּי לָכֶם לֵב חָדָשׁ וַהֲסִירֹתִי אֶת־לֵב
הָאֶבֶן מִבְּשַׂרְכֶם וְלֵב בָּשָׂר אֶתֵּן לָכֶם

10. וַיָּשָׁב הַקָּהָל וַיֵּבְךְּ לֵאמֹר יְשִׁיבֶנּוּ־נָא אֱלֹהֵינוּ אֶל־מִשְׁפַּחְתֵּנוּ וְנוֹסִיף
לִרְאוֹתָהּ עוֹד וְאַל־יֶרֶב לָנוּ יְמֵי צָרָה וּשְׁנֵי בְכוֹת כִּי מָלְאָה נַפְשֵׁנוּ רָעִים
אֲשֶׁר יְבִיאֵם עָלֵינוּ בָּאָרֶץ הַזֹּאת אֲשֶׁר אֲנַחְנוּ גָרִים בָּהּ

11. וַיַּךְ מֹשֶׁה° אֵת הַצּוּר בְּמַטֵּהוּ וַיּוֹצֵא לָעָם מַיִם וַיִּחַר אַף יהוה בּוֹ כִּי לֹא
הֶאֱמִין לִדְבָרוֹ עַל־כֵּן לֹא הֱבִיאוֹ יהוה אֶל־אֶרֶץ־כְּנַעַן° וַיַּעַל וַיָּמָת בְּהָרֵי
מוֹאָב° וַיִּקָּבֵר שָׁם וַיֵּבְךְּ אֹתוֹ יִשְׂרָאֵל שְׁלֹשִׁים יוֹם וַיָּרָם מְאֹד בְּעֵינֵיהֶם

12. הִנֵּה יֵבֹושׁוּ כָל־עֹזְבֵי יהוה וְעֵנָּה הָרָם בְּעֵינָיו לֹא יָנוּחַ בְּבֵיתוֹ וּבְקֶבֶר
אֲבוֹתָיו לֹא יִקָּבֵר כִּי יָנוּס וְאֵין רֹדְפִים יִסָּתֵר וְאֵין קָמִים עָלָיו הָגְלֵה יָגְלֶה
אֶל־אֶרֶץ רְחוֹקָה וְהוּבָא בַחֹשֶׁךְ אֲשֶׁר שָׁם יֵשֵׁב וְשָׁם יָמוּת וְיִשָּׁכַח

38.4. OT Texts

1. וְעַתָּה הָשֵׁב אֵשֶׁת־הָאִישׁ כִּי־נָבִיא הוּא וְיִתְפַּלֵּל בַּעַדְךָ וֶחְיֵה וְאִם־אֵינְךָ
מֵשִׁיב דַּע כִּי־מוֹת תָּמוּת אַתָּה וְכָל־אֲשֶׁר־לָךְ׃ . . . . ׃ וַיִּקְרָא אֲבִימֶלֶךְ°

לְאַבְרָהָם וַיֹּאמֶר לוֹ מֶה־עָשִׂיתָ לָּנוּ וּמֶה־חָטָאתִי לָךְ כִּי־הֵבֵאתָ עָלַי
וְעַל־מַמְלַכְתִּי חֲטָאָה[1] גְדֹלָה מַעֲשִׂים אֲשֶׁר לֹא־יֵעָשׂוּ עָשִׂיתָ עִמָּדִי:
Gen 20:7,9

2. וַיֹּאמֶר אֵלָיו הָעֶבֶד אוּלַי[2] לֹא־תֹאבֶה הָאִשָּׁה לָלֶכֶת אַחֲרַי אֶל־הָאָרֶץ
הַזֹּאת הֶהָשֵׁב אָשִׁיב אֶת־בִּנְךָ אֶל־הָאָרֶץ אֲשֶׁר־יָצָאתָ מִשָּׁם: וַיֹּאמֶר אֵלָיו
אַבְרָהָם הִשָּׁמֶר לְךָ פֶּן־תָּשִׁיב אֶת־בְּנִי שָׁמָּה: . . . . : וַיָּשֶׂם הָעֶבֶד אֶת־יָדוֹ
תַּחַת יֶרֶךְ[2a] אַבְרָהָם אֲדֹנָיו וַיִּשָּׁבַע לוֹ עַל־הַדָּבָר הַזֶּה: Gen 24:5-6,9

3. וּלְרִבְקָה אָח וּשְׁמוֹ לָבָן וַיָּרָץ לָבָן אֶל־הָאִישׁ הַחוּצָה אֶל־הָעָיִן: וַיְהִי
כִּרְאֹת אֶת־הַנֶּזֶם[3] וְאֶת־הַצְּמִדִים[3a] עַל־יְדֵי אֲחֹתוֹ וּכְשָׁמְעוֹ אֶת־דִּבְרֵי
רִבְקָה אֲחֹתוֹ לֵאמֹר כֹּה־דִבֶּר אֵלַי הָאִישׁ וַיָּבֹא אֶל־הָאִישׁ וְהִנֵּה עֹמֵד
עַל־הַגְּמַלִּים עַל־הָעָיִן: וַיֹּאמֶר בּוֹא בְּרוּךְ יְהוָה לָמָּה תַעֲמֹד בַּחוּץ וְאָנֹכִי
פִּנִּיתִי הַבַּיִת וּמָקוֹם לַגְּמַלִּים: Gen 24:29-31

4. וַיֵּרָא אֵלָיו יְהוָה וַיֹּאמֶר אַל־תֵּרֵד מִצְרָיְמָה שְׁכֹן בָּאָרֶץ אֲשֶׁר אֹמַר אֵלֶיךָ:
גּוּר בָּאָרֶץ הַזֹּאת וְאֶהְיֶה עִמְּךָ וַאֲבָרְכֶךָּ כִּי־לְךָ וּלְזַרְעֲךָ אֶתֵּן
אֶת־כָּל־הָאֲרָצֹת הָאֵל[4] וַהֲקִמֹתִי אֶת־הַשְּׁבֻעָה[4a] אֲשֶׁר נִשְׁבַּעְתִּי לְאַבְרָהָם
אָבִיךָ: Gen 26:2-3

5. וַיֹּאמֶר אֱלֹהִים אֶל־יַעֲקֹב קוּם עֲלֵה בֵית־אֵל° וְשֶׁב־שָׁם וַעֲשֵׂה־שָׁם מִזְבֵּחַ
לָאֵל הַנִּרְאֶה אֵלֶיךָ בְּבָרְחֲךָ מִפְּנֵי עֵשָׂו אָחִיךָ: וַיֹּאמֶר יַעֲקֹב אֶל־בֵּיתוֹ
וְאֶל כָּל־אֲשֶׁר עִמּוֹ הָסִרוּ אֶת־אֱלֹהֵי הַנֵּכָר[5] אֲשֶׁר בְּתֹכְכֶם וְהִטַּהֲרוּ[5a] . . . . :
וְנָקוּמָה וְנַעֲלֶה בֵּית־אֵל וְאֶעֱשֶׂה־שָּׁם מִזְבֵּחַ לָאֵל הָעֹנֶה אֹתִי בְּיוֹם צָרָתִי
Gen 35:1-3

----

[1] ≡ חַטָּאת.
[2] perhaps; [2a] יָרֵךְ - thigh.
[3] נֶזֶם - (ear/nose-)ring; [3a] צָמִיד - bracelet.
[4] = הָאֵלֶּה; [4a] שְׁבוּעָה - oath.
[5] נֵכָר - what is foreign; [5a] טָהֵר - to be pure.

6. וַיְהִי כְשָׁמְעוֹ כִּי־הֲרִימֹתִי קוֹלִי וָאֶקְרָא וַיַּעֲזֹב בִּגְדוֹ• אֶצְלִי[6] וַיָּנָס וַיֵּצֵא
הַחוּצָה׃ וַתַּנַּח בִּגְדוֹ אֶצְלָהּ עַד־בּוֹא אֲדֹנָיו אֶל־בֵּיתוֹ׃ וַתְּדַבֵּר אֵלָיו
כַּדְּבָרִים הָאֵלֶּה לֵאמֹר בָּא־אֵלַי הָעֶבֶד הָעִבְרִי° אֲשֶׁר־הֵבֵאתָ לָּנוּ לְצַחֶק[6a]
בִּי׃ וַיְהִי כַּהֲרִימִי קוֹלִי וָאֶקְרָא וַיַּעֲזֹב בִּגְדוֹ אֶצְלִי וַיָּנָס הַחוּצָה׃

Gen 39:15-18

7. הִנֵּה שֶׁבַע שָׁנִים בָּאוֹת שָׂבָע[7] גָּדוֹל בְּכָל־אֶרֶץ מִצְרָיִם׃ וְקָמוּ שֶׁבַע שְׁנֵי
רָעָב אַחֲרֵיהֶן וְנִשְׁכַּח כָּל־הַשָּׂבָע בְּאֶרֶץ מִצְרָיִם וְכִלָּה הָרָעָב אֶת־הָאָרֶץ׃
וְלֹא־יִוָּדַע הַשָּׂבָע בָּאָרֶץ מִפְּנֵי הָרָעָב הַהוּא אַחֲרֵי־כֵן כִּי־כָבֵד הוּא מְאֹד׃ .
. . : וְעַתָּה יֵרֶא פַרְעֹה אִישׁ נָבוֹן וְחָכָם וִישִׁיתֵהוּ עַל־אֶרֶץ מִצְרָיִם׃

Gen 41:29-31,33

8. וַיֵּלֶךְ מֹשֶׁה וַיָּשָׁב אֶל־יֶתֶר° חֹתְנוֹ[8] וַיֹּאמֶר לוֹ אֵלְכָה נָּא וְאָשׁוּבָה אֶל־אַחַי
אֲשֶׁר־בְּמִצְרַיִם וְאֶרְאֶה הַעוֹדָם חַיִּים וַיֹּאמֶר יִתְרוֹ לְמֹשֶׁה לֵךְ לְשָׁלוֹם׃
וַיֹּאמֶר יְהוָה אֶל־מֹשֶׁה בְּמִדְיָן° לֵךְ שֻׁב מִצְרָיִם כִּי־מֵתוּ כָּל־הָאֲנָשִׁים
הַמְבַקְשִׁים אֶת־נַפְשֶׁךָ׃ Ex 4:18-19

9. וְהָיָה כַּאֲשֶׁר יָרִים מֹשֶׁה יָדוֹ וְגָבַר[9] יִשְׂרָאֵל וְכַאֲשֶׁר יָנִיחַ יָדוֹ וְגָבַר עֲמָלֵק°׃
וִידֵי מֹשֶׁה כְּבֵדִים וַיִּקְחוּ־אֶבֶן וַיָּשִׂימוּ תַחְתָּיו וַיֵּשֶׁב עָלֶיהָ וְאַהֲרֹן וְחוּר°
תָּמְכוּ[9a] בְיָדָיו מִזֶּה אֶחָד וּמִזֶּה אֶחָד וַיְהִי יָדָיו אֱמוּנָה• עַד־בֹּא הַשָּׁמֶשׁ[9b]׃
. . . . : וַיֹּאמֶר יְהוָה אֶל־מֹשֶׁה כְּתֹב זֹאת זִכָּרוֹן[9c] בַּסֵּפֶר וְשִׂים בְּאָזְנֵי
יְהוֹשֻׁעַ Ex 17:11-12,14

10. הִנֵּה אָנֹכִי שֹׁלֵחַ מַלְאָךְ לְפָנֶיךָ לִשְׁמָרְךָ בַּדָּרֶךְ וְלַהֲבִיאֲךָ אֶל־הַמָּקוֹם אֲשֶׁר
הֲכִנֹתִי׃ הִשָּׁמֶר מִפָּנָיו וּשְׁמַע בְּקֹלוֹ . . . . : וַעֲבַדְתֶּם אֵת יְהוָה אֱלֹהֵיכֶם
וּבֵרַךְ אֶת־לַחְמְךָ וְאֶת־מֵימֶיךָ וַהֲסִרֹתִי מַחֲלָה[10] מִקִּרְבֶּךָ•׃ Ex 23:20-21,25

----

[6] אֵצֶל - with/beside; [6a] צחק (*Piel*) - to amuse (oneself).
[7] plenty/abundance.
[8] חֹתֵן - father-in-law.
[9] גָּבַר - to be strong/prevail; [9a] תָּמַךְ - to support; [9b] שֶׁמֶשׁ - sun; [9c] remembrance.
[10] sickness.

11. שׂוֹם תָּשִׂים עָלֶיךָ מֶלֶךְ אֲשֶׁר יִבְחַר יְהוָה אֱלֹהֶיךָ בּוֹ מִקֶּרֶב אַחֶיךָ תָּשִׂים
עָלֶיךָ מֶלֶךְ לֹא תוּכַל לָתֵת עָלֶיךָ אִישׁ נָכְרִי[11] אֲשֶׁר לֹא־אָחִיךָ הוּא׃ רַק
לֹא־יַרְבֶּה־לּוֹ סוּסִים וְלֹא־יָשִׁיב אֶת־הָעָם מִצְרַיְמָה לְמַעַן הַרְבּוֹת סוּס
וַיהוָה אָמַר לָכֶם לֹא תֹסִפוּן לָשׁוּב בַּדֶּרֶךְ הַזֶּה עוֹד׃ Deut 17:15-16

12. וַיְהִי בַּיּוֹם הַשְּׁבִיעִי וַיָּמָת הַיָּלֶד וַיִּרְאוּ עַבְדֵי דָוִד לְהַגִּיד לוֹ כִּי־מֵת הַיֶּלֶד כִּי
אָמְרוּ הִנֵּה בִהְיוֹת הַיֶּלֶד חַי דִּבַּרְנוּ אֵלָיו וְלֹא־שָׁמַע בְּקוֹלֵנוּ וְאֵיךְ נֹאמַר
אֵלָיו מֵת הַיֶּלֶד וְעָשָׂה רָעָה׃ וַיַּרְא דָּוִד כִּי עֲבָדָיו מִתְלַחֲשִׁים[12] וַיָּבֶן דָּוִד
כִּי מֵת הַיָּלֶד וַיֹּאמֶר דָּוִד אֶל־עֲבָדָיו הֲמֵת הַיֶּלֶד וַיֹּאמְרוּ מֵת׃ 2 Sam 12:18-19

Cf.: Gen 5:5, 6:13,18, 7:1,15-16, 8:3-4,13, 9:11, 16:9, 17:7, 18:7,10,14,16,33, 19:17-22, 20:1,14, 21:18,32, 22:6-10,19, 23:2,6,10, 24:10,28,33,54,61,67, 26:9-11,32, 27:18-22,25,30-31,37,43, 29:5-6,12-13,30, 30:1-2, 31:22-24, 32:5-7,10-13, 33:1, 34:17,24, 39:11,13-14, 40:13, 41:32,39, 42:20-21,37-38, 43:8-9, 44:1,8, 45:8-9,18-19, 46:31, 47:1; Ex 1:16-17, 2:10,16-19, 4:1-3,15,20, 6:4,8, 7:19-20, 10:1,8,26,28, 12:30-31, 14:12-13,28,30-31, 15:25-26, 16:3, 18:21, 20:24, 24:14, 32:12; Lev 6:23; Num 11:27, 16:26, 18:24,26, 19:14, 20:24, 21:5-7, 22:38, 32:9; Deut 1:8-10,13-15,22-23, 3:19-20, 4:34, 5:14-15,25, 12:5-6,8-11, 13:6,10, 17:10-11,14,17, 27:4-6, 28:7,9,14,36, 30:1-5, 31:26; Josh 1:2,11-13, 2:22-23, 7:12-13, 10:24, 13:1, 21:44, 22:4, 24:8-11; Jg 2:10, 4:14,17-18, 9:52, 13:8; 1 Sam 1:22, 9:20, 10:8, 13:14, 15:11, 16:2,5, 17:24, 18:2, 19:1-2,8,11, 20:31, 25:1,35, 26:23, 27:11, 29:4; 2 Sam 3:13,16, 7:1-2,25-26, 11:10, 12:20-21, 14:32; 1 Kings 1:14, 5:14, 7:51, 9:4-5, 11:34, 12:16, 13:11,16-19,29, 21:15-16, 22:28; 2 Kings 4:22, 5:8, 6:20,32, 7:3,8, 8:5-6,10, 13:11, 14:5-6, 17:27-28, 18:14, 23:27.

38.5. Ruth 3:1-10

1 וַתֹּאמֶר לָהּ נָעֳמִי חֲמוֹתָהּ[13] בִּתִּי הֲלֹא אֲבַקֶּשׁ־לָךְ מָנוֹחַ[13a] אֲשֶׁר יִיטַב־לָךְ׃
2 וְעַתָּה הֲלֹא בֹעַז מֹדַעְתָּנוּ[14] אֲשֶׁר הָיִית אֶת־נַעֲרוֹתָיו הִנֵּה־הוּא זֹרֶה[14a]
אֶת־גֹּרֶן[14b] הַשְּׂעֹרִים[14c] הַלָּיְלָה׃

----

[11] foreign.
[12] לָחַשׁ - to whisper.
[13] חָמוֹת - mother-in-law; [13a] place of rest.
[14] מוֹדַעַת - kindred/relative(s); [14a] זָרָה - to winnow/scatter; [14b] גֹּרֶן - threshing-floor;
[14c] שְׂעֹרִים - barley.

3 וְרָחַצְתְּ[15] וָסַכְתְּ[15a] וְשַׂמְתְּ שִׂמְלֹתַ֫יִךְ[15b] עָלַיִךְ וְיָרַדְתִּי הַגֹּ֫רֶן[14a] אַל־תִּוָּדְעִי לָאִישׁ עַד כַּלֹּתוֹ לֶאֱכֹל וְלִשְׁתּוֹת:

4 וִיהִי בְשָׁכְבוֹ וְיָדַעַתְּ אֶת־הַמָּקוֹם אֲשֶׁר יִשְׁכַּב־שָׁם וּבָאת וְגִלִּית מַרְגְּלֹתָיו[16] וְשָׁכָ֑בְתִּי וְהוּא יַגִּיד לָךְ אֵת אֲשֶׁר תַּעֲשִׂין:

5 וַתֹּאמֶר אֵלֶיהָ כֹּל אֲשֶׁר־תֹּאמְרִי אֵלַי אֶעֱשֶׂה:

6 וַתֵּ֫רֶד הַגֹּ֫רֶן[14a] וַתַּעַשׂ כְּכֹל אֲשֶׁר־צִוַּ֫תָּה חֲמוֹתָהּ[13]:

7 וַיֹּאכַל בֹּעַז וַיֵּשְׁתְּ וַיִּיטַב לִבּוֹ וַיָּבֹא לִשְׁכַּב בִּקְצֵה הָעֲרֵמָה[17] וַתָּבֹא בַלָּט[17a] וַתְּגַל מַרְגְּלֹתָיו[16] וַתִּשְׁכָּב:

8 וַיְהִי בַּחֲצִי הַלַּ֫יְלָה וַיֶּחֱרַד[18] הָאִישׁ וַיִּלָּפֵת[18a] וְהִנֵּה אִשָּׁה שֹׁכֶ֫בֶת מַרְגְּלֹתָיו:

9 וַיֹּאמֶר מִי־אָ֑תְּ וַתֹּאמֶר אָנֹכִי רוּת אֲמָתֶ֫ךָ וּפָרַשְׂתָּ[19] כְנָפֶ֫ךָ[19a] עַל־אֲמָתְךָ כִּי גֹאֵל אָֽתָּה:

10 וַיֹּאמֶר בְּרוּכָה אַתְּ לַיהֹוָה בִּתִּי הֵיטַבְתְּ חַסְדֵּךְ הָאַחֲרוֹן[20] מִן־הָרִאשׁוֹן לְבִלְתִּי־לֶ֫כֶת אַחֲרֵי הַבַּחוּרִים[21] אִם־דַּל[21a] וְאִם־עָשִׁיר[21b]:

---

[15] רָחַץ - to wash;   [15a] סוּךְ - to anoint;   [15b] שִׂמְלָה - garment.

[16] מַרְגְּלוֹת - (area at) the feet.

[17] עֲרֵמָה - pile (of grain);   [17a] לָט - secrecy.

[18] חָרַד - to be afraid/startled;   [18a] לָפַת - to touch/grasp.

[19] פָּרַשׂ - to spread out;   [19a] כָּנָף - wing/edge (of garment).

[20] אַחֲרוֹן - later.

[21] בָּחוּר - young man;   [21a] דַּל - poor;   [21b] עָשִׁיר - rich.

6 הִבִּיטוּ אֵלָיו וְנָהָרוּ[22] וּפְנֵיהֶם אַל־יֶחְפָּרוּ[22a]:

7 זֶה עָנִי[23] קָרָא וַיהוָה שָׁמֵעַ וּמִכָּל־צָרוֹתָיו הוֹשִׁיעוֹ:

8 חֹנֶה[24] מַלְאַךְ־יְהוָה סָבִיב לִירֵאָיו וַיְחַלְּצֵם[24a]:

9 טַעֲמוּ[25] וּרְאוּ כִּי־טוֹב יְהוָה אַשְׁרֵי[25a] הַגֶּבֶר[25b] יֶחֱסֶה[25c]־בּוֹ:

10 יְראוּ[26] אֶת־יְהוָה קְדֹשָׁיו כִּי־אֵין מַחְסוֹר[26a] לִירֵאָיו:

11 כְּפִירִים[27] רָשׁוּ[27a] וְרָעֵבוּ וְדֹרְשֵׁי יְהוָה לֹא־יַחְסְרוּ[27b] כָל־טוֹב:

----

[22] נָהַר - to shine, be radiant; [22a] חָפֵר - to be ashamed.
[23] poor.
[24] חָנָה - to encamp; [24a] חלץ (*Piel*) - to deliver.
[25] טָעַם - to taste; [25a] blessed (is); [25b] גֶּבֶר - man; [25c] חָסָה - to take refuge.
[26] = יִרְאוּ; [26a] lack.
[27] כְּפִיר - (juvenile) lion; [27a] רוּשׁ - to be poor, in want; [27b] חָסֵר - to lack.

Chapter 39

39.1. Parse and Translate

1. תָּסֹבּוּ	2. תְּקַלֶּינָה	3. וַיָּחָן
4. אָשִׁירָה	5. יְחַלְלוּם	6. הֱכִינוּ
7. יֵשֹׁם	8. וַיֵּרַע	9. תֵּבוֹשׁוּ
10. וַתָּקָם	11. סֹבְבוֹת	12. הוּחַל
13. מְבִינֶיךָ	14. קַלּוּ	15. סֵבָן
16. וַיָּבִיאוּ	17. הֲרֵעוֹתֶם	18. מְסִבִּים
19. וַיְחַלֵּל	20. נָשַׁמּוּ	21. יוּסַב
22. נְקַלּוֹתִי	23. הֲרֵעוּ	24. אָחֹנָּה
25. תְּסֻבֶּינָה	26. שָׂרִים	27. הֲשִׁמּוֹת
28. הֵחֵלּוּ	29. וַיָּרַע	30. נְסַבּוֹתָ

39.2. Translate

1. יֵרַע הַדָּבָר וְנָקַל בְּעֵינֵי כָל־בָּנָיו
2. יֵשֵׁב מַלְאַךְ יהוה סָבִיב לִירֵאָיו לְהַצִּילָם
3. וַיָּחֵלּוּ הַשָּׂרִים לָשִׁיר מְלֻבָּשִׁים בִּגְדֵי קֹדֶשׁ
4. חַלְּלוּ אֵת מִזְבְּחוֹתֵיהֶם וְהִשְׁמַדְתּוּם הַשְׁמֵד
5. וַיְקַלֵּל אֶת־אֲדֹנוֹ קַלּוֹל וְהַשְׁלֵךְ בּוֹ אֲבָנִים
6. יָחֹן נָא יהוה אֵת עַמּוֹ וְיוּשְׁבוּ אֶל־אַרְצָם

7. יָשֹׁמּוּ מַלְאָכַי כִּי הָבֵשׁ הֲבִישֹׁתָם וְאָרוּר אַתָּה

8. יִדֹּמּוּ וְלֹא יַשְׁמִיעוּ אֶת־קוֹלָם בְּסֵבָּם אֵת הָעִיר

9. אַל־תֵּחַל בְּמַעֲשֵׂי הַמְטַמְּאִים פֶּן־תָּשְׁחַת כָּהֶם

10. נָסֵבָּה אֵת הַצָּבָא אֵת הָעִיר לְהַכּוֹתָהּ כִּי הָרֵעַ הֵרֵעָה

11. נָשַׁמָּה הָאָרֶץ כִּי הֵרֵעוּ יֹשְׁבֶיהָ וַיָּפֵרוּ אֶת־הַבְּרִית

12. קָמָה וַתָּסָב לָרֶדֶת אֶל־בֵּיתָהּ כַּאֲשֶׁר תַּמָּה מְלַאכְתָּהּ

39.3. Translate

1. נָסֹבָּה־נָּא מִחוּץ לָעִיר הַזֹּאת וְאַל־נָבִיאָה אֵת בְּקָרֵנוּ בְתוֹכָהּ פֶּן־יָחֵלּוּ יֹשְׁבֶיהָ לְהָרֵעַ לָנוּ לֶאֱחֹז אֵת מִקְנֵנוּ

2. וַיֹּאמֶר יהוה לְעַבְדּוֹ קוּם רֵד וְהִגַּדְתָּ אֶל־עַמִּי לֵאמֹר שׁוּבוּ יִשְׂרָאֵל לֵאלֹהֵיכֶם וְיָחֹן אֶתְכֶם כִּי רַב־חֶסֶד הוּא וְלֹא יֶחֱרֶה לְעוֹלָם אַפּוֹ

3. וַיָּבוֹא הַסֹּפֵר וַיַּעֲמֵד אֵת הַקָּהָל בְּתוֹךְ חֲצַר הָעִיר וַיּוֹדִיעֵם אֵת מִצְוַת הַמֶּלֶךְ וַיְהִי בְשָׁמְעָם וַיִּשְׂאוּ אֶת־קוֹלָם וַיִּבְכּוּ כִּי נָשַׁמּוּ עָלֶיהָ כִּי קָשָׁה מְאֹד הִיא

4. לֹא תְקַלְּלוּ אֶת־זִקְנֵי עָרֵיכֶם וְלֹא תָאֹרוּ אֵת שֹׁפְטֵיכֶם אַל־תָּסֹרוּ מִדְּבָרָם וְאַל־תָּרֵעוּ כִּי הַטֵּה תַטּוּ אֶת־אָזְנֵיכֶם לְשָׁמְעָם לְמַעַן תִּרְאוּ טוֹב כָּל־יְמֵיכֶם

5. וַיָּסֹבּוּ כָל־יִשְׂרָאֵל בָּעִיר וַיִּתְיַצְּבוּ בַהֵיכָל וַיָּשִׁירוּ אֵת דִּבְרֵי הַשִּׁיר הַזֶּה וַיְהַלְלוּ אֵת אֱלֹהֵיהֶם אֲשֶׁר הִצִּילָם מִכַּף הַגּוֹיִם הַמְשֹׁמְמִים אֶת־שְׂדוֹתֵיהֶם

6. חָנֵּנוּ יהוה חָנֵּנוּ זְכָר־נָא אֵת חַסְדְּךָ אֲשֶׁר נִשְׁבַּעְתָּ לַעֲשׂוֹת עִם אֲבוֹתֵינוּ וְהוֹשַׁעְתָּנוּ כִּי יִתֹּם כֹּחֵנוּ וְלֹא נוּכַל לַעֲמֹד לִפְנֵי מְשַׂנְאֵינוּ אֲשֶׁר יְשֹׁמְמוּנוּ

7. נָטוּ הַשָּׁמַיִם וְכֹל צְבָאָם וַיִּמַּדּוּ בְרָחְבָּם וְלֹא יַעַבְרוּ נָכוֹנָה הָאָרֶץ וְכֹל אֲשֶׁר בָּהּ וַיְכִינֶהָ יהוה בִּמְקוֹמָהּ וְלֹא תָסוּר מִמֶּנּוּ כִּי אֵל נָבוֹן הוּא וּבְחָכְמָה נַעֲשׂוּ כָל־מַעֲשָׂיו בְּבִינָה כִּלָּה אֵת נִפְלְאוֹתָיו

8. וַיָּבוֹא הַמַּלְאָךְ אֶל־שַׁעַר־הָעִיר וַיַּגֵּד לַשֹּׁפֵט וַיֹּאמַר נָס יִשְׂרָאֵל לִפְנֵי
אֹיְבֵיהֶם וְגַם הֻכּוּ מֵהֶם שְׁלֹשִׁים אֶלֶף אִישׁ וַיָּמוּתוּ שְׁנֵי בָנֶיךָ וְגַם נִלְקַח
הָאָרוֹן׃ וַיִּדֹּם הַשֹּׁפֵט וַיִּשֹּׁם כִּי סָר כְּבוֹד יִשְׂרָאֵל

9. וַיְהִי בְּסוּר הָעָם מֵיהוה וַיָּפֵרוּ אֵת בְּרִיתוֹ וַיְשַׁמֵּם וַיְסִירֵם מֵעַל פָּנָיו
וּבְשׁוּבָם אֵלָיו וַיִּתְפַּלְלוּ אֶל־אֱלֹהֵי הַשָּׁמַיִם וַיּוֹצִיאֵם מִבֵּית הָאֲסוּרִים
וַיְשִׁיבֵם לְאַדְמָתָם מִסָּבִיב וַיָּשֻׁבוּ מִצָּפוֹן וּמִיָּמִין מֵהַנָּהָר וּמֵאַרְצוֹת הַיָּם

10. וַיֵּלֶךְ הַנָּבִיא כִּדְבַר יהוה וַיִּמְצָא אֶת־הַמֶּלֶךְ וְהוּא עֹמֵד בַּכֶּרֶם וַיִּגַּשׁ אֵלָיו
וַיְדַבֵּר לֵאמֹר כֹּה אָמַר יהוה צְבָאוֹת הֲרֵעוֹתָ וַתַּהֲרֹג וַתָּחֶל לָרֶשֶׁת וְעַתָּה
אָרוּר אַתָּה מֵהָאֲדָמָה אֲשֶׁר חִלַּלְתָּהּ וּבַמָּקוֹם אֲשֶׁר שָׁפַכְתָּ דָם יִשָּׁפֵךְ דָּמְךָ

11. כֹּה אָמַר אֲדֹנָי יהוה הִנֵּה בַיָּמִים הָרִאשֹׁנִים וָאָבֵא רָעָה עַל־עַם הַמְּרֵעִים
וָאֲשַׁמֵּם וָאַגְלֵם מֵאַרְצָם וְהָיָה בַּשָּׁנִים הַבָּאוֹת וַהֲשִׁיבוֹתִים אֶל־אַדְמָתָם
וְהֵיטַבְתִּי לָהֶם וְהִרְבִּיתִים כַּכּוֹכָבִים אֲשֶׁר לֹא נִסְפְּרוּ וְלֹא נָמַדּוּ

12. וַיָּסֹבּוּ הַכֹּהֲנִים אֶת־אֲרוֹן׃ יהוה אֵת הָעִיר וְשִׁבְעָה אַחֵיהֶם הֹלְכִים לִפְנֵיהֶם
וְכֹל אַנְשֵׁי הַמִּלְחָמָה הַנּוֹתָרִים נֶאֱסָפִים אַחֲרֵיהֶם וַיִּדֹּמוּ כֻּלָּם דָּמוֹם וַיְהִי
כְּצַוּוֹת שַׂר הַצָּבָא אֵת הָעָם וַיִּקְרְאוּ בְּקוֹל גָּדוֹל וַתִּפֹּל הַחוֹמָה נָפוֹל
בִּמְקוֹמָהּ

39.4. OT Texts

1. וַיֹּאמֶר יְהוָה הֵן עַם אֶחָד וְשָׂפָה אַחַת לְכֻלָּם וְזֶה הַחִלָּם לַעֲשׂוֹת וְעַתָּה
לֹא־יִבָּצֵר[1] מֵהֶם כֹּל אֲשֶׁר יָזְמוּ[1a] לַעֲשׂוֹת׃ הָבָה נֵרְדָה וְנָבְלָה[1b] שָׁם
שְׂפָתָם . . . ׃ וַיָּפֶץ[1c] יְהוָה אֹתָם מִשָּׁם עַל־פְּנֵי כָל־הָאָרֶץ וַיַּחְדְּלוּ לִבְנֹת
הָעִיר׃ עַל־כֵּן קָרָא שְׁמָהּ בָּבֶל° כִּי־שָׁם בָּלַל יְהוָה שְׂפַת כָּל־הָאָרֶץ

Gen 11:6-9

---

[1] בָּצַר - to cut off; [1a] זָמַם - to scheme/purpose; [1b] בָּלַל - to confuse; [1c] פוּץ - 'to be scattered'.

2. טֶרֶם יִשְׁכָּבוּ וְאַנְשֵׁי הָעִיר אַנְשֵׁי סְדֹם° נָסַבּוּ עַל־הַבַּ֫יִת . . . ׃ וַיֵּצֵא
אֲלֵהֶם לוֹט° הַפֶּ֫תְחָה` וְהַדֶּ֫לֶת² סָגַר אַחֲרָיו׃ וַיֹּאמַר אַל־נָא אַחַי תָּרֵ֫עוּ׃ .
. . . וַיֹּאמְרוּ גֶּשׁ־הָ֫לְאָה²ᵃ וַיֹּאמְרוּ הָאֶחָד בָּא־לָגוּר וַיִּשְׁפֹּט שָׁפוֹט עַתָּה
נָרַע לְךָ מֵהֶם וַיִּפְצְרוּ²ᵇ בָאִישׁ בְּלוֹט מְאֹד וַיִּגְּשׁוּ לִשְׁבֹּר הַדָּֽלֶת׃

Gen 19:4,6-7,9

3. וַיֵּרַע הַדָּבָר מְאֹד בְּעֵינֵי אַבְרָהָם עַל אוֹדֹת³ בְּנוֹ׃ וַיֹּאמֶר אֱלֹהִים
אֶל־אַבְרָהָם אַל־יֵרַע בְּעֵינֶ֫יךָ עַל־הַנַּ֫עַר וְעַל־אֲמָתֶ֫ךָ` כֹּל אֲשֶׁר תֹּאמַר אֵלֶ֫יךָ
שָׂרָה שְׁמַע בְּקֹלָהּ כִּי בְיִצְחָק יִקָּרֵא לְךָ זָ֫רַע׃ וְגַם אֶת־בֶּן־הָאָמָה לְגוֹי
אֲשִׂימֶ֫נּוּ כִּי זַרְעֲךָ הוּא׃

Gen 21:11-13

4. וַיֹּאמְרוּ לֹא נוּכַל עַד אֲשֶׁר יֵאָסְפוּ כָּל־הָעֲדָרִים⁴ וְגָלֲלוּ⁴ᵃ אֶת־הָאֶ֫בֶן מֵעַל
פִּי הַבְּאֵר⁴ᵇ וְהִשְׁקִינוּ הַצֹּאן׃ עוֹדֶ֫נּוּ מְדַבֵּר עִמָּם וְרָחֵל° בָּאָה עִם־הַצֹּאן
אֲשֶׁר לְאָבִ֫יהָ כִּי רֹעָה הִוא׃ וַיְהִי כַּאֲשֶׁר רָאָה יַעֲקֹב אֶת־רָחֵל . . . וַיִּגַּשׁ
יַעֲקֹב וַיָּ֫גֶל אֶת־הָאֶ֫בֶן מֵעַל פִּי הַבְּאֵר וַיַּ֫שְׁקְ אֶת־צֹאן לָבָן אֲחִי אִמּֽוֹ׃

Gen 29:8-10

5. וַיָּ֫שָׁב מֹשֶׁה אֶל־יְהוָה וַיֹּאמַר אֲדֹנָי לָמָה הֲרֵעֹ֫תָה לָעָם הַזֶּה לָמָה זֶּה
שְׁלַחְתָּֽנִי׃ וּמֵאָז בָּ֫אתִי אֶל־פַּרְעֹה לְדַבֵּר בִּשְׁמֶ֫ךָ הֵרַע לָעָם הַזֶּה וְהַצֵּל
לֹא־הִצַּ֫לְתָּ אֶת־עַמֶּֽךָ׃

Ex 5:22-23

6. וַיְהִי בְּשַׁלַּח פַּרְעֹה אֶת־הָעָם וְלֹא־נָחָם⁵ אֱלֹהִים דֶּ֫רֶךְ אֶ֫רֶץ פְּלִשְׁתִּים כִּי
קָרוֹב הוּא כִּי אָמַר אֱלֹהִים פֶּן־יִנָּחֵם הָעָם בִּרְאֹתָם מִלְחָמָה וְשָׁ֫בוּ
מִצְרָֽיְמָה׃ וַיַּסֵּב אֱלֹהִים אֶת־הָעָם דֶּ֫רֶךְ הַמִּדְבָּר׃

Ex 13:17-18

----

² דֶּ֫לֶת - door;   ²ᵃ here/hither;   ²ᵇ פָּצַר - to press.

³ עַל אוֹדֹת - on account of.

⁴ עֵ֫דֶר - flock;   ⁴ᵃ גָּלַל - to roll (away);   ⁴ᵇ בְּאֵר - a well.

⁵ נָחָה - to lead.

7. וּמַכֵּה אָבִיו וְאִמּוֹ מוֹת יוּמָת׃   וְגֹנֵב[6] אִישׁ וּמְכָרוֹ וְנִמְצָא בְיָדוֹ מוֹת יוּמָת׃
וּמְקַלֵּל אָבִיו וְאִמּוֹ מוֹת יוּמָת׃ . . . . :   אֱלֹהִים לֹא תְקַלֵּל וְנָשִׂיא בְעַמְּךָ
לֹא תָאֹר׃ Ex 21:15-17, 22:27

8. וַיֹּאמַר הַרְאֵנִי נָא אֶת־כְּבֹדֶךָ׃   וַיֹּאמֶר אֲנִי אַעֲבִיר כָּל־טוּבִי עַל־פָּנֶיךָ
וְקָרָאתִי בְשֵׁם יְהוָה לְפָנֶיךָ וְחַנֹּתִי אֶת־אֲשֶׁר אָחֹן וְרִחַמְתִּי[7] אֶת־אֲשֶׁר
אֲרַחֵם׃   וַיֹּאמֶר לֹא תוּכַל לִרְאֹת אֶת־פָּנָי כִּי לֹא־יִרְאַנִי הָאָדָם וָחָי׃
Ex 33:18-20

9. וַנֵּפֶן וַנִּסַּע הַמִּדְבָּרָה דֶּרֶךְ יַם־סוּף[8] כַּאֲשֶׁר דִּבֶּר יְהוָה אֵלָי וַנָּסָב
אֶת־הַר־שֵׂעִיר° יָמִים רַבִּים׃   וַיֹּאמֶר יְהוָה אֵלַי לֵאמֹר׃   רַב־לָכֶם סֹב
אֶת־הָהָר הַזֶּה פְּנוּ לָכֶם צָפֹנָה׃ Deut 2:1-3

10. יִשָּׂא יְהוָה עָלֶיךָ גּוֹי . . . . :   גּוֹי עַז[9] פָּנִים אֲשֶׁר לֹא־יִשָּׂא פָנִים לְזָקֵן
וְנַעַר לֹא יָחֹן׃   וְאָכַל פְּרִי בְהֶמְתְּךָ• וּפְרִי־אַדְמָתְךָ עַד הִשָּׁמְדָךְ . . . . :
וְהֵצַר[9a] לְךָ בְּכָל־שְׁעָרֶיךָ עַד רֶדֶת חֹמֹתֶיךָ הַגְּבֹהוֹת[9b] וְהַבְּצֻרוֹת[9c] אֲשֶׁר
אַתָּה בֹּטֵחַ בָּהֵן בְּכָל־אַרְצֶךָ וְהֵצַר לְךָ בְּכָל־שְׁעָרֶיךָ בְּכָל־אַרְצְךָ אֲשֶׁר נָתַן
יְהוָה אֱלֹהֶיךָ לָךְ׃ Deut 28:49-52

11. וַיַּגִּידוּ לְשָׁאוּל לֵאמֹר הִנֵּה הָעָם חֹטְאִים לַיהוָה לֶאֱכֹל עַל־הַדָּם וַיֹּאמֶר
בְּגַדְתֶּם[10] גֹּלּוּ[10a]־אֵלַי הַיּוֹם אֶבֶן גְּדוֹלָה׃ . . . . :   וַיִּבֶן שָׁאוּל מִזְבֵּחַ לַיהוָה
אֹתוֹ הֵחֵל לִבְנוֹת מִזְבֵּחַ לַיהוָה׃   וַיֹּאמֶר שָׁאוּל נֵרְדָה אַחֲרֵי פְלִשְׁתִּים
לַיְלָה וְנָבֹזָּה[10b] בָהֶם עַד־אוֹר הַבֹּקֶר וְלֹא־נַשְׁאֵר בָּהֶם אִישׁ 1 Sam 14:33,35-

----

[6] גָּנַב - to steal
[7] רחם (*Piel*) - to show compassion.
[8] סוּף - reeds (*i.e. Red Sea*).
[9] strong; [9a] צָרַר - to confine/be restricted; [9b] גָּבֹהַּ - high; [9c] בָּצַר - to fortify.
[10] בָּגַד - to act unfaithfully; [10a] גָּלַל - to roll; [10b] בָּזַז - to plunder.

12. וַיֹּאמֶר שְׁמוּאֵל אֶל־יִשַׁי° הֲתַמּוּ הַנְּעָרִים וַיֹּאמֶר עוֹד שָׁאַר הַקָּטָן וְהִנֵּה רֹעֶה
בַּצֹּאן וַיֹּאמֶר שְׁמוּאֵל אֶל־יִשַׁי שִׁלְחָה וְקָחֶנּוּ כִּי לֹא־נָסֹב עַד־בֹּאוֹ פֹה׃
וַיִּשְׁלַח וַיְבִיאֵהוּ . . . וַיֹּאמֶר יְהוָה קוּם מְשָׁחֵהוּ כִּי זֶה הוּא׃ 1 Sam 16:11-12

Cf.: Gen 8:8, 10:8, 33:11, 41:54, 42:24, 43:6,29; Ex 5:1, 31:14; Deut 2:24-25, 3:24, 15:10, 20:6,14, 26:6, 31:24; Josh 3:7, 5:1, 7:9, 8:24, 10:18,26, 24:9,20; Jg 10:18, 20:39; 1 Sam 1:8, 8:6, 17:43, 18:8, 22:15,17; 2 Sam 3:12, 12:22, 14:24, 18:15, 20:6; 1 Kings 2:15, 5:17.

39.5. Ruth 3:11-18

11 וְעַתָּה בִּתִּי אַל־תִּירְאִי כֹּל אֲשֶׁר־תֹּאמְרִי אֶעֱשֶׂה־לָּךְ כִּי יוֹדֵעַ כָּל־שַׁעַר עַמִּי
כִּי אֵשֶׁת חַיִל אָתְּ׃

12 וְעַתָּה כִּי אָמְנָם[11] כִּי גֹאֵל אָנֹכִי וְגַם יֵשׁ גֹּאֵל קָרוֹב מִמֶּנִּי׃

13 לִינִי[12] הַלַּיְלָה וְהָיָה בַבֹּקֶר אִם־יִגְאָלֵךְ טוֹב יִגְאָל וְאִם־לֹא יַחְפֹּץ לְגָאֳלֵךְ
וּגְאַלְתִּיךְ אָנֹכִי חַי־יְהוָה שִׁכְבִי עַד־הַבֹּקֶר׃

14 וַתִּשְׁכַּב מַרְגְּלוֹתָיו[13] עַד־הַבֹּקֶר וַתָּקָם בְּטֶרֶם יַכִּיר[13a] אִישׁ אֶת־רֵעֵהוּ
וַיֹּאמֶר אַל־יִוָּדַע כִּי־בָאָה הָאִשָּׁה הַגֹּרֶן[13b]׃

15 וַיֹּאמֶר הָבִי הַמִּטְפַּחַת[14] אֲשֶׁר־עָלַיִךְ וְאֶחֳזִי־בָהּ וַתֹּאחֶז בָּהּ וַיָּמָד
שֵׁשׁ־שְׂעֹרִים[14a] וַיָּשֶׁת עָלֶיהָ וַיָּבֹא הָעִיר׃

16 וַתָּבוֹא אֶל־חֲמוֹתָהּ וַתֹּאמֶר מִי־אַתְּ בִּתִּי וַתַּגֶּד־לָהּ אֵת כָּל־אֲשֶׁר עָשָׂה־לָהּ
הָאִישׁ׃

17 וַתֹּאמֶר שֵׁשׁ־הַשְּׂעֹרִים[14a] הָאֵלֶּה נָתַן לִי כִּי אָמַר אֵלַי אַל־תָּבוֹאִי רֵיקָם[15]
אֶל־חֲמוֹתֵךְ׃

----

[11] truly/indeed.

[12] לִין - to lodge/stay.

[13] מַרְגְּלוֹת - (area at) the feet; [13a] נכר (*Hiph*) - to recognize; [13b] גֹּרֶן - threshing-floor.

[14] מִטְפַּחַת - cloak/shawl; [14a] שְׂעֹרִים - barley.

[15] empty.

18 וַתֹּ֫אמֶר שְׁבִי בִתִּי עַד אֲשֶׁר תֵּדְעִין אֵיךְ[16] יִפֹּל דָּבָר כִּי לֹא יִשְׁקֹט[16a] הָאִישׁ
כִּי־אִם[16b]־כִּלָּה הַדָּבָר הַיּוֹם׃

39.6. Psalm 34:12-17

12 לְכוּ־בָנִים שִׁמְעוּ־לִי יִרְאַת יְהוָה אֲלַמֶּדְכֶם׃

13 מִי־הָאִישׁ הֶחָפֵץ חַיִּים אֹהֵב יָמִים לִרְאוֹת טוֹב׃

14 נְצֹר[17] לְשׁוֹנְךָ מֵרָע וּשְׂפָתֶ֫יךָ מִדַּבֵּר מִרְמָה[17a]׃

15 סוּר מֵרָע וַעֲשֵׂה־טוֹב בַּקֵּשׁ שָׁלוֹם וְרָדְפֵהוּ׃

16 עֵינֵי יְהוָה אֶל־צַדִּיקִים וְאָזְנָיו אֶל־שַׁוְעָתָם[18]׃

17 פְּנֵי יְהוָה בְּעֹשֵׂי רָע לְהַכְרִית מֵאֶ֫רֶץ זִכְרָם׃

----

[16] how; [16a] שָׁקַט - to rest/be quiet; [16b] כִּי־אִם - except (*i.e.* unless, until).
[17] נָצַר - to guard; [17a] deception.
[18] שַׁוְעָה -cry for help.

Chapter 40

40.1. Parse and Translate

1. חִלַּלְנ֫וּהוּ	2. וַנִּתְבּוֹנֵן	3. סֹ֫בּוּ
4. מְקוֹמְמֶ֫יהָ	5. הוּשְׁבָה	6. רָעוֹתֶם
7. יְכוֹנְנֵ֫הוּ	8. שׁוֹבַבְתִּ֫נִי	9. וַיָּ֫חֶל
10. רוֹמְמוּ	11. הֲשִׁמּ֫וֹנוּ	12. יִקַּ֫לּוּ
13. וַיִּשְׁתַּ֫חוּ	14. מְשׁוֹרְרָיו	15. הָסֵ֫בִּי
16. תְּחִלֶּ֫ינָה	17. תְּכוֹנְנוּ	18. מְרֵעִים
19. מוֹתַ֫תְתִּי	20. נָסַ֫בּוּ	21. הִשְׁתַּחֲוֹתָם
22. מְקַלְלֶ֫ינוּ	23. הֲנִיחוֹתָם	24. וַיָּסֵ֫רוּ
25. סֵבֶּ֫נוּ	26. אֲרוֹמִמְךָ	27. כּוֹנְנָהּ
28. יָרֵ֫עוּ	29. נְשַׁמּוֹת	30. הֲקִלּ֫וֹתָ

40.2. Translate

1. יְרוֹמְמוּ כָּל־רֹדְפֵי צֶ֫דֶק וְלֹא יֵבֹ֫שׁוּ
2. הִנֵּה רַבִּים מִתְקוֹמְמִים עָלַי לְמוֹתְתֵ֫נִי
3. הִשְׁתַּחֲוֵה לִפְנֵי הַמֶּ֫לֶךְ וְכַבְּדֶ֫נּוּ וִירוֹמְמֶ֫ךָּ
4. הִנֵּה יָשֹׁ֫בוּ וְקוֹמְמוּ אֵת בֵּיתִי עַל־מְקוֹמוֹ
5. יְשׁוֹבֵב אֶת־נֶ֫פֶשׁ הַבֹּטֵחַ בּוֹ וְכוֹנְנָ֫הוּ בָּאָ֫רֶץ
6. וְהָיָה בְּקוֹמְמוֹ אֶת־עִירָם וְשָׁ֫רוּ שִׁירֵי שִׂמְחָה

7. וַיְכַלּוּ הָעֹבְדִים לְשׁוֹבֵב אֵת הַחוֹמָה וּלְכוֹנְנָהּ

8. אֵין אָדָם עֹשֵׂה טוֹב וּמִתְבּוֹנֵן תַּחַת־הַשָּׁמֶשׁ

9. הָסִירוּ אֵת הַחֲמוֹרִים מִקֶּרֶב הַהֵיכָל פֶּן־יְמוֹתְתוּ

10. וַיְהִי אַחֲרֵי הַכּוֹתֵנוּ הַגִּבּוֹרִים וַיָּסֹבּוּ וַיִּסְעוּ קֵדְמָה

11. לֹא נִמְצְאוּ מְרֵעִים וּמִתְרוֹמְמִים בְּכָל־גְּבוּל הַשֹּׁפֵט

12. תְּחֹנּוּ־נָא אֵת אֹיְבֵיכֶם וְשׁוֹבְבוּם וְאַל־תְּמוֹתְתוּם

40.3. Translate

1. נְסֹבְבָה־נָא אֵת הַחֲמוֹרִים אֶל־מָקוֹם אַחֵר לְמַעַן נִחְיֶה וְלֹא יְמוֹתְתוּ כִּי
הַגּוֹיִם מִתְקוֹמְמִים עָלֵינוּ וְיָשֹׁמּוּ אֵת אַרְצֵנוּ

2. הַלְבֵּשׁ אֵת הַיֶּלֶד הַזֶּה בְּגָדִים וְהַאֲכִילֵהוּ לֶחֶם לְחַיּוֹתוֹ וּלְשׁוֹבֵב אֶת־נַפְשׁוֹ
פֶּן־יָמוּת כִּי הִנֵּה מוֹתְתוּ אֶחָיו וְאֵין עוֹד רוּחַ בּוֹ

3. הִשְׁתַּחֲווּ לִפְנֵי הַשַּׂר אֲשֶׁר הִמְלִיכוּהוּ הָעָם לְמַעַן יְרוֹמְמֵנוּ אַל־תְּדַבְּרוּ
בְּאָזְנָיו דָּבָר פֶּן־יֶחֱרֶה לוֹ וֶהֱבִישָׁנוּ לִפְנֵי מְשָׁרְתָיו

4. הִנְנִי מְרוֹמֶמְךָ לְנָשִׂיא עַל־עַמִּי וְכוֹנַנְתִּיךָ עַל־כִּסְאֲךָ וְשׁוֹבַבְתָּ אֵת שְׁבָטַי כִּי
אַתָּה תָּחֵל לְהוֹשִׁיעָם וְקוֹמַמְתָּ אֶת־הֶעָרִים הַנְּשַׁמּוֹת

5. יֵשׁ עוֹד אַנְשֵׁי מִסְפָּר בְּקֶרֶב הָעִיר הַזֹּאת אֲשֶׁר לֹא יִתְקוֹמְמוּ לִי וְהָיָה בְּיוֹם
הִשָּׁפְטִי אִתָּהּ וְהוֹשַׁעְ אוֹשִׁיעֵם וְלֻקְחוּ מִצָּרָתָהּ פֶּן־יְמוֹתְתוּ בַּהֲשַׁמָּהּ

6. וַתָּבוֹא הָאִשָּׁה אֶל־הַהֵיכָל וַתְּשַׁלֵּם אֶת־נְדָרֶיהָ וַתִּשְׁתַּחוּ לִפְנֵי יהוה אֱלֹהֶיהָ
אֲשֶׁר הִטָּה אֵת אָזְנוֹ אֵלֶיהָ וַיִּשְׁמָעֶהָ בְּעֵת עֱנוּתָהּ וַיַּצִּילֶנָּה מִיַּד מְעַנֶּיהָ

7. וַיָּסָב הַצָּבָא אֵת הָעִיר וַיָּחֶל לְהִלָּחֵם בָּהּ וְלֹא יָכְלוּ לַהֲשַׁמָּהּ כִּי בָנוּ אַנְשֵׁי
הַמָּקוֹם חוֹמָה גְּדוֹלָה וּמְרוֹמָמָה וַיְכוֹנְנוּהָ וַיּוֹרוּ הַגִּבּוֹרִים מֵעָלֶיהָ וַיִּהְיוּ
מְמוֹתְתִים רַבִּים

8. וַיְכַל הַמֶּלֶךְ לִבְנוֹת וּלְכוֹנֵן אֶת־הַבַּיִת וַיְהִי בְרֶדֶת כְּבוֹד יהוה בַהֵיכָל בְּיוֹם
קַדְּשׁוֹ וְלֹא יָכְלוּ הַכֹּהֲנִים וְהַמְשׁוֹרְרִים לְהִתְיַצֵּב שָׁם לְשָׁרֵת וַיִּפְּלוּ עַל
אַפֵּיהֶם וַיִּשְׁתַּחֲוּוּ

9. יִכּוֹן לֵב הַצַּדִּיקִים הַמִּתְבּוֹנְנִים אֵת דַּרְכֵי אֵל כִּי הוּא יְכוֹנְנֵם עַד־עוֹלָם
וְחֹשֶׁךְ יְכַסֶּה אֵת עֵינֵי הָרְשָׁעִים הַסָּרִים מִמֶּנּוּ כִּי יְסוֹרְרֵם יהוה אֶל־דַּרְכָּם
וְרוּחוֹ תְנוֹסְסֵם

10. שׁוֹבְבֵנִי יהוה וַהֲבִיאֵנִי אֶל־גְּבוּל מַמְלַכְתְּךָ הוֹשִׁיבֵנִי בְמִשְׁכָּנֶךָ וְכוֹנְנֵנִי
אֱלֹהַי הַרְאֵנִי אֵת כְּבוֹד מִשְׁפָּטְךָ הוֹרֵנִי אֵת חָכְמַת תּוֹרָתְךָ אֵשְׁבָה בְאָהָלְךָ
כִּי טוֹב יוֹם בַּחֲצֵרֶיךָ מֵאֶלֶף בְּדוֹר הָרְשָׁעִים

11. וַיֵּרָא לוֹ יהוה לֵאמֹר שְׁבָה בָאָרֶץ הַזֹּאת וְאַל־תֵּצֵא מִמֶּנָּה וְאַל־תִּירָא
מִיֹּשְׁבֶיהָ כִּי לֹא אֶתֵּן לָהֶם לָגַעַת בְּךָ וּבָרֵךְ אֲבָרֶכְךָ וְרוֹמַמְתִּיךָ וְגַם
מְבָרְכֶיךָ יְבֹרְכוּ וּמְקַלְלֶיךָ אָאֹר וְנָקַלּוּ מְאֹד וַיִּשְׁתַּחוּ אַרְצָה לִפְנֵי יהוה

12. וַיֹּאמֶר לוֹ יהוה אַל־תִּתְפַּלֵּל בְּעַד הַחֹטְאִים הָאֵלֶּה אֲשֶׁר יִתְרוֹמְמוּ עָלַי וְלֹא
תִדְרֹשׁ אֵת שְׁלוֹמָם כִּי הֵרֵעוּ אֶת־מַעֲשֵׂיהֶם מִכָּל־יוֹשְׁבֵי הָאָרֶץ אֲשֶׁר
הֲסִירוֹתִים מִלְּפְנֵיהֶם וַיֵּרַע הַדָּבָר בְּעֵינֵי הַנָּבִיא וַיֵּבְךְּ בְּאַהֲבָתוֹ אֶת־עִירוֹ

40.4. OT Texts

1. וְהוּא עָבַר לִפְנֵיהֶם וַיִּשְׁתַּחוּ אַרְצָה שֶׁבַע פְּעָמִים[1] עַד־גִּשְׁתּוֹ עַד־אָחִיו׃
וַתִּגַּשְׁןָ הַשְּׁפָחוֹת[1a] הֵנָּה וְיַלְדֵיהֶן וַתִּשְׁתַּחֲוֶיןָ׃ . . . ׃ וַתִּגַּשׁ גַּם־לֵאָה°
וִילָדֶיהָ וַיִּשְׁתַּחֲווּ וְאַחַר נִגַּשׁ יוֹסֵף וְרָחֵל וַיִּשְׁתַּחֲווּ׃ Gen 33:3,6-7

----

[1] פַּעַם - a time; [1a] שִׁפְחָה - female slave/servant.

2. וַיַּרְא הָעָם כִּי־בֹשֵׁשׁ מֹשֶׁה לָרֶדֶת מִן־הָהָר וַיִּקָּהֵל[2] הָעָם עַל־אַהֲרֹן וַיֹּאמְרוּ
אֵלָיו קוּם עֲשֵׂה־לָנוּ אֱלֹהִים אֲשֶׁר יֵלְכוּ לְפָנֵינוּ . . . . :   וַיְדַבֵּר יְהוָה
אֶל־מֹשֶׁה לֶךְ־רֵד כִּי שִׁחֵת עַמְּךָ אֲשֶׁר הֶעֱלֵיתָ מֵאֶרֶץ מִצְרָיִם: סָרוּ מַהֵר
מִן־הַדֶּרֶךְ אֲשֶׁר צִוִּיתִם עָשׂוּ לָהֶם עֵגֶל[2a] מַסֵּכָה[2b] וַיִּשְׁתַּחֲווּ־לוֹ וַיִּזְבְּחוּ־לוֹ

Ex 32:1,7-8

3. וַחֲזַקְתֶּם מְאֹד לִשְׁמֹר וְלַעֲשׂוֹת אֵת כָּל־הַכָּתוּב בְּסֵפֶר תּוֹרַת מֹשֶׁה לְבִלְתִּי
סוּר־מִמֶּנּוּ יָמִין וּשְׂמֹאול[3]:   לְבִלְתִּי־בוֹא בַּגּוֹיִם הָאֵלֶּה הַנִּשְׁאָרִים הָאֵלֶּה
אִתְּכֶם וּבְשֵׁם אֱלֹהֵיהֶם לֹא־תַזְכִּירוּ וְלֹא תַשְׁבִּיעוּ וְלֹא תַעַבְדוּם וְלֹא
תִשְׁתַּחֲווּ לָהֶם:

Josh 23:6-7

4. וְזֶה־לְּךָ הָאוֹת אֲשֶׁר יָבֹא אֶל־שְׁנֵי בָנֶיךָ אֶל־חָפְנִי° וּפִינְחָס° בְּיוֹם אֶחָד
יָמוּתוּ שְׁנֵיהֶם: וַהֲקִימֹתִי לִי כֹּהֵן נֶאֱמָן כַּאֲשֶׁר בִּלְבָבִי וּבְנַפְשִׁי יַעֲשֶׂה
וּבָנִיתִי לוֹ בַּיִת נֶאֱמָן וְהִתְהַלֵּךְ לִפְנֵי־מְשִׁיחִי כָּל־הַיָּמִים: וְהָיָה
כָּל־הַנּוֹתָר בְּבֵיתְךָ יָבוֹא לְהִשְׁתַּחֲוֹת לוֹ

1 Sam 2:34-36

5. וַיֹּאמְרוּ עֲלוּ אֵלֵינוּ וְנוֹדִיעָה אֶתְכֶם דָּבָר   וַיֹּאמֶר יוֹנָתָן אֶל־נֹשֵׂא כֵלָיו עֲלֵה
אַחֲרַי כִּי־נְתָנָם יְהוָה בְּיַד יִשְׂרָאֵל: וַיַּעַל יוֹנָתָן עַל־יָדָיו וְעַל־רַגְלָיו
וְנֹשֵׂא כֵלָיו אַחֲרָיו וַיִּפְּלוּ לִפְנֵי יוֹנָתָן וְנֹשֵׂא כֵלָיו מְמוֹתֵת אַחֲרָיו: וַתְּהִי
הַמַּכָּה[4] הָרִאשֹׁנָה אֲשֶׁר הִכָּה יוֹנָתָן וְנֹשֵׂא כֵלָיו כְּעֶשְׂרִים אִישׁ

1 Sam 14:12-
14

6. וְעַתָּה שָׂא נָא אֶת־חַטָּאתִי וְשׁוּב עִמִּי וְאֶשְׁתַּחֲוֶה לַיהוָה: . . . . :   וַיֹּאמֶר
חָטָאתִי עַתָּה כַּבְּדֵנִי נָא נֶגֶד זִקְנֵי־עַמִּי וְנֶגֶד יִשְׂרָאֵל וְשׁוּב עִמִּי וְהִשְׁתַּחֲוֵיתִי
לַיהוָה אֱלֹהֶיךָ:   וַיָּשָׁב שְׁמוּאֵל אַחֲרֵי שָׁאוּל וַיִּשְׁתַּחוּ שָׁאוּל לַיהוָה:

1 Sam 15:25,30-31

----

[2] קָהַל - to assemble;   [2a] calf;   [2b] cast image.
[3] שְׂמֹאל - left.
[4] מַכָּה - slaughter.

7. וָאֶעֱמֹד עָלָיו וַאֲמֹתְתֵהוּ כִּי יָדַעְתִּי כִּי לֹא יִחְיֶה אַחֲרֵי נִפְלוֹ וָאֶקַּח הַנֵּזֶר[5]
אֲשֶׁר עַל־רֹאשׁוֹ וְאֶצְעָדָה[5a] אֲשֶׁר עַל־זְרֹעוֹ[5b] וָאֲבִיאֵם אֶל־אֲדֹנִי הֵנָּה[5c]:
. . . : וַיֹּאמֶר אֵלָיו דָּוִד דָּמְךָ עַל־רֹאשֶׁךָ כִּי פִיךָ עָנָה בְךָ לֵאמֹר אָנֹכִי
מֹתַתִּי אֶת־מְשִׁיחַ יְהוָה: 2 Sam 1:10,16

8. כִּי יִמְלְאוּ יָמֶיךָ וְשָׁכַבְתָּ אֶת־אֲבֹתֶיךָ וַהֲקִימֹתִי אֶת־זַרְעֲךָ אַחֲרֶיךָ אֲשֶׁר יֵצֵא
מִמֵּעֶיךָ[6] וַהֲכִינֹתִי אֶת־מַמְלַכְתּוֹ: הוּא יִבְנֶה־בַּיִת לִשְׁמִי וְכֹנַנְתִּי אֶת־כִּסֵּא
מַמְלַכְתּוֹ עַד־עוֹלָם: אֲנִי אֶהְיֶה־לּוֹ לְאָב וְהוּא יִהְיֶה־לִּי לְבֵן . . . :
וְחַסְדִּי לֹא־יָסוּר מִמֶּנּוּ כַּאֲשֶׁר הֲסִרֹתִי מֵעִם שָׁאוּל אֲשֶׁר הֲסִרֹתִי מִלְּפָנֶיךָ:
2 Sam 7:12-15

9. וָאָקֻם בַּבֹּקֶר לְהֵינִיק[7] אֶת־בְּנִי וְהִנֵּה־מֵת וָאֶתְבּוֹנֵן אֵלָיו בַּבֹּקֶר וְהִנֵּה
לֹא־הָיָה בְנִי אֲשֶׁר יָלָדְתִּי: וַתֹּאמֶר הָאִשָּׁה הָאַחֶרֶת לֹא כִי בְּנִי הַחַי וּבְנֵךְ
הַמֵּת וְזֹאת אֹמֶרֶת לֹא כִי בְּנֵךְ הַמֵּת וּבְנִי הֶחָי וַתְּדַבֵּרְנָה לִפְנֵי הַמֶּלֶךְ:
1 Kings 3:21-22

10. יְהוָה אֱלֹהַי אַתָּה אֲרוֹמִמְךָ אוֹדֶה שִׁמְךָ כִּי עָשִׂיתָ פֶּלֶא[8] עֵצוֹת מֵרָחוֹק
אֱמוּנָה[8a] אֹמֶן[8a]: Isa 25:1

11. כֹּה־אָמַר יְהוָה גֹּאֲלֶךָ וְיֹצֶרְךָ[9] מִבָּטֶן[9a] אָנֹכִי יְהוָה עֹשֶׂה כֹּל נֹטֶה שָׁמַיִם
לְבַדִּי רֹקַע[9b] הָאָרֶץ מִי אִתִּי: מֵפֵר אֹתוֹת בַּדִּים[9c] . . . : מֵקִים דְּבַר
עַבְדּוֹ וַעֲצַת מַלְאָכָיו יַשְׁלִים הָאֹמֵר לִירוּשָׁלַםִ תּוּשָׁב וּלְעָרֵי יְהוּדָה תִּבָּנֶינָה
וְחָרְבוֹתֶיהָ[9d] אֲקוֹמֵם: Isa 44:24-26

12. בְּשׁוֹבְבִי אוֹתָם מִן־הָעַמִּים וְקִבַּצְתִּי אֹתָם מֵאַרְצוֹת אֹיְבֵיהֶם וְנִקְדַּשְׁתִּי בָם
לְעֵינֵי הַגּוֹיִם רַבִּים: וְיָדְעוּ כִּי אֲנִי יְהוָה אֱלֹהֵיהֶם בְּהַגְלוֹתִי אֹתָם

----

[5] נֵזֶר - crown; [5a] אֶצְעָדָה - arm-band; [5b] זְרוֹעַ - arm; [5c] here.

[6] מֵעִים - inward parts/intestines.

[7] יָנַק - to nurse/suck.

[8] what is wonderful/miraculous; [8a] faithfulness.

[9] יָצַר - to form/shape; [9a] בֶּטֶן - womb; [9b] רָקַע - to beat/spread out; [9c] בַּד - soothsayer/false prophet; [9d] חָרְבָּה - ruin/desolation.

אֶל־הַגּוֹיִם וְכִנַּסְתִּים[10] עַל־אַדְמָתָם וְלֹא־אוֹתִיר עוֹד מֵהֶם שָׁם׃
וְלֹא־אַסְתִּיר עוֹד פָּנַי מֵהֶם אֲשֶׁר שָׁפַכְתִּי אֶת־רוּחִי עַל־בֵּית יִשְׂרָאֵל נְאֻם
אֲדֹנָי יְהוִה׃ Ezek 39:27-29

Cf.: Gen 18:2, 19:1, 24:52, 27:29, 43:16-17,25-26; Ex 4:31, 11:8, 12:26-28, 24:1, 34:8; Deut 17:2-7, 26:10, 29:25-26; Josh 23:15-16; Jg 2:12,17, 7:15, 9:54; 1 Sam 1:3, 17:51, 25:23; 2 Sam 7:24, 14:22,33, 18:21, 19:34; 1 Kings 1:23,47,53, 9:6-7,9, 11:33; 2 Kings 17:35; Isa 1:2, 43:18, 49:5-7; Jer 2:10, 50:19; Ps 8:4, 9:8, 18:49, 23:3, 24:2, 30:2, 34:4, 37:34, 48:9, 59:2, 90:17, 99:5,9, 107:32,43, 119:73,90, 145:1; Lam 3:11; Dan 11:36; Ezra 9:9; Neh 9:5; 2 Chr 7:3.

40.5. Ruth 4:1-10

1 וּבֹעַז עָלָה הַשַּׁעַר וַיֵּשֶׁב שָׁם וְהִנֵּה הַגֹּאֵל עֹבֵר אֲשֶׁר דִּבֶּר־בֹּעַז וַיֹּאמֶר סוּרָה
שְׁבָה־פֹּה פְּלֹנִי[11] אַלְמֹנִי וַיָּסַר וַיֵּשֵׁב׃

2 וַיִּקַּח עֲשָׂרָה אֲנָשִׁים מִזִּקְנֵי הָעִיר וַיֹּאמֶר שְׁבוּ־פֹה וַיֵּשֵׁבוּ׃

3 וַיֹּאמֶר לַגֹּאֵל חֶלְקַת[12] הַשָּׂדֶה אֲשֶׁר לְאָחִינוּ לֶאֱלִימֶלֶךְ מָכְרָה נָעֳמִי הַשָּׁבָה
מִשְּׂדֵה מוֹאָב׃

4 וַאֲנִי אָמַרְתִּי אֶגְלֶה אָזְנְךָ לֵאמֹר קְנֵה נֶגֶד הַיֹּשְׁבִים וְנֶגֶד זִקְנֵי עַמִּי
אִם־תִּגְאַל גְּאָל וְאִם־לֹא יִגְאַל הַגִּידָה לִּי וְאֵדַע כִּי אֵין זוּלָתְךָ[13] לִגְאוֹל
וְאָנֹכִי אַחֲרֶיךָ וַיֹּאמֶר אָנֹכִי אֶגְאָל׃

5 וַיֹּאמֶר בֹּעַז בְּיוֹם־קְנוֹתְךָ הַשָּׂדֶה מִיַּד נָעֳמִי וּמֵאֵת רוּת הַמּוֹאֲבִיָּה
אֵשֶׁת־הַמֵּת קָנִיתָ לְהָקִים שֵׁם־הַמֵּת עַל־נַחֲלָתוֹ׃

6 וַיֹּאמֶר הַגֹּאֵל לֹא אוּכַל לִגְאוֹל־לִי פֶּן־אַשְׁחִית אֶת־נַחֲלָתִי גְּאַל־לְךָ אַתָּה
אֶת־גְּאֻלָּתִי[14] כִּי לֹא־אוּכַל לִגְאֹל׃

----

[10] כָּנַס - to gather.

[11] פְּלֹנִי אַלְמֹנִי - mister, so and so, you there.

[12] חֶלְקָה - portion/section.

[13] זוּלָה - apart from.

[14] גְּאֻלָּה - right of redemption.

7 וְזֹאת לְפָנִים[15] בְּיִשְׂרָאֵל עַל־הַגְּאוּלָּה[14] וְעַל־הַתְּמוּרָה[15a] לְקַיֵּם כָּל־דָּבָר
שָׁלַף[15b] אִישׁ נַעֲלוֹ[15c] וְנָתַן לְרֵעֵהוּ וְזֹאת הַתְּעוּדָה[15d] בְּיִשְׂרָאֵל׃
8 וַיֹּאמֶר הַגֹּאֵל לְבֹעַז קְנֵה־לָךְ וַיִּשְׁלֹף[15b] נַעֲלוֹ[15c]׃
9 וַיֹּאמֶר בֹּעַז לַזְּקֵנִים וְכָל־הָעָם עֵדִים[16] אַתֶּם הַיּוֹם כִּי קָנִיתִי אֶת־כָּל־אֲשֶׁר
לֶאֱלִימֶלֶךְ וְאֵת כָּל־אֲשֶׁר לְכִלְיוֹן וּמַחְלוֹן מִיַּד נָעֳמִי׃
10 וְגַם אֶת־רוּת הַמֹּאֲבִיָּה אֵשֶׁת מַחְלוֹן קָנִיתִי לִי לְאִשָּׁה לְהָקִים שֵׁם־הַמֵּת
עַל־נַחֲלָתוֹ וְלֹא־יִכָּרֵת שֵׁם־הַמֵּת מֵעִם אֶחָיו וּמִשַּׁעַר מְקוֹמוֹ עֵדִים[16] אַתֶּם
הַיּוֹם׃

40.6. Psalm 34:18-23

18 צָעֲקוּ וַיהוָה שָׁמֵעַ וּמִכָּל־צָרוֹתָם הִצִּילָם׃

19 קָרוֹב יְהוָה לְנִשְׁבְּרֵי־לֵב וְאֶת־דַּכְּאֵי[17]־רוּחַ יוֹשִׁיעַ׃

20 רַבּוֹת רָעוֹת צַדִּיק וּמִכֻּלָּם יַצִּילֶנּוּ יְהוָה׃

21 שֹׁמֵר כָּל־עַצְמוֹתָיו[18] אַחַת מֵהֵנָּה לֹא נִשְׁבָּרָה׃

22 תְּמוֹתֵת רָשָׁע רָעָה וְשֹׂנְאֵי צַדִּיק יֶאְשָׁמוּ[19]׃

23 פּוֹדֶה[20] יְהוָה נֶפֶשׁ עֲבָדָיו וְלֹא יֶאְשְׁמוּ[19] כָּל־הַחֹסִים[20a] בּוֹ׃

----

[15] formerly; [15a] תְּמוּרָה - exchange; [15b] שָׁלַף - to draw off; [15c] נַעַל - sandal; [15d] תְּעוּדָה - (legal) attestation.

[16] עֵד - witness.

[17] דַּכָּא - crushed.

[18] עֶצֶם - bone.

[19] אָשַׁם - to be guilty, punished.

[20] פָּדָה - to redeem; [20a] חָסָה - to take refuge.

Chapter 41

41.1. Parse and Translate

1. בְּכוֹתוֹ	2. יְסִירֶנִּי	3. הִלָּחֲמוּ
4. וַתַּאַסְפוּ	5. הִקְטִירוּ	6. וַיִּנָּבְאוּ
7. אֲקוֹמְמָה	8. קְנוּיִים	9. וַתּוֹרֶךָּ
10. תִּגְדְּלוּ	11. נִקְרֵאנוּ	12. מַהֲרוּ
13. וַיַּגִּישׁוּ	14. אֲסוּרֵיהֶם	15. תּוּבָא
16. הַכּוֹתָם	17. יֵשְׁתְּ	18. תַּעֲמֵדְנָה
19. הַשְׁקוּ	20. יֵעָשׂוּ	21. מַרְבָּיו
22. דַּבְּרוּם	23. הִשָּׁמְדֵנוּ	24. הִבַּטְנוּ
25. וַתְּשַׁלֵּמְנָה	26. הִתְפַּלֶּלְךָ	27. מִלְּטַנִי
28. הַטּוּ	29. וַתֵּרָא	30. תַּחֲזִיקוּ
31. רִשְׁתֵּנוּ	32. הֱלַלְתָּ	33. וָאֶתְחַנֵּן
34. יִבָּן	35. מָשְׁלָה	36. לָבַשְׁנוּ
37. וַתַּסְתִּירִי	38. תִּפְנֶינָה	39. אֵאָמְנָה
40. וַיְסֵפְּרוּ	41. שָׂנְאוּ	42. הוֹסִיפִי
43. אִבְּדָם	44. וַתִּקְרֵב	45. הִטַּמֵּאתֶם
46. פִּתְּחָה	47. נִרְעֶנּוּ	48. נֶחְשַׁבְתִּי
49. הִשָּׁאֲרָן	50. מְכֵסּוֹת	51. עֲנֶינָה
52. אָגוּרָה	53. וַתַּשְׁבַּע	54. הִתְקַדַּשְׁתִּי

55. לְמָדָה
56. הַשְׁחִיתוּ
57. אֹהֲבֵם
58. בֹּשְׁנוּ
59. הִנָּחֲמָה
60. וַיִּחַר
61. הוּמְתוּ
62. הַעֲבִירְךָ
63. נוֹשַׁעְתָּ
64. הֲנִיחוּהוּ
65. יֻגַּד
66. הִוָּתֶרְכֶם
67. תְּעֻנֶּה
68. יָרֵם
69. חִיּוּהוּ
70. כֻּפְּרָה
71. תֻּצַּל
72. רַצְּתִי
73. וַיִּפָּלֵא
74. צֻוֵּינוּ
75. תְּבַעֲרוּ
76. יָגְלֶה
77. נִהְיוּ
78. הֲכִינוֹנוּ
79. גְּעוּ
80. שֵׁרְתוּ
81. הוֹדוֹתָם
82. בֹּרַכְתְּ
83. וַיְכַלּוּ
84. הָבֵן
85. שׁוֹבַבְנוּם
86. נוֹסִי
87. מֻשְׁלָךְ
88. בְקַשְׁתָּהוּ
89. הֵיטִיבָה
90. תַּעֲלוּהָ

41.2. Ruth 4:11-22

11 וַיֹּאמְרוּ כָּל־הָעָם אֲשֶׁר־בַּשַּׁעַר וְהַזְּקֵנִים עֵדִים[1] יִתֵּן יְהוָה אֶת־הָאִשָּׁה
הַבָּאָה אֶל־בֵּיתֶךָ כְּרָחֵל° וּכְלֵאָה° אֲשֶׁר בָּנוּ שְׁתֵּיהֶם אֶת־בֵּית יִשְׂרָאֵל
וַעֲשֵׂה־חַיִל בְּאֶפְרָתָה° וּקְרָא־שֵׁם בְּבֵית־לָחֶם°:
12 וִיהִי בֵיתְךָ כְּבֵית פֶּרֶץ° אֲשֶׁר־יָלְדָה תָמָר° לִיהוּדָה מִן־הַזֶּרַע אֲשֶׁר יִתֵּן
יְהוָה לְךָ מִן־הַנַּעֲרָה הַזֹּאת:
13 וַיִּקַּח בֹּעַז אֶת־רוּת וַתְּהִי־לוֹ לְאִשָּׁה וַיָּבֹא אֵלֶיהָ וַיִּתֵּן יְהוָה לָהּ הֵרָיוֹן[2]
וַתֵּלֶד בֵּן:

---

[1] עֵד - witness.
[2] conception (הָרָה).

14 וַתֹּאמַ֫רְנָה הַנָּשִׁים אֶל־נָעֳמִי בָּרוּךְ יְהוָה אֲשֶׁר לֹא הִשְׁבִּית לָךְ גֹּאֵל הַיּוֹם
וְיִקָּרֵא שְׁמוֹ בְּיִשְׂרָאֵל׃

15 וְהָיָה לָךְ לְמֵשִׁיב נֶ֫פֶשׁ וּלְכַלְכֵּל[3] אֶת־שֵׂיבָתֵךְ[3a] כִּי כַלָּתֵךְ[3b] אֲשֶׁר־אֲהֵבַ֫תֶךְ
יְלָדַ֫תּוּ אֲשֶׁר־הִיא טוֹבָה לָךְ מִשִּׁבְעָה בָּנִים׃

16 וַתִּקַּח נָעֳמִי אֶת־הַיֶּ֫לֶד וַתְּשִׁתֵ֫הוּ בְחֵיקָהּ[4] וַתְּהִי־לוֹ לְאֹמֶנֶת[4a]׃

17 וַתִּקְרֶ֫אנָה לוֹ הַשְּׁכֵנוֹת[5] שֵׁם לֵאמֹר יֻלַּד־בֵּן לְנָעֳמִי וַתִּקְרֶ֫אנָה שְׁמוֹ עוֹבֵד°
הוּא אֲבִי־יִשַׁי° אֲבִי דָוִד׃

18 וְאֵ֫לֶּה תּוֹלְדוֹת[6] פָּ֫רֶץ° פֶּ֫רֶץ הוֹלִיד אֶת־חֶצְרוֹן°׃

19 וְחֶצְרוֹן הוֹלִיד אֶת־רָם° וְרָם הוֹלִיד אֶת־עַמִּינָדָב°׃

20 וְעַמִּינָדָב הוֹלִיד אֶת־נַחְשׁוֹן וְנַחְשׁוֹן הוֹלִיד אֶת־שַׂלְמָה׃

21 וְשַׂלְמוֹן הוֹלִיד אֶת־בֹּ֫עַז וּבֹ֫עַז הוֹלִיד אֶת־עוֹבֵד׃

22 וְעֹבֵד הוֹלִיד אֶת־יִשָׁי וְיִשַׁי הוֹלִיד אֶת־דָּוִד׃

41.3. Genesis 37:12-36[7]

12 וַיֵּלְכוּ אֶחָיו לִרְעוֹת אֶת־צֹאן אֲבִיהֶם בִּשְׁכֶם°׃

13 וַיֹּ֫אמֶר יִשְׂרָאֵל אֶל־יוֹסֵף הֲלוֹא אַחֶ֫יךָ רֹעִים בִּשְׁכֶם° לְכָה וְאֶשְׁלָחֲךָ אֲלֵיהֶם
וַיֹּ֫אמֶר לוֹ הִנֵּנִי׃

----

[3] כול (Pilpel) - to support, sustain; [3a] שֵׂיבָה - grey hair, old age; [3b] כַּלָּה - daughter-in-law.

[4] חֵיק - bosom, lap; [4a] אֹמֶנֶת - nurse, caretaker.

[5] שָׁכֵן - neighbour(ing).

[6] תּוֹלֵדוֹת - family history, descendants.

[7] For Gen 37:1-11, see *IBH*, §40.6.c. Extensive readings from the Joseph story are also provided in Thomas O. Lambdin, *Introduction to Biblical Hebrew* (New York: Charles Scribner's Sons, 1971), pp. 142-204.

14 וַיֹּאמֶר לוֹ לֶךְ־נָא רְאֵה אֶת־שְׁלוֹם אַחֶיךָ וְאֶת־שְׁלוֹם הַצֹּאן וַהֲשִׁבֵנִי דָּבָר וַיִּשְׁלָחֵהוּ מֵעֵמֶק[8] חֶבְרוֹן° וַיָּבֹא שְׁכֶמָה°:

15 וַיִּמְצָאֵהוּ אִישׁ וְהִנֵּה תֹעֶה[9] בַּשָּׂדֶה וַיִּשְׁאָלֵהוּ הָאִישׁ לֵאמֹר מַה־תְּבַקֵּשׁ:

16 וַיֹּאמֶר אֶת־אַחַי אָנֹכִי מְבַקֵּשׁ הַגִּידָה־נָּא לִי אֵיפֹה הֵם רֹעִים:

17 וַיֹּאמֶר הָאִישׁ נָסְעוּ מִזֶּה כִּי שָׁמַעְתִּי אֹמְרִים נֵלְכָה דֹּתָיְנָה° וַיֵּלֶךְ יוֹסֵף אַחַר אֶחָיו וַיִּמְצָאֵם בְּדֹתָן°:

18 וַיִּרְאוּ אֹתוֹ מֵרָחֹק וּבְטֶרֶם יִקְרַב אֲלֵיהֶם וַיִּתְנַכְּלוּ[10] אֹתוֹ לַהֲמִיתוֹ:

19 וַיֹּאמְרוּ אִישׁ אֶל־אָחִיו הִנֵּה בַּעַל[11] הַחֲלֹמוֹת[11a] הַלָּזֶה[11b] בָּא:

20 וְעַתָּה לְכוּ וְנַהַרְגֵהוּ וְנַשְׁלִכֵהוּ בְּאַחַד הַבֹּרוֹת[12] וְאָמַרְנוּ חַיָּה רָעָה אֲכָלָתְהוּ וְנִרְאֶה מַה־יִּהְיוּ חֲלֹמֹתָיו[11a]:

21 וַיִּשְׁמַע רְאוּבֵן וַיַּצִּלֵהוּ מִיָּדָם וַיֹּאמֶר לֹא נַכֶּנּוּ נָפֶשׁ:

22 וַיֹּאמֶר אֲלֵהֶם רְאוּבֵן אַל־תִּשְׁפְּכוּ־דָם הַשְׁלִיכוּ אֹתוֹ אֶל־הַבּוֹר[12] הַזֶּה אֲשֶׁר בַּמִּדְבָּר וְיָד אַל־תִּשְׁלְחוּ־בוֹ לְמַעַן הַצִּיל אֹתוֹ מִיָּדָם לַהֲשִׁיבוֹ אֶל־אָבִיו:

23 וַיְהִי כַּאֲשֶׁר־בָּא יוֹסֵף אֶל־אֶחָיו וַיַּפְשִׁיטוּ[13] אֶת־יוֹסֵף אֶת־כֻּתָּנְתּוֹ[13a] אֶת־כְּתֹנֶת הַפַּסִּים[13b] אֲשֶׁר עָלָיו:

24 וַיִּקָּחֻהוּ וַיַּשְׁלִכוּ אֹתוֹ הַבֹּרָה[12] וְהַבּוֹר רֵק[14] אֵין בּוֹ מָיִם:

25 וַיֵּשְׁבוּ לֶאֱכָל־לֶחֶם וַיִּשְׂאוּ עֵינֵיהֶם וַיִּרְאוּ וְהִנֵּה אֹרְחַת[15] יִשְׁמְעֵאלִים בָּאָה מִגִּלְעָד° וּגְמַלֵּיהֶם נֹשְׂאִים נְכֹאת[15a] וּצְרִי וָלֹט הוֹלְכִים לְהוֹרִיד מִצְרָיְמָה:

----

[8] עֵמֶק - valley.

[9] תָּעָה - to wander, stray.

[10] נכל (*Hith*) - to plot against.

[11] master, owner;   [11a] חֲלוֹם - dream;   [11b] this.

[12] בּוֹר - cistern, pit.

[13] פשט (*Hiph*) - to strip off;   [13a] כֻּתֹּנֶת - tunic, robe;   [13b] פַּס - long/ multicoloured (fabric)?

[14] רֵיק - empty.

[15] אֹרְחָה - caravan, group of travellers;   [15a] נְכֹאת וּצְרִי וָלֹט - ladanum, mastic, and aromatic resin.

228

26 וַיֹּאמֶר יְהוּדָה אֶל־אֶחָיו מַה־בֶּצַע[16] כִּי נַהֲרֹג אֶת־אָחִינוּ וְכִסִּינוּ אֶת־דָּמוֹ׃

27 לְכוּ וְנִמְכְּרֶנּוּ לַיִּשְׁמְעֵאלִים° וְיָדֵנוּ אַל־תְּהִי־בוֹ כִּי־אָחִינוּ בְשָׂרֵנוּ הוּא
וַיִּשְׁמְעוּ אֶחָיו׃

28 וַיַּעַבְרוּ אֲנָשִׁים מִדְיָנִים° סֹחֲרִים[17] וַיִּמְשְׁכוּ[17a] וַיַּעֲלוּ אֶת־יוֹסֵף מִן־הַבּוֹר
וַיִּמְכְּרוּ אֶת־יוֹסֵף לַיִּשְׁמְעֵאלִים° בְּעֶשְׂרִים כָּסֶף וַיָּבִיאוּ אֶת־יוֹסֵף
מִצְרָיְמָה׃

29 וַיָּשָׁב רְאוּבֵן אֶל־הַבּוֹר[12] וְהִנֵּה אֵין־יוֹסֵף בַּבּוֹר וַיִּקְרַע[18] אֶת־בְּגָדָיו׃

30 וַיָּשָׁב אֶל־אֶחָיו וַיֹּאמַר הַיֶּלֶד אֵינֶנּוּ וַאֲנִי אָנָה[19] אֲנִי־בָא׃

31 וַיִּקְחוּ אֶת־כְּתֹנֶת[13a] יוֹסֵף וַיִּשְׁחֲטוּ[20] שְׂעִיר[20a] עִזִּים[20b] וַיִּטְבְּלוּ[20c]
אֶת־הַכֻּתֹּנֶת בַּדָּם׃

32 וַיְשַׁלְּחוּ אֶת־כְּתֹנֶת הַפַּסִּים[13b] וַיָּבִיאוּ אֶל־אֲבִיהֶם וַיֹּאמְרוּ זֹאת מָצָאנוּ
הַכֶּר[21]־נָא הַכְּתֹנֶת בִּנְךָ הִוא אִם־לֹא׃

33 וַיַּכִּירָהּ[21] וַיֹּאמֶר כְּתֹנֶת בְּנִי חַיָּה רָעָה אֲכָלָתְהוּ טָרֹף[22] טֹרַף יוֹסֵף׃

34 וַיִּקְרַע[18] יַעֲקֹב שִׂמְלֹתָיו[23] וַיָּשֶׂם שַׂק[23a] בְּמָתְנָיו[23b] וַיִּתְאַבֵּל[23c] עַל־בְּנוֹ
יָמִים רַבִּים׃

35 וַיָּקֻמוּ כָל־בָּנָיו וְכָל־בְּנֹתָיו לְנַחֲמוֹ וַיְמָאֵן לְהִתְנַחֵם וַיֹּאמֶר כִּי־אֵרֵד אֶל־בְּנִי
אָבֵל[24] שְׁאֹלָה[24a] וַיֵּבְךְּ אֹתוֹ אָבִיו׃

----

[16] בֶּצַע - profit, gain.

[17] סֹחֵר - merchant, trader; [17a] מָשַׁךְ - to draw (out).

[18] קָרַע - to tear.

[19] ‘where?’.

[20] שָׁחַט - to slaughter; [20a] שָׂעִיר - male goat; [20b] עֵז - goat; [20c] טָבַל - to dip.

[21] נכר (*Hiph*) - to recognize, distinguish.

[22] טָרַף - to tear (apart).

[23] שִׂמְלָה - garment; [23a] sackcloth; [23b] מָתְנַיִם - (area around) waist; [23c] אָבַל - to mourn.

[24] mourning; [24a] שְׁאֹל - the grave, underworld, Sheol.

36 וְהַמְּדָנִים° מָכְרוּ אֹתוֹ אֶל־מִצְרָיִם לְפוֹטִיפַר° סְרִיס[25] פַּרְעֹה שַׂר
הַטַּבָּחִים[25a]׃

41.4. Psalm 8:1-10

1 לַמְנַצֵּחַ[26] עַל־הַגִּתִּית[26a] מִזְמוֹר[26b] לְדָוִד׃

2 יְהוָה אֲדֹנֵינוּ מָה־אַדִּיר[27] שִׁמְךָ בְּכָל־הָאָרֶץ אֲשֶׁר תְּנָה[27a] הוֹדְךָ[27b]
עַל־הַשָּׁמָיִם׃

3 מִפִּי עוֹלְלִים[28] וְיֹנְקִים[28a] יִסַּדְתָּ[28b] עֹז[28c] לְמַעַן צוֹרְרֶיךָ[28d] לְהַשְׁבִּית
אוֹיֵב וּמִתְנַקֵּם[28e]׃

4 כִּי־אֶרְאֶה שָׁמֶיךָ מַעֲשֵׂי אֶצְבְּעֹתֶיךָ[29] יָרֵחַ וְכוֹכָבִים אֲשֶׁר כּוֹנָנְתָּה׃

5 מָה־אֱנוֹשׁ[30] כִּי־תִזְכְּרֶנּוּ וּבֶן־אָדָם כִּי תִפְקְדֶנּוּ׃

6 וַתְּחַסְּרֵהוּ[31] מְּעַט[31a] מֵאֱלֹהִים וְכָבוֹד וְהָדָר[31b] תְּעַטְּרֵהוּ[31c]׃

7 תַּמְשִׁילֵהוּ בְּמַעֲשֵׂי יָדֶיךָ כֹּל שַׁתָּה תַחַת־רַגְלָיו׃

8 צֹנֶה[32] וַאֲלָפִים[32a] כֻּלָּם וְגַם בַּהֲמוֹת• שָׂדָי[32b]׃

9 צִפּוֹר[33] שָׁמַיִם וּדְגֵי[33a] הַיָּם עֹבֵר אָרְחוֹת[33b] יַמִּים׃

10 יְהוָה אֲדֹנֵינוּ מָה־אַדִּיר[27] שִׁמְךָ בְּכָל־הָאָרֶץ׃

----

[25] סָרִיס - attendant, eunuch; [25a] טַבָּח - guard.

[26] נצח (*Piel*) - to lead, oversee; [26a] גִּתִּי - Gittite (?); [26b] song.

[27] אַדִּיר - majestic; [27a] read as נָתַתָּה (?); [27b] הוֹד - splendour, majesty.

[28] עוֹלֵל - child; [28a] יָנַק - to suck, nurse; [28b] יָסַד - to found, establish; [28c] strength; [28d] צָרַר - to oppose, attack; [28e] נָקַם - to avenge.

[29] אֶצְבַּע - finger.

[30] אֱנוֹשׁ - human being, humanity.

[31] חָסֵר - to lack; [31a] a little; [31b] הָדָר - honour, majesty; [31c] עטר (*Piel*) - to crown.

[32] ≡ צֹאן; [32a] אֶלֶף - ox; [32b] ≡ שָׂדֶה.

[33] bird(s); [33a] דָּג -fish; [33b] אֹרַח - path.

CPSIA information can be obtained at www.ICGtesting.com
Printed in the USA
BVOW09s2147110815

412919BV00005B/28/P